Landscape and Power in Early China:
The Crisis and Fall of the Western Zhou 1045-771 BC

西周的灭亡

中国早期国家的地理和政治危机

增订本

Li Feng　　　李　峰 著
Xu Feng　　　徐　峰 译
Tang Huisheng　汤惠生 校

上海古籍出版社

图书在版编目(CIP)数据

西周的灭亡:中国早期国家的地理和政治危机/李峰著;徐峰译;汤惠生校.—增订本.—上海:上海古籍出版社,2016.12(2024.7重印)
ISBN 978-7-5325-8257-0

Ⅰ.①西… Ⅱ.①李… ②徐… ③汤… Ⅲ.①中国历史—研究—西周时代 Ⅳ.①K224.07

中国版本图书馆CIP数据核字(2016)第242836号

责任编辑:吴长青
装帧设计:严克勤
技术编辑:富　强

西周的灭亡:中国早期国家的地理和政治危机(增订本)

李　峰　著
徐峰　译　汤惠生　校
上海古籍出版社出版发行

(上海市闵行区号景路159弄1-5号A座5F 邮政编码201101)
(1)网址:www.guji.com.cn
(2)E-mail:guji1@guji.com.cn
(3)易文网网址:www.ewen.co
苏州市越洋印刷有限公司印刷
开本635×965　1/16　印张30.5　插页9　字数370,000
2016年12月第1版　2024年7月第9次印刷
印数:16,551-18,650
ISBN 978-7-5325-8257-0
K·2256　定价:88.00元
如有质量问题,请与承印公司联系

第三节　周在北方……353
  小　结……362

附录二　犬戎和玁狁之间的关系……365
附录三　《竹书纪年》和周幽王的年代问题……369
附录四　有关《西周的灭亡：中国早期国家的地理与政治危机》
　　　　的评议……377
附录五　西周历史研究：一个回复和方法论的说明……402

参考文献……425

青铜器铭文索引……466

地 图 目 次

中国地形图（见插页）

地图 1　西周中心区地形：渭河谷地-东部平原（见插页）

地图 2　交通路线和对渭河平原的入侵　41

地图 3　渭河平原以及邻近地理单元的政治地图　45

地图 4　沣河两岸的丰镐两京　47

地图 5　泾河上游-固原地区　57

地图 6　西周时期中原地区的政治地图　65

地图 7　洛邑：东部的行政中心　69

地图 8　多友鼎铭文中记载的战争　174

地图 9　多友鼎铭文所见之战役：彬县地区进军详情　176

地图 10　公元前 823 年的战役　181

地图 11　周文化和寺洼文化的空间关系　190

地图 12　西申和西戎可能的地理位置　237

地图 13　《山海经》中申水的位置　244

地图 14　周、郑、虢和秦的迁徙　267

地图 15　甘肃东南的礼县地区　286

地图 16　西周时期的山东地区　323

地图 17　山东龙口（旧黄县）归城遗址　331

地图 18　西周时期的南方（见插页）

地图 19　西周时期的北方　354

插 图 目 次

图1　今宝鸡所在的渭河谷地　34

图2　自东看六盘山　35

图3　平凉地区的泾河上游　36

图4　今彬县地区的泾河，自浅水塬而下　37

图5　陕北安塞地区的黄土高原　38

图6　宝鸡和天水之间的渭河河道　39

图7　从丰镐两京之间穿流而过的沣河　46

图8　近年发掘的张家坡井叔墓地和井叔铜器　48

图9　岐邑（周原）北面的岐山　51

图10　宁夏孙家庄西周墓葬中出土的铜器和陶器　58

图11　穿越豫西崤山的道路　66

图12　平顶山应国墓地　75

图13　平顶山 M84 中出土的应侯盨　76

图14　张家坡出土西周陶器的分期　86

图15　洛阳北窑出土的西周早期陶器　87

图16　北赵晋侯墓地　93

图17　张家坡出土的五年师事簋　106

图18　记载鄂侯驭方反叛的禹鼎铭文　112

图19　㝬侯旨鼎及其记录㝬侯前往宗周朝觐的铭文　123

图20　启尊和启卣　128

图 21　山东地方类型的青铜器和陶器　130

图 22　师寰簋及其铭文　147

图 23　多友鼎及其铭文　160

图 24　不嬰簋铭文　166

图 25　四十二年逨鼎 2 号及其铭文　169

图 26　孙家庄墓地所在的固原平原　180

图 27　寺洼陶器和共存的青铜武器　191

图 28　甘肃灵台白草坡 M1 和 M2 中出土的铜器　193

图 29　甘肃宁县宇村墓中出土的铜器　193

图 30　乖伯簋及其铭文　197

图 31　周原出土的函皇父器　220

图 32　虢季子白盘及其铭文　271

图 33　三门峡 M2001 中新出土的青铜器　274

图 34　从三门峡看黄河　275

图 35　天水毛家坪第 4 层出土的陶器　282

图 36　甘肃礼县附近的西汉水上游　283

图 37　礼县大堡子山墓地新发现的秦公铜器　285

图 38　山东胶县西菴西周早期车马坑　332

图 39　昌乐宇家 M1 中出土的陶器　333

图 40　小臣謎簋及其铭文　335

图 41　鲁台山 M30 及随葬青铜器　346

图 42　北京琉璃河出土的克罍及其铭文　357

图 43　琉璃河与喀左所出铜器之比较　360

图 44　北京琉璃河 M54 中出土的陶器　362

西周王年

文　王	1099/56 - 1050 B.C. *	分　　期
武　王	1049/45 - 1043 B.C.	
周　公	1042 - 1036 B.C.	
成　王	1042/35 - 1006 B.C.	西周早期 **
康　王	1005/3 - 978 B.C.	
昭　王	977/75 - 957 B.C.	
穆　王	956 - 918 B.C.	
恭　王	917/15 - 900 B.C.	
懿　王	899/97 - 873 B.C.	西周中期
孝　王	872? - 866 B.C.	
夷　王	865 - 858 B.C.	
厉　王	857/53 - 842/28 B.C.	
共　和	841 - 828 B.C.	西周晚期
宣　王	827/25 - 782 B.C.	
幽　王	781 - 771 B.C.	

---

* 周王绝对年代据夏含夷建议；见 Edward Shaughnessy, *Sources of Western Zhou History* (Berkeley: University of California Press, 1991), p. xix.

** 西周分期据陈梦家建议；见陈梦家：《西周年代考》(上海：商务，1945年)，第55页；《西周铜器断代(一)》,《考古学报》第9册(1955年)，第138-139页。

干 支 表

甲寅	51	甲辰	41	甲午	31	甲申	21	甲戌	11	甲子	1
乙卯	52	乙巳	42	乙未	32	乙酉	22	乙亥	12	乙丑	2
丙辰	53	丙午	43	丙申	33	丙戌	23	丙子	13	丙寅	3
丁巳	54	丁未	44	丁酉	34	丁亥	24	丁丑	14	丁卯	4
戊午	55	戊申	45	戊戌	35	戊子	25	戊寅	15	戊辰	5
己未	56	己酉	46	己亥	36	己丑	26	己卯	16	己巳	6
庚申	57	庚戌	47	庚子	37	庚寅	27	庚辰	17	庚午	7
辛酉	58	辛亥	48	辛丑	38	辛卯	28	辛巳	18	辛未	8
壬戌	59	壬子	49	壬寅	39	壬辰	29	壬午	19	壬申	9
癸亥	60	癸丑	50	癸卯	40	癸巳	30	癸未	20	癸酉	10

中文版序

记得16年前负笈东渡,飞机飞越富士山上空,俯首翘望山顶白雪皑皑,碧空清澈,真有一种海阔天高之感。这种感觉之所以特别强烈,也是因为刚刚结束了在沣西数年的田野考古生涯,特别是后两年由于修建工作站而整天耗时于建筑工地的瓦砾杂务之中,不由不有厌烦之想。所以,我当时即有一种想法,那就是去看看中国以外的学问,看看考古学以外的学问。在日本东京大学读博士学位期间,我得到了导师松丸道雄先生从学习到生活各方面无微不至的关怀,同时也在他的影响之下开始完成了自己学术道路上一个重要的转变。我开始尝试逐渐摆脱考古学上习惯的时空模式的思维,而是更多地来考虑事物之间的因果逻辑关系以及这种关系所赖以存在的整体结构问题,这也就是松丸先生常讲的"歴史学その物に対する理解"。特别是松丸先生对青铜器及其铭文的多方面兴趣和深入研究,更使我感到视野大开。在松丸先生的影响下我开始专门钻研喜好已久的西周金文,并在一开始就学会把它们当成了解西周社会和政治的历史学资料来对待。

1992年我从东京辗转来到美国纽约,以所谓"而立之年"才开始学习英文,其中甘苦自不待言。不过,我很幸运地遇到了我人生中的另一位导师,即芝加哥大学的著名汉学家夏含夷(Edward L. Shaughnessy)教授。芝加哥大学的东亚语言和文明系过去即有研究西周时期的传统,而夏含夷先生的研究更是精深,特别是其在

《周易》《竹书纪年》和西周年代学等方面都有公认的卓越成就。他以文献研究为基础,并以对文献的批判态度来研究金文,在很多问题上卓有创见。跟他读博士,不仅可以尽情发挥自己在西周金文方面的兴趣,同时也有机会涉猎有关西周文献方面的许多课题。更重要的事,在他的不断批评中,我逐渐学会了怎样才能最有效地,但同时又不过分地使用所有证据的一个方法。记得他在批语中常常说的一句话是"Your evidence can only be as strong as your weakest point",体会不到这句话的含义,学问是做不好的。现在回想起来,当年没有和其他来自中国的考古学生一样去专攻美国的人类学,而是决定继续从事西周方面的学习和研究,对我来说应该还是一个正确的选择。

芝加哥大学学风严谨,名师如林,人文、社会科学的各个领域几乎都有全球顶尖的学者。这里的学生们也几乎只有一个信念,即把自己变成将来最好的学者。在芝加哥学习的6年期间,我初步(只能说初步)了解到了中国研究以外学问之深、之大,而且领略到这些学问是怎样在一个学术的大千世界里相互联结,并互为基础。其中考古学和人类学的发达自不待言,我格外感到受益的是有机会窥探到西方古典时期历史,特别是罗马历史的研究,深感到其事实考证之精密,理论阐释之深邃,实是叹为观止。而占据西方古代史研究之主流的社会经济史的研究,更是名家辈出,成果丰硕,从理论到方法均到达了一种高度成熟并不断反思的阶段。这其中有许多我们在西方研究中国历史的人,特别是在中国研究中国历史的人所值得学习的命题和方法。西方历史学的长处在于它能够以事实为基础,以概念的理论探讨为途径,整体框架和局部可以有机结合,并能与其他学科如社会学、政治学甚至人类学融会贯通。我们常常喜欢用"博大精深"来形容中国的学问,把这四个字用在西方学问之上自然也是当之无愧的。

现在呈现在读者面前的这本书即是以我在芝加哥大学的博士论文为基础修改而成的,其英文原版于 2006 年 8 月由英国的剑桥大学出版社正式出版。① 虽然这本书是在 90 年代末开始撰写,但可以说它是以前 20 年我对西周时期的思考和研究的一个总结。因此这本书能够问世,我首先要感谢我学术生涯中的三位导师:我的中国老师张长寿先生——他使我在考古研究所学习和工作的七年中受到了严格的田野考古学训练,帮助我完成了学术上的起步,并为以后的研究打下了一个扎实的考古学基础;我的日本老师松丸道雄先生——他使我看到了有关西周青铜器研究的诸多有趣的方面以及怎样把它们和西周社会的研究联系起来;我的美国老师夏含夷先生——他使我学会了西方学问的学术规范和现代历史学的精要,并且帮助我完成了这本书的最早规划并将其付诸实施。书的首页纪念已故的陈公柔先生,他曾在考古研究所为我上了首堂古文字课,并在以后的研究中多有指导。记得当时考古所研究生很少,上课的只有我和傅宪国两人,先生却为我们写了长长的讲稿,他的谆谆教诲,至今尚在耳边。

书中包含的很大一部分研究是在野外进行的,以我在 1997 年到 2003 年对有关地区的三次实地考察为中心,期间我得到了中国考古界许多同事和朋友的热情帮助。虽然担心已经忘记了一些名字,但是以下各位则是我要特别感谢的:甘肃省文物局张珑先生、宁夏回族自治区考古研究所罗丰先生(前固原博物馆)、陕西省考古研究所焦南峰先生、宝鸡市博物馆胡智生先生、河南省文物考古研究所姜涛先生、烟台市文管会林仙庭先生。回到北京,则要感谢帮助我安排在外地旅行的考古研究所同事梁中合、傅宪国、郑若葵等先生和国家文物局的宋新潮先生。另外,我还要感谢孙大卫

---

① Li Feng, *Landscape and Power in Early China: The Crisis and Fall of the Western Zhou*, 1045 - 771 B.C. Cambridge, UK: Cambridge University Press, 2006.

(David Sena)先生,他曾和我一起于1998年经历了纵贯陕北的艰险旅程,直达榆林;我的弟弟李刚先生,他曾于2003年带我完成了另一次艰难旅行,最后到达秦国起源地的甘肃礼县。

这个中文译本的出版,我首先要感谢南京师范大学的汤惠生教授,他安排他的研究生徐峰先生用了近一年的时间对本书进行了艰苦的翻译,他并亲自对译文进行了两个月的精校。这本书内容含量大,英文表达有时非常复杂,徐峰先生能译到这个程度,已是功不可没。我还要感谢上海大学的朱渊清教授,由于他的大力推荐这本书得以纳入上海古籍出版社的出版计划。我离开中国学术界多年,其间鲜少用中文发表著述,所以我希望这个译本的出版也可以说是对国内老师、同行和朋友们的一个汇报。由于人生的特殊机遇,我有幸能够在实地切身地体验中国、日本和西方三方面不同的学术传统,写成的这本拙著对国内的读者或许还能有一些参考或批判价值。当然,其中成败读者可以自己判断。

应该提到的是,原书写作的对象主要是西方读者,因此书中引用著述往往以英文著作为先,对于中国国内特别是近期学者的有关研究则难免有疏漏之处。特别是从英文原著写成到中文译本出版可谓旷日持久,有些新资料未来得及补充,这些均望读者能予谅解。体例方面,为读者查证方便,所引文献一律注明版本和具体页码。经典的引用一律采用《十三经注疏》(北京:中华书局,1979年);哲学著作统一引自《二十二子》(上海:上海古籍出版社,1986年);《史记》之类史书的则用中华书局的二十四史标点本(1959年始)。引用青铜器铭文一律采用《殷周金文集成》(简称JC)(北京:中华书局,1984-1994年)和《近出殷周金文集录》(简称JL)(北京:中华书局,2002年),铭文编号也以此二书为准。新近出土而不见于二书者则另行注明。为了行文简便,考古简报一般只注明其在所载刊物中的出处而不加篇题;专刊和图录则直接引用书名,不加著者单位长名(有关信息读者可以在书后文献目录中查看)。另为方便起见,西周王年均采自夏含夷先生 Sources of Western Zhou History (Berkeley：University of California Press, 1991), xix 页。虽然我相信夏含夷先生的考订更好地反映了我们现有的证据,但其他新的编年体系如《夏商周断代工程：1996－2000年阶段性成果报告》(北京：世界图书,2000年,第88页)也存在,而许多王年的最后结论尚要等待更多证据。需要说明的是,夏含夷先生所定年代采用了倪德卫(David S. Nivison)先生于1983年提出的"二元年"理论,即一个王有两个元年,其一为先王死后新王世的开始,另一为先王服丧期满后新王正式即位之年。因此,在倪德卫－夏含夷系统中,大多数周王都有两个元年。

李　峰

2006年9月于纽约哥伦比亚大学

绪　　论

在中国悠久的传统中,西周王朝作为政通人和的典范历来备受推崇。孔子(前551-前479)曾多次赞颂周朝的制度及其创立者文王、武王,特别是周公。① 可以毫不夸张地讲,整个儒家传统即是以传承自西周时期的核心文献为中心的。孔子对西周王朝如此偏爱,也许缘自一个更为实际的理由:到了孔子的时代,传说中的夏朝,即使孔子自称是其祖先所在的商代也已经变得不可知。用孔子自己的话讲,这主要是"文献不足故也"。② 只有对西周王朝,孔子才能够明显自信地描述出一些历史细节。今天依旧如此,西周是我们能够对中国早期国家的政治和社会制度进行可靠分析的最早时期;③ 这尤其是因为这一时期广泛存在的文字证据,包括传世文献和更大量存在的铸于青铜器皿上的铭文。④ 西周也是中国第一个可以基于文字和考古记录将其历史发展和地理环境系统联系起来的王朝。毋庸置疑,在西周时期,中国文明的基本理念和制度已经得到创立,而对这一关键时期的理解也自然和必然会影响到

---

① 《论语》(《十三经注疏》版)(北京:中华书局,1980),(清)阮元校刻,第2463、2467、2481、2487、2530页。
② 《论语》,(《十三经注疏》版),第2466页。
③ 使用"中国早期国家"(Early Chinese State)这个称呼,我指的是存在于现代中国地理范围内的前帝国形态(Pre-imperial)的国家;它们无疑是秦汉帝国文化上的先祖。
④ 有关商王朝的文字证据是以甲骨文的形式存在的。然而,这些甲骨刻辞内容有限,几乎无一例外的是商王室占卜的记录。与西周青铜器上的长篇铭文相比,它们往往是零散而难以相互联系的。有关甲骨文的史料现状,见 David Keightley(吉德炜),*Sources of Shang History: The Oracle-Bone Inscriptions of Bronze Age China* (Berkeley: University of California Press, 1978), pp. 134-156.

我们对于整个前帝国时期中国的认识。

历史梗概

公元前 1045 年 1 月,周及其盟军在河南省北部商都附近的牧野一战中一举击败势力强大的商朝军队,曾经不可一世的商王朝从此陨灭。周从其位于陕西中部渭河流域的肇兴之地起,以摧枯拉朽之势,迅速席卷了黄河中下游的大部和长江流域的部分地区:北抵燕山山脉,南达淮河及长江中游,西到六盘山,东至山东半岛。这是一个在秦始皇(前 259 - 前 210 在位)之前由单一政权建立的最为辽阔的地域政治统一体。在这一政治化的空间内,周的京畿并非位于其地理中心,而是接近西部边陲,因而这一王朝被后世的史家们称作"西周"。西周国家(Western Zhou State)的基础建立在"天命"这样一个思想之上,它赋予周王一种受天之命而王天下的"天子"这一神圣角色。从周朝实际的缔造者周文王(前 1099 - 前 1050 在位)和周武王(前 1049/45 - 前 1043 在位)算起,共有十二位这样的"天子"。周人克商后,王位继承这一西周国家的中心政治制度得到彻底地规范化,从而使其父子相承的正常法则受到很少挑战。在国家结构上,与商代国家基本让名义上臣服于它的地方集团自治管理从而形成一个由自主部族所构成的集合体不同,[1]周人决定亲自治理他们征服的空间。他们将大量的王室后裔和近亲分封到各地去建立统治,从而使王室血统在其政治版图

---

[1] 吉德炜认为商只是众多族群中地位最显赫的一个。见 David Keightley, "The Late Shang State: When, Where, and What?" in *The Origins of Chinese Civilization* (Berkeley: University of California Press, 1983), pp. 527 - 528. 另见 David Keightley, *The Ancestral Landscape: Time, Space, and Community in Late Shang China (ca. 1200 - 1045 B. C.)* (Berkeley: Institute of East Asian Studies, 2000), pp. 56 - 57. 更早一些,松丸道雄曾认为不同的族群与商之间可能只是一种"虚拟的亲属关系",各地的族长将商的祖先当作自己的祖先来祭祀,但他们之间并没有实际的血族关系可以得到确认。参见松丸道雄:《殷周國家の構造》,《岩波講座:世界歷史》(东京:岩波书店,1970),第 72 - 79 页。

内得到延伸。这些众多的诸侯国与周王室因奉祀共同的祖先而彼此紧密相连,而诸侯国为了在新的环境下生存,也亟需王室的支持,由此形成了西周国家的宏观地缘政治结构。①

地方诸侯国的建立本身就是周进一步扩张的过程;它代表了整个西周早期,尤其是成王(前1042/35 - 前1006在位)、康王(前1005/3 - 前978在位)时期的政治发展。然而,当周人将他们的经营重心从东方转往南方时,他们遭遇到了长江中游地区强有力的反抗。在由周昭王亲征的一场较大战役中,近乎一半的王室军队毙命于汉水。这次重创为西周早期的大肆扩张画上了句号;自周穆王(前956 - 前918在位)统治开始并且一直延续至整个西周中期,边界地区军事优势的丧失随之带来了西周国家内政及其外交政策的调整。其中明显的一项反映在西周政府的官僚化方面,其间,许多新的官职被设立,旧的官制则被进一步地分割和分层。但是很快西周社会就经历了一场转变,这场转变几乎波及了西周文化的各个层面,从铭文形式到陶器设计,从宫廷礼仪到丧葬习俗。而在对外政策上,周朝仍然是军事和安抚并用,不过,周人在这一时期似乎更倾向于以从军事上讲代价较小的行动来达到他们的政治目标。在周穆王统治时期,发生了一次较大的外族入侵,侵袭势力从淮河地区一直深入西周国家的腹地。自此以后,西周国家的问题不再是如何通过扩张空间来更好地确保自身,而是在面临直接的外族威胁时如何固守住自己已有的领土。

随着外部环境的变化,内部分裂也开始浮现于西周国家的基

---

① 在本书中,"国家"(State)这个概念有双重意义:"西周国家"(Western Zhou State)指的是以周王为中心的整个西周政治统一体,而"地方周诸侯国"(Regional Zhou States)指的是诸如齐、鲁、晋和秦这些地方政体。将这些政体称作"国家"(State),一方面是遵循了汉学中的惯例,另一方面也反映了一个事实,如下文所述,虽然其范围较小,但它们行使着和西周国家同样的功能,并且在其封地内享有军政自决权及自主决定对内对外政策。换句话说,它们是西周国家在地方的翻版。

础之中，逐渐威胁到周王的权力。在周王朝的第一个百年间，王室统治在确保地方诸侯国遵从西周国家的共同目标上证明是有效的。然而，到西周中期，中央朝廷与业已地方化的周贵族间的争端逐渐出现，且一度升级到王室需要靠武力来对付一些地方诸侯国的地步，如周夷王（前865－前858在位）就曾下令讨伐山东的齐侯；而夷王本人即是一个衰微的周王，并曾一度在其父亲周懿王（前899/97－前873在位）驾崩后被剥夺了继承王位的权力。无论在王室宫廷还是在地方诸侯国，内在的混乱最终都会令外部势力有机可乘。一场由周的前属臣鄂侯发动的叛乱，几乎将周王朝推向崩溃的边缘。在度过了外部的打击之后，内部积聚已久的冲突也极力寻求释放口，在一场疾风暴雨般的国人暴动中，备受争议的周厉王（前857/53－前842在位）被驱逐出王都，再未归返。

在加速周王朝衰落的过程中，地理环境难辞其咎。这种危机首先可以被视为一种空间上的离散过程，在这个过程中，各地诸侯国不断从西周国家的中心脱离出去。在这种形势下，一旦危机爆发，位于渭河谷地，接近西部边界且为东面的重重山脉阻隔的周王朝首都的地理位置，不但对王室重整秩序毫无裨益，反而减缓了这种努力。但尤其糟糕的是，由于周的首都与东部的诸侯国相互隔离，王室军队必须独力抵抗西面的敌人。一支在金文中叫做玁狁的少数部族正是在这时从西面对西周国家构成了致命的和持续的威胁。自西周中期至整个晚期，玁狁的部族对周王朝频繁地侵扰，突破周朝的防御，直接威胁西周王都。无奈之下，周王朝在两个战略目标之间疲于奔命：一方面西周国家的完整性要依赖周王室对东方事务的持续介入；另一方面周王朝的存活却要系于西部的安全。周王朝难以两者兼顾。

这种紧张的局势由于周宣王（前827/25－前782在位）的即位而暂时得到缓解；周宣王显然优先考虑了第二个目标。在经过一系列战役,控制了西面的威胁后,王室在东部的权威也一度得到恢复。然而周宣王前二十年的短暂中兴并不能扭转整个王朝的颓势,甚至就在周宣王死之前,王室军队已经在离王畿不远的地区遭受了几次大的失利。最终,在公元前771年,即周幽王(前781－前771在位)十一年,犬戎部族(很可能与玁狁有关)攻破了周的首都,杀幽王(西周的最后一个王)于骊山下,西周灭亡。在周平王(前770－前720在位)重建王室之后,周朝的都城东迁洛邑(今天的洛阳),是为东周。

本书的目的

历史上一个王朝走向终结的方式有许多种,例如外族入侵、权力更替、革命以及在稍后的中国历史舞台上上演得最为频繁的农民起义等等,都可以导致一个王朝的终结。西周的崩溃属于典型的外族入侵,中心遭毁灭,由周王朝一手营建的地缘政治统一体也随之瓦解。于是,西周的覆亡除了与其内政密切关联外,同时与发生在中国西北部复杂地形之上的周人与西北诸多部族持久的文化和军事对抗也不无关系。西周的灭亡是政治和地理之间一种长期且复杂的相互作用的结果,这种作用既是历史的过程,同时也是一个地理的过程。

在过去的二十年中,通过考古发掘,我们对西周时期的认识有了重大的转变。在这些发掘中最引人注目的是晋、虢、应、燕、邢、秦六处属于西周地方诸侯国的墓地,它们在两方面明显改变了西周史的研究方向。首先,学术研究过去集中于陕西和河南中心地区的较大的都城遗址,现在其注意力则转向了西周的外围地区。这就提出了周王朝与地方诸侯国之间的关系问题以及周王朝的整个地缘政治结构问题。第二,这些发掘中出土了大量属于西周后期的新材料,特别是有铭青铜器,它提醒我们对这一王纲不振、诸侯纷争的错综复杂时期重要性的关注。仅此两个问题的交错便要求我们对西周晚期历史发展的原理（rationale）和动力（dynamics）进行一次系统的考察。

本书旨在探讨西周国家的衰弱和灭亡这一特定的持续历史和地理过程中，地理条件及其政治性建构之间的复杂关系。该书将在对西周西部自然环境特别关注的基础上，分析和说明西周的政治体系是如何并且为何不能经受住时间的考验，从而最终导致了西周国家的解体和王畿的崩溃。这本书并非一部西周的通史，甚至也不是西周晚期的通史，而是想通过对围绕西周灭亡这一历史事件有关问题的实证性研究，来对一个具体问题进行一个合理的历史性解释。在这样一个总体目标之下，有五个具体且相互联系的目的：

作为这项研究的基础，我首先希望揭示出西周国家的地理幅员，并且构造出一个地缘框架，其中社会政治状况的变化可以通过空间关系的扩张来进行衡量。我们通过两方面来实施这一目的：第一，我们要论证地表的形态（landscape）是如何影响和引导了西周国家的历史发展；第二，我们要论证西周国家是如何在这样一种地形中建立起自己的代理者（封国），并且使其成为有关地域地表形态（landscape；关于这个词的定义，见下文具体讨论）中的参与者。在整个西周势力范围内发现的青铜器铭文上通常都铸有其地方诸侯国中作器者的姓名，这为我们实际界定西周国家的空间存在提供了翔实的材料。这项研究进一步揭示，处在一个不断变化环境之中的西周国家是如何通过重构它的地理空间来适应外部压力和内部紧张局势的。为此，我将对周-玁狁的战争进行一次实际的复原，即这场战争发生在陕西西部和甘肃东部这一实际地形内，同时也指出这场战争对周王畿构成的威胁究竟到了何种程度。

本书的第二个目的是再现公元前771年西周王都灭亡时的复

杂政治环境。在这点上,传统史学对中国历史上这一关键时期的记述未趋一致,不仅这一历史事件的许多方面为传说和假象所掩盖,更严重的是,连这一时期的大致轮廓也由于传世史料中各式各样的差异和矛盾而隐晦不清。我们的研究目标是对幽王时期的政治动力有一个清晰的了解,并且对其灭亡的直接原因做出解释。为了支持这种解释,我们将论述西周王廷的政治是如何以一种互动关系与西北边界的地缘政治相关联的,以及这一地区的地表形态在西周灭亡的过程中是如何扮演一个重要角色的。

第三,外部的危机定然有着内在的原因。沿着这种思路,我们将调查并分析导致西周政治和社会混乱的根源,因为正是这种混乱削弱了周王朝维持其早期那种疆域广阔的空间存在的能力。本书在西周国家的基本结构特征和其统治原理中来寻找西周逐渐衰弱的根源。尽管这不是一项系统地讨论西周政治体制不同侧面的专门研究,但我们仍然将就这一体制中的问题进行一些讨论。通过这项研究,我希望能够揭示西周王朝的突然崩溃与其长期的衰退过程之间的逻辑联系。虽然"衰退"并不必然导致"崩溃",但在这一特例中,西周国家内部的长期混乱和外部的压力显然共同为其铺设了终结之路。同时,我也希望对中国早期国家所面临的基本问题和挑战及其可能做出的反应获得一个切实的理解。

第四,这项研究欲对东周时期各诸侯国间战争的起源以及中华帝国崛起的前提做出解释。为此,我将对周王朝东迁定都洛阳平原和其他几个周人重要小邦东迁的具体过程进行考察,从而对东西周之间地缘政治的转变进行系统的研究。通过这一研究,我希望探究出周王朝在西部的灭亡对东部的地缘政治所产生的深远影响。

最后,借助本书,我将回顾过去二十年中一些最为重要的考古发现,并且探讨它们对于西周史研究的意义。以英文出版的关于中国历史上这一关键时期的著作只有两部通史和一本史料学著作，此外还有少数零星发表的文章。① 在西周考古方面，除了近期发表的一个简介外，②我们尚期待有一本全面和广泛介绍考古材料特别是最新资料的专著。在这方面，我希望本书能够为未来利用考古资料对西周时期进行研究提供一个有用的工具。不过我还须申言的是，虽然本书回顾了这一时期的考古发现，但它的主题仍是历史，而且是为了回答历史问题所写。因此，读者不应用纯粹考古学著作的标准来衡量它。

资料

本书所研究的资料对象分考古、金文和文献三类。下面我将分别讨论它们的特性及其对西周史研究的意义。

考古资料将我们的时代与西周直接联系起来，并且赋予了我们对古代一种直接的感官体验。根据考古学上传统的分类，属于西周时期的物质证据，除去有机的和环境的遗存外，主要可以分为可移动的遗物和不可移动的遗迹两大类别。③ 鉴于西周处于中国青铜时代的全盛时期，我们在理解西周的文化、宗教和社会状况时，青铜制品，尤其是青铜容器的重要性无须做过多的强调。从本书研究的角度来看，作为在像西周这样的政治体制中原料运输和

---

① Herrlee Creel(顾立雅), *The Origins of Statecraft in China*, Vol.1: *The Western Chou Empire* (Chicago: University of Chicago Press, 1970); Cho-yun Hsu(许倬云) and Katheryn Linduff(林嘉琳), *Western Chou Civilization* (New Haven: Yale University Press, 1988); Edward Shaughnessy(夏含夷), *Sources of Western Zhou History: Inscribed Bronze Vessels* (Berkeley: University of California Press, 1991).

② Jessica Rawson(罗森), "Western Zhou Archaeology," in *The Cambridge History of Ancient China: From the Origins of Civilization to 221 B.C.*, ed. Michael Loewe(鲁惟一) and Edward Shaughnessy (夏含夷) (Cambridge: Cambridge University Press, 1999), pp. 352 - 449. 更早的对西周考古简略的介绍，参见 Kwang-chih Chang(张光直), *The Archaeology of Ancient China*, 4th edition (New Haven: Yale University Press, 1986), pp. 339 - 367.

③ Colin Renfew and Paul Bahn, *Archaeology: Theories, Methods, and Practice* (New York: Thames and Hudson Ltd, 1991), pp. 41 - 42.

分配之漫长过程的终端产品，青铜器所蕴涵的高度社会经济价值是不言而喻的，我们更应该将其视为反映当时贵族活动的物证。正因如此，青铜器更重要的是一个特定地表形态中社会政治焦点的标志物，也是这一地表形态中的参与物之一。当然，青铜器并非那些西周贵族遗址中出土的唯一的器物种类，同时还有陶器、玉器，以及漆器等其他种类。另外，贵族墓葬中通常还随葬有那个时代最为复杂的工业产品——马拉战车。陶器在西周研究中也是极为重要的，因为它们通常都是由各地生产的，与不同的地区传统有着紧密的联系，从而显示出难以从青铜器上获知的西周文化的地区特征。此外，由于陶器持续时间更短并且其风格变化更快，至少在经过深入研究的地区中，它们比青铜器能更好地反映出遗址的年代。

不可移动的遗迹是指在田野发掘中所发现的人为遗构，诸如宫殿的地基、房屋、灰坑、壕沟、作坊，以及各式各样的墓葬等；它们本身是西周时期居民生活的表象，并且饱含了过去的文化和宗教活动的信息。然而，这些遗构的重要性并不仅仅在于它们所包容的信息，事实上，对于本书研究更为关键的还在于它们是各种有意义的遗物的集中地。它们在文化和空间之间构建起一种联系，并且只有通过这种联系，作为考古学证据的遗物才是有意义的。此外，在这两种类型证据的交界点上，还隐含着一种特殊考古学证据类型：即不同类型的器物排列组合方式。这样的信息对研究西周的文化和宗教思想是十分重要的。

这些考古资料固然重要，但重要并不代表它们就是关于西周过去的完美证据；也许它们离完美还相当远。其缺陷首先在于，它们本身并不构成一种系统的信息排列，相反是高度零散的，甚至是偶然的，因为许多考古发现并非有计划的发掘，而纯属机缘巧合；这种现状在今天的中国正日益严峻。尽管我们今天拥有的西周资料正与日俱增,但它们所反映的只是过去的一个点滴。更值得指出的是,这些考古资料离开创造它们的环境已不是真正"新鲜"的了;它们以发表的"记录"的形式来到我们——尤其是西方学者——面前,且不可避免地烙上了提供它们的考古学家的某些印痕,并夹杂着他们的观点。这样的记录有时候是高度选择性的,对于哪些应编入报告中和哪些不应编入的选择有时可能是相当主观的。

有铭文的青铜器构成了一种独特的资料类型,因为当它们从地下出土时,对于我们的研究而言,它们既是考古资料,又是历史文献。西周时期的有铭青铜器早在汉代(前206-220)便为学者们所知,并且迄今为止已积聚了庞大的数目。① 作为考古学证据,只有到西周时期有铭青铜器才普遍存在,而西周以后其重要性也随之降低了。有些铭文很长,为我们提供了了解当时周王廷或地方诸侯国事件的重要信息。事实上,许多铭文尤其是"册命金文"中包含的一部分内容显然是从竹木简上的官方"任命书"中移录过来的,而这些"任命书"正是作器者直接从周王处领到的。② 一件记录与周王室有关的人物和事件的青铜器铭文在一个地区的出土,并且出自于一个可证明的周文化遗址,是对该地区与西周国家间政治关系的最好确认。即使在一些仅有作器者名(通常一同铸有地方国名)的短铭例子中,它们对确定其所出的遗址的政治从属也是

---

① Shaughnessy(夏含夷), *Sources of Western Zhou History*, pp. 5-13.《殷周金文集成》18册,在严格比对的基础上收集了12 113件有铭青铜器,是最全面的铜器铭文摹本和拓本汇编。见《殷周金文集成》(北京:中华书局,1984-1994)。这部著作还附有6卷本的释文:《殷周金文集成释文》(香港:香港中文大学出版社,2001)。另外1 258件近来发现的有铭青铜器被收入刘雨、卢岩编《近出殷周金文集录》(北京:中华书局,2002)。大多数铭文都很短,但据作者保守统计,铭文多于50个字的已经超过了350件。

② 有关"册命金文"的定义,参见Li Feng(李峰),"'Offices' in Bronze Inscriptions and Western Zhou Government Administration," *Early China* 26-27 (2001-2002), pp. 14-18. 尤其注意第50页注143有关册命仪式中书面文件使用的说明。有关书写文件从木或竹到以青铜为载体的转移,参见Lothar von Falkenhausen(罗泰), "Issues in Western Zhou Studies: A Review Article," *Early China* 18 (1993), p. 146, 167; Li Feng(李峰), "Ancient Reproductions and Calligraphic Variations: Studies of Western Zhou Bronzes with Identical Inscriptions," *Early China* 22 (1997), pp. 40-41.

有益的。当然,作为历史文献,有铭青铜器比之仅仅作为地理上的一个指示物要重要得多。事实上,青铜器的铸造是在不同的场合由多种原因造成的,譬如对政绩或军功的纪念,婚姻关系的促进,对祖先神灵的宗教性祈祷,家族历史的记录,土地或物质交换的重要条约或协议的保存,以及其拥有者家族或者制造地的标识(通常出现在武器和工具上)等等。这些铭文几乎是反映西周时期政治和社会生活各个层面的第一手证据。

学者们很早就认识到作为西周史研究首要资料的金文的高度历史价值。[1] 不过,它们的长处同时也是它们的短处。作为当代的史料,金文仅允许我们从其作铭者的眼中来接触西周的现实,而作铭者的视野不可避免地受制于其所生活的社会背景。因此,即使金文内容是作铭者意图的真实写照,其间也不可避免地存有偏见。一个简易的事实即可说明这一点:那些所谓记录事实的铭文告诉我们的多为其拥有者的荣耀和成就,对他们的耻辱和失败却讳莫如深。[2] 这种情况与我们研究西周的灭亡密切相关,同时也令人失望,因为我们永远也无法期望能够发现一篇铭文,它可以详细地告诉我们西周都城是如何被践踏,周王是如何被外族杀死的。简单地说,这样的主题不可能为有铭青铜器的拥有者们所关注。这个例子可能过于极端,但它表明了西周历史的某些方面,受其性质所

---

[1] 有关金文的史料价值,顾立雅很早便有过评述,参见 Herrlee G. Creel(顾立雅),"Bronze Inscriptions of the Western Chou Dynasty as Historical Documents," *Journal of the American Oriental Society* (1936), 335 - 349. 这种认识得到了夏含夷的再次确认;后者也特别注意到了青铜器铭文的主观性和片面性;参见 Shaughnessy, *Sources of Western Zhou History*, pp. 175 - 182.

[2] 在这点上,夏含夷的讲法应该说是公正的:"周代的作铭者从来没有期望它们提供一个全面和客观的历史记录,或者描述,用兰克(Leopold von Ranke,1796 - 1886)的话讲,'事实究竟怎样'。"见 Shaughnessy, *Sources of Western Zhou History*, p. 176. 唯一谈到西周社会阴暗面的是牧簋(JC: 4343),但是牧簋上的陈述也只是记录作器者官职任命的一个背景资料。关于这件独特的铭文,参见 Li Feng, "Textual Criticism and Western Zhou Bronze Inscriptions: The Example of the Mu *gui*," 载邓聪、陈星灿主编:《桃李成蹊集:庆祝安志敏先生八十岁论文集》(香港:香港中文大学,2004),第 291 - 293 页。

限,青铜器铭文中是永远不会有的。因此当我们使用铭文作为第一手史料时,我们必须意识到它们的偏见和主观性。当然,青铜器铭文的局限性还可以从其他方面来论述,比如它们的地域差异、文化和部族背景、铸造过程、礼仪特别是在宗教礼仪中的使用等等。罗泰(Lothar von Falkenhausen)曾特别强调了最后一点。他认为,由于铭文铸造于宗教场合中用来同祖先神灵交流的"礼器"(ritual bronzes)上,"青铜器铭文应该被看作一种本质上的宗教文献"。① 但是,为了充分理解这一特定问题的复杂性,我们亦不应忽视巫鸿(Wu Hung)最近提到的一个有力看法,即铸造纪念性青铜器铭文的原因其实是出于对作器者生活事件的记录,而并非是祭献祖先的需要。② 这个问题需要另文进行更详细的讨论。不过在我看来,数量庞大的青铜器铭文自身就是一个极为复杂的文献体系,并非哪一个简单的理论就可以对它们的铸造做出解释。要言之,尽管青铜铭文有其自身的局限性,但它们仍是本书研究中最主要的西周史料来源。

第三类资料是文献记载,它的情况更为复杂,故须更为详细的讨论。西周是有文献记录传世至今的最早时期。这些西周当代或者近乎当代的书面记录首先可以从《尚书》的篇章中看到。学术界公认五篇"诰"是可靠的西周文献,并且很可能是西周早期的作品,与周公都有一定关系。③ 学者们很早就注意到五"诰"中古奥的文

---

① Falkenhausen, "Issues in Western Zhou Studies," pp. 145 – 152;引自 146 页。应该指出,罗泰另一方面也承认金文"记入了一些有不可否认的历史有效性的信息",见 Falkenhausen, "Issues in Western Zhou Studies," p. 167.

② 换句话说,如果这些被记录的事件没有发生,这些铭文也就不会被刻铸。因此,巫鸿认为西周时期青铜器的意义已经与商代不同:"它不再是作为礼仪上同神灵交流的工具,而是现世生活中荣耀和成就的表证。"见 Wu Hung, *Monumentality in Early Chinese Art and Architecture* (Stanford, CA: Stanford University Press, 1995), p. 63.

③ 这五篇是:《康诰》、《酒诰》、《召诰》、《洛诰》、《大诰》。参见 Michael Loewe(鲁惟一) ed., *Early Chinese Texts: A Bibliographical Guide* (Berkeley: Society for the Study of Early China, 1993), pp. 379 – 380.

辞与商代甲骨文以及西周金文之间的类似性,这表明它们在成书时间上要早于《尚书》中的其他篇章。① 另外一组七篇大意是讲述西周早期的,虽然成文时间晚于早期,但很可能也是西周时期文献。② 所有这些篇章都是研究西周早期历史极为重要的史料,为我们提供了此一时期的基本轮廓。但不幸的是,整部《尚书》中只有《吕刑》一篇是讲述西周中晚期,特别是穆王时期的历史;甚至就连这一篇也可能是春秋时期的作品。③

不过,有关西周中晚期的资料见于另一部经典文献——《诗经》(305首诗歌的总集)中,尤其是在《小雅》和《大雅》部分,其中有超过20首诗与本书的研究有关。我们可以按三个历史主题对它们进行分组:第一组诗见于《小雅》中,它们提供了有关周人与玁狁之间战争的重要信息。④ 第二组主要见于《大雅》中,对宣王长期统治期间的政治事件以及周在东部与南部地区的军事行动作了连贯的叙述。⑤ 第三组诗则分散于《小雅》和《大雅》之中,讲述动荡不安的幽王时期和随后向东周的过渡。⑥ 这些明显有政治历史性质的诗,为我们集中提供了有关西周晚期的最早文献层(textual layer)。当然,要对《诗经》中的每一首诗作精确的断代是不可能

---

① Michael Nylan(戴梅可), *The Five Confucian Classics* (New Haven: Yale University Press, 2001), pp. 133 – 135.
② 这些篇章是:《梓材》《多士》《无逸》《君奭》《多方》《立政》《顾命》。
③ 见 Loewe, *Early Chinese Texts*, p. 380.
④ 这一组主要有四首诗:《采薇》(no. 167)、《出车》(no. 168)、《六月》(no. 177)和《采芑》(no. 178)。诗的编号按照 Arthur Waley(亚瑟·韦利)trans., *The Book of Songs: The Ancient Chinese Classics of Poetry*, Joseph R. Allen(约瑟夫·R·艾伦)ed. (New York: Grove Press, 1996). 这种编号体系是以传世的毛诗分类为基础的。关于这些诗的编排,参见 Nylan, *The Five Confucian Classics*, pp. 77 – 78.
⑤ 这一组包括:《云汉》(no. 259)、《韩奕》(no. 261)、《江汉》(no. 261)和《常武》(no. 263)等等。
⑥ 《大雅》中出现的诗包括:《桑柔》(no. 257)、《瞻卬》(no. 264)、《召旻》(no. 265);《小雅》中的有:《节南山》(no. 191)、《正月》(no. 192)、《雨无正》(no. 194)、《十月之交》(no. 193)。关于《十月之交》中提到的事和人应定在幽王时期还是厉王时期,长期以来存在着争议。但我相信,函皇父鼎(JC: 2548)发现后,唐兰先生已经令人信服地论证了它们肯定是属于幽王时期。参见唐兰:《唐兰先生金文论集》(北京:紫禁城,1995),第 107 – 108 页。

的,因为和大多数中国早期文献一样,其作者身份十分模糊。① 一般而言,有关这些诗的创作和随后传诵的环境存在着很大的不确定性。然而,从上海博物馆最近发表的楚竹书《孔子诗论》来看,孔子显然已经对这些诗有过系统的论述,②这也说明与我们今天的传本类似的一个诗集在公元前6世纪中叶已经在流传。这与大多数现代学者将其大部分诗的成书年代定在公元前1000-前600年是相吻合的。③ 既然大多数学者认为二《雅》的结集时间先于《国风》(可能是《诗经》的最晚一部分),④这自然暗示与本书研究有关的诗大多应是西周晚期至春秋时期的第一个世纪间的作品,相去西周灭亡的时间并不远。确实,基于这些诗与当代青铜器铭文所记人事及地理细节的雷同性(论证详后),我倾向于认为至少其中一部分政治历史取向的诗是西周时期的作品。

然而,在历史研究中使用《诗经》这部书的真正挑战,是我们如何从高度修辞和夸张的诗体表述中提取有效的信息。不过好在它们并不是我们拥有的唯一资料,所以我们还是有办法将它们所提到的史实与所谓诗人的艺术表现区分开来。在这点上,我们对源于同一历史背景(比如周与玁狁之战)的诗与青铜器铭文进行比较(见第三章),就可能为评价这些诗的历史价值提供一种基础。这两种资料在内容上的吻合暗示,不管是书面的或口头的,这一历史事件很可能有其潜在的原初记述,而这种原初记述则可能是这两种性质迥异的资料的基础。历史学家的任务就是通过考证各种各

---

① 近年来有一些学者把中国早期文献的这一方面与源于希罗多德(Herodotus)和修昔底德(Thucydides)的西方史学传统进行了比较。参见 David Schaberg(史嘉柏),*A Patterned Past: Form and Thought in Early Chinese Historiography* (Boston: Harvard Asia Center, 2001), pp. 258-259.

② 参见马承源主编:《上海博物馆藏战国楚竹书》第一册(上海:古籍,2001),第119-168页;裘锡圭:《关于〈孔子诗论〉》,《国际简帛研究通讯》2002年1月,第2卷第3期。

③ Loewe, *Early Chinese Texts*, p. 415.

④ Nylan, *The Five Confucian Classics*, pp. 87-89.

样的史料以恢复对历史的原初记述。因此，尽管这些诗有其文学特征，但我们只要将它们置于一个同为其他类型证据所共有的历史背景之下来进行解释，便有望揭示出它们真实的历史含义。

　　上述两部典籍包含了与西周同期的或近乎同期的部分篇章，① 除此之外，两部战国时期的资料对本书的研究亦是十分重要的。第一是《竹书纪年》，其最终成书年代被定在公元前299年，这一年这部书被随葬在河南省北部汲县的一座墓葬里。② 在这部古书中，战国时期的编年史无疑是以保存在其诞生之地的魏国宫廷中的档案记录为基础的。它同时还包含了春秋和西周时期的编年史，可能是以从魏的前身晋国流传下来的记录为基础的。无论如何，正如《竹书纪年》于公元281年一出土即出现了不同的传抄本一样，今天可利用的这部书也存在着不同的传统：流传下来的《今本竹书纪年》和辑自其他中古书籍所引佚文而成的《古本竹书纪年》。18世纪修纂《四库全书》的学者们认为《今本竹书纪年》是墓本亡佚之后后世伪造的。然而，新的研究已经充分显示出使用该书的记录来重建西周纪年的价值，尤其可以与金文和天文学证据互证来确定武王克商的年代，尽管这部典籍中同样存在一些系统性的错误。③ 其中有些可能是出土后整简错位所致，而这种可能性本身即可证明今

---

　　① 第三部包含了传自西周时期的文献资料的是《周易》，但除了少数几行外，它基本上不能为本书的研究提供什么信息。
　　② 有关《竹书纪年》的成书年代，参见 Loewe, *Early Chinese Texts*, pp. 42 – 43.
　　③ 有关从《今本竹书纪年》的纪载来探索其历史价值的研究，参见 David Nivison（倪德卫）, "The Dates of Western Zhou," *Harvard Journal of Asiatic Studies* 43. 2 (1983), 481 – 580; Edward Shaughnessy, "The 'Current' *Bamboo Annals* and the Date of the Zhou Conquest of Shang," *Early China* 11 – 12 (1985 – 1987), pp. 33 – 60; "On the Authenticity of the Bamboo Annals," *Harvard Journal of Asiatic Studies* 46. 1 (1986), pp. 149 – 180; David Pankenier（班大为）, "Astronomical Dates in Shang and Western Zhou," *Early China* 7 (1981 – 1982), pp. 1 – 37; "The *Bamboo Annals* Revisited: Problems of Method in Using the Chronicles as a Source for the Chronology of Early Zhou, Part 1," *Bulletin of the School of Oriental and African Studies* 55. 2 (1992), pp. 272 – 297; "Part 2: The Congruent Mandate Chronology in *Yi Zhou shu*," *Bulletin of the School of Oriental and African Studies* 55. 3 (1992), pp. 498 – 510. 关于这个问题，另见 Loewe, *Early Chinese Texts*, pp. 42 – 43.

本的真实性。① 更为重要的是,正如夏含夷已经证明的,这部书中记录的一些历史人物和年代除了仅在西周金文中得到确认之外,传世文献中并没有提到。② 这些研究有力地指出《竹书纪年》中的记载,无论是今本还是古本,都包含了传自早期的真实历史信息,因此它们对西周史研究的意义应得到充分的发掘。

与《竹书纪年》简短的记载不同,有关东西周过渡时期的长篇叙述见于另一部著作——《国语》,成书于公元前 5 世纪晚期至前 4 世纪之间。③ 在这部以言论为中心编成的著述中约有十二篇处在西周中晚期这一历史背景下,其中三篇涉及到西周的灭亡。前两篇在性质上是对周幽王统治的政治分析,第三篇是对春秋早期晋国的宫廷政治进行的评论,其中西周的灭亡只是被用作一个比喻。近来史嘉柏(Schaberg)认为,这些言论跟《左传》中的许多对话一样,都是根据一个主要包含了三部分的基本架构而展开的:即判断,原理(通常会引经据典),以及实用。因此,史嘉柏对把这些对话作为史料使用基本上是持怀疑态度的。④ 虽然这种对早期典籍

---

① 参见 Shaughnessy, "On the Authenticity of the Bamboo Annals," pp. 165 – 175. 另一方面,班大卫论证了《竹书纪年》中记载的两次行星聚会正好相隔 517 年,一次是公元前 1576 年商受天命,另一次是公元前 1059 年周受天命;现代天文学家算出的行星聚会间隔是 516.33 年。在此基础上,班大卫判定商朝建立于公元前 1554 年,吉德炜认为这个日期是成汤(商王朝的建立者)一年。参见 Pankenier, "Astronomical Dates," 17 – 20. 另见 David Keightley, "The Shang: China's First Historical Dynasty," in *The Cambridge History of Ancient China: From the Origins of Civilization to 221 B. C.*, ed. Michael Loewe and Edward L. Shaughnessy (Cambridge: Cambridge University Press, 1999), p. 248.

② 参见 Shaughnessy, "On the Authenticity of the Bamboo Annals," pp. 152 – 155.

③ 有关《国语》的成书年代,参见 Loewe, *Early Chinese Texts*, pp. 263 – 264. 关于各种联系《左传》来为《国语》断代的讨论,另见 Schaberg, *A Patterned Past*, pp. 315 – 317;第 436 页注 13。

④ 参见 Schaberg, *A Patterned Past*, pp. 42 – 46. 史嘉柏有关《左传》中对话对春秋时期思想史研究的可靠性的观点,受到尤锐(Yuri Pines)新作的批判。见 *Foundations of Confucian Thought* (Honolulu: University of Hawaii Press, 2002), pp. 35 – 39. 相反的,尤锐认为《左传》中的对话可能是以传自早期的档案资料为基础写成的;因此,它们能够被作为春秋时期思想史研究的史料来使用。参见 Yuri Pines, "Intellectual Change in the Chunqiu Period: The Reliability of the Speeches in the *Zuozhuan* as Sources of Chunqiu Intellectual History," *Early China* 22 (1997), pp. 86 – 95.

中的历史叙述进行结构性分析的方法一般是可取的,但结构分析本身并不为评判文献所记录的历史认识的对错提供基础,因为简单而言,无论真实的还是虚假的历史认识都可能按照一定的结构被记录下来。① 此外,我们也应该意识到这些对话,特别是在《国语》中,无论是它们的展开方式或其传递的历史细节,彼此之间都有着很大差别。有些对话篇幅之长以至于在它们自身包含的历史叙述中又依次包含了更简短的对话。我们必须联系其他文献,在宽广的历史背景中对这些对话中所囊括的历史细节的真正价值做出评价,如同史嘉柏在谈到其基本年代框架及一些具体的史实时,他亦认为,"其准确性我们没有理由进行怀疑"。②

这些相对晚出史料的缺陷是显而易见的:在历史事件发生到它们最终成文这段时间间隔中,大量重要的信息也许已经遗失,而有关这些事件最初的记录可能也会经历文学上的增饰乃至修改。正如史嘉柏所言,《左传》中的言论可能反映的是后世的观点。③ 即便是当代的文献资料亦难避免这些问题,因为在长期的文本传承过程中,它们可能会被误抄或受到低质量的修订。但是,在本书的研究中使用西周以后史料的原因也非常明晰。从利用《竹书纪年》进行的年代学研究中已经看到,晚出的史料包含了传自西周时期的真实历史信息。这一点在过去的考古发现中得到了反复的证明,而且现在又有一个极好的例子:近来发现的逨盘上记载了西周的十一位王,从文王一直历数到厉王。④ 在传世文献中,完整的

---

① 例如,只要比较几部高度格式化的正史中的相应部分,甚至一部正史中同一部分中的若干篇章,我们就能轻易找到这种结构性的叙述。
② 参见 Schaberg, *A Patterned Past*, pp. 26, 319.
③ 参见 Schaberg, *A Patterned Past*, pp. 26-27.
④ 这件青铜器是 2003 年 1 月 19 日在陕西省眉县的一个窖藏中发现的,一同出土的还有 26 件有铭青铜器。见《盛世吉金——陕西宝鸡眉县青铜器窖藏》(北京出版社,2003),第 7-14,30-35 页。另见《文物》2003 年 6 月,第 4-42 页;《考古与文物》2003 年 3 月,第 3-12 页。

周王世系仅见于《竹书纪年》和更晚的《史记》,但现在这个世系被证明是精确的。在逨盘发现之前,如果我们仅因为这一周王世系只见于后世史料就将其完全摈弃,我们岂不是犯了一个很大的错误?诸如此类的例子难以尽举。很明显,真实的历史知识是可以被传到后世的。如果再思考一下我们对亚历山大大帝的了解有多少需依赖于普鲁塔克(Plutarch)和阿里安(Arrian),即四个世纪后罗马时代的史料,甚或有关这位英雄的最早记录也是在他死后两百年才写成,那么我们可能都会同意后世的史料同样具有历史价值。① 最不幸的是,几乎所有的历史记录都产生于稍晚的时期;即便是最当代的(contemporaneous)的史料也并非精确地与其所描述的史实同步进行。离开这些相对晚出的史料,历史研究是无法达到它的目标的。

试让我们再举一个极端的观点,我们甚至可以说一个文献的年代并不相干;因为如上所言,即使是一部当代的文献也可能被后人修改,而一部晚出的文献也能包含较早时期传下来的真实信息。重要的是蕴藏在文献中的核心信息。正因如此,我们目前的文献研究正在许多新发现文本的促进下迈向一个新的方向;即不再将文献看作一个整体,而是把它当作不同时期的层位的累积。所以,文献记载的重要性并不在于文献的传统权威,事实上这种传统权威早已为古史辨派打破;② 由于上述的问题,即便是当代的金文和

---

① 关于这一点,我们可以参阅最近由 Waldemar Heckel(海克尔)和 J. C. Yardley(雅德利)对有关亚历山大大帝史料的评论,参见 Waldemar Heckel and J. C. Yardley, *Alexander the Great: Historical Texts in Translation* (Malden, MA: Blackwell Publishing, 2004), pp. xx-xxix.

② "古史辨"是由顾颉刚发起的一场学术运动,它以《古史辨》杂志为阵地,从1926年到1941年间,先后出版了7册,发表了学术论文350余篇。这场运动的目的在于打破中国传统上的古史观,顾颉刚称之为在中国漫长的文献传统中"层累造成的伪古史"。这场运动虽然在打破传统史学的方法论基础,以及动摇文献的无法保证的传统权威方面有重要贡献,然而作为一项严肃的学术研究,它也受到其自身逻辑和方法论上的众多缺陷的窒困。关于"古史辨"运动的起源,参见 Laurence Schneider(施奈德), *Ku Chieh-kang and China's New History: Nationalism and the Quest for Alternative Traditions* (Berkeley: University of California Press, 1971), pp. 1-52, 218-257. 近来对这个问题的反思,见田旭东:《二十世纪中国古史研究主要思潮概论》(北京:中华书局,2003),第111-176页。

考古记录也不享有这种与生俱来的权威。文献资料的重要性在于，它们可以在一个与其他类型证据共有的历史背景（historical context）中，彼此相互联系并揭示一个有关历史事件的潜在的和一贯的记述；而在这个历史背景中，独立的史料可以得到最充分合理的解释。简言之，如果两个或三个独立的史料（我们不能证明它们彼此之间有相互衍生的关系）对某段历史发展有一致的记述，我们就必须认真考虑这样一种可能，即它们都是以一段有关这段历史的早的或者可能是原初的记述（无论是书面的，还是口头传承的文化记忆）为基础的，除非有人能够证明所有这些独立的记录都是由一个人伪造的。就西周史这一特例而言，我们确实拥有几个独立的史料。例如，《竹书纪年》来源于晋国和它的继承者魏国，这与《诗经》、《左传》和《国语》有所不同；《诗经》可能来源于西周宫廷，而《左传》和《国语》在传统上与山东地区有关。事实上，《竹书纪年》在公元281年出土之前，它完全不为历史学家和哲学家们所知。更重要的是，这些相对晚出的文献资料在本书的研究中并不是被单独使用，相反的，它们是被置于一个同时受到考古证据支持的历史学背景中与铭文资料和早期典籍一起来使用。当然，在较晚的资料中也存在着不一致和矛盾之处，但我认为通过文献批判（textual criticism），这个问题至少能部分得以解决。如果我们能论证什么是错的，我们将能更好地说明什么是对的。但如果我们将这些资料拒绝于研究之外，这个问题将永远得不到解决。

讲了这么多，我还须指明的是，在这项研究中使用的文献资料大体上限于先秦时期。这是基于这样的考虑，即汉代是文学创作的重要时期，其间大量新的知识可能已经被添加到文献中来。《史记》虽然对西周时期进行了简要的叙述，但因为它反映的是汉代人的西周史观，所以即便它是有关某个主题唯一的史料，我们也只能视之为二手资料。然而，关于秦国早期的历史，《史记》是第一手的,并在多数情况下是最早的资料。这是因为关于秦的两章显然是以一部较早的名为《秦纪》的文献为基础的,而如今它已经佚失。① 至于古代的地理记录,本书的适用范围一直延续至中古时期。由于它们是一种具有独特属性的资料,下面我将在不同的情况中对它们进行讨论。

途径与方法

本书以三个不同的知识领域为基础:地理学、考古学,以及历史学(包括铭文和文献研究)。地理学研究不仅仅意味着把事物放在地图上;实际上,通过这个过程,我们在事物之间建立起一种联系,并且在对其中任何一个事物进行解释时必须考虑它与其余的关系。同时,我们提出了历史过程与它所在的地理环境,尤其是与"地表形态"(landscape)这一人所构思的空间内地球表面自然特征的集体存在之间的联系。根据杰克生(John Brinckerhoff Jackson)对这个词在古英语中起源的回溯,它的第一个词素"land"所指的并非地球自然表面的一种通称,而是相当于一种具有明确边界的地区单元。另一方面,第二个词素"scape"的意思在本质上与"shape"是相同的。② 从而,"地表形态"(landscape)作为本书研究中构建历史和地理之间联系的主要母体(matrix),与艺术史中流行的仅指风景意义上的地球可见特性的用法大不相同。③ 相反,它是一个排列系统,一个结构,或者是人对山脉、谷地、河流等自然力

---

① 关于这一点,参见瀧川龜太郎:《史記會注考證》(東京:史記會注考證校補刊行會,1956),第 104 頁;Loewe, *Early Chinese Texts*, pp. 406 – 407.

② 因而,杰克生将"*landscape*"定义为"作为我们集体存在之基础或背景的一种人造或人为改造的空间之复合体"。参见 Jackson, *Discovering the Vernacular Landscape* (New Haven: Yale University Press, 1984), pp. 6 – 10.

③ 杰克生还提到了这个术语在美国和英国使用的不同:美国人倾向于认为 Landscape 仅指自然风景,而在英国,Landscape 几乎总是含有人为因素的。见 Jackson, *Discovering the Vernacular Landscape*, p. 5.

形成的土地特征,以及聚落、道路和防御工事等人为造成的特征的一个管理系统。它代表了一种在彼此互相影响的人类社会和它所处的环境之间的互惠关系。

中国是一个多山的国家,尤其是在它的西部地区,黄土高原上的重重山脉与千沟万壑构成了极为复杂的地表形态,而西周国家的中心地区恰坐落于此。像这样的地理环境显然对历史的发展有着重大影响,因为西周国家的行动要顺应这种复杂的地表形态,并且必须将地理上的劣势转化为优势。然而,我们必须辩证地看待地理对历史的影响。一座山可能会成为一个族群的障碍,但它却也可以保护这个族群免受外敌的入侵;而一旦这座山为敌人所控制,它的优势又跑到了敌人那一边。另一方面,人类社会不仅会从最大利益出发来利用地理,还创造了诸如聚落、道路、运河和防御工事等众多地表形态中的组成因素。他们也可以突破地理的限制以取得巨大的成就。①

然而,要阐明遥远的时间背景下历史和地理之间的复杂关系,还得依赖于我们对特定时期历史地理的复原。在对商王国的地理研究中,吉德炜(David Keightley)提出了下列作业原理:②

> 举例来说,如果一个讲到在X或Y处有商代聚落的甲骨文窖藏还没有被发现,那么即使这些聚落已经得到发掘,我们也不能把它们当作商代国家的一部分。同样的,如果甲骨文中提到的那些应该被发现的地区中的遗址尚未被发掘,我们亦不能确切称商代国家包含这些地区。

这里,吉德炜看到了结合历史学和考古学以复原商代地理的可能性,但这有两个条件:1) 甲骨文中对某个地区商聚落的记录;

---

① 就历史与地理之间复杂关系的讨论,见 W. Gordon East, *Geography behind History* (New York: W. W. Norton & Company, 1965), pp. 1–14.

② 参见 David Keightley, "The Late Shang State," p. 526.

2) 具有商朝风格文化内涵的遗址的存在。这两个条件必须同时满足才能声称一个地区在政治上属于商。然而在商代研究的实践中，这种方法遇到了较大的障碍。商朝的甲骨文当然不会告诉我们其所记地名与今天的地理之间有着怎样的联系，因而这种联系必须通过后世的地理记录来建立。鉴于商代与有系统地理记录的帝国时期的时间鸿沟，将甲骨文中的地名在现代地面上确定下来的精确性常常令人怀疑。这个问题已经长期阻碍了商朝地理的研究；在过去的三十年中，这方面取得的进展可以说是微乎其微。①此外，考古资料的使用涉及到更多的问题，并且究竟什么是商文化，什么不是商文化，这是一个经常要问的问题。

不过，对于西周国家，我们有理由乐观起来。这是因为商朝的甲骨文几乎都发现于商的首都——安阳，②而那些提到了史有记载的周代诸侯国名及其活动的西周金文，经常都出土于这些诸侯国的所在地。我们除了能够从金文中获得"第一手"的信息外，西周的地理研究也能够更好地以传统的地理记录为基础。因为大多数西周诸侯国到东周时期依然存在，并且许多在战国文献中被频繁提到，而与这些记录相伴随的则有一个连续的且有价值的汉-晋地理传统。因此，跟商代甲骨文中的地名相比，我们对西周地名的现代地理位置更有信心。简言之，只有在西周时期，历史和文化背景才赋予我们一个真正的机会来复原周人政治国家的地理空间。

在研究历史和地理之间的关系时，历史地理学家确定了四种途径：第一，"地理史"，根据历史记录来研究过去的自然地理和地

---

① 在吉德炜最近的著作中，他指出"政治集团的地理分布和联系(指王族与不同的地方集团之间)尚未得到精确地确定"。见 Keightley, *The Ancestral Landscape*, p. 57.

② 唯一的例外是近来山东济南大辛庄甲骨文的发现，但这次发现对商地理研究的意义仍不是很清晰。见简短的报道，"China Unearthed Shang Oracle Bones Again, 104 Years after the First Discovery," *People's Daily Online* (http://english.peopledaily.com.cn), 2003年4月9日。

理环境的变化。第二,"地理学史",研究人类对地理环境的观念及其表达方式的转变。第三,研究由人类活动而不是自然力引起的地理环境的变化。第四,狭义的"历史地理学",研究在特定时期人类活动的空间分布以及人类社会不同部分之间的空间关系。① 这些途径对于本书西周国家的地理及其政治建构的研究都具有重要意义。为了论证这样的历史地理,我们首先须依靠近年来中国地理学家所进行的广泛地理调查。② 我们不但应知道山脉与河流的精确位置,同时还应知道城市的分布以及连接它们的运输系统。换句话说,我们必须全面了解中国目前的地理,以此为基础来研究它过去的地理。第二,我们应该紧跟上述第一途径地理史研究领域内的新发展。这样的研究中有两方面最为重要:气候与河道的变迁。这些变迁对西周的政治与军事行为有着重大的影响。第三,我们必须密切关注古代的运输路线,这是"人群及其观念的扩散,以及人类进行商旅和战争活动的基本方式。"③道路既揭示出一个地区地形特征的潜在优势,也暴露出它们的缺陷,并且像这样的特征在整个历史时期基本保持不变。在这点上,对后世王朝记录更为完善的运输和战争的路线作历史地理的研究能够为我们理解西周时期的交流提供一个重要的基础。最终,我们也必须考虑周人自己是如何看待他们的地表形态的,因为这样的看法可能有力地影响到西周国家的政策。

从汉代开始,地理记录在中国已经作为帝国行政管理的手段

---

① 有关地理学和历史学多方面研究的讨论,参见 H. C. Darby 和 C. T. Smith 文,刊于 D. Brooks Green (ed.), *Historical-Geography: A Methodological Portrayal* (Savage, Maryland: Rowman & Littlefield, 1991), pp. 59–103.

② 近几十年来,中国的地理学家在全国范围内进行了广泛的调查。这些调查的结果被较为完善地编入《中国自然地理》这部多卷册的著作中,并在 1979 至 1985 年间由中国科学院出版。见《中国自然地理》12 册(北京:科学,1979–1985)。这个科研项目的相关信息,另见 Zhao Songqiao(赵松乔), *Physical Geography of China* (Beijing: Science Press, 1986), pp. 1–3.

③ East, *Geography behind History*, p. 56.

系统地产生；因此，我们在追溯汉以后两千年间的行政区划时没有太大的困难。① 这意味着，倘若我们能够在一张汉代的地图上确定一个古国，我们必定可以在今天的地理上找到它大致的位置；汉代重要著作《汉书》中的《地理志》卷为此提供了宝贵的联系。有些地理记录产生于古代遗址尚屹立在地表的时候，这些遗址为当地的民众所熟悉，并为当时的学者所观察过。当然，传统的地理著作中有关一些历史遗址的位置记录也存在问题。人们可能是依据了不确切的历史地理知识乃至无根据的传言而将一个纪念物建在了一个古国的疑似遗址上。到了下一个时期，那个纪念物就可能被作为古国位置的证据而被登记下来。这种过程可能会被重复多次，从而滋生出无穷无尽的差异。当然，准确的信息也会在这样的信息复制过程中流传下来。一个极好的例子是近来发现的周公庙遗址，这里发现了二十二座高等级墓葬和刻有"周公"字样的西周甲骨。陕西著名的周公庙的历史仅能追溯到唐朝(618-907)。但唐朝的庙宇却正好建在了这样一个有着重要考古发现的带围墙的墓地遗址中。② 为了从传统的地理记录中提取出有价值的信息，我们必须始终关注它们的年代顺序及其产生的环境。一般而言，正如过去三十年的考古发掘再三显示的，汉代著作中有关西周诸侯国位置的记录大多是准确的，并且信息量也大。

考古学在地理和历史之间建立起一种天然的联系，因为每一件来自受到控制的考古发掘中的器物都具有两个背景（context）：一个是历史背景，由此，这件器物可以被放回到特定时期的特有文

---

① 我们可以简单地查由谭其骧主编的奠基性著作；见谭其骧：《中国历史地图集》8册(北京：中国地图, 1982)。我们也可参考基于谭著的电子数据，如由"哈佛中国历史地理信息系统"(Harvard Chinese Historical GIS)提供的哈特韦尔数据（Hartwell dataset），或者由台湾"中央研究院"提供的"中华文明之时空基础架构"(Chinese Civilization in Time and Space)。

② 见《周公庙遗址考古发掘准备工作基本就绪》，中国文物信息网在线（http://www.ccrnews.com.cn），2004年9月23日。

化传统中去;另一个是地理背景,即这件器物占有一个明确的空间位置。考古发掘使得这两个背景相互结合,从而使得历史事件能够确实地和它们的地理环境联系起来。在这一关键点上,现代考古学对历史学研究贡献极大。正如上文指出的,在西周研究这一背景中,这点由于金文的发现而更为加强;也就是说历史文献(金文)能够与空间位置稳固地联系起来。然而,物质遗存本身并不会说话;只有将它们放到由一组认真设定的问题所构建起来的理论框架中进行审视时,它们才会发挥这种功效。考古资料可以在众多不同的研究领域中(如历史学、人类学、艺术史,以及社会学)得到使用,并可以用各领域中特有的方法来进行研究,从而回答一系列合理的问题,比如社会分层、亲属制度、手工制品的生产和分配、日常生活与生业方式、风俗和宗教行为,等等。当然,本书的研究不会也无法对所有这些方面都进行研究,因为这大大超出了它的研究范围。但是,作为一项致力于历史过程和地理特别是地表形态之间关系的研究,本书将会深层次地发掘使用考古资料来回答一系列关乎地理空间的历史问题的可能性。

历史学和考古学之间的这种亲密关系已经为众多历史学家和考古学家们认识到,尤其是那些有着旧大陆背景的。[①] 那些无视既

---

① 这里举几个例子,在一本广泛使用的英语考古学教材中,柯林·伦福儒(Colin Renfrew)和保罗·巴恩(Paul Bahn)将考古学描述为既是人类学的分支,又属于历史学的一部分;见 Renfrew and Bahn, *Archaeology: Theories, Methods, and Practice*, p.11. 戴维·克拉克(David Clarke)高度评价了文献记录对考古学的重要性;他指出欧洲古代史学家所论述过的部落团体和联盟可以在考古记录中被有效地找到。见 David Clarke, *Analytical Archaeology* (London: Methuen, 1968), pp. 388 - 398. 另一方面,达芙尼·纳什(Daphne Nash)强调了通过文献记录而不是很多时候都沉默不语的考古证据来复原逝去的社会和政治制度的重要性;以凯尔特(Celtic)的考古为例,纳什说明了如何结合这两种类型的证据以研究社会和政治的变化。参见 Daphne Nash, "Historical Archaeology," in *The Cambridge Encyclopedia of Archaeology*, ed. Andrew Sherratt (New York: Crown Publishers Inc., 1980), pp. 43 - 45. 在西方古代史学家中,例如芬里(M. I. Finley)特别概述了考古学如何能对历史学的研究作出贡献。他甚至认为随着非考古学证据的数量及其可靠性的增加,考古学对历史的贡献越来越大。参见 M. I. Finley "Archaeology and History," *Daedalus* 100.1 (1971), pp. 172 -183.

有的丰富历史文献来进行研究的考古学家与那些忽视现行的考古发掘的历史学家一样的片面。自从 1999 年《剑桥中国古代史》出版以来，许多学者对这部鸿篇巨制中沿着两条平行并时相矛盾的轨迹——一条是历史学，另一条是考古学——对其所涵盖的各个时期进行叙述所产生的不一致性表示了不满。① 这种分割无疑反映了 20 世纪后半期无论在中国还是在西方这两个学科间正日益加深的不幸的鸿沟，不管这种加深是因为好的或不好的原因。如果我们对将历史学和考古学分开的方式不满，就应该尝试着将两种学科结合起来，以期对早期中国，至少是某一较短时期内的资料做出更为完善的解读。带着这种期望，本书的研究对历史和考古资料并重，同时将考古学的分析与历史学的研究结合起来，从而论证西周的逐渐衰退以至最终的灭亡。这并非是对已经由历史学家和考古学家各自得出的结论作一种简单的叠加，而是需要重新对双方领域内存在的问题作根本的研究。本书的基本前提是：当我们将历史学和考古学结合起来时，我们才会看到一幅更完善而较少支离破碎的过去的画面。

何以考古学对西周史的研究如此重要？也许它最积极的贡献反映在西周国家这一政治组织的空间重建中。通过将一个地区内考古遗存的分布与关于这个地区的金文以及文献记录中潜在的历史过程相联系，我们可以知道这个地区是否处于西周国家的政治支配之下。在一种决定性的证据——当地出土的有铭青铜器——的帮助下，我们能比较有把握地划定出周朝控制的地理空间。然而，当有关一个地区的书面记录不足时，仅仅依据考古学证据来得出历史学结论一般是很有问题的。这个问题来源于物质文化领域

---

① 参见 Sarah Allan（艾兰），"Book Review: The Cambridge History of Ancient China: From the Origins of Civilization to 221 B. C.," *American Historical Review*, February 2001, pp. 144 – 145; David Schaberg, "Texts and Artifacts: A Review of the *Cambridge History of Ancient China*," *Monumenta Serica* 49 (2001), pp. 464 –465.

和人类社会领域之间可能的差异,这在考古学界是尽人皆知的。[①]本书的研究也提供了一些在同一个被或未被周人控制的地区共存有不同文化传统的例子。这进一步显示了单纯使用孤立的考古发现来限定政治领域的危险性。然而,大多数考古学家承认物质文化和人类社会确实有所重叠,因此,只要我们设定一些例外,我们还是有可能通过考古学文化来研究人类社会的分布。[②] 鉴于这种研究的潜力及可能的风险,本书的研究采纳了假设不同的空间层次的模式,包括至少一个文化层次和一个政治层次,文化层次反映了周文化的空间影响,而政治层次则反映了周人政治统治的领域。

进而,考古学为我们呈现了一幅西周社会的综合图景,其中许多方面单从历史记录中是难以了解到的。本书的研究中有两点尤为突出。第一,我们大致可以有根据地对贵族文化(elite culture)(在考古学中以青铜器及其铭文为代表,但并不局限于此)和非贵族文化(non-elite culture)(以陶器为典型)加以区分。很明显,贵族文化与非贵族文化有时会表现出不同的发展趋势或速度,从而产生了不同的文化层面。这一点与本书中有关政治力量在特定的地表形态中构建方式的研究高度相关。为了从考古资料中提取这样的信息,本书的研究侧重于通过陶器的分析来界定存在于西周贵族文化空间内的各种地方传统。第二,考古学呈现了一幅西周国家边疆地区的复杂图景,即它是西周与周边地区在文化上高度共享的过渡地带,而非像文献记录中所谓文明与野蛮之间的清晰界限。这两点我都将在书中用实例来进行说明。

---

① 考古学中的这个问题已经得到了充分地讨论,参见 Ian Hodder, "Simple Correlation between Material Culture and Society: A Review," in *The Spatial Organization of Culture* (Pittsburg: University of Pittsburg Press, 1978), pp. 3–24.

② 例如,戴维·克拉克以民族学例子认证了这种可能性,即在部落与文化,以及部落集团与文化群之间存在着联系。他指出,随着一个文化从相关部落的中心向其四周移动,文化要素也会随之消失。参见 Clarke, *Analytical Archaeology*, pp. 365–388, 398;特别是 pp. 367–377.

本书的组成

本书由六章和三篇附录组成，主要可归为四个主题：第一章和附录一依据考古学、金文和文献资料对西周国家的地理幅员作了全面的调查。它们显示了在华北复杂的地形上，西周国家是如何得到营建的以及他们发展了何种策略来稳固它新的地理周界。第二、三两章及附录二，考察了西周国家面临的危机及其可能的原因。它们指出了内在的结构问题和外部的压力是如何共同导致西周走上日益衰退之路的。第四章和附录三对围绕西周灭亡的不同的历史和地理问题作了深层次的挖掘。第五、六两章考察了西周灭亡的后果及其向东周的过渡。它们显示了周人世界是怎样从西周这一政治性国家的崩溃中幸存下来的，以及这一政治性国家对中国及中华文明产生了何种影响。

第一章论述了西起渭河流域东至中原这一西周国家的中心区域。它阐明了西周国家的基础并同时揭示出建在这一地域地表形态上的行政框架。本章由渭河流域开始，审视了周王畿的基本结构，同时还考察了从陕北一直延伸到甘肃东南部渭河上游这一构成了西周国家西北边境的半月形高地。接着，本章研究了自周克商以来周人诸侯国在中央平原的部署，并且联系地理现实考察了西周国家的基本结构特征。在附录一中，我用同样的方法对周边地区进行了继续研究。

第二章由寻找有关政治和社会混乱的信号开始，考察了西周的长期衰弱过程。为此，本章对西周中晚期作了一个概述，特别突出了幽王即位之前的历史时期中最为重要的社会政治发展。本章考察了西周国家的统治结构，并且对西周衰弱的原因提出了一种新的解释。对内，西周国家采纳了一种"自杀式"的管理方法，即授予官员以不动产而非俸禄。这种体制最终导致了贵族家族财富和权势的不断增长,同时也使周王室日益贫困。王畿之外,在西周早期"封建"制度之下建立的诸侯国逐渐发展出一种离心力,裂解了西周国家。在这两种力量的侵袭下,西周王室的衰退以及西周国家的逐渐瓦解就在所难免了。本章进一步分析了西周国家衰弱的考古学证据。

第三章观察了西周面临的外部压力。但我无意对西周的外交关系进行全面的研究,而是着重探讨了周人与玁狁之间的战争;玁狁是西周中晚期活跃于西北地区的一个少数部族,周的王畿地区遭到他们频繁的侵袭。本章详细回顾了周人和玁狁战争的历史,利用金文和文献记载复原了几场重要的战役,重构了周与玁狁之间这场旷日持久的战争的地理环境,将其定在了与西周都城地区紧相毗邻的泾河上游。这一分析揭示了泾河上游的地表形态是如何影响周与玁狁之间的战争进程,以及为何这一战争对西周王朝的生存至关紧要。此外,本章将这场战争置于一个更为广阔的文化背景中,考察了西周国家西北边境文化的复杂性。

第四章重点探讨了西周王朝最后十一年周幽王统治下的宫廷政治。它揭示了公元前771年西周的覆灭是王党和以皇父为首的老一代官员之间派系斗争的直接后果。这些斗争最终导致了周王室与申、缯等国和犬戎联军在军事上的决战,联军击败了周王室军队并且占领了它的都城。通过对与王室公开对抗的相关诸侯国的地理位置的分析,我们发现,与周人和玁狁之间的许多场战役相似,这场战争又一次发生在泾河流域。本章澄清了过去有关西周覆灭的许多误解,并且重新解释了这一动乱的历史过程。

第五章考察了西周向东周的政治过渡,集中讨论了周王室和西周贵族宗族的东迁。这个过程可被视为西周国家的地缘政治重构。本章首先研究了周王室在洛邑的重建,并考察了其与留居于渭河流域的另一王室的对峙和斗争。随后,本章研究了两支贵族宗族——郑和西虢——的历史及其迁徙；这两个宗族的东迁代表了这一时期西周灭亡所导致的由西向东的普遍人口流动。这些获得了新诸侯国地位的宗族在中原的安置触发了他们与本地原有诸侯国之间的激烈争斗，从而为以后五百年间的列国战争埋下了伏笔。本章的最后一节论证了周王室从渭河流域的撤离是如何为秦——中国第一个帝国的创造者——开辟了一条发展之路。

第六章讨论了西周国家在秦汉帝国的文化和政治基础的形成中所扮演的角色。文中提出西周国家为后世王朝留下了一节重要的政治课，即通过血缘组织来达到政治统一的方法；这个方法之后被重新使用并且为中华帝国的政治文化所吸收。更为重要的是，西周时期中国北方的人民产生了一种文化认同感，尽管这种认同只有在西周王朝灭亡后，到春秋战国时期中原面临新的外部压力时才完全被意识到。本章认为中华帝国的基础必须到西周国家的政治和文化事件中去寻找。

附录一继续探索西周国家的三个周边地区：东方、南方和北方。通过研究与每个地区相关的考古学证据、金文和文献记载，本附录对西周国家的地理范围作了合理的界定，同时也表明周人势力的存在和持续扩张是如何受到这些地区的地理现实制约的。在对周边地区进行研究时，附录一进一步采取了文化分析的方法，通过对青铜器和陶器群的分析来论证周文化因素是如何逐渐与不同的地方传统相互融合的。这一分析回答了到东周时期才全面展现的地方性周文化的起源问题。附录二考察了猃狁和犬戎之间的历史关系。附录三则探讨了褒姒传说的史学史发展。附录四刊载了由美国《早期中国》（*Early China*）发表的一组五篇对《西周的灭亡》的评论。附录五则是笔者对这些评论的一个总体回答。

第一章 西周国家的基础：
建构政治空间

公元前1045年1月，①周人与其西部同盟兴师渭河谷地，历经一番长途跋涉后，于牧野一举将商军击溃，旋即占领商朝都城（今安阳），②曾经鼎盛的商王朝就此寿终正寝。这场冲突，就其实质而言，固然是政治和军事性的，但其完全可被视为东部平原与西部多山地区之间的一种对抗，前者是商王朝及其众多臣服集团的地盘，

---

① 周克商的年代传统上有两说，第一说是公元前1122年，以班固《汉书·律历志》所载刘歆（前46—公元23）的《三统历》为基础。第二说是公元前1027年，依据的是《古本竹书纪年》中的一段记载（《史记》裴骃[公元5世纪]《集解》所引），谓"自武王灭殷以至幽王，凡二百五十七年"。公元前1027年之说为众多现代学者所接受，但也有其他学者提出了十余种"新说"。近年来，争论范围已经被显著地缩小到公元前1045年或公元前1046年之间；前者为倪德卫（前引）和夏含夷所主张，而班大卫和"夏商周断代工程"则主张后者。参见 David Nivison, "Western Chou History Reconstructed from Bronze Inscriptions," in *The Great Bronze Age of China: A Symposium*, ed. George Kuwayama (Los Angeles: County Museum of Art, 1983), pp. 46–47; "The Dates of Western Zhou," p. 517; Shaughnessy, "The 'Current' *Bamboo Annals*," pp. 52–53; *Sources of Western Zhou History*, pp. 217–236; Pankenier, "Astronomical Dates," 14–15; "The *Bamboo Annals* Revisited," p. 285; 《夏商周断代工程：1996—2000年阶段成果报告》（北京：世界图书，2000），第48—49页。倪德卫后来又将克商之年改定为公元前1040年。参见 David Nivison, "An Interpretation of the 'Shao Gao'," *Early China* 20 (1995), pp. 192–193; 详情可参见 David Nivison, "The Key to the Chronology of the Three Dynasties: The 'Modern Text' *Bamboo Annals*," *Sino-Platonic Papers* 93 (1999), pp. 1–24. "夏商周断代工程"是由国家资助旨在解决中国早期王朝年代的项目，1996年启动，2000年结束。断代工程所获年代是以《尚书·武成》（即残存下来的《逸周书》中的《世俘》篇；《逸周书》编辑于公元前299年之前）和《国语》中的历日记录为基础的，而班大卫在进行断代时，主要依据的是确定《今本竹书纪年》中行星聚会的日期以及克商之前的年表。另一方面，夏含夷则广泛参考文献及铭文资料将周克商之年定在了公元前1045年，本书即依据此说。

② 在其重建克商之役的研究中，夏含夷认为这场军事行动始于公元前1046年11月中旬，至公元前1045年1月15日早晨结束。参见 Edward Shaughnessy, "'New' Evidence on the Zhou Conquest," *Early China* 6 (1982–1983), pp. 66–67.

后者则是实力迅猛崛起的周人领地。然而这一历史事件同时也使周面临着一个比在战场上击败商人更为严峻的挑战——即如何确立对遥远辽阔的东部平原和其边缘地区的统治。克商后的数十年间,周人在扩大胜利成果方面可谓不遗余力;至康王(前 1042/35 - 前 1006)末年,西周国家的基础已经空前稳固。从此,一个整合中国北方两个主要地理带,其范围比商王朝远为辽阔的新地缘政治统一体屹立在东亚的地平线上。

西周的权力中枢全在于一条横贯东西的交通运输线上(地图1)。这条运输线从豫西艰险的重峦叠嶂中穿行而过,将丰镐二京和东都洛邑(或成周)各自所在的渭河平原与洛河谷地连接起来。距离这条中轴线不远的地方还分布着其他地理单元,如甘肃东部的泾渭上游以及晋南的汾河谷地;它们也有着重要的政治和军事意义。上述地区分布在西周国家的中部及其以西的地区,受到周朝王权兴衰的直接影响,从而也成为西周晚期的重要历史舞台。在本章中,我将对三个问题进行研究:这条地缘政治中轴线的形成、周政权是如何在这个条件多样的地区中得以建立的,以及由此产生的不同地理单元间的整合问题。在我看来,这种政治力量的构建既是一个历史的过程,同时也是一个由地理条件所引导的事业。我在下面的分析中不仅将揭示西周国家的真正基础,同时也为理解以后各章所述西周的危机与最终的灭亡提供一个必要的背景。

第一节　周人的本土及其毗邻地区

西周国家的中心位于陕西中部的渭河谷地。在克商之前这里是周人的家乡,并且之后在整个西周时期也一直是他们的政治中心。更为重要的是,这个地区受周王朝的直接行政管理,并由王师独力承担防御,①这是儒家经典中描述的所谓"王畿"的原型。② 当然,这里也是考古发现高度集中的地区。

地表形态与环境

虽然今天这个地区深居中国内陆而远离快速发展的东部沿海地区,但在三千年前,周人在此开创了一个随后绵延两千年的传统,其间渭河谷地一直是中国的心脏地带。在这片南北两面由群山屏障的开阔空间内,土地膏腴,水源充足,这正是令其成为王都或帝都的众多适宜因素之一。

这片广阔而平坦的河谷地区是新生代第三纪大规模陆地造山运动所形成的一个巨大的地堑断陷。③ 矗立在其南缘的是巍巍秦岭,诸多山峰的海拔高达 3 000 米,切断了河谷地带同陕南之间的来往(图 1)。河谷的北缘则是以一连串石灰岩为主要特征的山脉,人们一般称之为"北山山系",作为西周国家象征的岐山亦在其中。河谷的西端窄狭,向东则逐渐开阔。由于河道频繁迁移的缘故,形成了一个绵延 360 公里长的低地,其中段与东段的宽度可达 50 公里。这里地表形态的另一个明显特点是广泛分布的深厚黄土,是中国北方黄土高原的一个组成部分。这片黄土塬从北山山麓开始,连绵不断地伸向渭河岸边,在河谷的西段留下了一个高峻的台面。台塬的顶部异常平坦,只是过去五千年来的地表被水流切出了一条条深沟大壑,将原本平整的台地分割成众多大型的条块。④ 谷地南部,河水的冲刷只在西安以

---

① 有关周代行政区域的划分,参见 Li Feng, "'Offices' in Bronze Inscriptions," pp. 14-29.
② 《周礼》卷 33,第 863 页。对"王畿"概念的研究,参见吕文郁:《周代王畿考述》,《人文杂志》1992 年第 2 期,第 92-98 页。
③ 聂树人编著:《陕西自然地理》(西安:陕西人民,1981),第 8-9 页。
④ 据史念海推算,在过去的三千年中,台塬中部的这些冲沟平均下切了大约 50 米。参见史念海:《周原的历史地理与周原考古》,《西北大学学报》1978 年第 2 期,第 82-83 页。

图 1　今宝鸡所在的渭河谷地（作者摄）

东的骊山脚下留下一小段台地；在这里，骊山山体逼迫渭河河道逐渐北移。

　　流经这片谷地的是许多重要的渭河支流，包括北侧的汧河、泾河和北洛河。南侧的河流溪涧则更多，如发源于秦岭，流程相对较短的沣河与灞河。这些支流河谷为其周边地区提供了通道，通往五个久负盛名的关隘。在历史上，这些关隘一直默默守护着渭河平原，故渭河平原有"关中"之称。① 今天这一带冬季温和，夏季略为炎热，年平均气温在13℃以上，年降水量大约600毫米；此外，它还坐享来自北面黄土塬下和南面高耸的秦岭山中充足的地下水，渭河平原由此在历史上的旱灾中往往得以幸免。同时值得一提的是，秦岭南北两面山麓上丰盛的植被为这个地区的人们提供了丰富多样的自然资源，其中包括最重要的他们用来在河谷中修建宫

---

① 这五个关隘包括东面的函谷关、西面的陇关和散关、南面的武关，以及北面的萧关。参见史念海：《河山集·四集》（西安：陕西师范大学，1991），第145-146页。

殿和宗庙的木材。

　　历史上与渭河谷地联系最密切的地区要属泾河的上游。这一地区地理位置之重要,在西周的灭亡过程中发挥了关键作用;关于这一点我们会在后面几章中进行详细的讨论。实际上,它是黄土高原西部的一个畚箕形高地势盆地。尽管那里土壤的肥沃程度不及渭河平原,但7-10℃的年平均气温以及400-700毫米的降水量已经足令其成为甘肃这个西北省份中最富庶的农业区。在这个地区的西面,巍峨的六盘山(海拔1 400-2 800米)横亘南北,将这个地区与渭河的上游相互隔离开来。相信每一位从六盘山狭长的隧道中穿行而过的旅人都会对山脉两面山麓上植被状况的差别感怀不忘(图2)。向东,与泾河上游地区以子午岭(海拔1 500-1 800米)为界;往南,它逐渐过渡到北山山脉。①

图 2　自东看六盘山(作者摄)

---

①　孙永清、郑宝喜:《甘肃省地理》(兰州:甘肃教育出版社,1990),第290-291页。

不过泾河上游盆地底部并非一马平川，泾河及其众多的支流，诸如马连河、蒲河、澋河以及达溪河等早已将其切割得支离破碎。我们今天只有在它的北部尚可看到一些较大的塬面，比如甘肃庆阳（地图3）的董志塬。由于盆地的断续特性，河谷便成为适于人类居住的理想地区和交通的要道。泾河河道更是如此。泾河发源于宁夏六盘山，随后沿着山麓的东缘向北流淌。① 从平凉向东直至长武附近，这一段泾河河床平直宽阔，绵延近百公里，可谓一条理想的高速公路。之后，泾河受阻于黄土层下突兀出来的沙质基岩，被迫从一条狭窄曲折的溪谷中穿过（图3）。② 长武以下，当流至彬县地区时，河道再次打开，出现了一片更为开阔的河谷。但它最终消

图3　平凉地区的泾河上游（作者摄）

---

① 在古代，发源于宁夏笄头（鸡头）山的颉河通常被视为泾河的干流。有关泾河的历史，可参见清朝历史地理学家顾祖禹（1624－1680）的名著《读史方舆纪要》（台湾：乐天，1973），第2540页；另见鲁人勇、吴仲礼：《宁夏历史地理考》（银川：宁夏人民，1993），第355－357页。

② 事实上除长武县和今天的西峰市外，所有的县城都坐落在泾河及其支流河谷。长武县城建在浅水原上是因为这一段的泾河相当狭窄，交通主干道不得不修在原上。这条道路从古迄今一直未变。

失于彬县东南面一个叫作"断泾"的地方,因为从那里开始,一直到进入渭河平原之前,泾河穿行于北山的石灰岩质山体之中(图4)。①

图4　今彬县地区的泾河,自浅水塬而下(作者摄)

逾六盘山向西,映入眼帘的是以现代都市天水为中心的渭河上游。这个地区的最西端为青藏高原边缘的鸟鼠山,渭河即发源于此,然后穿过这片河谷从西向东流去。渭河上游水流潺缓,河面相对宽阔,有着与陕西境内渭河下游十分相似的环境。同泾河上游相比,这片区域的降水量更为充沛,孕育了中国西北部新石器时代及早期青铜时代的诸多文化。② 河谷本身即是甘肃南部地表形

---

① 聂树人:《陕西省地理》,第168—169页。
② 例如,前仰韶文化(发现于大地湾)、马家窑文化、齐家文化和辛店文化。与西周同时期,这个地区是寺洼文化所在地,它与周文化之间显然存在着交流。关于这些文化的分布以及它们与周文化可能的关系,参见李峰:《先周文化的内涵及其渊源探讨》,《考古学报》1991年第3期,第265—284页。同见 Kwang-chih Chang, *The Archaeology of Ancient China*, pp. 89—90, 142—143, 281—285, 376—385。

态的一个重要分水岭：从河谷一路向北，经过一片无边无际的黄土海洋之后，便可直抵内蒙南部的沙漠地带。那里气候干燥，年降水量大约300毫米。在干旱年份的春季里，当地居民必须依赖外面的水资源来维持日常的生活；然而在河谷的南面，黄土丘陵则逐渐被绿水青山所替代。

子午岭的东部是陕北黄土高原的腹地，不过这里大部分地区根本称不上塬，经年累月的地表径流已将塬面侵蚀成一个个坐落在成层黄沙和砂岩之上的庞大的黄土丘陵群(图5)。① 这种支离破碎的狭小谷地地貌只适于有限的农业，其山丘的斜坡上则可用于放牧。这个地区的年平均气温在9℃左右，较为凉爽，不过年平均不足500毫米的降水量使其显得相对干旱。洛河及其众多的支流构成了贯穿本区最主要的水系和交通要道。许多陡峭的河谷且深且险，由

图5　陕北安塞地区的黄土高原(作者摄)

---

① 对陕北黄土高原地质史的一个简要介绍，参见姬乃军：《延安史话》(北京：教育科学，1988)，第1-2页。

于岩基不稳,山体崩塌可谓家常便饭。洛河在流经甘泉和富县时,水面逐渐平缓,宽度增至 400 米;但自富县往南,河面又收缩至 100 米,从北山山脉中迂回曲折而过,跟泾河下游的情形相仿佛。①

道路交通

打开一张平面地图,人们或许会以为渭河是连接渭河平原与中国西北方的一条交通要道。但事实并非如此,在渭河东去的途中横亘着高峻的六盘山(它的南段称作"陇山")和巍峨的秦岭,两座大山联手在陕甘之间筑起一道难以逾越的天然屏障。在许多河段,河水下切花岗岩山体深达 400 米,形成了一条狭窄得几乎难以通行的水道,这种狭窄的河谷一直延伸到宝鸡,在这里它进入陕西中部的肥沃平川。因此,在 20 世纪 50 年代一条现代铁路竣工之前(图 6),要沿着这条河道通行大批的军马或人群几乎是不可能

图 6　宝鸡和天水之间的渭河河道(作者摄)

---

① 聂树人编著:《陕西自然地理》,第 166 - 167 页。

的。① 而要从陇县之西的"陇关"翻越陇山就更非易事了。远在汉代，陇山就以其险峻而闻名。②

从古至今，由中国西北进入渭河平原的通道——即便称不上是唯一，但也算得上是最重要的——向来要数泾河的上游（地图2）。汉代设于今固原县境内的萧关扼守此道，史称"萧关道"。这条古道起自北方贺兰山，往南穿越清水河谷直抵六盘山下，在那里汇入颉河，随后再与通向平凉的泾河河谷相汇合。③ 由于颉河和清水河的源头俱在六盘山东麓，且相距仅数公里，其间只有几道黄土山梁相隔，所以这条路相对好走。在公元后的几个世纪里，举世闻名的"丝绸之路"正是由此经过，而新修的一条贯通宁夏回族自治区与陕西中部渭河流域的铁路也由此通过。

平凉西面有一个极为狭窄的关隘，两边峭壁陡直如削，传统上称之为"三关口"（11世纪这里曾是宋与西夏交战最为频繁的战场）。自三关口出来之后，原先的道路一分为二，北道循泾河河谷的"高速公路"直奔长武-彬县方向。但从彬县开始，由于流经北山山脉中的泾河河道太难穿行，所以不得不东走旬邑，再向南越过群山，最后从泾河东侧进入渭河平原；也可以向南取道永寿，从泾河西侧进入渭河河谷。据史念海先生考证，汉代之前，泾河东边的道路走得比较多；其后，则西边的道路更显重要。④ 南道则大致为现

---

① 沿着渭河修建的一条连接宝鸡和天水的公路还是近来的事情，但由于沿途地形复杂，路况不佳，崩塌的岩石常可以阻塞交通达4-5小时。不过在远古时期，这种艰难的形势并没有阻滞相邻地域的文化通过这条峡谷进行交流。这一点从辛店文化两个地方类型（渭河上游的姬家川类型和宝鸡境内的晁峪-石咀头类型）的相似即可见一斑。关于这一点的详细内容，可参见李峰：《先周文化的内涵》（前引），第274-278页。

② 陇关道连接天水和陇县，也即渭河的上游和陕西中部。参见史念海：《河山集·四集》，第157-158、200页。

③ 史念海：《河山集·四集》，第110页。今天连接中国西部两个省会兰州和西安的312国道从六盘山上直趋而下后在颉河上游与古代的"萧关道"会合。但是在古代，交通干线必须准确地循"萧关道"北行，到固原北部后再向西折往兰州。

④ 史念海：《河山集·四集》，第157页。东边的道路即是今天的211国道，而西边的则是312国道。两条公路的状况差不多。

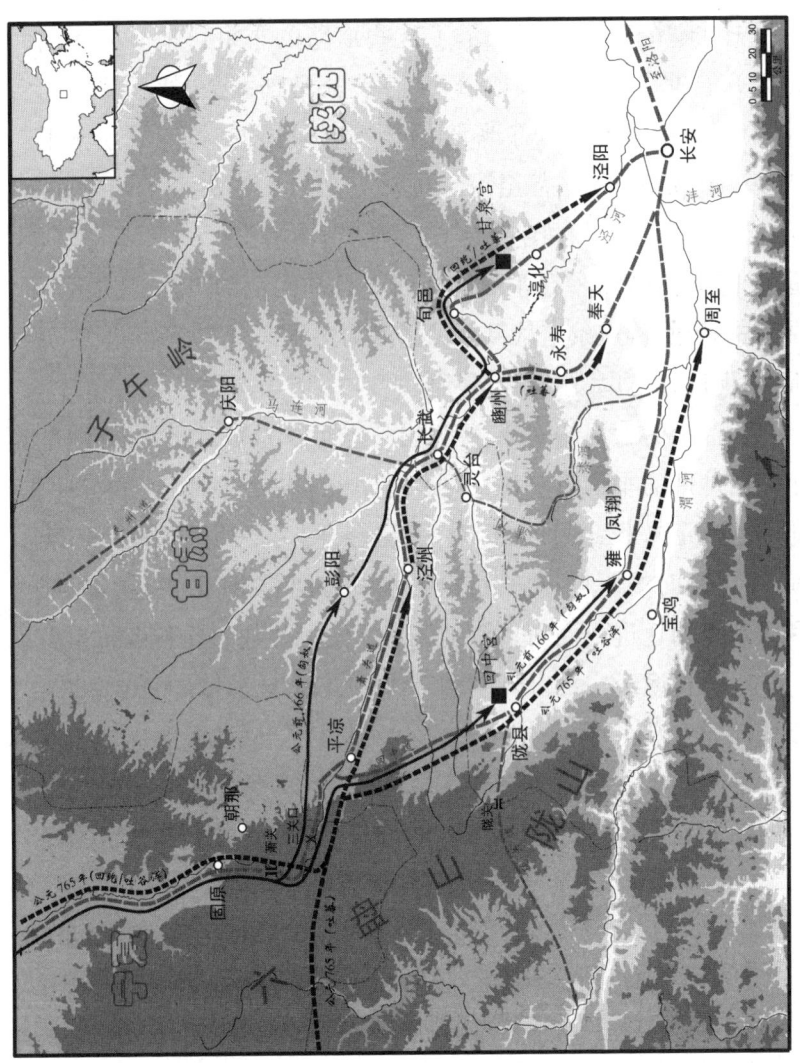

地图 2　交通路线和对渭河平原的入侵

(地形图层采自 ESRI Data & Maps：2004；河流采自哈佛中国历史 GIS 数据，2.0 版：2003 年 8 月)

在新的铁路线所沿袭,从六盘山的东缘一路而下至汧河上游的陇县,随后便进入渭河流域。这段通道被称为"回中道",缘于汉时陇县境内的回中宫建置于此。①

历史文献记载为我们展示了这些道路的军事价值。公元前166年,来自北方草原的匈奴以14万铁骑马踏萧关,然后驱驰东进,候骑深入到今天渭河谷地北边的淳化地区;同时,匈奴还南下"回中道",火烧回中宫,甚至深入到今凤翔地区。②九个世纪后,即公元765年,吐蕃汇集回纥及吐谷浑等联军再次沿着这两条路线,远道进犯唐都长安。③ 在东面的泾河下游和西面的汧河之间可能尚有第三条通道,这条道从灵台循蒲河和漆水河顺流而下,虽然更为艰难,但同样可以进入渭河平原。④

在泾河上游盆地的中部,狭长的马连河谷为来自北方,特别是鄂尔多斯地区的军事南侵和交通运输提供了另一条通道。这条由北而南的通道在长武附近与"萧关道"会合。公元七、八世纪的吐蕃和11世纪时的西夏,尽管进攻的主要方向是沿"萧关道",但都曾利用这条通道进犯泾河上游地区。⑤ 不过因为这条道路的北段(约190公里)途经一片无树木、水草皆少的荒丘地带,大规模的军队要从此通过殊为不易。⑥

位于陕北黄土高原中心地带的是第二次世界大战期间中国共产党的中心延安,古称"高庐",自古就是一个交通中枢和军事的控

---

① 史念海:《河山集·四集》,第110、158页。依我个人的旅行经历,今天连接陇县与平凉的这条道路相当崎岖,很多路段都是从极为狭窄的山脊上蜿蜒而过。
② 《汉书》64,第3761页。这是汉帝国遭受匈奴入侵最深的一次,其军队深入汉的心脏地带。匈奴入侵的另一条路线是走横山东面的无定河谷,但在这条路上匈奴从未成功抵达延安。
③ 史念海:《河山集·四集》,第215页。
④ 高景明:《丝绸之路长安——陇州道》,《文博》1988年第6期,第46-50页。
⑤ 唐代时,这条道路被称为"灵州道"。由于沿路一个汉代遗址的发现,有学者认为这条路在汉代就已经在使用。参见《隋唐宋时期庆阳地区道路的发展》,《西北史地》1988年第4期,第83-90页。
⑥ 顾祖禹:《读史方舆纪要》,第2520页;史念海:《河山集·四集》,第109-110页。

制要塞。所有经河谷或沿横山东缘而来的交通通道最终都在此会聚,然后再沿洛河谷地一同南下,故这条道路被称作"延州道"。① 在众多古道中,其中有一条是先穿越大理河谷,随后再转入延河流域的,今天行走在这条古道上,每隔6至8公里,仍可见到汉代的烽火台。据我个人的实地考察,所有的这些道路都是不易通行的。由于洛河的下游谷地难以穿行,所以通往古都长安的道路只能从洛河两旁的黄土山梁上越过。到5世纪时,匈奴人建立于横山北缘的夏国,便是利用了这条道路派军长驱而入,直捣长安。"延州道"后来又成为突厥人和蒙古人入侵的一条重要路径。② 然而正如史念海先生所指出的,如果沿着这条极其漫长的通道南侵,军事给养便成了一个大问题;再加上沿途河谷体系复杂,易遭伏击,故北来的入侵者走的通常是"萧关道"或者"灵州道"。③

确定西周国家的中心地

尽管先周族群的地理位置仍然是一个有争议的问题,④但从考

---

① 史念海:《河山集·四集》,第76-79、84页。
② 史念海:《河山集·四集》,第109页。
③ 史念海:《河山集·四集》,第108-109页。1946年国共内战时期,中国共产党在这个地区击败国民党的军队,便极好地证明了本地区的地形给予防御者而不是入侵者的战略优势。
④ 关于先周时期周人的所在地,在历史和考古学界存在两种学术派别:"西部说"在陕西泾河或渭河一带找寻周文化的起源及其历史联系;而"东部说"则从钱穆略微偏激的文章开始,将周人的起源地定在了山西汾河流域,并且认为周人是从东面迁入渭河流域的。两派各自的文章分别可以列出一个长表,此处难以胜举,但下列是比较有代表性的。主张周人西部起源的,参见齐思和:《西周地理考》,《燕京学报》1946年第30期,第63-106页;梁星彭:《先周文化商榷》,《考古与文物》1982年第4期,第86-91页;胡谦盈:《试谈先周文化及其相关问题》,载《胡谦盈周文化考古研究选集》(成都:四川大学,2000),第124-138页;《南豳碾子坡先周文化居住址和墓葬发掘的学术意义》,《周秦文化研究》(西安:陕西人民,1988),第153-162页;李峰:《先周文化的内涵及其渊源探讨》,《考古学报》1991年第3期,第265-284页;刘军社:《先周文化研究》(西安:三秦出版社,2003)。主张东部起源的,参见钱穆:《周初地理考》,《燕京学报》1931年第10期,1955-2008;邹衡:《论先周文化》,载《夏商周考古论文集》(北京:文物出版社,1980),第295-355页;夏含夷:《早期商周关系及其对武丁以后殷商王室势力范围的意义》,《九州学刊》第2卷第1期,1987年,第20-30页。近来对各种不同论点的综述,参见宗礼、刘栋:《先周文化研究六十年(1933-1993年)》,载《周秦文化研究》(西安:陕西人民,1998),第268-285页。应该提到(转下页)

古学上可以完全证明的最早时期开始,渭河流域便一直是周人的家园,并在武王克商之后继续作为西周王权的中心。我们在此无法将这方面的考古材料悉数罗列,但可以挑选其中最重要的,以此来揭示西周国家中心地区,即渭河平原的宏观地缘政治结构(地图3)。

渭河流域有许多考古发现的集中地。其中一处位于今天西安市西南约12公里处的沣河两岸(图7)。考古发掘已经在那里进行了半个多世纪,在马王村、客省庄、张家坡、大原村以及新旺村这些现代村庄(地图4)周围6平方公里的范围内,一批内涵丰富的考古遗存已经得到揭露。① 其间最重要的一次是20世纪80年代考古工作者于马王村北面发现的一组由六座建筑遗址构成的大型宫殿建筑群。大约在同一时间,考古学家们又在张家坡南面的台地上探明了多达1 500座西周墓葬,并且随后至1986年底清理了其中将近400座墓葬。② 尽管通过这些发掘以及对这个地区遗址分布所作的调查还不能揭示出这座大型都邑的整体布局,但现有资料已足以表明这些遗址的重要性,将它们同一个政治中心联系起来,是完全适当的。在过去50年中,此间还出土了大批有铭文的青铜

(接上页)的是,在《剑桥中国古代史》一书中,夏含夷采纳了"东部说",罗森则谨慎地指出了先周文化与陕西地区在陶器的类型学方面的联系,但是她没有在这个问题上下结论。参见Shaughnessy, "Western Zhou History," pp. 303 - 307; Rawson, "Western Zhou Archaeology," pp. 378-382. 虽然这个问题不能在这里充分讨论,但我认为就我们现有的考古学证据而言,如果我们把目光投向渭河流域以外,其与泾河流域之间的联系比之与汾河流域之间所可能建立的任何联系都远为密切。在泾河上游,一种更古老的周文化陶器群在长武碾子坡被发现;而在汾河流域,我们几乎没有看到同时期的任何遗物。关于最后一点,另见 Li Liu (刘莉) and Xingcan Chen (陈星灿), *State Formation in Early China* (London: Duckworth, 2003), p. 24.

① 对丰镐地区考古发掘的概述,参见《新中国的考古发现和研究》(北京:文物,1984),第253-257页;胡谦盈:《丰镐考古工作三十年(1951-1981)的回顾》,《文物》1982年第10期,第57-67页。

② 《考古》1987年第8期,第692-700页;《张家坡西周墓地》(北京:中国大百科全书,1999),第2-4页。

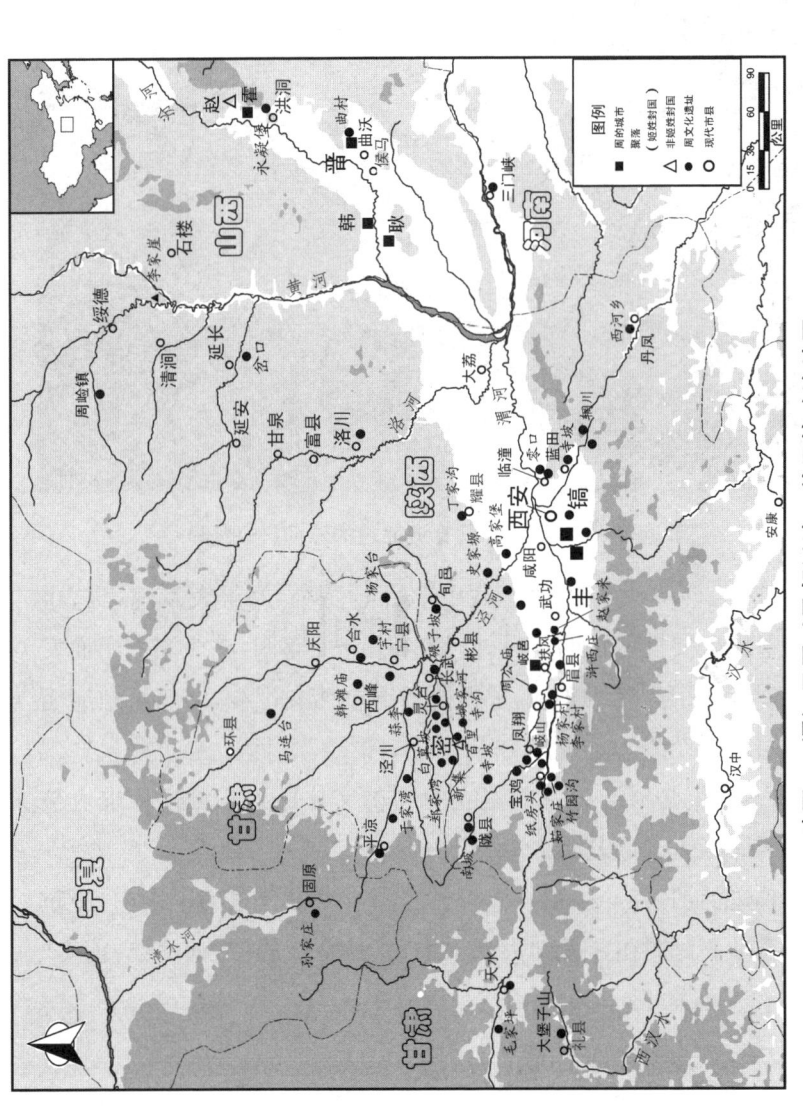

地图 3 渭河平原以及邻近地理单元的政治地图

(地形图层采自 ESRI Data & Maps: 2004; 河流采自哈佛中国历史 GIS 数据, 2.0 版; 2003 年 8 月)

图 7　从丰镐两京之间穿流而过的沣河（作者摄）

器,包括 1965 年马王村西窖藏中 53 件青铜器的重大发现,①这也是该遗址重要性的证明。另外,1984－1986 年间,在张家坡南面发掘清理了一个高等级墓地,根据所出铜器铭文记载,这座墓地应当属于西周中期颇为活跃的井叔家族(图 8)。② 除了这些重大发现外,以本遗址陶器群为基础建立的物质文化序列和分期标准也被视为西周考古学的基础。③

越过沣河,在斗门镇与丰镐村之间 4 平方公里的范围内,遍布西周遗址。汉时由于此地大兴土木,尤其是汉武帝(前 140－前 87

---

① 《长安张家坡西周铜器窖藏》(北京：文物,1965),第 1－24 页。
② 《考古》1986 年第 1 期,第 22－27 页;1987 年第 1 期,第 15－31 页;1990 年第 6 期,第 504－510 页;《张家坡西周墓地》,第 16－35 页。
③ 这个序列在两部重要的报告中被提出:《沣西发掘报告》(北京：文物,1962),第 129－130 页;《考古学报》1980 年第 4 期,第 481－487 页。对 1983－1986 年间发掘的 390 座墓葬所作的一个大致相当但更为缜密的分期近来也已公布。参见《张家坡西周墓地》,第 339－373 页。

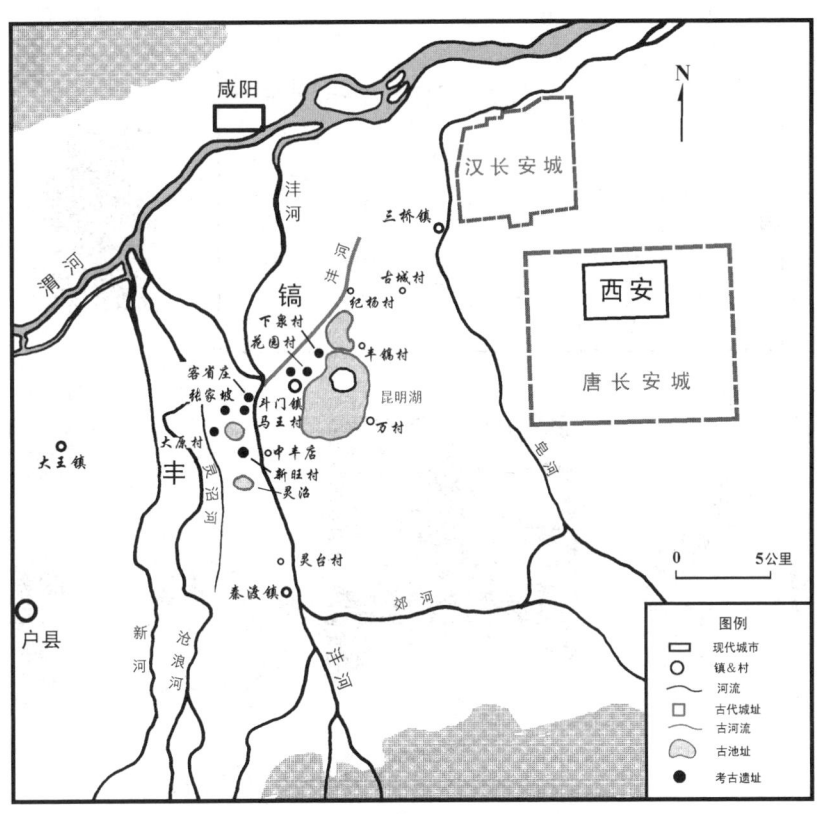

地图4 沣河两岸的丰镐两京

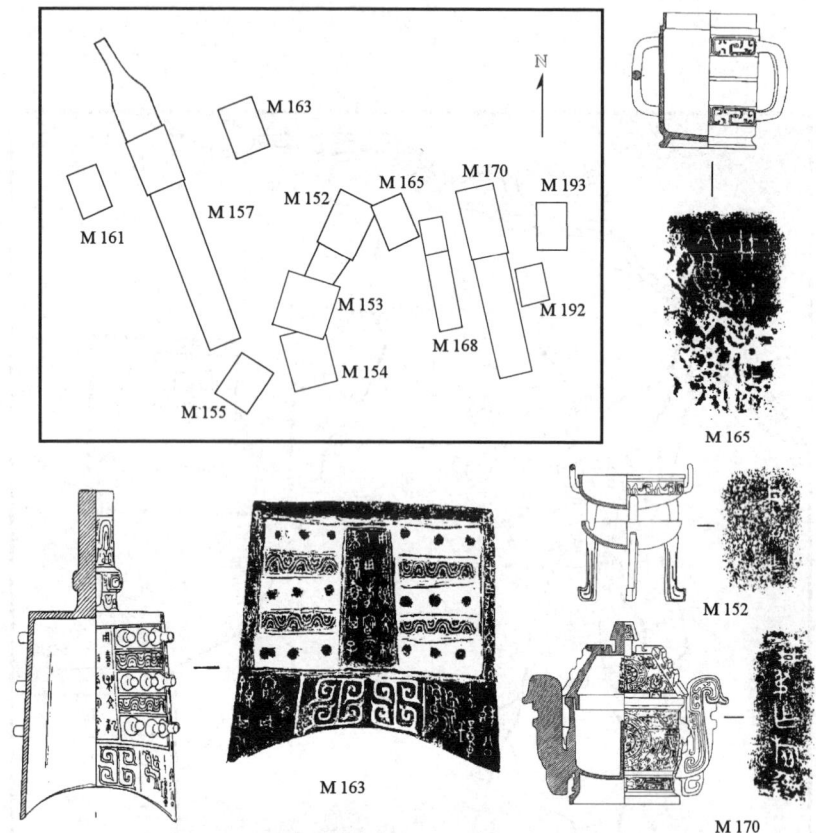

图 8　近年发掘的张家坡井叔墓地和井叔铜器

（采自《考古》1990 年第 6 期，第 504 页；《张家坡西周墓地》，第 138 页，图一〇三：5；第 143 页，图一〇六；第 155 页，图一一五：2；第 160 页，图一一九；第 161 页，图一二〇；第 165 页，图一二四：1；第 166 页，图一二五）

在位)为训练水军而开凿昆明池,这些遗址遭受了严重的破坏。不过幸好昆明池北面地区丰厚的文化堆积被保存了下来。1986 年曾在斗门镇北面发现一处西周时期的大型宫室建筑基址等。① 西周墓葬在这个地区也有着广泛的分布。研究周人与玁狁之间战争的最重要铭文之一多友鼎(JC:2835)即于 1980 年在此地下泉村出土。②

基于 20 世纪 50 年代对沣河两岸进行的调查,沣河两岸已经被确认为西周丰(沣河西岸)、镐(东岸)二京的所在地,学者们对此普遍接受。③ 据文献记载,丰邑建于周文王时期,表现了当时文王东进伐商的雄心,而镐京则由周武王所营建。其后,这两座位于渭河平原中心位置的双子城便被视为西周国家政治和行政系统的中枢。④ 而在同时期的金文中,丰、镐这两个名称亦明确出现过,充分证明了它们在周人的政治和社会生活中有着重要的地位。其中丰京,作为周王接见官员并委以职责的场所,一共在四篇铭文中被提到,包括小臣宅簋(JC:4201)、作册䰧卣(JC:5432)、裘卫盉(JC:9456)以及癲鼎(JC:2742)。至于镐京,通常被称为宗周,⑤则在二十多篇铭文中出现过,如献侯鼎(JC:2626)、燕侯旨鼎(JC:2628)、

---

① 郑洪春、穆海亭:《镐京西周五号大型宫室建筑基址发掘简报》,《文博》1992 年第 4 期,第 76 - 80 页。
② 田醒农、雒忠如:《多友鼎的发现及其铭文释义》,《人文杂志》1981 年第 4 期,第 115 - 118 页。
③ 对丰镐两京位置的确认,参见王世民:《周都丰镐位置商榷》,《历史研究》1958 年第 2 期,第 63 - 70 页。
④ 丰镐两京的建立在《诗经·大雅·文王有声》中有所反映,见《诗经》16.5,第 526 - 527 页。基于文献对两京位置的讨论,可参见齐思和:《西周地理考》,第 87 - 89 页;王世民:《周都丰镐位置商榷》,第 63 - 70 页。对两京考古资料的分析,见卢连成:《西周丰镐两京考》,未发表论文,见陕西省考古研究所半坡博物馆成立三十周年学术讨论会论文(西安,1988),第 1 - 56 页。
⑤ 应该指出的是,陈梦家曾认为"宗周"即西边的"岐邑"(见下文),陈梦家:《西周铜器断代》(1 - 6),《考古学报》9 - 10(1955),1956 年第 1 - 4 期;2,第 139 - 140 页。然而,大多数学者认为应将"宗周"与镐京联系在一起,参见唐兰:《唐兰先生金文论集》,第 268 页;李学勤:《新出青铜器研究》(北京:文物,1990),第 228 - 229 页;卢连成:《西周丰镐两京考》,第 31 - 35 页。

大盂鼎（JC：2837）、史颂簋（JC：4229）以及大克鼎（JC：2836）等等。众多铭文向我们昭示了这个频繁举行国家仪典和周王接见地方诸侯的政治中心的头等重要地位，而这与今天所能看到的保存状况极其恶劣的镐京遗址形成了强烈的反差。

另一个重要的考古遗存集中地位于渭河北岸的黄土塬上，即习惯上被称作"周原"的地方。周原坐落在今天的扶风和岐山两县接壤之处（地图1；岐邑）。早在汉代，这里便以出土有铭文的青铜器而知名，而20世纪70年代在此开展的考古工作也证实了它确为最丰富的西周遗址。先周时期的墓葬虽在贺家村等处有发现，但先周遗存的范围很有限；相反地，考古发掘说明这个遗址在整个西周时期一直是非常繁荣和重要的。① 除了在召陈和凤雏两处发现的著名的建筑基址外，②周原还因发现大量有铭文的青铜器窖藏而广为人知。其中董家村出土的37件、齐家村出土的39件，以及庄白村出土的103件最为重要。庄白村出土的青铜器中，最为著名的就是史墙盘（JC：10175），盘上铭文直接称呼该遗址为"周"。③ 从这些青铜铭文中，我们可以了解到许多地位显赫的西周家族及其各自的住宅所在。凤雏建筑基址一个窖穴中出土的刻字甲骨以及1978年齐家村一带出土的带铭文的㝬簋（JC：4317），也证明了西周时期周王室在这里的活动；这件簋是少有的几件由周王自作铜器之一。④ 事实上，周原发现的许多青铜器上都铸有以中央王室行政记录内容为

---

① 徐锡台：《岐山贺家村周墓发掘简报》，《考古与文物》1980年第1期，第7—12页。对周原考古的一项综述，参见陈全方：《周原与周文化》（上海：人民，1988），第21—36页。

② 《文物》1979年第10期，第27—34页；《文物》1981年第3期，第10—22页；陈全方：《周原与周文化》，第37—67页。

③ 《文物》1978年第3期，第1—18页；《文物》1976年第5期，第26—44页；《扶风齐家村青铜器群》（北京：文物，1963），第7—10页。

④ 徐锡台：《周原甲骨文综述》（西安：三秦，1978），第3—10页。对这些甲骨文的介绍，另见Edward Shaughnessy, "Zhouyuan Oracle Bone Inscriptions: Entering the Research Stage?" Early China 11-12 (1985-1987), pp. 146-163. 有关㝬簋的发现，见《文物》1979年第4期，第89页。

基础的"册命金文"。可以毫不夸张地说,假如没有这些有铭青铜器的发现,那么今天的西周研究就完全会是另外一种情形。

在传世文献中,由于"周"用于朝代的名称,所以人们便将这个坐落在岐山脚下的遗址称作"岐邑"(图9)。① 《诗经·大雅·緜》中描写了大约在公元前12世纪末的某个时期,周文王的祖父古公亶父率领族人迁徙至此的经过。② 这一事件在周人的历史上可能是一个重要的转折点:之后仅过了两代,周便异军突起,一跃而为政治和军事上的地方强权,从而对商朝西部边界的安全构成了严重的威胁。尽管在这个遗址中有先周晚期的墓葬被发现,但在考古学上目前还不能证实古公亶父迁岐便是这个聚址的开端。

图9　岐邑(周原)北面的岐山(作者摄)

---

① 关于岐邑与周的联系,参见李学勤:《新出青铜器研究》,第229-230页;卢连成:《西周丰镐两京考》,第31页。

② 《诗经》16.2,第509-511页。基于《诗经》,司马迁在《史记·周本纪》中重述了周人从豳迁至岐邑的经过。见《史记》4,第114页。

不过有一点是清楚的，即该地一直作为王权和贵族活动的一个重要基地，其重要性完全可以同丰、镐两京等量齐观。对金文的研究进一步显示，康王之后的所有王室宗庙都建置于周，说明这个遗址对周人而言可能既是一个宗教中心，同时又是王室行政的一个重要基地。① 最令人惊异的是 2004 年 5 月在周原以西 18 公里处周公庙的发现（地图 3），在一个前所未见的围墙遗址中发现了 22 座高等级墓葬，周王或周公的墓葬可能便在其中。② 在更多的资料披露之前，我们期待着进一步的发现能给西周考古学带来一些富有意义的变化。

王室活动的另一个重要遗址可能在今天渭河北岸的眉县，去岐邑西南不远。1955 年，眉县火车站附近的马家镇（李家村）出土了五件由盠所作的青铜器，为我们提供了关于王室册命仪式的最早资料之一。③ 1972 年，在同一个地点又发现一件大型青铜鼎。④ 接着 1985 年，在发现大鼎 100 米开外的地方，又有 10 件甬钟，3 件镈钟惊现于世。⑤ 另外在 1981 年，马家镇东约 30 公里处发现了一件由西周早期某位周王为其配偶所作的铜鼎，是为数不多的由王所作青铜器中的一件。⑥ 而最近 2003 年 1 月，就在李家村西面的杨家村又出土 27 件有铭文的青铜器，其中包括至为重要的逑盘，上面载有基本完整的周王世系。⑦

除了这些表明与王室活动有关的中心遗址外，事实上，无论是出自墓葬还是窖藏，渭河平原上几乎每一个县都发现过西周青铜器，并且它们中的大多数都是由不同的贵族宗族成员所作。例如，

---

① 在册命金文中，像康宫、康邵宫、康穆宫这些王室宗庙一直都在周地，参见 Li Feng, "'Offices' in Bronze Inscriptions," pp. 12 – 13.
② 参见"周公庙考古发掘工作基本准备就绪"，中国文物信息网在线（http://www.ccrnews.com.cn），2004 年 9 月 23 日。
③ 《文物参考资料》1957 年第 4 期，第 5 – 9 页。
④ 《文物》1972 年第 7 期，第 3 – 4 页。
⑤ 《文博》1987 年第 2 期，第 17 – 26 页。
⑥ 《考古与文物》1982 年第 2 期，第 6 页。
⑦ 《中国文物报》2003 年 1 月 29 日，第 2 页。

在渭河的东段,1976年临潼县的一个窖藏中出土了五件青铜器,其中一件盉,为某位周王为其配偶丰妊所铸;另有一件簋,是陈侯为另一位王室配偶所作之媵器;而同出的备受瞩目的利簋(JC:4231)则是有关武王伐商的最重要的一件铜器。① 再早一年,在出利簋的窖穴北面200米处,一座西周中期的墓葬中出土了13件青铜礼器。② 在临潼南面的灞河谷地中,1969年蓝田县出土了一件载有土地让渡过程的永盂(JC:10332);③也是在蓝田县,20世纪50年代末还发现了一批由弭氏家族成员铸造的青铜器。④ 渭河西段的宝鸡地区,则又是一个西周铜器的集中地,许多重要的西周宗族,譬如井、虢、强、散和矢都与此地有关。不过强的统治宗族有可能来自其他地区,到达王畿边缘的宝鸡地区后重新定居,后面我们会对此详加讨论。1974年,考古工作者在渭河南面的茹家庄发掘了两座带斜坡墓道的大型西周墓葬。从墓中出土铜器铭文来看,墓主分别是强伯和他的妻子井姬。值得注意的是,井姬可能与家族墓地位于丰京的井叔家族同属一个宗族。⑤ 随后,竹园沟又有22座墓葬被发掘,纸房头也有一座墓,出土了大量精美的西周青铜器,全部出自强氏宗族。⑥ 除了这些规模较大的发掘外,陇县和凤翔地区也出土了不少西周墓葬。⑦ 此外,在渭河谷地西半部的许多其他地点也都发现过西周青铜器。⑧

---

① 《文物》1977年第8期,第1—7页。
② 《文物》1982年第1期,第87—89页。
③ 《文物》1972年第1期,第58—62页。
④ 这批青铜器共16件,其中包括弭叔簋(JC:4253)和询簋(JC:4321),1959年发现于蓝田县城附近的寺坡村。见《文物》1960年第2期,第5—10页。后来在1963年,蓝田辋川又发现了一件由弭伯所作的青铜簋(JC:4257)。《文物》1966年第1期,第4—6页。
⑤ 《文物》1976年第4期,第34—46页。
⑥ 《宝鸡强国墓地》(北京:文物,1988),第17—269页。
⑦ 关于陇县南坡西周墓葬的发掘,参见《文物》1982年第2期,第48—57页。凤翔西村的发掘,可参见《考古与文物》1982年第4期,第15—38页。
⑧ 其中的一些发现,可参见《考古与文物》1981年第1期,第8—11页;1984年第1期,第53—65页;《文物》1983年第7期,第93页。

通常,有铭青铜器在王室中心以外地点的发现,表示那里很可能有属于那些在社会经济方面同王室有着诸多联系的贵族宗族的采地或墓地。但事实上迄今为止,除了一些有关墓地外,这些属于贵族宗族的采邑遗址从未受到过严格的考古学调查。我们从铜器铭文中已经得知,这些采邑无疑是当地的中心,四周环绕有众多小型的聚落或者村舍,后者依附并且供养着那些生活在采邑上的宗族贵族们。事实上,在武功县曾经发掘过这样的两个小型聚落。①尽管早先的考古工作仅集中在本地区的少数几个中心遗址上,从而贵族宗族采邑的遗址堆积极少成为考古发掘的对象,但现有的考古资料已经使我们看到,西周时期构建于渭河平原地表形态之上的地缘政治结构中,确实包含着相当典型的聚落层次与等级。

边缘地区

泾河上游的考古发现反映出南面渭河流域对这个地区的一种逐步的文化扩张,而且还显示出从西周初期,贵族和非贵族层面均呈现出与周人中心地区颇为一致的文化面貌。从整个泾河上游地区西周早中期遗址的分布状况来看,灵台一带似乎是一个主要的西周聚落中心。仅在黑河与达溪河之间的狭窄地带,便有八处地点发现了西周墓葬。② 从其墓葬规模之大以及出土青铜器数量之多,我们亦可看到这个地带的中心地位。③ 譬如白草坡的 M1 和 M2,其中的青铜器铭文表明这两座墓的墓主分别是㵄伯和㴾伯;

---

① 这两个遗址分别是浒西庄和赵家来,见《武功发掘报告》(北京:文物,1988),第 75-82 页,第 144-147 页。
② 《考古》1976 年第 1 期,第 39-43 页;《考古学报》1977 年第 2 期,第 128 页;《考古》1981 年第 6 期,第 557-558 页。
③ 当我们将白草坡的墓葬型号同泾河干道附近于家湾墓地中的墓葬进行比较时,这一点变得更为清晰。在白草坡发现的 9 座墓葬中,有 7 座超过 3 米长,2 座达到 2.70 米。而于家湾的 16 座墓葬长度均在 1.90-2.65 米之间。参见《考古学报》1977 年第 2 期,第 101 页;《考古与文物》1986 年第 1 期,第 6 页。

我们知道,称"伯"者往往是宗族的宗主。① 在这里,这些墓中出土的大批青铜武器显示他们很可能是驻扎在这里的军事将领。也是在这条河谷,再往西的新集也发现了一座大型墓葬,出土了一件由并伯所作的青铜甗。② 在这一小小的空间内竟然汇聚了多个西周高等级贵族墓葬,这表明这一区域在泾河上游地区周人行政管理和军事防御体系中的中心地位。灵台位于上文提及的连接泾河上游与渭河平原的第三条通道的蒲河河谷的入口处(地图2),而距离长武也仅25公里。在那里,来自西方和北方的交通可以得到有效的控制。不过,按照建立在渭河流域先周陶器基础之上的断代标准来看,泾河上游地区的一些考古遗存的时代要明显早于西周,例如,年代上明显跨越周人克商的于家湾墓地的许多墓葬中,就出土了这种类型的陶器。③ 在泾河盆地的南部,蒜李和郑家湾也发现了可能属于先周时期的青铜器。④ 上述的几个发现虽然相对分散,但它们却反映了在西周以前,从渭河流域向这个地区的一种文化扩张。

泾河上游地区先周文化遗存的出现可以从本地区与位于渭河平原的周人发生关系的历史环境中得到解释。有一个由来已久的史学史传统认为,在周人东征之前首先出兵的方向是泾河上游地区。这在很多文献中都有反映,如《诗经·大雅·皇矣》云:"密人不恭,敢拒大邦,侵阮徂共……"密国对它的两个邻邦阮和共的进攻被视为向当时大邦周的宣战。周遂对密用兵,灭了这个政权。⑤ 在古代地理著作中,密的位置一直被认定在泾河上游,东距今灵台

---

① 《考古学报》1977年第2期,第99-129页。
② 《考古与文物》1987年第5期,第100-101页。
③ 在已经公布的16座墓中,至少5、6、7、9、10号这五座墓葬可以明确定为先周时期。参见《考古与文物》1986年第1期,第1-7页。
④ 《文物》1977年第9期,第92页;《考古》1981年第6期,第558页。
⑤ 《诗经》16.4,第521页。

约 50 里,在达溪河狭长河谷的西端。事实上,即便到了唐代,当时的地理学者依然能够通过一个城圈来辨认密的位置,并且这个城圈一直存在到 20 世纪初期。① 虽然我们不应该简单地从字面上来理解这首诗,但我们更无理由怀疑这场战役的发生。相反地,诗中对这场战役的描述恰好同《左传》中周俘得密须战鼓的记载可以相互印证;② 此外,这里的地理构建同周人早期历史记忆中的另一件大事也相一致。周人传统中常常讲到文王断虞芮两国的边境争议,令两国重归于好,并且在《诗经·大雅·緜》中,还被当作文王确立西部霸权的标志而大为称颂。③ 可以肯定的是,这两个小邦后来都迁往东部,在晋南一带安定下来。但汉代和北魏时期的地理学著作令人信服地指出,也正如许多学者已经主张的那样,虞芮原先在周的西北,位于汧水和芮水之间,故离密并不远。④ 这两起事件在政治地理上的一致传达了一个深层的含义:即在先周时期,周人可能就已经介入泾河上游,而这正可以解释这个地区考古遗存的年代。此外,这些历史事件同克商之前的相关历史背景也相吻合:对渭河平原安全的最大威胁可能来自泾河上游,在对付东方强大的商之前,解决后顾之忧和加强自己对西方的控制,显然是

---

① 《汉书·地理志》谓古密国遗址在汉代安定郡密县,今甘肃灵台西 50 里。见《汉书》28,第 1615 页。唐代地理总论《元和郡县图志》云:"今县(灵台县)理西阴密故城,东接县城,即古密国之地是也。"在 1935 年编撰而成的当地的地方志中,王朝俊提到在百里镇的西部(即唐代灵台县遗址),密国的古城墙仍然清晰可见。参见《元和郡县图志》第 56-57 页;王朝俊:《重修灵台县志》(1935)第一卷,第 59 页。不过目前在这个遗址上尚未有系统的考古工作。

② 《左传》47,第 2078 页;54,第 2135 页。

③ 《诗经》16.2,第 512 页。在《史记》的克商前纪年中,司马迁云:"盖(文王)受命之年称王而断虞芮之讼。"《史记》4,第 119 页。

④ 许多古国得名于其附近的地标,如山脉和河流。芮之得很可能与芮水有关,虞则与汧河上游的虞山(或吴山)有着密切联系。虞山和芮水在地理上的靠近暗示着虞跟芮可能也是邻国。关于虞山的位置,见《汉书》28,第 1547 页;《水经注》,17,第 582 页。对西部这两个小国地理位置的研究,参见齐思和:《西周地理考》,第 84 页;刘启益:《西周矢国铜器的新发现与有关的历史地理问题》,《考古与文物》1982 年第 2 期,第 44 页;梁晓景、马三鸿:《论彊、矢两国的族属与太伯奔吴》,《中原文物》1998 年第 3 期,第 44-45 页。

周的当务之急。

非常值得我们关注的是宁夏南部的清水河谷固原县境内的孙家庄出土的一座西周墓葬及其随葬的车马坑（地图5）。其中出土的两件青铜容器、车马器以及一件陶鬲，与西周中心遗址上发现的青铜器和陶器类型几无二致（图10）。① 鉴于这些器物明确无误的周文化特征，以及它们远离泾河上游的地理位置，这充分说明在西周早期的扩张中，周人军队或群体曾经突破泾河上游的限制，试图在北方草原地区有所作为。而逾六盘山往西，1924年的天水发现

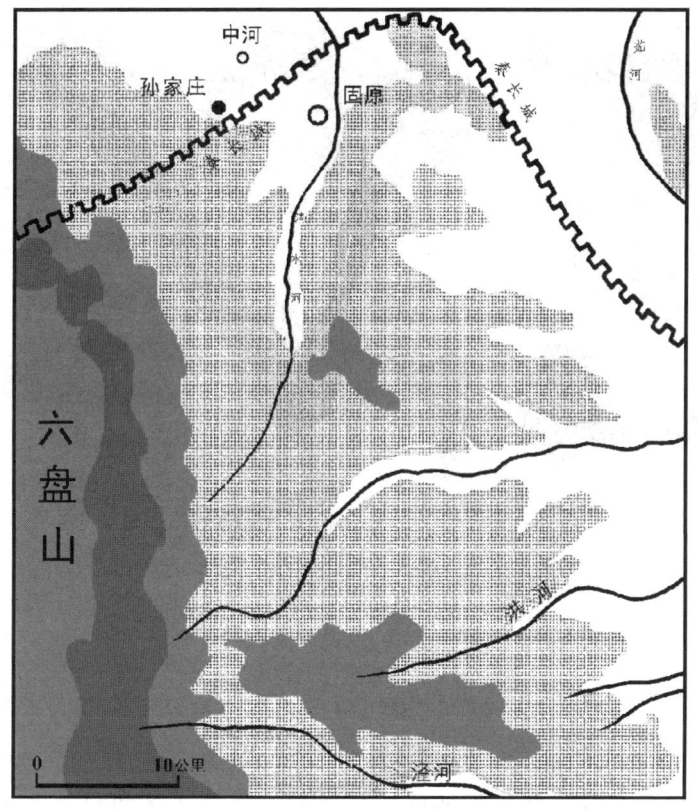

地图5　泾河上游-固原地区

---

① 《考古》1983年第11期，第982-983页。

了一件青铜簋。① 六十年之后,考古工作者在毛家坪进行了考古发掘。发掘规模虽不大,但出土物甚为丰富,墓葬和遗址均出土了大批陶器(地图 3)。这次发掘一共揭露了 33 座墓葬,其中有 22 座墓为屈肢葬,与陕西周墓特有的仰身直肢葬截然不同;但其出土的陶器群与陕西中部的却极为相似。② 从这些发现来看,周人的文化及其政治影响力,可能已经超越西面的六盘山,进入了渭河上游地区。当然,这也为西周中期偏晚阶段秦国在此地的崛起奠定了基础。

图 10　宁夏孙家庄西周墓葬中出土的铜器和陶器
(采自《考古》1983 年第 11 期,图版贰)

同泾河上游地区相比,我们对周与陕北黄土高原腹地之间的联系所知甚少;唯一的线索来自于小盂鼎(JC:2839)铭文。铭文说周康王(前 1005-前 978 在位)统治时期,盂曾两次奉王命对一个叫鬼方的部族实施征伐,大有斩获,第一次便斩首 4 812 人,

---

① 《文物参考资料》1955 年第 6 期,第 117-118 页。
② 《考古学报》1987 年第 3 期,第 359-396 页。

俘获 13 081 人。而安阳出土的商代甲骨文及周代文献《周易》中也都提到了商人与鬼方曾有过三年的战争。① 根据对商甲骨文的研究,一些学者认为鬼方在山西的北部,大致范围从今天的太原向西到达黄河两岸。② 从绥德、清涧、石楼及柳林等地出土的青铜容器、武器,以及清涧李家崖发现的陶器来看,③鬼方可能的活动区域恰好与商代晚期鄂尔多斯以南地区的一支独立青铜文化的分布范围相一致,故此,学者们曾极力主张将两者联系起来。④ 如果鬼方确在北方地区,那么小盂鼎铭文中记载的两次征伐极可能是穿越洛河河谷向北实现的。但是目前的考古学对这个假设提供的实物证据并不充分:1997 年洛川县出土了一座墓葬,其中随葬的一件青铜鼎和一件陶鬲均为典型的西周早期风格;1981 年子洲县周崄镇出土了一件西周中期风格的陶鬲。⑤ 这些发现暗示了这个地区已经处在周间歇性的影响之下。虽然周人似乎尚未赢得对这个地区持久的控制,但从小盂鼎铭文中所见征伐之残酷及破坏之严重,西周早期这支地方青铜文化的消亡实在情理之中。

耐人寻味的是,近几年来在陕南地区也发现了两件带有重要铭文的青铜器。一件是来自汉水流域安康地区的史密簋,铭文中记述了王师在东方齐国的协助下对南方的一次征伐;⑥另一件是丹

---

① 《周易》6,第 73 页。
② 岛邦男:《殷墟卜辞研究》(汲古书院:日本弘前大學文理學部中國學研究會,1958),第 416—417 页。
③ 关于这支独立的青铜文化,参见张长寿:《殷商时代的青铜容器》,《考古学报》1979 年第 3 期,第 289—291 页;李峰:《试论陕西出土商代铜器的分期与分区》,《考古与文物》1986 年第 3 期,第 60 页。
④ 罗琨:《高宗伐鬼方史迹考辨》,载《甲骨文与殷商史》,胡厚宣编(上海:古籍,1983),第 108—115 页;吕智荣:《试论晋陕北部黄河两岸地区出土的商代青铜器及有关问题》,载《中国考古学研究论集:纪念夏鼐先生考古五十周年》,石兴邦编(西安:三秦,1987),第 221—224 页;《鬼方及相关问题初探》,《文博》1990 年第 1 期,第 32—37 页。
⑤ 这里的信息源于 1998 年我在陕北的考察记录。由于这些材料尚未公布,故不便作进一步探讨。
⑥ 《考古与文物》1989 年第 3 期,第 7—9 页。

江流域丹凤县西河乡发现的虎簋(JL：491)，铭文提到一次册命仪式，一个叫虎的人被周王委以军职。① 由于我们目前还不清楚与这些铜器同出的陶器面貌，加之巍巍秦岭给南北交通带来的极大障碍，所以我们不能仅仅根据这些青铜器遽尔认定周与秦岭以南地区之间是否有过任何持续性的政治交往。

宏观的地缘政治结构

前文中，我联系基于金文资料和早期文献所建立的历史背景，对考古发现作了分析，揭示了周代王畿及其邻近区域基本的地缘政治构架。相比之下，这一构架与过去晚商政权所依托的迥然有别。晚商以降，尽管商王确曾频繁地外出田猎，但唯有安阳可以称得上是永久性的王室驻地，在甲骨文中被称为"大邑商"或者"中商"，是整个商王朝的中心所在。② 与此相反，周的王权似乎承载于一张网络，而并非集中于某一处；这张网络将几处大小及复杂程度相当的主要城市联结起来，通过这张网络，周王频繁地在各个城市之间旅行着。除了前面已经提到的，其重要性已被考古发现所证实了的丰、镐、岐邑(周)，甚至眉县以外，金文中还提到了另外两个同样作为周王举行仪礼和施政的城市，它们是郑和莽，后者被称作"京"。郑很可能坐落于今天岐邑西面的凤翔地区，③而莽京，新的铭文证据显示，极可能就在渭河谷地的中心——镐京东南不远的

---

① 《考古与文物》1997年第3期，第78—80页。
② 吉德炜现在认为，像"大邑商"、"中商"、"丘商"以及"兹商"这些甲骨文中所见的不同地名都是指安阳小屯，它"象征着政治和宗教能量的合法化聚集，而这正是常常巡游在外的商王为了管理其相对来说尚未分化的和正在出现的国家结构所必需的"。参见Keightley, *The Ancestral Landscape*, pp. 57–58；引自第58页。
③ 关于郑的位置，参见卢连成：《周都棫郑考》，载《古文字论集》(考古与文物丛刊2；西安，1983)，第10页；王辉：《周畿内地名小记》，《考古与文物》1985年第3期，第26—27页。对与郑相关铭文的讨论，另见松井嘉德：《西周期郑の考察》，《史林》69.4 (1986)，第1—40页。

地方。①

当然,西周国家在政权结构上与吉德炜曾经称作"初始期"的商代国家也有所不同。② 周朝已经拥有了比较健全的行政体系,涵盖各个主要的王室中心,并通过一套行政常规程序来进行管理。金文中明确提到了"五邑",很可能就是我们在上文提到的王室中心,在那里,行政管理专职往往被统一任命给周朝官员。③ 这些城邑无疑是周朝行政的枢纽,虽然它们可能同时还具有其他多重社会功能,譬如作为贵族的居住地以及手工业制造中心等。④ 从这些中心身上,我们看到了建立在渭河平原特殊地表形态之上的一种宏观的地缘政治结构与社会整合体系。这些城市的本身便是西周时期渭河平原地表形态的主要特征,而且给予当时人们一种特殊的感觉:即他们不是围绕着一个王室中心居住和生活,而是居住在对他们的生活有着重要影响的多个王室中心之间。正如有铭青铜器的发现所揭示的那样,在这些王室中心的周围还分布着贵族宗族的采邑,形成第二级的地方中心,它们与王室所有和管理的乡村地产紧相毗邻。事实上,考古资料显示,有很多这样的宗族,一方面他们在离王室中心有一定距离的地方拥有自己的采邑,另一方面他们又在王室中心内占有部分的居住地,并且有些贵族死后甚至就葬在王室中心的

---

① 过去,有些人认为"蒡京"即"丰京",还有人认为它是"镐京"。但学者们都赞同蒡京在渭河平原中部的某个地方。参见郭沫若:《两周金文辞大系图录考释》八卷(北京:科学,1958),第32、42页;白川静:《金文通释》,《白鹤美术馆志》56册(神户:1966-1983),7.30:343-344;11.60:632;陈梦家:《西周铜器断代》,2.141。麦尊(JC: 6015)和辰臣盉(JC: 9454)铭文显示它必定离镐京很近。吴虎鼎上新的证据显示蒡可能位于镐京东南、毕的西北某个地方。吴虎鼎于1992年发现于长安,铭文中提到蒡是授予作器者吴虎的土地的西界,参见《考古与文物》1998年第3期,第69-71页。
② 见Keightley, "The Late Shang State," pp. 551-558.
③ 关于"五邑"的行政管理,参见Li Feng, "'Offices' in Bronze Inscriptions," p. 25, 56.
④ 我们当然也不能忽视了东方的洛邑,那里设有政府的部门,并且驻扎着一半以上的王朝军队,洛邑是渭河平原周朝行政管理的延伸。

附近。我们从金文中获悉,环绕这些宗族采邑中心的则是众多的小型聚落或者村舍,它们是农业生产和农村社会的基本单位。这些聚落以及生活其间的农民不但要养活这些宗族中心,同时还经常沦为他们彼此交换的对象。对于这一点我们需要另文详加讨论。目前的资料已足以证明,上述即是渭河谷地的基本聚落阶梯以及渭河谷地社会的整合方式,而这也正是西周王朝的基础。

泾河上游地区是周代王畿从渭河谷地向西北高地的一个自然延伸。这在一定程度上要归因于高耸的秦岭阻碍了周人往南或向西扩张的可能。在文化上,这片区域与周人的中心地区已经融为一体,但作为西周国家西北边境的一个组成部分,并且是进入周王朝心脏地带的直接通道,它对于西周都城的安全可谓至关重要。考古资料表明,那里明显有一个政治权力中心,坐落于通向渭河流域的主要通道的入口处。值得注意的是,当地出土的金文资料显示,地方群体的领袖正是不同宗族的宗主,他们通常被称作"伯"。"伯"是家族中最年长者,不同于那些位于东方被称为"侯"的西周地方封国的国君。① 这暗示着泾河上游社会的行政管理系统与渭河平原是相似的。我们可以肯定地认为,至晚在西周早期,泾河上游地区已经被纳入王室行政管理的地域之内,并且与渭河谷地的王畿地区结为一体。然而,渭河上游与陕北这两个地区的情形却异于泾河上游,尽管它们确曾受到周文化的影响,而且西周军队或移民也间或到达这个地区,但因这两个地区的地理环境复杂,周王朝可能并没有在这里建立持久的控制。

---

① 关于这些贵族称呼的含义,参见 Li Feng, "Transmitting Antiquity: On the Origin and Paradigmization of the 'Five Ranks'," in *Perceptions of Antiquity in China's Civilization*, ed. Dieter Kohn (Monography of *Monumenta Serica*),待刊。

第二节　西周国家的东方

作为西周中心的渭河平原尽管非常重要,但在地理上,它并非天下之中。真正的地理中心,也就是说距其四周边界的距离大致相等的那个地方,实际应在豫西的洛河谷地。虽然这片谷地比起西部的渭河谷地较为狭小,但作为进入东部广袤平原的流畅通道,它为周人势力的不断发展提供了巨大的可能性。

山脉与平原

洛阳平原是西周王权的东部所在地,由发源于西南高山的洛河及其支流伊河冲积而成。由此向东,在它与东面的冲积大平原之间,"中岳"嵩山是横亘其间的一道天然屏障。往西,秦岭山脉伸入此地后,分成由西南向东北方向平行延伸的四座古生代山脉——小秦岭、崤山、熊耳和外方。尤其是崤山,主峰高达1 500 - 1 900米,构成了这个地区主要的地理障碍(地图 1)。① 这片区域大体上北部地势较低,普遍分布着第四纪黄土,地表形态从高山到低矮的丘陵再到黄土台塬,嵯峨错落,形成越来越多的相对适宜古代农业发展的低浅河谷和盆地。

东面的冲积平原,历史上习称"中原",由黄河泥沙沉积而成。仅在历史时期,从公元前602年迄今,黄河便改道26次。② 今天的黄河经郑州流往近海城市利津方向,③ 但在商周时期,这条大河却

---

① 参见《河南省志:区域建置志,地貌山河志》(郑州:河南人民,1994),第52 - 54、68 - 78页。
② 历史上,黄河冲毁河岸一共1 573次;参见 Zhao Songqiao, *Physical Geography of China*, p. 115.
③ 1855年,黄河在利津入渤海,但今天的黄河入海口已西距利津80公里,突入海中。参见曾昭璇:《中国的地形》(台北:淑馨,1995),第281页。

沿太行山麓北流，最后在天津附近入海（地图6）。① 这就是东部平原的古代地表形态与现在的最为戏剧性的不同。整个平原的自然环境与美国的中西部大平原有着很大的差别，因为古代的河床早已变成高达5-10米，绵延40公里长的平行沙脊。在豫东，这些河沙经常被风卷走，聚积成很多高达10-20米的沙丘；同时，盐碱化在历史时期也是一个严重的环境问题。② 除了这些特征外，黄河的不断改道还导致了另一种特殊的地表形态：冲积平原上出现了众多的沼泽地。根据一项研究，至西汉末期，古代文献中提及的湖沼共有40个，而实际的数目可能接近180个。③ 可以想见，这个冲积平原在商周时期遍布着更多的沼泽，更为潮湿。④ 据最近在豫东进行的考古和考古地质研究显示，古代人类的居住地基本上限于地势较高的山丘上。⑤

交通要道

豫西多山的地形使得西周国家的中轴线地带，也就是连接渭河平原与洛阳平原的交通要道变得崎岖不平，绝无坦途。这条重要的古道，历经两千年风霜未曾更迁，从东都洛阳出发，西越黄河

---

① 吴忱、何乃华：《2万年来华北平原主要河流的河道变迁》，载《华北平原古河道研究论文集》，吴忱编（北京：中国科学技术，1991），第137-138页。

② 参见《河南省志：区域建置志，地貌山河志》，第15-18、35-38页。

③ 这些沼泽中的大多数（如冀南著名的大陆泽和鲁西的巨野泽）宋代以后逐渐干涸。见邹逸麟：《历史时期华北大平原湖沼变迁述略》，《历史地理》（第五辑），1987年，第25-39页。

④ 气候学家认为商至西周早期是古代的温暖期之一。竺可桢提出，中国北方的年平均气温要比今天高出2度。参见竺可桢：《中国近五千年来气候变迁的初步研究》，《考古学报》1972年第1期，第15-38页。Kenneth J. Hsu, "Did the Xinjiang Indo-Europeans Leave Their Home because of Global Cooling," in *The Bronze Age and Early Iron Age Peoples of Eastern Central Asia*, vol. 2, ed., Victor Mai (Washington: The Institute for the Study of Man, 1998), pp. 686-690.

⑤ 参见《豫东杞县发掘报告》（北京：科学，2000），第2-6页；Jin Zhichun, "Geoarchaeological Reconstruction of the Bronze Age Landscape of the Shangqiu Area, China," 未发表博士论文，University of Minnesota(1994), pp. 57-66.

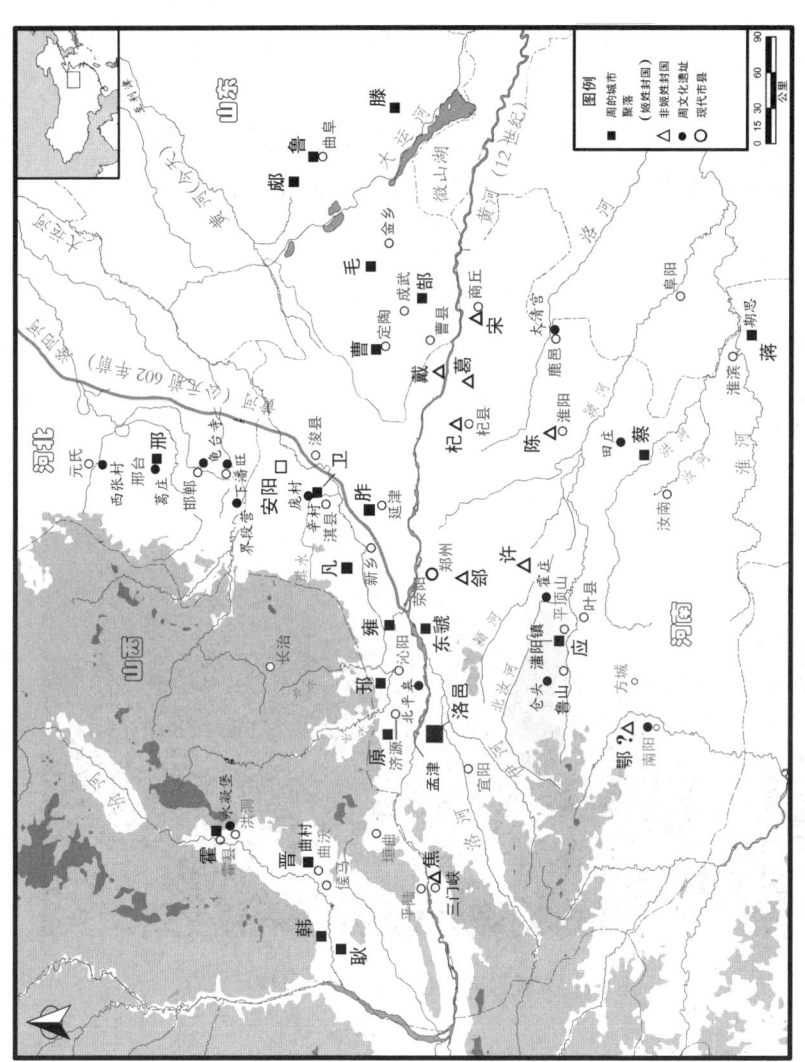

地图 6　西周时期中原地区的政治地图

(地形图层采自 ESRI Data & Maps: 2004; 河流采自哈佛中国历史 GIS 数据, 2.0 版: 2003 年 8 月)

南岸较低的黄土丘,突破崤山和小秦岭的阻碍,最终经由今天的三门峡市进入渭河谷地(图11)。① 据研究,另有一条走西南去宜阳的道路,穿越崤山南段纵深的峡谷,在陕县同北边的道路相汇合。与北道相比,南边的路显得漫长而曲折。② 尤其是在灵宝县境,道路穿行于狭长深邃的山谷中,即所谓的"函谷",行走其间,殆不见天日。③ 很可能这也是西周时期的一条交通要道。西周金文和文献有数条材料表明,当时从丰镐二京到东都洛阳的道路要花费人们很长一段时间。可见,西周国家的政治中心与东部平原实际上处于一种隔绝的状态,这是西周统治者所必须解决的一个重要问题。

图11 穿越豫西崤山的道路(作者摄)

① 卢云:《战国时期主要陆路交通初探》,载《历史地理研究》第1辑(上海:复旦大学,1986),第37-40页;史念海:《河山集·四集》,第165-168页。
② 王文楚:《西安洛阳间陆路交通的历史发展》,载《历史地理研究》第1辑(上海:复旦大学,1986),第12-16,18-19页。
③ 这是战国时期"函谷"的位置。参见史念海:《河山集·四集》,第165-166页。

在东部，洛阳地区和东部平原之间的交往可通过嵩山两侧的开阔地带：北侧，它取道历史上的一个战略要地——荥阳，循黄河南岸而行；南侧则穿越平坦的颍水河谷后抵达平顶山。铭文资料显示，这两条道路在整个西周时期一直被加以使用。在商周之际，从洛阳平原出行的最重要道路当是通往商都安阳，这一点在周人传统中记载的克商之前两次征伐的地理中也可以看得很清楚。第一次是文王伐黎，黎在今长治附近，沁水的支流丹水流域的上游；① 第二次是翌年对沁水下游地区沁阳附近的邘国（周代邘国故城）发动的军事征伐。② 这两个小邦距离商都安阳都不是很远，并且邘就坐落在太行山与黄河之间狭长过渡地带的南部。武王伐纣的行军路线恐怕也是这条，因为周师正是从洛阳北面的盟津渡河的。③ 因此，很可能这三次战役走的是同一条路线，从洛阳往北，穿越太行-黄河过渡带的南部抵达商都。这大概是商周时期途经中国东部人口最稠密地区的一条最重要的交通线。

---

① 这场战役在《尚书·西伯戡黎》中有反映，见《尚书》10，第 176－177 页。已失传的唐代地理著作《括地志》《史记》正义引，作"耆国"）说黎在唐代潞州黎城县东北，即今长治县之北。见《史记》4，第 118 页。

② 《史记》4，第 118 页。《史记》中关于这次战役的记录也受到了商代甲骨文的支持。甲骨文记录邘是商王的田猎地之一，位于商都的西面。参见陈梦家：《殷墟卜辞综述》（北京：科学，1956），第 260－262 页；Edward Shaughnessy, "Historical Geography and the Extent of the Early Chinese Kingdoms," *Asian Major* 2.2 (1989), pp. 10－12. 吉德炜过去曾依岛邦男将邘定在安阳东北，但他近来主张沁水流域才是商同盟集团的中心区域，包括邘在内。参见 Keightley, "The Late Shang State," pp. 538－544；*The Ancestral Landscape*, p. 57. 汉代《说文解字》谓邘在河内郡野王县（今沁阳）；《史记》集解引徐广曰："邘城在野王县西北。"见《说文解字》6b，第 133 页；《史记》4，第 118 页。当地考古学家将邘与沁阳西北 15 公里处的一个古城墙遗址联系起来，但尚未有可资证明的考古发掘。参见《河南省志：文物志》（郑州：河南人民出版社，1994），第 119 页。

③ 《史记》4，第 121 页。关于克商之役的分析，见 Shaughnessy, "'New' Evidence on the Zhou Conquest," pp. 66－67; "Western Zhou History," pp. 307－308. 渡口"盟津"可能是稍晚的一种称呼，在金文中没有见到，但来自西部的军队在此渡河也是很合乎逻辑的，因为这里的河岸相对较低，河面也狭窄。事实上，䖇尊(JC: 6014)铭文中提到武王在从商都返回的途中曾在洛阳地区停留，说明克商之旅的确可能由盟津渡河。

洛邑：东部的行政中心

尽管出土的有铭青铜器早已经证实了今天的洛阳地区作为西周东部行政中心洛邑（和/或成周）在政治上的重要性，但有关这座都城的具体位置仍然是西周考古学中最有分歧的问题之一。早在1949年以前，洛阳地区曾发现过三组西周青铜器，表明了这是一个等级很高的遗址。① 到20世纪50年代初期，考古学家又在涧河与洛河岸边发现了东周时代的"王城"遗址（地图7）。② 在这个古城址的中心，大约有10座西周墓葬被发掘。③ 然而后来的发掘显示，西周遗存最丰富的集中地却是在东面瀍河的两岸。在瀍河西岸庞家沟西侧北窑墓地的发掘中，共清理348座西周墓葬，另勘探墓葬87座。④ 紧邻其南，在洛阳火车东站附近，1973年发现了一个大规模的铸铜作坊遗址，面积约有十万多平方米。⑤ 继续往南，在洛阳老城的中心，1985年发掘了四座保存完好的车马坑。⑥ 此外，在瀍河的东岸，1952年20多座西周墓葬分别在四个不同的地点被揭露。⑦ 90年代初，在杨文站附近，C5M906号墓中又出土了六件一组的铜容器，其中两件盨是由西周晚期的名臣召伯虎所作。⑧

---

① 包括1929年据说是发现于马坡的著名的令器；同一年在马坡发现的臣辰器；庙沟发现的竞器。在这些青铜器中，令方彝（JC: 9901）上的长篇铭文是最重要的。它记述了周公之子明保受王命前往东都的情况，在那里，他受到大量官员以及众多地方诸侯们的迎接。这篇铭文充分证明了这个遗址作为西周国家东部行政和军事中心的重要性。有关1940年之前洛阳地区发现的青铜器总目，可参见柯昌济：《金文分域编》(1940)3卷，第15－16页。
② 《考古学报》1959年第2期，第13－36页。
③ 《洛阳中州路》（西工段）（北京：科学，1959），第4页。
④ 《文物》1972年第10期，第20－28页；《文物》1981年第7期，第52－64页。北窑的正式发掘报告近年来已经出版，参见《洛阳北窑西周墓》（北京：文物，1999）。
⑤ 《考古》1983年第5期，第430－441页。
⑥ 《考古》1988年第1期，第15－23页。
⑦ 报告原作者将这批墓葬分成两组，即"殷人墓"和"周人墓"。见《考古学报》1955年第9期，第91－116页。按照今天的标准，所谓"殷人墓"实为西周早期（一些是中期）的墓葬，而"周人墓"，从公布的车马器来看，应属于西周晚期。
⑧ 《考古》1995年第9期，第788－791页。对洛阳遗址的综述，另见持井康孝：《西周時代の成周鑄銅工房について》，載松丸道雄编：《西周青銅器とその國家》（東京：東京大學，1980），第185－199页。

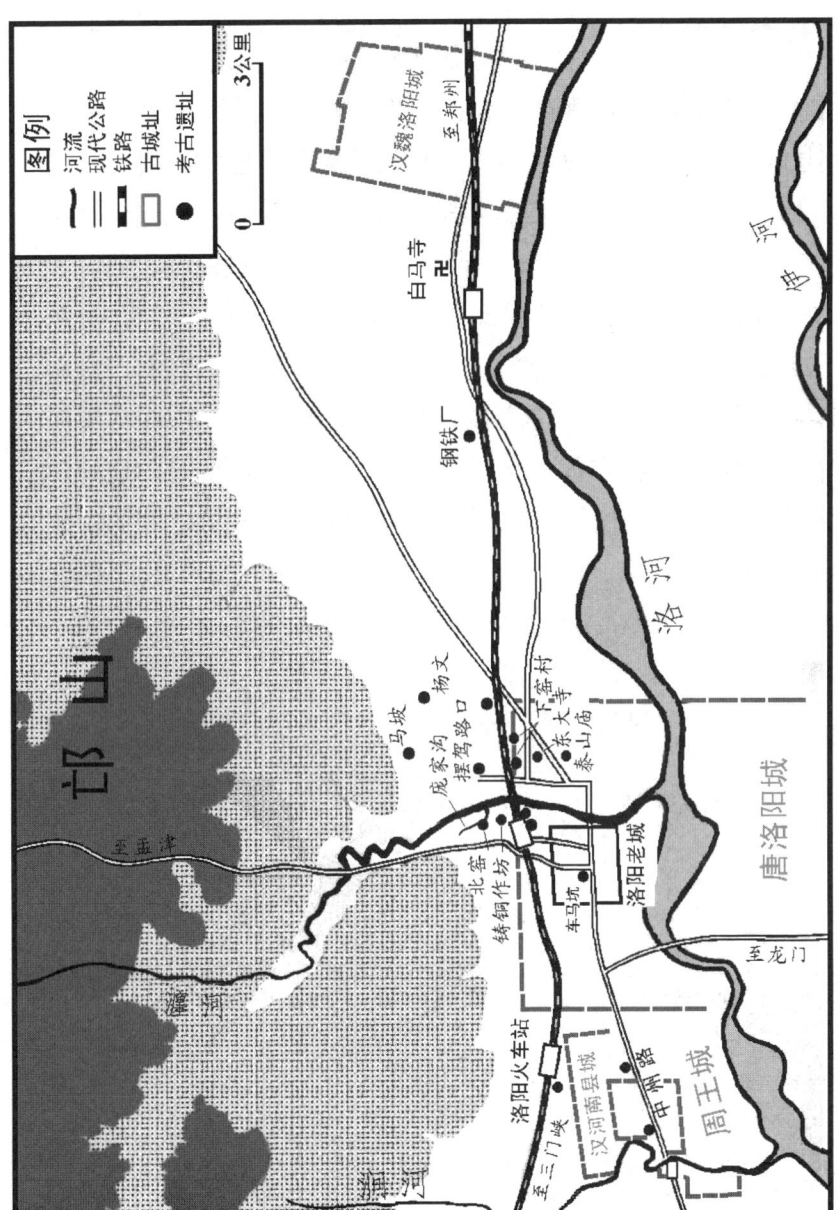

地图 7 洛邑：东部的行政中心

《尚书》中的两章曾提到有关洛邑的营建,这一记载也得到夃尊铭文(JC:6014)以及其他文献资料的支持。① 但营建洛邑的真正原因却是出于灭商之后的历史现实。攻占商都之后,武王返回西部,令其母弟管叔、蔡叔,可能还有霍叔留守在商都,目的是为了监督以武庚(最后一位商王的儿子)为首的殷民,史称"三监"。② 但这种占领政策后来证明是完全失败的。武王死后,由于成王(前1042/35－前1006在位)年幼,周公摄政,引起管叔和蔡叔不满,于是联合武庚发动了叛乱。周公为此花费了三年时间来平叛,对叛乱者或诛或囚。尽管这场"二次革命"赢得了最终的胜利,但西周统治者亦由此明了,如果东部缺乏较大的行政管理机构,单凭渭河谷地的力量来遥控东部平原,实属鞭长莫及。刚刚经过的这场动乱,部分也是因为驻扎在东部平原的军事将领与京畿内新的领导层之间由于缺乏交流而产生猜忌的结果。据可靠资料显示,西周时期横越豫西崎岖的山路,大约需要耗费的时间是 40 至 60 天。③

---

① 《尚书·召诰》、《尚书·洛诰》,15,第 211－217 页。《今本竹书纪年》中,洛邑的营建始于周公摄政五年。夃尊铭文记述,成王亲政五年后,迁都成周;大多数学者认为这是周公归政成王后第五年。见《竹书纪年》2,第 4 页;关于夃尊的铭文,见唐兰:《夃尊铭文解释》,《文物》1976 年第 1 期,第 60－61 页。有关洛邑的营建,见陈公柔:《西周金文中的新邑成周与王城》,载《庆祝苏秉琦先生考古五十五年论文集》(北京:文物,1989),第 386－387 页。

② "三监"的设置涉及一个传统的争论。一些学者认为留守商地监察殷民的有三人,而其他一些学者认为只有两个:管叔和蔡叔。第一种意见,如孙星衍:《尚书今古文注疏》(北京:中华,1986),第 597 页。第二种意见,见崔述:《崔东壁遗书》,顾颉刚编(上海:上海古籍,1983),第 205－206 页;刘起釪:《周初的三监与邶墉卫三国及卫康叔封地的问题》,《历史地理》(第二辑)1982 年,第 66－81 页。迄今为止,这个问题仍然悬而未决。

③ 关于这一点,我们有三项记录:1) 新发现的晋侯苏编钟(JL:35－50)记录了从镐京出发到达成周花费了周王 44 天的时间,从第一个月的戊午(六十日干支周期 no.55)至次月的壬寅(no.39)。见马承源:《记上海博物馆新收集的青铜器》,《文物》1964 年第 7 期,第 10－14 页;Jaehoon Shim, "The 'Jinhou Su *Bianzhong*' Inscription and Its Significance," *Early China* 22 (1997), p.49。2) 令方彝记录明保走同样的路程花了 56 日,从八月丁亥(no.24)至十月的癸未(no.20)。3)《尚书·召诰》载召公完成两都之间的旅程花了 14 日,从二月乙未(no.32)至三月的戊申(no.45)。见《尚书》15,第 211 页。两篇铭文记录的信息与夏含夷在重建克商之役时推定的周师花费 60 日抵达商都大致吻合;参见 Shaughnessy, "'New' Evidence on the Zhou Conquest," pp.70－71。如果在第二个月与第三个月之间有一个闰月,则第三项记录也将符合,而那种情况是很可能的。

而一旦叛乱爆发,将军队带出渭河谷地并且布置在东部平原之上,则需近两个月;这两个月之间,情况可能发展到不可收拾的地步。由此可见,如果要维持自己在东部的统治,营建东部行政中心势在必行。

洛邑的营建完全是出于西周国家的重大战略之需要。但当时究竟是建了一座城,还是两座,学者们各持己见,莫衷一是。大多数历史学家认为有两座:位于瀍、涧之间的洛邑(又称王城)和坐落在瀍河以东的成周。① 古代地理学家以为洛邑即汉代的河南县城,而成周则是坐落在其东约20公里处的西汉(前206-8)洛阳县城遗址,大致与东汉首都(25-220)洛阳城相合(地图7);②这对双城说是一种支持。但工作在一线的洛阳地区考古学家们却断言洛邑与成周实为一城,应该就在东边的瀍河两岸。③ 尽管后一种说法似乎得到了瀍河两岸现有考古资料的支持,但另一方面,发现于洛阳本地的属于西周早期的令方彝(JC:9901)铭文中则讲到,周代大臣明保曾分别在成周和王(有理由相信王即是指王城)举行祭礼。青铜器铭文以及古代的地理学文献共同显示王城和成周应该是两座不同的城。因此,从事铭文研究的学者多倾向于认为它们是西周时期洛阳地区的双子城。④ 也许成周的具体位置还有待于

---

① 在营建成周之前,周公曾在两个地点进行了占卜。《尚书·洛诰》曰:"我乃卜涧水东,瀍水西,惟洛食;我又卜瀍水东,亦惟洛食。"在两个地点的占卜结果均显示,假如成周建在洛河附近将大吉。《尚书》15,第214页。18世纪最优秀的经学家之一孙星衍认为,王城和瀍河以东的成周分别由召公与周公二人营建。见孙星衍:《尚书今古文注疏》,第404-405页。

② 《汉书》28,第1555页。6世纪地理学者郦道元也指出了两个独立的遗址,但究竟哪一个是王城,哪一个是成周,他自己也十分疑惑。见《水经注》15,第495-496页。

③ 叶万松、余扶危:《关于西周洛邑城址的探索》,载《西周史研究》,《人文杂志》专刊2,西安,1984,第317-320页;《洛阳北窑西周墓》,第369页。

④ 唐兰:《唐兰先生金文论集》,第11页。其他古文字学家,如陈梦家,赞同唐兰将"王"释读成"王城",并且系统地研究了这个问题,推断出必定有两个不同的城。参见陈梦家:《西周铜器断代》1990年第2期,第135-138页。近年来对这两座城市有关的铭文和文献证据的分析,参见陈公柔:《西周金文中的新邑成周与王城》,第386-397页;周永珍:《关于洛阳周城》,载《洛阳考古四十年》,叶万松编(北京:科学,1996),第227-229页。

新的考古材料的进一步证实。

西周地方封国的发现

西周国家新地缘政治构架的形成和一个真正稳定性力量的出现全赖以周地方封国的建立。在那些曾经是商人控制或不属商人控制的东部平原及其周边地区,这样的地方封国随处可见。其中有些封国的发现位列20世纪八九十年代最重要的考古发现,而目前研究的重点在于,通过对这些封国遗址的综合研究,我们可以看到这些地方封国不仅与周初大扩张的历史背景相吻合,而且也与中国东部的地表形态融为一体。

早在1932-1933年间,在距商都安阳40公里处的淇水东岸,中央研究院在浚县辛村发掘了80多座西周墓葬及车马坑。① 其中包括8座带斜坡墓道的大型墓葬,显示出墓主的高等级地位。在这批墓葬出土的青铜器上,我们可以看到"侯"、"卫"(地方诸侯国)的字样;出自一座西周晚期大墓(M5)的青铜器上还铸有"卫夫人"的铭文。更引人注目的是M60出土的一件青铜器,铭文中甚至提到了卫侯曾去宗周朝见周王。② 这些发现明确将这个墓地同周代的地方封国卫联系起来。卫国是武王少弟康叔封的封国,古典文献对此有明确记载。卫国册封之所以重要,主要因其地理位置离商都很近,肩负着管理在二次东征中刚刚臣服的殷遗民的重任;《尚书》中两篇可靠的西周文献就是这次册封的记录。③ 此外,我们实际上还有一篇铭文,即康侯簋(JC:4059)铭文,其中明确记载王

---

① 见《浚县辛村》(北京:科学,1964),第1、72页。当这部报告尚处在编写中时,出土器物被船运至台湾,因此这部报告并不完备,但它是关于这处墓地唯一的考古报告。这些器物也发表于另一部书中:《浚县彝器》(河南通志馆,1937),第1-75页。

② 《浚县辛村》,图版60-61,66,69。

③ 它们是《康诰》和《酒诰》;《尚书》14,第202-207页。

进攻商都之后，给予康侯卫地。① 关于卫国的地望，传世文献一致指向豫北的淇水一带，②汉代地理学家则将其定在汉朝歌县境内，大约相当于今天的淇县，即浚县的邻县。③ 事实上，辛村墓地就位于流经两县边界的淇水右岸。另外，在西去辛村仅1公里的庞村，1961年发现了一座西周早期的墓葬，从中出土了15件青铜器，可能也与卫国有关。④

由此往北，在冀南的邢台、邯郸以及磁县的两处地点，也有多处西周遗址被发掘。⑤ 1978年，在邢台北面大约70公里处的西张村发现了一座西周中期墓葬。墓中出土一件臣谏簋（JC：4237），其上铭文载有邢侯在軧地对戎作战一事。⑥ 事实上这座墓葬恰好就在今天泜河北面约20公里处，在古泜水河道的北岸。鉴于"軧"、"泜"二字书写上的相似及地理上的一致性，我们几乎可以肯定，现代的"泜"应当就是西周时期的古"軧"字。⑦犹今之邢台一名必然来源于古代邢国一样。这些都是从西周至现代地名演变的极好例子。早在北齐时期（550-577），今邢台地区即曾出土过五件邢侯夫人姜氏鼎，从而为邢的位置提供了证据。⑧ 1993年，又有一批重要资料出土于邢台市西端的葛庄，被清理的200多座墓葬大多属于西周时期。由于历史上疯狂的盗掘活动，这些墓葬很少再

---

① 在传世青铜器中，除康侯簋外，还有康侯斧（JC：11778）和康侯刀（JC：11812），都是在辛村发掘之前于浚县发现的。参见柯昌济：《金文分域编》3卷，第12页。
② 例如，《诗经》中的《卫风》主要就是从卫国搜集来的，其中一再提到淇水和黄河。见《诗经》3.2-3，第320-328页。《史记》云："以武庚殷余民封康叔为卫君，居河、淇间故商墟。"见《史记》37，第1589页。《左传·闵公二年》亦载：公元前660年，在遭受狄人的攻击后，卫国遗民渡黄河东避。见《左传》11，第1788页。
③ 《汉书》28，第1554页。
④ 《文物资料丛刊3》1980年，第35-38页。
⑤ 有关这些发现，见《文物》1960年第7期，第69页；《考古》1959年第10期，第534-535页；《考古学报》1975年第1期，第99-110页；《考古》1974年第6期，第363页。
⑥ 《考古》1979年第1期，第23-26页。
⑦ 或许"軧"这个字指的是一个地点或聚落，而"泜"这个字指的是流经它的河流。参见李学勤：《新出青铜器研究》，第65页。
⑧ 柯昌济：《金文分域编》，第12页。

发现带铭文的青铜器了。但考虑到先前在这个地区及其邻近一带已发现的一些与邢有关的青铜器，这片墓地很可能也属于邢国；而四座带斜坡墓道的大墓则可能是邢侯及其配偶的墓茔。葛庄的大多数墓葬被确定在西周早中期，个别墓葬属于晚期。[1] 我们知道，邢国是周公之子的封国（见下文），几乎所有的历史文献都一致认为，邢在今天的邢台地区。[2] 更重要的是，在邢台发现的一些墓葬的年代明确属于西周早期的偏早阶段，这说明邢的建立很可能在王朝之初，大概是周公摄政期间。

东部平原的南半部，与西周有关、规模最大的考古发掘位于今天平顶山市西郊滍阳镇以西的滍阳岭一带（图 12）。1979-1984 年间，这座墓地共出土了四件邓公簋，皆为邓公为其女应嫚出嫁所作之媵器。从"应嫚"这个名字可见，这座墓地可能属于她丈夫所在的应国。[3] 这一点到了 1982 年变得相当明晰，当时在同一地点发掘了一座西周中期墓葬，出土了多件由"应事"所铸的青铜器。[4] 1982-1992 年间，考古学家在这里又发掘出了 130 多座墓葬，[5] 其中 M1、M84 和 M95 这 3 座墓葬的资料已正式公布。从墓中出土的青铜器和陶器来看，M1 的年代应当定在东周早期；M95 年代上明显早于 M1，当属西周中期末；此墓出土了 5 件由应伯所作，4 件

---

[1] 1998 年夏，我有幸看到了这批新材料，故可在此纪录我的初步想法。因为葛庄的材料尚未完全公布，所以这里不便作详细讨论。

[2] 例如，《汉书·地理志》称汉赵国襄国县为"故邢国"。杜预（222-284）注《左传》亦云邢在"今广平襄国县"。如果将这两个地点放到一张历史地图上，它们正好与今天的邢台相合。见《汉书》28，第 1631 页；《左传》3，第 1727 页。关于邢的位置，另见朱右曾：《诗地理征》，载《皇清经解》卷 1039-1045（1929），第 1078 页；陈槃：《春秋大事表列国爵姓及存灭表譔异》（台北："中央研究院"，1969），第 183 页。

[3] 《考古》1981 年第 4 期，第 370 页；《考古与文物》1983 年第 1 期，第 109 页；《考古》1985 年第 3 期，第 284 页。西周时期的妇女称谓受到很多规则的制约（详见第五章）。这里只需指出，当父亲称呼其已出嫁的女儿时，通常称她丈夫的国名或宗族名（与其他已嫁的女儿相区别），加上她（也就是他）自己的姓。

[4] 《文物》1984 年第 12 期，第 29-31 页。

[5] 《华夏考古》1988 年第 1 期，第 30-44 页；1992 年第 3 期，第 92-102 页；《文物》1998 年第 9 期，第 4-17 页。

图 12　平顶山应国墓地（作者摄）

由侯所作，及其他为公所作的青铜器。M84 的时间更早，可被定在西周中期早段，出土了 5 件作器者是应侯禹或是禹的青铜器（图 13）。考古学家注意到，这座墓地靠近文献中所谓的"应城"，应城位于滍阳镇的边缘，汉代地理学家认为这个地区属于古代应国。①

从考古发现来看，周初统治者对上述三个诸侯国分封位置的选定，显然是经过深思熟虑的。将卫封在商都安阳周围地区是为了控制当地的殷民，令其从此成为顺从周朝的子民，这一目的在周代文献中是明说的。将邢分封于太行-黄河狭带的北部，则等于在卫国的北面又添置了一道屏障，可以保护中原地区免受来自北方的侵扰，当地出土的臣谏簋铭文就明晰地反映出这一点。至于应

---

①　《华夏考古》1988 年第 1 期，第 43-44 页。《汉书·地理志》云"古应国在颖川郡父城县之应乡"，在今平顶山的西面。然而晋杜预认为，应在湖北襄阳城父县。见《汉书》28，第 1560 页；《左传》15，第 1817 页；现代学者已经指出杜预的错误，《汉书》才是正确的。见周永珍：《西周时期的应国邓国铜器及其地理位置》，《考古》1982 年第 1 期，第 49-50 页。

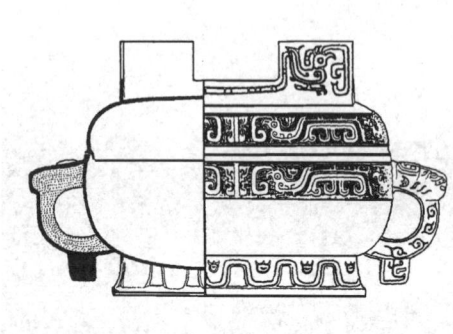

图 13　平顶山 M84 中出土的应侯盨

（采自《文物》1998 年第 9 期，第 11 页，图一〇；第 12 页，图一一）

国，地近颍水（连接洛阳平原）出口并正当南阳盆地的入口处，可扼守南下长江中游地区的通道。当我们将这些封国与其分封的历史背景联系起来，并考虑整个东部平原的地表形态时，这种战略上的重要性便显而易见了。这三个封国碰巧都是它们各自所在区域内进行过较大规模考古发掘的唯一地方封国，但它们绝不是当时东部平原上仅有的地方封国。虽然我们很难搞清西周初期究竟分封了多少个这样的地方封国，有一点我们是可以肯定的，即这些地方封国的数目是相当大的。据《左传·昭公二十八年》记载，西周初期共分封了 40 个姬姓诸侯。[1] 另一项记载来自《荀子》，提到在周公摄政期间，有 71 个诸侯被分封，其中姬姓多达 53 人。[2] 今天我们没有根据来评估这两个或有夸张之嫌的数据的准确性。相较而言，第三项来自《左传·僖公二十四年》中

---

[1] "姬"是周王族的姓，见《左传》52，第 2119 页。
[2] 《荀子》4，第 300 页。

的记载或许更切合实际,因为它给出的数目要小得多,并且一一提到了有关诸侯国的具体名称:①

表一　西周早期建立的姬姓封国(据《左传》僖公二十四年)

何人之子	地　方　封　国
文　王	管、蔡、郕、霍、鲁、卫、毛、聃、郜、雍、曹、滕、毕、原、酆、郇
武　王	邘、晋、应、韩
周　公	凡、蒋、邢、茅、胙、祭

包括上文提到的三个诸侯国在内,由周王室两代成员建立的诸侯国一共有 26 个。其中,蔡、郕、鲁、卫、郜、雍、曹、滕、邘、应、凡、蒋、邢、茅、胙、祭(不包括周公东征灭掉的管)这 16 个诸侯国大概就位于东部平原及其周边地区,而剩下的则有些在汾河流域,有些在渭河流域。在试图重建西周时期地方封国的分布网络时,除上述三国因为有考古发掘可以提供可靠的基点外,其他大多数则并未经过认真的考古学调查。关于它们的位置,我们的主要依据只能是散见的和非考古发掘所得的有铭青铜器,并结合古代的地理记录。因此,对一些诸侯国而言,在正式的考古发掘为我们带来确凿的证据之前,此处所言只能是一种"可能性"。但是,上述三个诸侯国以及其他许多坐落于中原以外的诸侯国(见附录一)的实际考古发掘,已经证明了早期的地理记录——特别是汉代传下来的地理记录——的价值,它们准确地指向这些封国实际所在的地区。把它们放入一个同时由已有的考古学证据所支持的历史背景之中,这些早期的地理记录可以有效地帮助我们理解东部平原的地

---

① 这个记录出现在富辰的谏言中;富辰是周襄王(前 651 - 前 619 在位)宫廷中的大夫,他力谏周王不要对同属姬姓的郑国进行军事攻击。作为历史先例,富辰回顾了周朝地方封国的建立,阐明诸多姬姓封国之间的手足关系。见《左传》15,第 1817 页。虽然《左传》中这种谏言的可靠性近来受到史嘉柏的质疑,但这里出示的具体名单却可以作为史嘉柏所谓的"其准确性我们没有理由进行怀疑"的那种"历史叙事中的详细信息"。见 Schaberg, *The Patterned Past*, p. 26.

缘政治构架。事实上,笔者相信如果将这 16 个诸侯国的位置综合起来分析,将会揭示一个审慎地建构于中国东部地表形态中的一个相当有趣的模式。

首先,在太行-黄河狭带的前商都地区,除了武王少弟所封的卫国外,还有他的侄儿,即周公的两位儿子建立在今辉县和延津地区的凡国和胙国。① 事实上,凡和胙可能充当了卫的卫星国,三者构成了一个颇为有趣的三角。在太行-黄河狭带的最南部,曾经也是商的据点,一些西周遗址已被发现但尚未得到正式发掘。② 依照古代历史地理著作的记录,这个地区曾经有过三个姬姓诸侯国:武王的一个儿子被封在了前商的属国——邘国(今河南沁阳);而在邘的两侧,武王的两个弟弟分别建立了原和雍,或许是为了协助他们的侄儿。③ 这三个诸侯国不但拱卫着洛邑和成周的北大门,同时还扼守着进入汾河流域的交通要道(见下文);因为敌人同样可以从汾河流域发动对渭河谷地的攻击。

在山东西部某地,当地村民发现了一件春秋时期的曹伯狄簋;④淮阳也发现了一件同属春秋时期的青铜盘,可能是曹国国君为其女儿制作的媵器。⑤ 根据地理文献,曹国在今天的定陶县,这些青铜器可能正是从那里被带去的。⑥ 事实上,曹也是《左传》中

---

① 在《左传》注中,杜预说凡在汲郡共县以东,指向今天的辉县。见《左传》4,第 1782 页。至于胙,杜预认为它在东郡燕县西南。见《左传》15,第 1817 页。在杜预注的基础上,清代学者江永(1681-1762)认为胙在前胙城县,清代并入汲县,指向今天的新乡东、延津北的地区。见江永:《春秋地理考实》,载《皇清经解》253-255(广州:学海堂,1829),253,第 8 页。
② 例如,温县的北平皋遗址。参见《文物》1982 年第 7 期,第 7 页。
③ 杜预云雍国在河内山阳县,即今天的修武;《左传》15,第 1817 页。关于原,杜预认为它在沁水县西,《左传》4,第 1737 页。清代学者江永指出,位于济源县西北的原乡即原的故址;江永:《春秋地理考实》252,第 9 页。《左传》中记载,公元前 635 年原为晋所并。
④ 陈邦怀:《曹伯狄簋考释》,《文物》1980 年第 5 期,第 27、67 页。
⑤ 《中原文物》1981 年第 2 期,第 59 页。
⑥ 《汉书・地理志》指出,汉济阴郡定陶县,故曹国,周武王弟叔振铎所封;《汉书》28,第 1571 页。江永指出,古曹县在定陶县西北 4 里处。见江永:《春秋地名考实》252,第 12 页。

提到的封于东部平原东部的三个姬姓诸侯国之一。三者均坐落在古代巨野泽的南部,形成一个三角形。曹和郕被封给武王两位弟弟,而茅则被封给了周公的一个儿子,也就是他们的侄儿。① 此外我们注意到,这三个诸侯国位置恰好都处在去山东地区的路途之中,很可能为当时那些频繁奔波于洛邑与周的"远东"驻地之间的军队与官员们提供了中途歇息之地。文献记载显示,这条通道也是东周时期往返于周王室与东方列国之间的使节们惯常行走的路线。② 沿着这条道路东行直至山东西部的山麓地带,田野考古工作已经证实了《左传》中提及的两个姬姓诸侯国的位置:一个是位于今天曲阜的鲁国,即周公长子伯禽的封地所在;另一个是位于今天滕县境内的滕国,受封者是鲁国国君的一位叔父。在鲁国的北面,地理记录中还记载了另一个诸侯国郕,位于今宁阳,它同样见诸《左传》,由鲁国国君的另一位叔父统治(参见附录一)。

在中原地区的南部,是位于平顶山的应国。它西面的鲁山县于1951年发现过一组西周早期的青铜器;③而在它东面大约40公里处的襄县霍庄,1975年时也发掘了一座西周早期墓葬。④ 由于这些青铜器上缺乏明确的铭文,它们具体的所属国并不清楚。⑤ 除应国外,古代地理文献认为在中原地区的南部还有蔡和蒋这两个姬姓诸侯国。1956年,上蔡发掘了一座西周早期墓葬,出土了9件

---

① 杜预云济阴成武县东南有北郜城;《左传》5,第1741页;另见陈槃:《春秋大事表列国爵姓及存灭表譔异》,第196页。至于茅的地望,杜预云昌邑县西有茅乡;见《左传》5,第1817页;江永指出,昌邑县在今金乡西北40里处;江永:《春秋地理考实》253,第8页。
② 史念海:《河山集·一集》(北京:三联,1963),第71页。
③ 《文物考古资料》1958年第5期,第73页。
④ 《文物》1977年第8期,第13—16页。
⑤ 马世之认为应的领地从平顶山一直伸延到襄县、宝丰、鲁山和叶县地区,指出这些青铜器可能与应国有联系,但缺乏证据支持。参见马世之:《应国铜器及其相关问题》,《中原文物》1986年第1期,第60页。

青铜器,离被认为是蔡国的中心古城遗址大约20公里。① 至于蒋,古代地理记录认为它在今天的淮滨,是由周公另一个儿子建立的。② 周王朝将这些诸侯国安置在淮河上游地区,必定是针对淮河下游的敌人。

当我们将这16个姬姓诸侯国的位置在地图上标出时,它们呈现出一种非常有趣的聚落形态(地图6)。首先,它们三个一组,在外观上或呈三角形,或排成一条线,形成四个极易辨识的三位一体组合。第二,它们大多坐落于冲积平原的边缘,那里分布着最富饶的农田,不像平原的中心,由于黄河经常泛滥,人类的生活总是受到影响。如早前提到的,《左传》中提到的这16国以外可能还有其他的姬姓诸侯国,比如堪称洛邑东方门户的东虢。③ 但这16个诸侯国既是在同一份名单中被提及,这说明它们可能处在同一等级,或有着同等的重要性。只要我们承认这份名单是一个单独而完整的记录,我们就不得不考虑这种形态。其实,《左传》中并没有什么材料能够反映一个预先设定的背景,其间,这种地理上的三位一体组合可被用来支持谏言者富辰的政治立场;相反地,只有当我们将这份名单与地理文献作比较时,这种聚落形态模式才会显现出来。历史地理学者谭其骧先生亦曾指出,自新石器时代一直到春秋时期,河南北部和冀中大平原的中部一直未有人类聚居;仅从战国时期开始,才有一些聚落在这个地区

---

① 《文物参考资料》1957年第11期,第63,66-69页。根据《史记》世系,蔡的建立者是当年参加管叔叛乱被周室流放的蔡叔的儿子;《史记》35,第1565页。《汉书·地理志》云蔡在汝南郡上蔡县,这个地点为大多数地理学者所接受。见《汉书》28,第1562页;陈槃:《春秋大事表列国爵姓及存灭表譔异》,第25页。河南的考古学者称,蔡的古县位于今天上蔡县的西边,但尚未有考古发掘进行。参见《河南省志:文物志》,第117页。

② 杜预指出,蒋在公元3世纪时的弋阳郡期思县,即今天的淮滨。见《左传》15,第1817页。河南考古学者将今淮滨县东南15公里处的一个城址确认为3世纪时期思所在。见《河南省志:文物志》,第116页。

③ 东虢据说是由文王的一个兄弟建立的;虢的历史将在第五章详细讨论。《汉书·地理志》说东虢在河南郡荥阳县;见《汉书》28,第1549页。

出现。①虽然这一论断验诸平原的南部地区未必确切,但因为从新石器时代至商代的许多遗址只发现于原来高出地面,而现已被埋入地下的土丘之上,②毋庸置疑,冲积平原的中心地带比起其周边的过渡地带更不适宜人类居住。

在豫东平原的中心地区,古代地理文献记录了集中分布的一批非姬姓诸侯国,如宋、杞、葛和戴;在它的西南部则有陈、许以及邳。③ 1996—1997年由美国哈佛大学和中国社科院考古研究所组成的中美联合考察队在商丘市地表下10米处揭露了一座大型东周城址,考察队认为它是宋国的都城。④虽然目前还没有足够的证据表明这里就是地理文献中提到的西周时期的宋国都城,但现有证据已对这一点作了有力的支持。然而也就在1997年,在北距商丘60公里的鹿邑太清宫,当地文物考古工作者在一个低矮的土丘中发现了一座保存相当完好并附有两个斜坡墓道的大型墓葬。它的墓室为长方形竖穴,上口长9、宽6.63米,墓内随葬器物丰富多样,其中青铜容器就出土了85件,青铜兵器32件,同时还有197件陶器等等。这座墓葬向我们展示了考古学家以前只在安阳这类中心遗址才能感受到的壮观的埋葬现象。⑤当然,这次发掘也揭示了该墓与殷商之间的紧密联系,因为出土的大多数青铜器具有典型的商末风格,而且其大量人祭和人殉的埋葬习俗也与殷人有关。更重要的是,100多件陶器同

---

① 谭其骧:《西汉以前的黄河下游河道》,《历史地理》1981年第1期,第49—50页。
② 事实上,这个地区的许多历史遗址由于黄河淤积已经深埋地下。例如,河北的巨鹿从公元1108年以来深埋地下达6米;山东西部地区的定陶从14世纪开始已经长埋地下深达8米。见曾昭璇:《中国的地形》,第281页。
③ 根据这些记录(此处不作详细讨论),宋在今天的商丘,杞在杞县,戴在民权,葛在宋杞之间,陈在淮阳,邳在密县,许在许昌。
④ Kwang-chih Chang(张光直)and Zhang Changshou(张长寿),"Looking for City Shang of the Shang Dynasty in Shangqiu: A Brief Report of a Sino-American Team," *Symbols* (1998, Spring), 5—10.
⑤ 《考古》2000年第9期,第9—23页。正式报告参见《鹿邑太清宫长子口墓》(郑州:中州古籍,2000),第21—199页。

样反映出一种无可争议的安阳传统。另一方面,两件四耳青铜簋,同时可能还包括青铜卣以及一些青铜鬲的风格特征则将墓葬的年代明确地定在西周,甚至不是西周之初,而是西周早期中段。① 此外,考古学者还注意到,在多达 37 件青铜器上都铸有"长子口"这三个字,长子口无疑是这座墓葬的主人,并且也应该就是文献中提到的宋国的创建者微子启。② 考虑到考古学所揭露的现象,以及古文字中"长"与"微"二字的难以区分,故这一推定应该是可以成立的。至少,这次发现有力地证明了传统上认为是宋国的地区确有殷商遗民的活动。

在其他非姬姓封国所在的地区内,带铭文的西周青铜器尚未被发现,这大概是因为黄河在此留下了太多太厚的泥沙淤积。然而,因为这些非姬姓封国常常成为那些位于冲积平原外围地带的姬姓封国们的联姻对象,他们的青铜器就完全可能在平原以外的地方被发现。这从山东地区发现了一件陈侯为其女儿铸造的青铜壶即可见一斑。③ 1977 年,山东滕县也发现了一件青铜鼎,它是杞侯为来自郐国的妻子铸造的。④ 关于这些诸侯国的由来,虽然后世的文献,比如《史记》在追溯他们的祖先时常将其归诸前代乃至神话传说中的人物,但实际上除了少数的几个外,⑤大多数的历史都无从稽考了。他们也许就是一直生活在当地的土著,后来融入到

---

① 参见《鹿邑太清宫长子口墓》,第 79、81、108 页。两件簋与著名的宜侯夨簋(JC: 4320)极为类似,同时与鄂叔簋(JC: 3574)也十分接近,不同的是鄂叔簋有方座。关于后两件青铜器,参见《中国青铜器全集》(北京:文物,1993 - 1999),6,第 104、115 页。

② 王恩田:《鹿邑太清宫西周大墓与微子封宋》,《中原文物》2002 年第 4 期,第 41 - 45 页;松丸道雄:《河南鹿邑県長子口墓をめぐる諸問題》,《中國考古學》4 (2004),第 219 - 239 页。

③ 《文物》1972 年第 5 期,第 9 - 10 页。

④ 《文物》1978 年第 4 期,第 94 - 95 页。由杞侯所作的另一批 10 件青铜器在离滕县不远的新泰被发现。在关于这些铭文的长篇评论中,吴式棻认为这批青铜器是在杞国迁往山东西北的新泰后被制作的;见《攈古录金文》(1895),卷 2,第 2、24、43 - 50 页。

⑤ 例如,大多数现代学者赞同《史记》将宋国的建立者归于微子,据称微子是西周第二次东征后被周王室分封在这个地区的商的后裔。

西周的地方系统中去;或者他们作为地方诸侯国的权利得到了周王室的承认。① 但我们亦有理由相信,如果不是周朝的建立者刻意安排的话,他们在冲积平原中心的位置至少反映了他们在西周国家中的政治劣势。

东西部文化的整合

上文已经讨论了西周国家在东部大致的地缘政治构架问题,不过我们还需附加一个文化层次上的讨论。这个文化层次有助于我们对以下两个方面的理解:其一,可以观察东西部文化融为一体的过程;其二,可以了解在不同的地理单元中,或在变化多样的地方传统基础之上,西周国家的整体利益是如何得以确立的。

事实上从冲积平原边缘北部的元氏到南面平顶山所发现的青铜器,其艺术特征与在渭河流域发现的如出一辙,并且这种与周代中心艺术标准保持一致的现象即便是在中原以外的青铜器上也能见到,如北方的北京与南方的长江中游。在整个西周早期及中期的大部分时间内,虽然确实存在青铜仿制地方陶器的现象,但毕竟属于凤毛麟角,而作为一个整体的青铜文化是高度统一的,它们受到渭河流域,也就是西周国家心脏地带建立的标准的引领,同时也因采用单一的书写系统而加强。罗森(Jessica Rawson)对这种高度的一致性作过这样的观察:

我们不妨揣测一下,一个相当发达的青铜器冶铸组织在西周早期肯定存在过。铭文强调了这种需求。不管这些青铜器是均来自于丰镐或成周这样的中心铸造坊,或者说其他地

---

① 关于这一点,见 Cho-yun Hsu and Katheryn Linduff, *Western Chou Civilization*(前引),第 152 页。

方也有作坊能够进行精良的青铜器铸造,王室与这些青铜器拥有者之间的紧密接触是不言而喻的……无论哪种情况,与青铜器作坊息息相关、训练有素的书写者都是必不可缺的。倘若青铜器是在中心地区集中铸造的,那么像那些距离较远的城市,譬如北京附近的燕国或宝鸡附近的强国就必须与西安、洛阳的中心保持密切联系。如果有铭青铜器并非集中铸造,那么为了确保标准语言和书体的使用,不同冶铸中心之间亦需频繁和密切的交流。无论是哪一种情况,西周早期一个意图和实践上的强大统一体似乎已经将周王国的不同部分连接起来了。①

我曾在最近一篇文章中指出,其实我们已经有证据表明那些与周人中心地区风格一致的青铜器不仅在有着周文化传统的地方封国被铸造,它们甚至在周的外围地区被那些拥有自己独特文化传统并且很可能在政治上并不隶属于西周的团体所模仿或复制。②现在的问题当然是西周中心地区与周边地区之间是如何进行交流的?无论其方式如何,我们在青铜铭文中可以看到,这种交流在西周早期是非常频繁的(见第二章)。简言之,考古学证据显示了贵族文化内部存在一种牢固的联系,而这种联系则又反映出渭河谷地与东部平原之间的政治整合。

相较而言,中原地区的陶器风格似乎与克商之前的东部地区传统保持着更为紧密的传承关系,而较少受渭河谷地周文化的影响。由于近年来洛阳和邢台这两个地区考古材料的发表,以及北京琉璃河西周燕国墓地报告的出版(见附录一),我们在进行陶器

---

① Rawson, "Western Zhou Archaeology," pp. 365–366.
② Li Feng, "Literacy Crossing Cultural Borders: Evidence from the Bronze Inscriptions of the Western Zhou Period (1045–771 B.C.)," *Bulletin of the Museum of Far Eastern Antiquity* 74 (2002), pp. 210–242.

比较研究时有了比以前更好的基础。① 不过限于篇幅,在此我们对这本该至少用一章的篇幅专门进行讨论的问题,只能做一概述。为了便于比较,我们先来看看西周早期渭河流域陶器群的类型学特征(图14)。就整体而言,周文化的陶器传统主要集中在两类器物上:鬲和小口罐。周都地区出土的陶鬲明显融合了三种可辨识的风格和传统,皆可上溯至先周时期:第一种是瘪裆鬲(14.1),第二种是袋足鬲(14.2),第三种是直领鬲。罐虽然可以根据肩部的特征来进一步区分(圆肩或者折肩),但一般以小口为典型特征(14.3-5)。在遗址中发现的另一种常见器物是直壁敞口的深腹盆(14.6)。另外两类陶器可能是源自商文化陶器传统但已完全融入了周文化,即豆(14.7-9)和簋(14.10-11)。上述这几类陶器构成了从西周早期至西周中期早段渭河谷地的常见陶器组合。

除了最后两种本来可能源于商文化的陶器外,典型周式风格的陶器在洛阳地区尚未被发现。② 相反,洛阳地区发现的每一种陶器类型几乎都可以在安阳追溯到它们的祖型。这意味着曾经与商人有关的陶器传统在洛阳地区一直占据着主导地位,即便在周克商后,亦复如是(图15)。各种类型的鬲(器身极低,分裆,唇沿外围常常有上翘)(15.1-5)、肩部上饰有小突钮和环耳的大口罐

---

① 洛阳北窑青铜作坊遗址的材料先前在叶万松、余扶危的两篇文章中得到过分析,而北窑墓地早些时候的发掘资料近来才公布。见叶万松、余扶危:《洛阳北窑西周遗址陶器的分期研究》,《考古》1985年第9期,第834-842页;《中原地区西周陶器的初步研究》,《考古》1986年第12期,第1104-1111、1120页;《洛阳北窑西周墓》,第62-65、197-201、277-279页。邢台的正式发掘报告尚未公布,但发掘队员的两篇文章里包含了这个遗址的一些资料。见贾金标、任亚珊等:《邢台地区西周陶器的初步研究》,载《三代文明研究》(北京:科学,1999),第65-75页;石从枝、李恩玮等:《邢台地区陶器初步研究》,载《三代文明研究》(北京:科学,1999),第76-85页。至于琉璃河的材料,主要参见《琉璃河西周燕国墓地1973-1977》(北京:文物,1995),第79-100页。

② 叶万松、余扶危把北窑的一件残鬲(T2H80:1)作为周式风格瘪裆鬲的例子,还有一件(C5M91:2)作为袋足鬲的例证。然而,第一件与周文化风格非常不同;而第二件实际上类似于殷墟西区的F型鬲。见叶万松、余扶危:《中原地区西周陶器的初步研究》,第1106、1109页,图二:9、14。至于典型的商文化陶器类型,见《考古学报》1979年第1期,第111页。

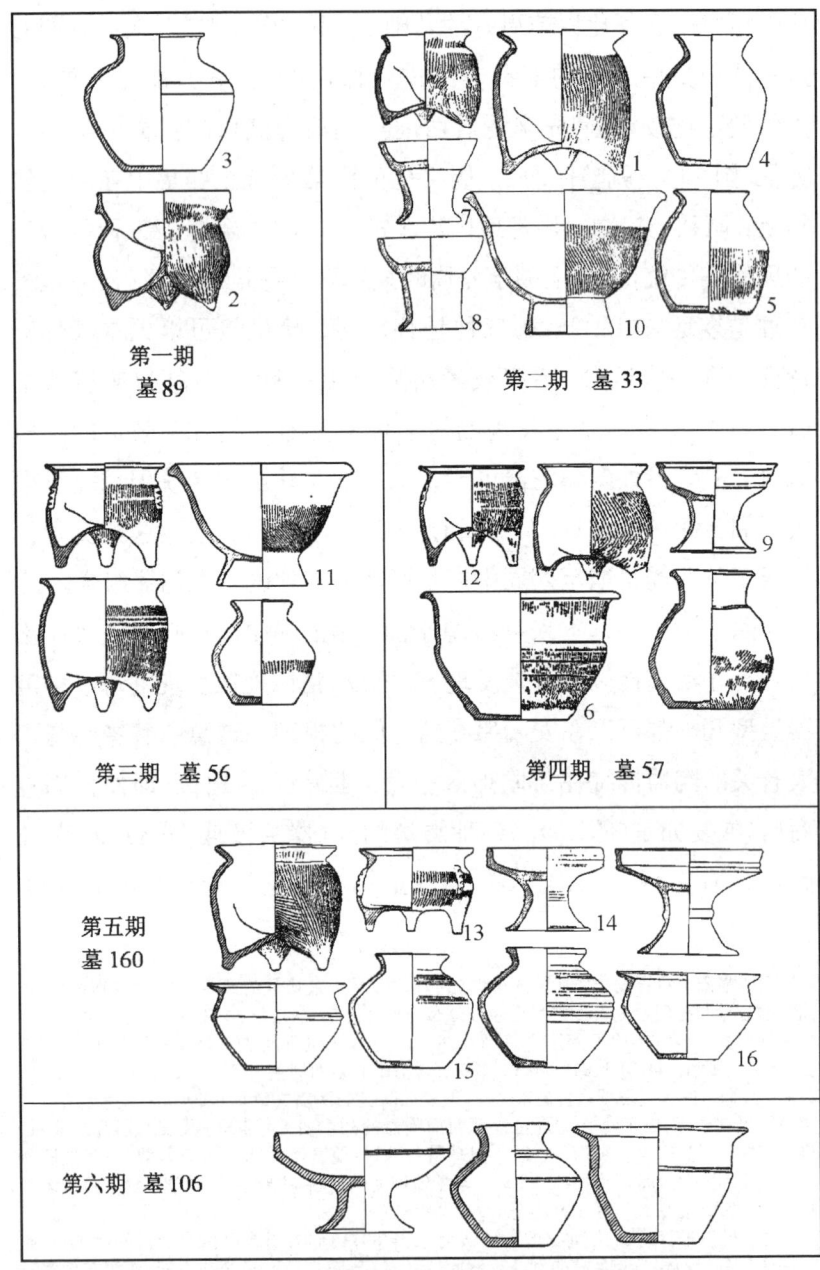

图 14　张家坡出土西周陶器的分期

(采自《考古学报》1980 年第 4 期,第 249 页,第 283–285 页)

第一章　西周国家的基础：建构政治空间　87

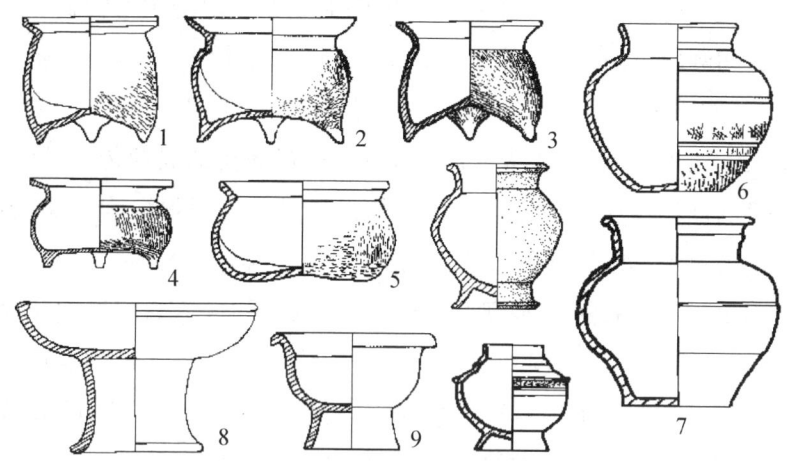

图 15　洛阳北窑出土的西周早期陶器
(采自《洛阳北窑西周墓》，第 63-65 页)

(15.6-7)以及直腹尊等应该是来自殷商传统的器物类型，而豆(15.8)和簋(15.9)则是商与周共有的器物类型(但在风格上它们同样可以与西周中心地区的器物类型相区分)。20 世纪 50 年代出土了一批墓葬，由于它们与安阳殷墟的陶器相似，曾被称为"殷人墓"。① 但是按我们目前的标准，它们应该是洛阳地区西周早期的墓葬。不过，这个地区的商文化传统也并非一成不变。其中一个变化就是这个地区完全缺乏像爵和觚这类模仿青铜器发展而来的陶质酒器，而这些酒器在安阳殷墟陶器群中却是非常重要的。问题的关键在于：在政治上，作为西周东部行政中心的洛阳已经完全与西部相结合，这在青铜文化以及铭文中是显而易见的；然而，从当地的平民墓葬来看，它们的文化传统与渭河地区几乎完全不相干。②

---

①《考古学报》1955 年第 9 期，第 102-105 页。
② 近来，刘富良曾尝试对洛阳地区的这两种传统进行分区。他认为商文化风格的陶器主要来自瀍水东岸，而有青铜器的较大墓葬则位于瀍水与涧水之间；见刘富良：《洛阳西周陶器墓研究》，《考古与文物》1998 年第 3 期，第 62-67 页。刘的分析显然是受到传世文献的启发，因为文献云位于瀍水东岸的成周居住着大量的商遗民。但是，由于渭河类型陶器即使在瀍水和涧水之间也很少找到，刘的研究并不成功。

同样的趋势在近来邢台出土的陶器上也表现得颇为明显。邢台的陶器群更趋简单,因为大多数陶器标本皆出自墓葬,而一般说来,随葬器物的类型变化幅度要小得多。不过也正如河北的考古学家们指出的,邢台的考古资料表现出确凿无疑的殷商传统,这在大量的低裆鬲和几乎是同等数量的大口罐上表现得最为明显,更不用说豆和簋的风格传统。① 与洛阳地区一样,邢台的墓葬器物组合中也不见爵和觚这类酒器。所不同的是,邢台早期陶器中包含了一部分数量虽少,但却是明确无误的常见于渭河谷地的西周陶器类型,比如出自 M172 的瘪裆鬲以及另一件出自 M4 的高领鬲。② 不管这两件器物是当地自行生产的还是由周移民带到此地的,渭河陶器传统的到来已是不争的事实。

要言之,考古发掘证明,一方面东部地区的西周贵族阶层拥有与渭河流域完全一致的高度发达的青铜文化,而另一方面,东部平原上的陶器作坊却又根据当地商文化传统继续生产着老式风格的陶器。正如上文指出的,从灭商伊始,周王朝便面临着由此而产生的东西部的分隔。陶器分析显示,即使在克商成功数十年后,平民墓葬中这种东西文化间的差别仍是十分显著的。不过在西周中期,随着周文化的陶器类型被逐渐引入东部平原,这种情况有了稍许改变。这从饰有齿状扉棱的陶鬲上即可见一斑,属于 1974 年北窑青铜作坊遗址第二期(与图 14.12 相似);这种纹饰在周式风格的青铜鬲上很常见。③ 其他一些周文化风格的陶器在下窑村 M167 中也有发现。④ 在东部平原北部,周文化陶鬲(图 14.12)和一种柄中部有突棱的新型豆(图 14.14)在邢台的西关外被发现;这

---

① 贾金标等:《邢台地区西周陶器群初步研究》,第 73—74 页。
② 同上,第 72 页。
③ 《文物》1981 年第 7 期,第 58 页,图一一、一五。
④ 《考古学报》1955 年第 9 期,第 100 页,图十:9、8、1。

种类型明显是在渭河谷地发展起来的。① 另一方面,渭河谷地的陶器类型在西周中期也经历了很大的转变,尤其是在鬲的形制方面,器身逐渐变低,最终变得与东部地区承继了商文化传统的鬲难以区分了。

东西部之间的文化融合过程到西周晚期显然速度加快了。例如在洛阳地区,出土了由著名的周代贵族召伯虎所作的青铜器,与这些青铜器一同出土的还有一件陶鬲,其风格与渭河传统的陶鬲毫无二致(与图 14.13 相似)。② 典型的西周晚期陶器类型在新郑,③以及河北磁县的两个遗址中均有大量发现。④ 这三个遗址的陶器组合中包含了来自同期渭河谷地中的大多数器物类型,除已经提到过的鬲和豆外,⑤还有折肩小口罐(图 14.15)、⑥小型盂,都属于西周晚期的典型器物(图 14.16)。⑦ 西周晚期这两种陶器传统的完全融合,反映了这两个地区在周克商之后引入的周人贵族文化的带动下的最终和全面的整合。

第三节　西周时期的汾河谷地

晋南的汾河谷地,虽然相去洛阳地区并不遥远,但却因为太行和中条两座山脉而与东部平原相隔开。鉴于从汾河流域进入渭河流域周人心脏地带的便捷性,这个地区在西周晚期向东周转变时期扮演着重要角色。所以我们有必要在此对它做一综合论述。

---

① 《文物》1960 年第 7 期,第 69 页,图二、七。
② 《考古》1995 年第 9 期,第 788－791 页。
③ 《文物资料丛刊 2》1978 年,第 45－68 页。
④ 《考古学报》1975 年第 1 期,第 73－111 页;《考古》1974 年第 6 期,第 356－363 页。
⑤ 例如,参见《文物资料丛刊 2》1978 年,第 46 页,图三:2,8;《考古学报》1975 年第 1 期,第 104－106 页,图二六:3;二七:3,4;《考古》1974 年第 6 期,第 363 页,图十:1。
⑥ 《文物资料丛刊 2》1978 年,第 46 页,图三:5。
⑦ 《考古学报》1975 年第 1 期,图二六:6,7。

地表形态的特征

太行山以西是晋南的汾河谷地,它被夹峙在东边的太行和西面的吕梁山之间,是位于山西中部一个巨大的断层地堑。汾河源出宁武县管涔山,经太原市南流至侯马附近西折,很快便汇入黄河(地图1)。这片河谷广阔而平坦,两侧是绵延不绝的黄土台塬。汾河的上游,也就是人们常说的太原盆地,是一片海拔在 700—900 米之间的开阔地带。① 今天这里已经成为富饶的农业区和山西省的中心。在河谷的北面,层层丘陵与山脉逐步向蒙古高原过渡;往南越过霍山,便是汾河下游盆地了。汾河下游的海拔比太原盆地要低很多,且黄土很发育,土壤肥沃,水源充足。在整个历史时期,汾河下游比北面的太原盆地更常成为山西的经济中心。继续南下,这个地区实际上已分化为两个流域:汾河下游西折汇入黄河;涑水则沿着狭窄而高峻的中条山北麓往西南方向流动,形成了另一个小的三角盆地。中条山脉绵亘于黄河北岸,将整个汾河谷地、山西省的腹地和黄河以及河南省的开阔平原分割开来。相较而言,汾河谷地与西部的渭河谷地紧相连接,它们在黄河的中游共同构成一片连续的低海拔地带。

汾河谷地的交通

从历史上来看,汾河谷地为西部渭河流域和东部平原之间的交往提供了一条备用路线。黄河两侧的这两片河谷向彼此张开,因此两个河谷之间并无跋涉之障碍,除了人们渡河涉水要费点事。事实上黄河不仅仅是两省之间的分界,在历史上它也曾作为交通路线被加以利用。正如战国资料所显示的,人们可以直接从渭河

---

① Zhao Songqiao, *Physical Geography of China*, p.119.

行船,在黄河上逆流而上,行进一段后便进入汾河,抵达强大的地方封国晋的心脏地区。公元前647年,汾河谷地发生严重饥荒,邻近的秦国向晋伸出援手,据说从秦都到晋都之间,河中运粮的船只相继不绝。而次年当秦国也遭受大饥荒时,晋却拒绝提供帮助。① 穿越汾河谷地进行交通的真正障碍在于道路的东段。它途经陡峭的中条山,传统上被称为"轵道",因为汉代的轵县(今济源附近)就位于这条古道的出口处。西周时期,正如先前我们提到的,这里可能为原国所在地。这条古道沿涑河向东穿行山中,随后转向东南,取道垣曲、古城,径直向东到达济源(地图6)。② 公元前7世纪晋文公称霸期间,据说晋国曾在这一线贿赂当地的"夷狄"部族,重新修建这条东去之道。这条古道于是成为晋连接汾河谷地与东部平原的"高速公路"。③ 但近来对当地资源所做的考古学研究显示,这条道路显然在更早的时候,即公元前19世纪至前16世纪期间就已经被加以使用。而在早商时期,随着垣曲商城在道路中段的修建,它在商朝的中心、汾河谷地以及西部更远的渭河流域之间的交通方面,扮演着更为重要的角色。④ 在它的西面,另有一条穿越中条山直至黄河北岸平陆(与三门峡隔河相望)的小道。这也是公元前655年晋假虞灭虢所走的道路。在后来的历史时期,由汾河谷地往外运盐的路线便包括了这两条道路。⑤

---

① 史家把这次运粮行动称作"泛舟之役"。《左传·僖公十三年》13,第1803页;14,第1805页。
② 卢云:《战国时期主要陆路交通初探》,载《历史地理研究1》(上海:复旦大学,1986),第40-41页。
③ 史念海:《河山集·一集》,第69-70页。
④ 参见 Liu and Chen, *State Formation in Early China*, p. 73. 关于垣曲的考古发现,见佟伟华:《山西垣曲古城文化遗址的发掘》,载《晋文化研究座谈会纪要》(侯马,山西:山西省考古研究所,1985),第28-29页;《文物》1997年第12期,第4-15页。另见 Jim Railey, "Neolithic to Early Bronze Age Sociopolitical Evolution in the Yuanqu Basin, North-Central China,"未发表博士论文, Washington University (1999), 198-213.
⑤ Liu and Chen, *State Formation in Early China*, pp. 54-56. 今天这条道路仍然是连接两省的主要交通路线。

考古学上的汾河谷地

　　20世纪90年代初期,随着晋国的被发现,汾河下游的西周考古炙手可热。自20世纪70年代起,北京大学承担了这项调查研究,最初是为了寻找灭商之前的先周遗存,因为北京大学邹衡教授认为汾河谷地是周人西迁渭河平原之前的故乡。后来,这项研究带来天马-曲村这个大遗址的发现,[1]并且随后在80年代对其进行了大规模的发掘。1991年,遗址中的晋侯墓地被确定,当时原本为16枚一套的晋侯苏编钟(JL：35-50)中的14件被盗墓贼从M8中盗走。随后在1992年至1994年间,又发掘了八组17座大型墓葬(其中14座带斜坡墓道)。[2] 2000年末,又有一组位于墓地中间带斜坡墓道的墓葬被发现,这两座墓在1998年被盗。[3] 这9组墓葬(多数成对)呈三排分布(图16),青铜器铭文告诉我们其墓地主人是九位晋侯及其夫人。从公布的资料来看,年代最早的墓葬为M7,可被确定在西周中期早段;而年代最晚为M93,属于春秋早期。晋侯墓地出土了大量带铭文的青铜器,其中M8出土的16件青铜编钟尤为珍贵,其上铸有长达355个字的铭文,记录了晋国和周王室曾联合征讨一个叫作"夙夷"的民族,而"夙夷"很可能就活动在今天的安徽北部或者山东南部一带。[4]

　　晋侯的世系在《竹书纪年》和《史记》中都有完整保存,因此这

---

[1] 《文物》1982年第7期,第1-4页。
[2] 关于这次发掘,见《文物》1993年第3期,第11-30页;1994年第1期,第4-28页;1994年第8期,第1-21、22-23、68页;1995年第7期,第4-38页。另见Jae-hoon Shim, "The Early Development of the State of Jin: From its Enfeoffment to the Hegemony of Wen Gong (r. 636-628 B. C.)",未发表博士论文,University of Chicago (1998), pp. 51-88.
[3] 《文物》2001年第8期,第4-21页。
[4] 马承源:《晋侯苏编钟》,《上海博物馆集刊7》(1996),第1-17页。另见 Shim, Jae-hoon, "The 'Jinhou Su *Bianzhong*' Inscription and Its Significance," *Early China* 22 (1997), pp. 43-75.

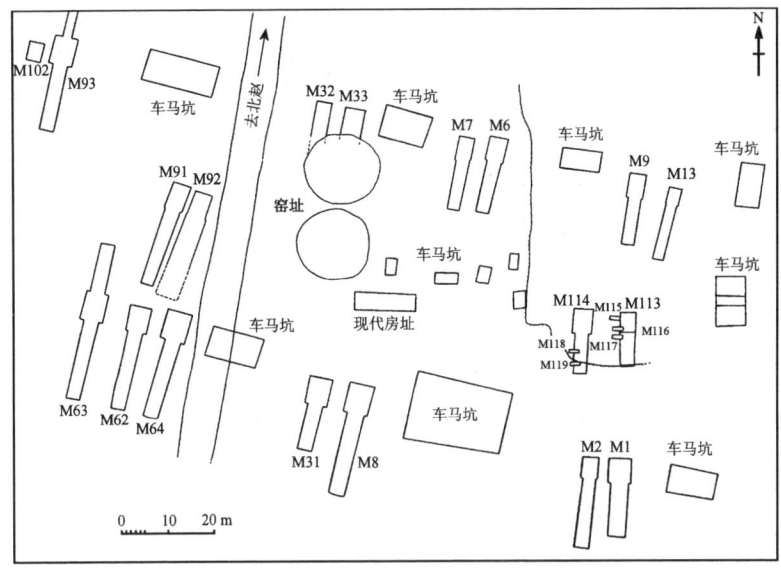

图 16　北赵晋侯墓地

（采自《文物》2001 年第 8 期，第 4 页）

次发现带来的讨论也就集中在对出土铜器与两部文献中提到的晋侯名号的相互对证，以及墓葬的绝对年代等问题上。对此，学者们就墓葬的排序以及年代均提出了各自不同的意见。① 由于传世文献与青铜器铭文在有关西周晚期一些晋侯的在位年代上存在着差异，一些学者对西周诸王年代以及晋侯世序进行了重新思考。② 对本书的研究而言，最重要的是这次发现实际上将《左传》中提及的

---

① 发掘队称，晋侯诸墓的先后排列顺序是始于墓地的东北角，由东向西至 M32、M33，然后转向中排 M91、M92，再转到南排，仍旧是由东向西，至墓地西北角的 M93、M102 结束。《文物》1995 年第 7 期，第 37 - 38 页；李伯谦：《天马-曲村遗址发掘与晋国始封地的推定》，载《中国青铜文化结构体系研究》（北京：科学，1998），第 117 - 118 页。然而，也有不少学者对这种排序方式持有异议，他们提出了完全不同的排序方式。例如，卢连成：《天马-曲村晋侯墓地年代及墓主考订》，载《丁村文化与晋文化考古学术研讨会文集》（太原：山西高校联合，1996），第 138 - 151 页；张长寿：《关于晋侯墓地的几个问题》，《文物》1998 年第 1 期，第 41 - 44 页。值得一提的是，所有这些排序方式都是在最后一组位于墓地中间位置的墓葬发现之前被提出的，因此在这之后，对墓地整个组成方式的解释又有了重大变化。

② 例如，王占奎：《周宣王纪年与晋侯墓考辨》，《中国文物报》1996 年 7 月 7 日；David Nivison and Edward Shaughnessy, "The Jin Hou Su Bells Inscription and Its Implications for the Chronology of Early China," *Early China* 25(2000), pp. 29 - 48.

姬姓封国晋的地理位置确定了。《史记·晋世家》云："晋唐叔虞者，周武王子而成王弟……封叔虞于唐，唐在河、汾之东，方百里，故曰唐叔虞。"①河、汾之东这个晋国的地理位置是十分重要的，因为它不但扼守了从垣曲西行汾河谷地的通道，同时又控制着从北面顺汾河谷地而下的道路，从而保护渭河谷地免遭两面的进攻（地图6）。

除了天马-曲村遗址外，汾河谷地另一处重要的西周遗址在永凝堡。1957年，这处遗址中出土了一批西周早期青铜器。② 1980年，这里又发现了22座西周墓葬，年代从西周早期一直到西周晚期。③ 这个地区应该是《左传》名单中也提到的霍国的所在地，古代地理文献对此有记载。④《左传》名单中同时还提到了韩国，根据地理文献，它离汾河与黄河的交汇处不远。⑤ 另外还有两个诸侯国在其他历史文献中被提到（但不见诸《左传》名单），它们分别是邻近韩的耿国以及位于中条山南侧的魏国。⑥ 尽管这些封国的确切地理位置还有待考古学的确认，但就目前的资料来看，有两点对讨论汾河谷地的地缘政治构造极为重要：第一，这个地区并未发现任何不属于由周王室分封的非姬姓小国，相反，该地区几乎完全为周王室后裔所建立的封国所

---

① 《史记》39，第1635-1636页；《史记·正义》引《括地志》云："故唐城在绛州翼城县西二十里，即尧裔子所封。"隋之翼城与今之翼城极为接近，这几乎将唐地的位置精确指向翼城西面12公里处的天马-曲村遗址。自唐之后，地理学者又提出了许多其他地点，但考古发掘已经证明了《史记》和《括地志》中记录的可信。有关晋不同地理记录的分析，见李伯谦：《天马-曲村遗址发掘》，第114-123页。事实上，李伯谦已经将晋国的始封者叔虞同一件青铜方鼎的作器者叔夨联系起来，这件方鼎出土于2001年初发掘的M114。见李伯谦：《叔夨方鼎铭文考释》，《文物》2001年第8期，第39-42页。

② 《文物参考资料》1957年第8期，第42页。

③ 《文物》1987年第2期，第1-16页。

④ 杜预云："永安县东北有霍大山。"《左传》11，第1786页；江永进一步指出，古霍城在霍县西约16里处。江永：《春秋地理考实》252，第22页。

⑤ 杜预指出，韩在河东郡；《左传》14，第1805页；15，第1817页。然而，后来的注者错误地将韩定在陕西韩城。这个韩可能即是《左传·僖公十五年》中提到的韩原，也就是公元前645年晋秦大战之地。清代学者江永认为韩原在河津与万泉之间，黄河的东面。见江永：《春秋地理考实》253，第4页。在另一项研究中，沈长云很有说服力地论证了《左传·僖公二十四年》中提到的韩应当在山西而不是陕西，沈将韩定在中条山南面的芮城。见沈长云：《西周二韩国地望考》，《中国史研究》1982年第2期，第135-136页。

⑥ 陈槃：《春秋大事表列国爵姓及存灭表譔异》，第205、281页。

瓜分。这似乎显示出这个地区与渭河谷地之间的一种特殊的亲密关系,同时也反映了在西周王朝的战略上,这个地区的政治地位与东部平原可能有所不同。第二,周的封国仅仅集中在汾河下游盆地,可见在西周大部分时间内,其控制尚未能跨越霍山进入北面的太原盆地。

文化联系

汾、渭谷地之间的密切关系不仅见诸历史和地理文献记载,而且与当前考古学所揭示的这两个地区之间的文化关系也甚为吻合。这在汾河下游出土的陶器上表现得尤其明显。虽然目前这个地区陶器方面的考古发现尚未全面和系统地公布(因为青铜器研究几乎占据了考古学家们的全部注意力),但目前已掌握的资料已能够使我们对当地陶器的基本特征进行推测。这批资料相当清晰地反映出汾、渭谷地的陶器制作继承于同一种传统,并且这种传统与我们在洛阳地区和辽阔的东部平原所见到的迥然不同。根据商甲骨文的记录,汾河谷地曾经存在着一些亲商的政治团体。① 如果当地与东部的商之间确实存在过一种文化从属关系,那么在灭商之后,当地的文化传统可能出现过一次重大的断裂,亦即取而代之的应该是周文化特征绝对明确的陶器生产体系。根据北大考古队1982年公布的陶器分期图表,汾河谷地陶器类型的发展遵循着与渭河谷地同样的序列。② 这个序列中的主要器物是各式各样的瘪裆鬲与小口罐,而且1980年公布的陶器群也确认了这一点。③ 然而,渭河谷地发展起来的这种陶器传统也并非一成不变地就被移植到汾河谷地。比如,汾河谷地不见袋足鬲,尊则十分普遍;另外一种器物是可能源于晋北陶器类型的鼓腹袋足瓮,这里比渭河谷地更为

---

① 陈梦家:《殷墟卜辞综述》,第291—298页。
② 《文物》1982年第7期,第3页。
③ 《文物》1987年第2期,第10页;1995年第7期,第11页;2001年第8期,第18页。

常见。总的来说,这两个地区之间的诸多相似之处给人以深刻印象。

小　　结

西周国家的产生,可以说是一个政治企图与地理现实相协调的产物。起初,周人深居远离商文明中心的西部内陆,东西部地缘政治和文化间的差异,对周而言是一个巨大的挑战。在起初近一个世纪的时间里,旨在克服这种差异的努力就一直左右着周王朝的政策,并且其后继续影响着西周国家的命运。营建东部行政和军事中心洛邑(或/和成周)显然是一种战略上的安排,意在弥补周都远在西部,并且远离主要威胁来源地和可能的扩张方向的地理缺陷。由是,一条横贯东西的权力中轴线在无形之中诞生,为西周国家配备了一种至关紧要的稳定性力量和因素。同样明显的是西周众多地方性封国,至少是姬姓封国在东部平原上的安置,这也是一种富有远见的和在对地缘政治充分考虑的基础上进行系统规划的结果。这些众多的诸侯封国沿着这条权力中轴呈放射状向外分布,与其地表形态完全地融为一体。这些地方封国不仅沿着主要交通线而建立以便有效地控制这些道路,同时也坐落于山脉与冲积平原之间的过渡地带,可享农业之利。由此可见,西周诸侯国的建立并不是一个王室随意赐予其亲属和地方首领以土地的过程,而是西周国家精心构建其地缘空间,并从而巩固其政治基础的过程。①

----

① 1935年,乘中国"古史辨运动"之风,傅斯年提出众多的诸侯国,如鲁、燕和齐,最初是建立在他处,其后才迁徙到地理记录指称的地点。傅氏的观点为他的学生陈槃所接受,陈做了一份长表,包括70多个他认为在西周早期至少迁徙过一次的诸侯国。陈的观点后来又为许倬云先生所赞同,后者举了21个诸侯国来说明这场迁徙运动。考古发现证明,傅的观点至少对燕国的始封地是不适用的;傅所举鲁和齐迁移的证据也是很薄弱的。见傅斯年:《大东小东说》,载《傅孟真先生集》(台北:台湾大学,1952),第1-13页;陈槃:《春秋大事表列国爵姓及存灭表譔异》,第16-17页;Hsu and Linduff, *Western Chou Civilization*, pp. 158-163. 从我们今天的资料看,地方封国是不太可能与土地相脱离,随意迁出周王室给他们规定的地点的。

我们回过头再来看看西部的渭河谷地,考古学和金文资料显示,西周王畿由一个行政网络编织在一起,而那些无数的中心城市则是它的支撑点。王城同时也是贵族家族的居住地。以贵族家族的社会联系为跳板,这张网络从中心城邑进一步向位于乡村地区的宗族中心延伸。作为西周国家的中心,渭河谷地无法替代的重要性已由许多重大考古发现所证明,尤其是与中央政府有关的金文的发现,更明确无误地证实了这一点。与此同时,渭河谷地还扮演着一种基地的角色。从这里,周人可以进一步向邻近的泾河上游地区实行扩张,以及在陕北黄土高原或者甘南渭河上游地区采取军事行动。这些边缘地区不仅在文化上同渭河谷地融为一体,同时还为周的心脏地带提供了一种全方位的保护。只有当渭河谷地的安全得到保证,西周国家才能正常运作。倘若外缘地区没有强有力的行政和军事建设,渭河谷地就无安全可言。

第二章　混乱与衰落：西周国家的政治危机

前一章中我们已经看到了在克商后的一百年间迅速崛起和壮大的西周国家。后来史学家们对周人在这一时期取得的成就极为推崇，誉之为"成康之治"，认为它是中国历史上太平盛世之典范。①不过我们这里的问题并不是他们是否有能力进行扩张，而是他们能否保持其扩张的成果。在后一方面，周人似乎显得相当乏力。刚步入西周中期，整个国家便呈现出一种逐渐衰退的趋势。周穆王（前956-前918在位）死后的百年间，中央对东部地区的控制日益减弱，西周国家不但要应付内部危机，同时还面临着严重的外部威胁。诸多问题可谓积重难返，以至公元前842年发生了国人暴动，周厉王（前857/53-前842/828在位）被逐出王都，逃亡到汾河谷地，最后客死他乡。然而，挽救一个摇摇欲坠的王朝远比废黜一个"昏君"困难得多。即便是雄心勃勃的周宣王（前827/25-前782在位）推行的在某种程度上可谓成功的政策，亦难以阻止西周国家的江河日下，至多是延缓其末日的来临。

究竟是什么原因导致了西周国家的混乱和衰退？最合逻辑的解释应该是我们要在本章中讨论的"双重性"理论。首先值得我们关注的是，在西周国家的形成过程中即已积淀的结构性危机。

---

① "成"指成王（前1042/35-前1006在位），"康"指康王（前1005/3-前978在位）。这一誉称可见司马迁的描述："故成康之际，天下安宁，刑错四十余年不用。"见《史记》4，第134页。另外，《三国志》中也间接提到了"成康之治"；见《三国志》65，第1459页。

第二章 混乱与衰落：西周国家的政治危机 99

我相信在西周的例子中我们可以清晰地观察到这样一种历史现象，即当一个政治组织由于短时期过度的扩张，而一时难以消化既得胜利果实时，它便不得不将其有限的人力物力过分疏散到各地，以期维持其庞大的地缘政治统一体。这样，由于联系其各地分支即诸侯国的纽带过于微弱和条件化，地方资源对中央权力的持续充实便无法得到满足。相反地，随着时间的流逝，中央授予诸侯的行政管理自治权逐渐滋生出一种离心力，这种离心力不但打消了诸侯支持中央政权的积极性，甚至激使他们同中央公然对抗。另一方面，周王领导的西周国家核心的管理不善，是这个问题的又一肇因。中央政府实施的是一种"恩惠换忠诚"原则，政府官员并没有定期的俸禄，他们薪俸的发放并非由其服务的时间长短，或者工作的性质等量化标准来决定。相反，周王只是不定期地给予其官员各种形式的赏赐，其中最重要的就是地产。由于这种地产只能从渭河谷地一带有限的王室土地资源中分割，所以，周王向他的臣子赏赐的越多，他以后继续赏赐的可能性就越小。政府的这种"自杀式"管理办法不可避免地削弱了西周国家的经济基础，导致了周王室的贫困化。这两个问题可以说是根植于西周国家的基本政治体制中，并且合力从内部对其进行削弱，尤其是在来自外部的威胁也频繁不断的时候。

本章将西周国家的危机与衰退这一问题同西周的灭亡（见第四章）问题区别开来，单独进行讨论。阿瑟·弗利尔（Arther Ferrill）在谈及罗马帝国时曾经巧妙地指出衰退与灭亡两者之间的区别："罗马人从这样一个财富和权力的高度开始衰落，这是他们能够一直衰落几个世纪才到达有灭亡之危险的时候。"[1]与崩溃相比，衰微是一个相当长的逐渐削弱过程，它以一个社会的诸多方

---

[1] Arther Ferrill, *The Fall of the Roman Empire: The Military Explanation* (London: Thames and Hudson Ltd, 1986), p. 8.

面出现一系列危机和混乱为标志。同时,政治问题常常会导致和表现为空间危机,因为大多数政治组织都是占据一定空间的,并凭借着自身实力来支配这个空间。因此,本章的研究同样也探究西周国家衰弱的空间意义。这涉及到两个问题:其一,由于其支承体系中的矛盾所导致的西周国家地理版图的逐渐解体;其二,外族对其外围乃至核心地区的入侵。不过我们在这一章中只谈第一个问题,第二个问题留待下一章讨论。

第一节 政治混乱的出现和西周衰落

我们凭什么来判定西周国家曾经衰落过?衰落的程度又当如何?这里我要特别指出的是,"衰落"意指作为西周国家的组织权威和中心的王权的消弱,而不是指它的某一组成部分如诸侯国的式微;事实上众多地方封国势力膨胀之时,也正是中央王室衰微之日。此外,研究衰落的史学家们亦提醒我们从概念上区分衰落的征兆与原因是很有必要的,尽管一个时期的征兆很可能成为另一时期进一步衰微的原因。① 因此,我们必须首先找到西周衰微的征兆,然后才能进一步考察衰落的原因。本节的目的在于利用我们当前所拥有的证据对西周衰落的征兆作一个概览,并指明以下两节中将展开讨论的一些关键问题。

西周"早期"衰微的征兆

公允地说,西周王朝是伴随着一系列危机登上历史舞台的:克商后仅二年,武王崩,接着是王室分裂,驻扎在东部的"三监"联合以

---

① 见 Solomon Katz, *The Decline of Rome and the Rise of Medieval Europe* (Ithaca, NY: Cornell University Press, 1955), p. 74.

武庚为首的殷遗民发动反叛。但这种危急的形势也给以周公为首的强势领袖以崛起的机会：周公兴师东征，经三年时间平定了叛乱，从而使西周政权逐步走向稳固。不过我们在这里所关注的是那些西周统治者不能成功克服并且从长期来讲削弱了西周王权的危机。当我们沿着这种思路进行观察时，我们发现西周历史中第一个可资辨识的危机应是周昭王（前 977/75－前 957 在位）的灾难性南征。

昭王十九年，也就是在他第一次伐楚成功后的第三年，①周昭王再次亲率大军对长江中游地区发动更大规模的征伐。这次南征标志着西周的扩张重心从东土转向南土。翏卣上铸有昭王十九年纪年的铭文显示，南征之前昭王曾到过一个叫作庠的地方（位于渭河平原），可能是为即将开始的军事行动做准备工作。② 一些学者认为另外三篇记录有周王赐予其大臣以土地的铭文也是在同一个场合被铸造的。③ 尽管有关这场战役的详细情况不明，但所有传世文献一致认为这场征伐对周人而言无疑是一场灾难。无论是《古本竹书纪年》还是《今本竹书纪年》都认为周昭王是自取灭亡，而由

---

① 很多曾经追随昭王南征的人员都铸造青铜器来纪念获金，看起来这是一场胜利的战役。这些青铜器包括：狱馭簋（JC：3976）、过伯簋（JC：3907）、䔛簋（JC：3732），以及雉叔簋（JC：3950）。将这批青铜器定在昭王时期为学者们普遍接受。见唐兰：《唐兰先生金文论集》，第 280－281 页；马承源：《商周青铜器铭文选》4 册（北京：文物，1980－1990），3，第 73－76 页。这些青铜器的艺术风格与西周早期晚段的一般特征相吻合。见李峰：《黄河流域西周墓葬出土青铜礼器的分期与年代》，《考古学报》1988 年第 4 期，第 387－388、407－417 页。

② 陈梦家将翏卣定在成王时期，而唐兰则认为它属昭王时期。见陈梦家：《西周铜器断代》2，第 117 页；唐兰：《唐兰先生金文论集》，第 303 页。根据我自己对西周时期随葬青铜器的分析，翏卣与翏尊必定在西周早期晚段，最可能与昭王时期相合，而并非成王。见《黄河流域西周墓葬出土青铜礼器的分期与年代》，第 412－413 页。至于翏卣与南征的关联，见卢连成：《庠地与昭王十九年南征》，《考古与文物》1984 年 6 期，第 75－79 页；另见白川静：《金文通释》，5.22：236。

③ 唐兰：《唐兰先生金文论集》，第 292－294 页；卢连成：《庠地与昭王十九年南征》，《考古与文物》1984 年第 6 期，第 75 页；这三件青铜器是：盠𦥑器（JC：10360）、中方鼎（一）（JC：2785）和趞卣（JC：5402）。它们都作于十三月，并且就连日期也是一致的。很可能它们都来自同一年的第十三个月。趞卣提到庚寅日（#27）王在庠；中方鼎（一）提到辛丑日（#28）王在寒䭾。这可能暗示了它们与翏卣之间的一种联系。然而，这些铜器铸铭中都没有纪年，也没有提到南征。另外一件青铜器，同样由中所作的中方鼎（二）（JC：2751），记录了一次由南宫率领的南征，但征伐的对象却是虎方。见白川静：《金文通释》，14.71：791。

他亲率的西六师也全军覆没于汉水之中。① 由于缺乏详细资料，我们很难估计这场损失惨重的战役究竟使西周的国家力量遭受多大损失，但至少西周军队的受损程度是可以估量的。西周时期，王室军队由六师和八师组成。② 六师屯驻于渭河谷地的宗周地区，故有"西六师"之称；而八师则驻扎在东部的成周，被称作"成周八师"。西六师在汉水一役中丧失殆尽，意味着西周王师在昭王十九年损失了近乎一半的军队。这不但是一次难以承受的军事失利，也是一次重大的政治打击。或许更为严重的是，贵为天子的周昭王竟然丧生于南"蛮"之手，令一直常胜不败的周人心理从此笼罩在不祥的阴影之中。而对他们的敌人而言，西周国家也不再是战无不胜的军事巨人了，只要一有机会，他们就敢向周挑衅。总的来看，周昭王十九年南征的失败宣告了西周早期扩张时代的终结。自此以后，周人再也不敢轻易涉足南方长江中游。而在东部地区，昭王死后，针对胶东半岛腹地的东夷而进行的征伐活动也陷于停滞状态。

穆王时期，六师显然得到了重建，因为在盠方尊和盠方彝的铭文中，它再次出现；同时王室的权威也一度得到恢复。③ 这一时期，

---

① 范祥雍：《古本竹书纪年辑校订补》（上海：新知识，1956），第 25－26 页；《竹书纪年》2，第 8 页。
② 有关六师与八师的军事构成，见李学勤：《论西周金文中的六师八师》，《华夏考古》1987 年第 2 期，第 207－210 页；Li Feng, "'Offices' in Bronze Inscriptions," 35.
③ 过去学者们对盠器的年代各持己见。郭沫若认为它们属懿王（前 899/97－前 873 在位）时期，而李学勤与马承源却将它们定在孝王（前 872?－前 866 在位）时期。见郭沫若：《盠器铭考释》，《考古学报》1957 年第 2 期，第 6 页；李学勤：《眉县李家村铜器考》，《文物》1957 年第 7 期，第 58 页；马承源：《商周青铜器铭文选》3，第 228－229 页。虽然盠方彝与盠方尊的风格特征与西周早期铸造的方彝与方尊容器特征不再一样，但它们精致的装饰仍然保持着早期传统。盠器上提到的穆公可能是另一件铜器，即穆公簋盖（JC: 4191）的作器者，后者盖上饰有西周中期偏早阶段流行的大鸟纹。穆公同时还出现在尹姞鬲（JC: 754）的铭文中，这件青铜器的风格特征显然属于西周早期末段。因此，我认为最符合盠器年代的当是穆王时期。最近发现的迷盘明确地提到作器者的祖先盠父，与盠器的主人可能是同一人；他供职于昭王与穆王两朝。值得关注的是，虽然报告讲迷盘发现于杨家村，盠器发现于李家村，但它们都来自眉县火车站北边的一个大型遗址中（见第一章）。穆公簋盖的器物图详见《考古与文物》1981 年第 4 期，第 27 页。迷盘见《文物》2003 年第 6 期，第 4－42 页。关于盠父与盠的关系，见《陕西眉县出土窖藏青铜器笔谈》，《文物》2003 年第 6 期，第 43－65 页。由穆公与盠/盠父的双重联系，我们可以可靠地将盠器定在西周中期早段，或者说，定在穆王时期最为合适。

大量的青铜器和金文资料给了我们一个总体的印象，即这是西周社会进行重组和过渡的一个时期。穆王时期似乎是一系列重大变化的开始，这些变化一直持续影响到西周中期以后的几个王世。变化之一体现在西周中央政府的运作上，作为政府管理常规化和合理化的一个表现，"册命金文"出现了。[①] 在青铜艺术领域，最明显的变化就是周式风格青铜装饰艺术的日趋成熟，各种类型的华丽鸟纹被装点在青铜器的突出位置上，标志着与源于商代传统的兽面纹的完全脱离。[②] 此外，在文学领域，有学者指出，那种集体吟唱诗歌的仪式被后来由专门神职人员为一群听众表演的诗歌所代替。[③] 然而，意义最深远的变化既非周人想要的，也非周人主动发起的，而是不请自来：穆王统治时期，周人遭受到了克商一百年以来第一次大规模的外族入侵。这一事件见诸一系列当代的金文记载。有三篇铭文显示，西周王师在师雝父的统领下驻扎古师。[④] 古的前方由道（今河南汝南附近）和㦰（胡）（安徽阜阳附近）两个小国

[①] 有两篇"册命金文"几乎可以肯定作于穆王时期，这是我们见到此类金文的最早时期。第一篇即上文提到的盠方尊。第二篇是虎簋，它与师虎簋（JC: 4316）的联系以及高年份（30 年）可将它明确定在穆世，因为除穆王外，西周中期没有一位周王在位那么长；师虎簋则极有可能作于懿王元年。关于虎簋，见《考古与文物》1997 年第 3 期，第 78 - 80 页；至于它与师虎簋的关系，见 Li Feng, "Succession and Promotion: Elite Mobility during the Western Zhou," *Monumenta Serica* 52 (2004), 1 - 35. 许多学者认为西周官僚制度开始于西周中期早段。例如，许倬云与林嘉琳（Katheryn Linduff）指出，官僚化的过程似乎始于与太史寮相关的一些职务，随后逐步扩大到西周政府中的其他部门。而夏含夷（Edward Shaughnessy）则以盠方彝为例，将这个过程同西周军事组织的发展联系起来，随后又延伸到非军事领域。见 Hsu and Linduff, *Western Chou Civilization*, pp. 245 - 249, 54 - 56; Shaughnessy, "Western Zhou History," pp. 325 - 326. 在近来的两项研究中，我详细说明了在西周时期，不仅中央政府行政机体的分隔中已经发展出了一些官僚性的规则，就连官员的选拔和升迁似乎也按照一定的官僚化规则进行。请读者参考这些研究：Li Feng, "'Offices' in Bronze Inscriptions," 1 - 72; "Succession and Promotion," 1 - 35.

[②] 对这种变化的分析，见 Jessica Rawson（杰西卡·罗森），*Western Zhou Ritual Bronzes from the Arthur M. Sackler Collections* (Washington, D. C.: Arthur M. Sackler Foundation, 1990), pp. 75 - 83.

[③] Edward Shaughnessy, *Before Confucius: Studies in the Creation of the Chinese Classics* (Albany, NY: State University of New York Press, 1997), pp. 175 - 187.

[④] 这三篇铭文是彔簋（JC: 948）、稻卣（JC: 5411）以及彔尊（JC: 6008）。另一篇彔彧卣（JC: 5419）的铭文显示，一个名叫彧的官员奉命以成周师氏戍于古师。

构成,并且虢鼎(JC:2721)铭文中提到师雝父随后在道巡查并到达胡。^① 根据彧簋(JC:4322)铭文,在一个叫棫林的地方可能发生过一次较大的战役。棫林位于今河南叶县东,很可能就在古附近,暗示着周人的前线可能已经为敌人所攻破(地图 6)。^② 这篇铭文明白无误地指出,这次威胁来自淮河的下游;彔彧卣(JC:5419)铭文明确记录敌人为淮夷。这次入侵在经典文献中亦有清晰的记载,如今本《竹书纪年》云,穆王十三年,徐戎(传统上是淮夷的一支)侵洛,西周东部中心洛邑受到威胁。^③ 在这场战役的历史地理重建方面,我们仍然有些问题,但毋庸置疑,这是一次经颍河和汝河而来的侵袭,目标正是洛邑。

对周与淮夷之间的这场战役,夏含夷作了两点总结:第一,这是一场由淮夷,而不是周发动的攻击,因此周在驱逐敌人过程中的胜利至多说明这是一场成功的防御战。第二,战场棫林(今叶县,相距洛邑约 140 公里)的位置暗示了当时的淮夷不但能够对西周国家的外围地区发动攻击,并且已经深入它的核心区域,威胁周人的东部中心。^④ 很明显,发生在穆王时期的淮夷入侵是西周历史上的一个重要分水岭——周人开始走下坡路了。从这时候起,周人在对外关系中从过去的进攻者变成了防御者。在国内政治方面,西周国家混乱和冲突的信号也开始频现。不仅西周国家的基本组织原则——诸侯臣服于周王以维持政治上的统一——受到了挑战,甚至是西周王朝建立以来从不是问题的王室继承原则也遭到了严重质疑。

---

① 关于甗与胡的关系,见李学勤:《新出青铜器研究》,第 265 页;裘锡圭:《论彧的两个地名——棫林和胡》,载《古文字论集》(北京:中华,1992),第 386-393 页。关于道和胡这两个小国的位置,另见徐少华:《周代南土历史地理与文化》(武汉:武汉大学,1994),第 157、213 页。
② 关于棫林的位置,见裘锡圭:《论彧的两个地名——棫林和胡》,第 388 页。
③ 见《竹书纪年》2,第 9 页。
④ 夏含夷:《温故知新录:商周文化史管见》(台北:稻禾,1997),第 153-154 页。

我们有许多资料可以表明西周中期穆王以后西周国家内部的混乱和冲突。金文显示,这一时期的西周王室与一些位于边境地区的传统政治同盟之间起了争端。乖伯簋(JC:4331)的铭文讲到,益公曾奉王命讨伐眉敖,后者是乖国的统治者,他的祖先从文王和武王起就一直效忠于周人。乖国被周王视为一个外国同盟,很可能就坐落在泾河上游的某个地方。① 如果这篇铭文还不足以证明西周国家政治体制中的混乱的话,那么五年师事簋(JC:4216)的铭文则无可辩驳地说明了这一点。五年师事簋发现于丰京地区,铭文记录了发生于某位周王五年九月的一场战役。在这场战役中,作器者师事奉周王之命进攻山东的齐国(图17)。② 这着实让人惊讶,因为齐国乃是周人重要的地方封国之一,原是克商战争中统领大军的"太公"之封地,居然现在成了周王室讨伐的对象! 这种情形殊不寻常,我们必须在经典文献中查证更多的历史背景资料。《古本竹书纪年》与《今本竹书纪年》中都记载了这样一件事情,这便绝非偶然:"夷王(前865-前858在位)三年,致诸侯,烹齐哀公于鼎。"③《史记》对这一事件有更详细的记载:哀公死后,夷王立其弟静,是为胡公。之后不久,哀公之同母少弟怨胡公,乃与其党率营丘人袭攻杀胡公而自立,是为献公。④ 很可能在西周中期末,齐国经历了较大的动乱,致使同周王室的意愿出现了诸多

---

① 乖伯簋铭文记载,在九年九月甲寅(♯51)这一日,益公奉命征伐眉敖;而在翌年二月的己未日(♯56),眉敖拜访了周王。这件青铜器的铸造时间一定很接近九年裘卫鼎(JC:2831),因为后者提到了眉敖向周王室派遣使者一事。然而,乖伯簋上记载的这两个日期要求九月包括甲申日到丙寅日。因此,同年的一月不可能有九年裘卫鼎记载的庚辰日(♯17)。这显示乖伯簋与裘卫鼎虽都作于九年,但可能作于不同的王世。九年裘卫鼎被普遍认为是共王时期的,因此乖伯簋很可能属懿世。关于眉敖的背景和乖伯簋的年代推定,见 Li Feng, "Literacy Crossing Cultural Borders: Evidence from the Bronze Inscriptions of the Western Zhou Period (1045 - 771 B. C.)," *Bulletin of the Museum of Far Eastern Antiquity* 74 (2002), pp. 210 - 242.
② 关于五年师事簋的发现,见《长安张家坡西周铜器群》图版拾肆-拾陆。
③ 范祥雍:《古本竹书纪年辑校订补》,第30页;《竹书纪年》2,第12页。
④ 见《史记》32,第1481-1482页。

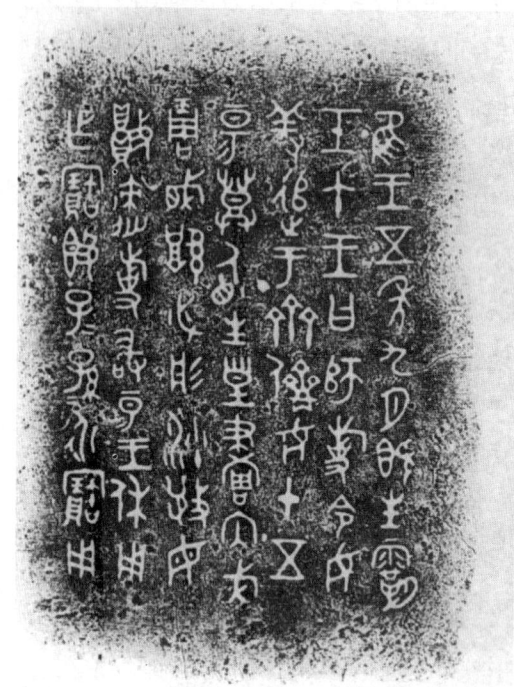

图 17　张家坡出土的五年师事簋
(JC:4216.2;《陕西青铜器》,第 115 页)

不合之处。因为五年师事簋铭文中提到的这场战役在《竹书纪年》中记载为齐哀公死后两年发生的,所以这很可能是周王室对自我任命的献公采取的惩罚措施。① 如果情况真是这样,那么从齐献公仍然继续统治了七、八年直到周厉王时期的史实来看,周对齐的讨伐可能是以失败告终的,要不然就是一场王师败于地方军队之手的耻辱之战。

其实传世文献中关于西周中期的记载远不止这些,它们所呈现的大幅图景与我们通过青铜铭文所构建的情况基本一致,只是

---

① 关于五年师事簋的年代、风格及其与齐国内乱的关系,夏含夷先生已有详细的讨论,见 Shaughnessy, *Sources of Western Zhou History*, pp. 267–278. 关于铭文,另见白川静:《金文通释》25.141:236。

懿王死后王室发生继位之争的这一段重要信息,在金文中却阙如。根据《史记·周本纪》记载,自西周初年周公摄政以来,我们第一次看到王室法定的继承人被搁置一边,王位在懿王死后回传于穆王之子,懿王之叔辟方,这就是周孝王(前872?-前886在位)。① 关于这次奇特继承的历史背景,我们不得而知。但不管怎样,孝王的继任显然违背了王位继承的正常法则,可能不得不导致王室内部的冲突。孝王死后,懿王之子复位这一事实说明了孝王的统治在周人传统中的不合理。关于西周中期的历史,传世文献大体上均侧重于描写此时王权的衰弱和周王的无能。《史记·周本纪》载:"懿王之时,王室遂衰,诗人作刺。"②而《今本竹书纪年》则云:"(懿王)十五年,王自宗周迁于槐里。"③他的儿子夷王,《左传·昭公二十六年》云:"至于夷王,王愆于厥身",④《今本竹书纪年》中也谈到他即位八年后死于疾病。⑤ 根据后世儒家的经典《礼记》,据说夷王曾"下堂而见诸侯"。⑥ 这些描述中的一些细节可能并不可靠,并且我们也不应该单从表面来看待它们。不过这些后世的史料似乎反映着一个沿袭已久的传统说法,即总是把西周中期同政治的不稳定和周王的无能联系起来。这与我们从金文中了解到的这一时期的情况也是吻合的,比如五年师事簋铭文中提到的王师伐齐一事。政治的不稳定同样从西周中期各个周王在位时间的短暂可见一斑,二者之间很可能有着密切的联系。我们从近来发现的逨盘铸铭中清晰地看到,西周中期四位周王总的在位年限仅仅相当于单

---

① 见《史记》4,第141页。遗憾的是,《史记》是关于这次不同寻常的继位的唯一史料。不过,对此过去从未有学者怀疑过。这项记载本身非常特殊,显示司马迁有可能根据了一些更早的史料。

② 《史记》4,第140页。

③ 《竹书纪年》2,第11页。

④ 《左传》52,第2114页。

⑤ 《竹书纪年》2,第12页。

⑥ 《礼记》25,第1447页。

氏家族两代人的时间。①

西周中期的牧簋(JC：4343)上有一篇很独特的铭文,以生动的笔触描写了我们在文献记录中也完全可以看到的政治混乱。牧簋载曰：②

> 惟王七年十又三月,既生霸,甲寅。王在周,在師汸(湯?)父宮。格太室,即位。公尸(尹)絅入右牧,立中庭。王呼内史吴册命牧。王若曰："牧！昔先王既命汝作嗣土。③今余唯或窹改,命汝辟百寮(僚)。□(厥?)有同(同?)事,卣(迺)迺多虘(亂),不用先王作井(型),亦多虐庶民。厥訊庶右鄰(鄰),④不井(型)不中,⊗(迺?)庆(侯?)止稻(稻)人(人?)。今,司啚(偪=逼?)厥辠(罪)召(招)故。"王曰："牧！汝勿敢□(不?)□(用?)先王作明井(型)。用雩(于)乃訊右鄰(鄰),勿敢不明不中不井(型);乃申政事,勿敢不尹亓(其)不中不井(型)。今余唯龥喜乃命,錫汝秬鬯一卣,金車：(賁)較畫䡴(轖),朱虢(鞹)囯(靳)䩵(靳),虎冟(韛)熏(纁)裹,旂(旗),余(騂)[馬]四匹。取□[蹟](賹=尃?)□[?]受

---

① 《文物》2003年第6期,第26页。
② 这一长篇铭文发现于北宋(960-1126),先前学术界对它并没有完全理解。我近来研究了有关这篇铭文的各种文本,并作了释读。见 Li Feng, "Textual Criticism and Western Zhou Bronze Inscriptions: The Example of the Mu Gui,"载《庆祝安志敏先生诞辰八十周年论文集》,邓聪、陈星灿编(香港：香港中文大学,2004),第280-297页。关于牧簋铭文的释文和解释,另见白川静：《金文通释》,19.104:364。
③ 有些学者将这个称谓释作"司士",如本铭的一些手抄本所显示;见张亚初、刘雨：《西周金文官制研究》(北京：中华,1986),第38-39页。然而,整个西周金文中并未见有第二个这样的例子,故我认为这有可能是宋人传抄铭文过程中的一个失误。在此,我仍采用金文中更常见的称谓"司土"。
④ 这里,我的释读不同于原先通常读作三个官职的"訊"、"庶右"和"鄰"。见马承源：《商周青铜器铭文选》,第188页;白川静：《金文通释》,19.104:365。当"訊"在铭文中第二次出现时,它出现在"雩乃訊右鄰"中,这个短句与"乃申政事"完全相仿,且它们后面句子也完全相同。因此,"訊"必定是一个动词,意思是"质询"或者"审问"。这是非常明显的,第一个"訊"同样是作为一个动词来使用的。而将"庶右"和"鄰"读作两种官职不是不可能,但是"庶右鄰"与前面句子的"庶民"似乎配合得更好。

（乎）。敬夙夕，勿廢朕命。"牧拜稽首，敢對揚王丕顯休。用作朕皇文考益伯寶尊簋。牧其萬年壽考，子子孫孫□[永]寶用。

不同于那些仅仅是追述功绩的西周金文，这篇罕见的铭文从某位周王之口谈到了西周政府及其行政的阴暗面。从周王的话语中得知，"百僚"——也就是西周的官僚体系的统称——管理很混乱。他们不仅敢于违背先王的训导，而且还常常虐待普通百姓。情况尤其严重的是，他们在处理民间乡邻争讼的时候，非但没有进行仔细的调查，反而可能使用刑讯逼供。正是在这种情况下，牧，原先的司土，被重新召唤，令其专门负责监察中央政府官僚的行为。这一长篇铭文给我们的印象是到西周中期，西周的官僚体系已经变成了一个官员腐败、滥用职权的统治机器了。周王对政府部门中的那种缺乏精神、漠视纪律的现象感到痛心，西周国家的政治混乱自此可见端倪。而在铭文中对这些妄为的官员进行谴责的周王，很可能就是懿王死后篡夺王位的周孝王。①

所有这些证据都已经表明，西周中期是一个重大的转变时期。在此期间，西周国家无论是对外关系，还是国内的政治体制方面都开始走下坡路，暴露出明显的混乱和衰落迹象。当然，这一时期的转变是多方面的，值得我们去进一步探究。除了这里作为王权衰微的证据来分析的政治变化外，其他社会与文化方面同样出现了

---

① 牧簋中讲到的内史吴也见于师虎簋（JC: 4316）和师𤢻簋（JC: 4283）。在这三篇"册命金文"中，吴扮演的都是向被册命者宣读王命的角色，显示三器的铸造时间是相接近的。很多学者把师虎簋与五年裘卫鼎（JC: 2832）以及懿王元年（前899）发生的日食相联系，定器为懿王元年。事实上，师虎簋铭文已成为西周历日重建的支点之一。见 Shaughnessy, *Sources of Western Zhou History*, pp. 257 – 258；马承源：《商周青铜器铭文选》，第167 – 168页；《夏商周断代工程》，第25 – 26页。夏含夷进一步指出，由于牧簋的完整记日与师虎簋无法在同一历谱上相合，牧簋可能作于下一王世，具体讲即孝王七年；Shaughnessy, *Sources of Western Zhou History*, pp. 259 – 261. 对牧簋风格特征以及其年代的讨论，另见 Li Feng, "Textual Criticism and Western Zhou Bronze Inscriptions," pp. 283 – 293.

变化。对艺术史家而言,无论是从青铜器装饰方面抑或其功能来看,这个时期都代表着一次彻底的转变,有人称其为"礼制革命"或者"礼制改革"。① 更加直观的变化是西周中期早段流行的各式各样的鸟纹为更抽象和线条更粗犷的构图所代替,亦即几何纹饰。② 在青铜器的用途方面,特别是在随葬的礼制关系上,西周中期末,至少在陕西的中部,一种较大的改变已经悄然发生:以酒器为中心的随葬铜器的传统组合逐渐被一种基本上不见酒器的新组合所代替。③ 这显然是西周中期发生在社会文化方面的变化在考古物质材料上的反映。鉴于此处的分析只是用来确认西周衰退的标志,故这个问题我们毋需深加讨论。

西周晚期的危机:厉王出奔

如果说西周中期是一个政局不稳和军事软弱逐步累积的时期,那么毫无疑问,刚进入西周晚期,也就是周厉王时期,西周国家便遭遇到了全面的危机。所谓"全面的危机",也就是说问题已经扩散到了西周社会的各个方面,并且已经严重到连王朝的生存也成问题的地步。

---

① Jessica Rawson(罗森),"Statesmen or Barbarians? The Western Zhou as Seen through Their Bronzes," *Proceedings of the British Academy* 75 (1989), pp. 89 – 93; Rawson "Western Zhou Archaeology," pp. 433 – 440. 另见罗泰(Lothar von Falkenhausen):《有关西周晚期礼制改革及庄白微氏青铜器年代的新假设:从世系铭文说起》,载《中国考古学与历史学之整合研究》(台北:中研院,1997),第 651 – 675 页;"Late Western Zhou Taste," *Études chinoises* 18 (1999), pp. 155 – 164. 应当注意的是,罗森将这一变化定在了西周中期范围内,具体讲即是懿王、孝王、夷王时期,从公元前 899/897 至 858 年。而罗泰则坚持称之为"西周晚期礼制改革",他认为这次改革发生在公元前 850 年左右。见 Rawson, "Western Zhou History," p. 434; Falkenhausen, "Late Western Zhou Taste," 150 – 151;特别注意第 151 页注 4。

② 近来对这个主题的讨论,见 Falkenhausen, "Late Western Zhou Taste," pp. 155 – 174。

③ Rawson, *Western Zhou Ritual Bronzes*, p. 102. 在考古学上对这一现象更早的观察,见郭宝钧:《商周铜器群综合研究》(北京:文物,1981),第 62 – 63 页;李峰:《黄河流域西周墓葬》,第 392 页。

在外交关系上，周人的安全同时受到两面的威胁：东南的淮夷与西北的玁狁。在穆王时期淮夷之战后，淮夷依旧是周人在东南方向的一个强大敌手。它们与周人之间的军事竞争从未中断过，故在厉王时期，周人在军事上依旧视他们为征伐的对象。很可能作于厉王或者略早些时候的鄂侯驭方鼎（JC：2810）铭文中提到周王伐角和鄘，①在归来的途中周王与鄂国首领在一个叫坏的地方进行了会面；鄂国可能在河南南部的南阳盆地。② 根据铭文，周王对鄂侯可谓礼仪优渥，与他一起宴射，最后还给予他丰厚的赏赐。然而，正是这位有着"驭方"尊贵头衔的鄂侯（在所有金文中只有两个人有这一头衔）很快便发动了对周人的反叛，而且由此还引发了淮河流域的淮夷和山东地区东夷的骚乱。根据禹鼎（JC：2834）铭文的记载，淮夷和东夷对西周国家的半壁江山发动了攻击。可以毫不夸张地说，这次攻击已经将周人逼到了一个非常危险的境地，其危险性绝不亚于西周初年"三监"与武庚的联合叛乱。在生死关头，王室不仅派遣成周八师进行抵抗，同时还将驻扎在渭河平原的西六师调至东部。然而，这仍然不能阻止夷人的进攻。最后禹受武公的派遣，率公戎车百乘、斯驭二百、徒千，成功地俘获了鄂侯（图18）。而另一篇敔簋（JC：4323）的铭文（它与禹鼎显然作于同一时期，并同样提到武公这位王室的上司）则说道，南淮夷已经抵

---

① 我们可以联系禹鼎（铭文中提及鄂侯驭方的反叛）来对鄂侯驭方鼎进行断代。禹鼎提到了禹的几位祖先，最重要的是它还提到武公。通过西周晚期早段这位有影响力的人物，我们可以把其他青铜器联系起来。据此，学者们一致认为鄂侯驭方鼎属厉王时期的器物。见徐中舒：《盂鼎的年代及其相关问题》，《考古学报》1959 年第 3 期，第 53－67 页；马承源：《商周青铜器铭文选》，第 281 页；Shaughnessy, *Sources of Western Zhou History*, p. 179；白川静：《金文通释》，27. 162：451－452。我近来指出，作为一件在不同于周的文化环境中铸造的青铜器，鄂侯驭方鼎兼有西周早期的器形与西周中期偏晚的纹饰。见 Li Feng, "Literacy Crossing Cultural Borders," 222－231。

② 这两个地名在翏生盨（JC：4459）铭文中作"角𩵥"和"桐遹"，它们是在王征南淮夷这一背景中出现的。见马承源：《关于翏生盨和者减钟的几点意见》，《考古》1979 年 1 月，第 60－62 页。另见白川静：《金文通释》25. 142：260－267。

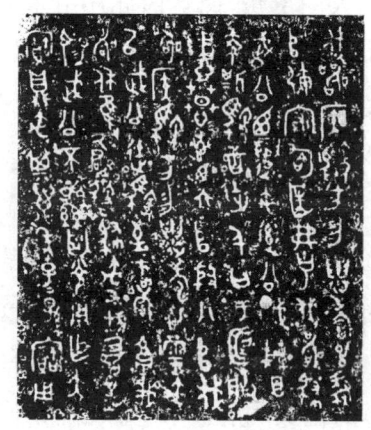 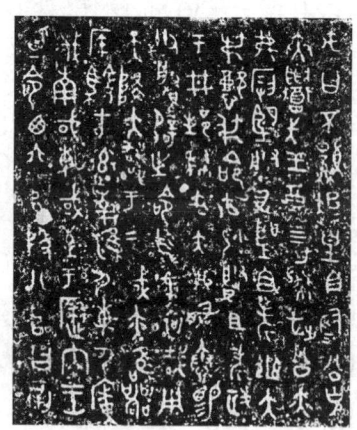

图 18 记载鄂侯驭方反叛的禹鼎铭文

(JC：2834；《青铜器图释》，第 78 页)

至周东都附近的伊洛流域。①

在西北地区，特别是泾河的上游，周人与玁狁之间的战事在西周中期的某一时段发生了。到厉王时，玁狁已明显占据了上风，他们对位于泾河上游的西周聚落及族群展开频繁的攻击。其中一次战事的细节被记载于多友鼎(JC：2835)的铭文中。同淮夷的战争

---

① 在这个例子中，铭文中明确提到淮夷在入侵期间到达伊洛流域。

相比，周人与玁狁的战争形势更为严峻，因为泾河上游一旦失手，渭河谷地将直接面临威胁。关于这场关键的战争，我们将在下一章中进行详细探讨。

在内政方面，王室内部的政治斗争与京畿地区的社会动荡于公元前842年出现白热化。在周都发生的一次暴动中，反叛者攻入王宫，厉王被迫出逃。十四年后，他客死于山西汾河谷地的彘。这一事件有着深刻的社会与政治背景（下文详论）。《国语》与《史记》都将这场政治危机归咎于厉王，认为厉王暴虐侈傲，好专利以富王室。① 在《国语》中，厉王还被指责无道，变更周法。② 厉王的政策引起了所谓"国人"的抗议，但他反而采取强硬措施来对抗这些批评。这种行为激怒了国人，最终酿成了公元前842年大规模的暴动，厉王被迫出奔。关于厉王出奔的大致历史框架，在其他史料如《竹书纪年》中有证明，同时也得到了金文资料的支持。而《古本竹书纪年》中除了肯定厉王出奔这段史实外，也有着与《史记》极不相同的记录，其中有"共伯和干王位"的记载。③ 或许，《国语》和《史记》中关于民众推翻周王的叙述是东周时期社会现实的一个直接反映，亦即在当时的列国内，这种大规模的群众运动是时有发生的。

对于周王室内这场戏剧性的政变，师毁簋（JC：4311）铭文为我们提供了有力的证据。④

> 惟王元年正月初吉丁亥，伯龢父若曰：师毁，乃祖考有勞（勳）于我家。汝有惟小子，余命汝死我家，㠯嗣我西隔東隔僕馭、百工、牧、臣、妾，東（董）㦯（裁）内外。毋敢否善。錫戈戲

---

① 《国语》1，第9–10页；《史记》4，第141–142页。
② 《国语》3，第110页。
③ 范祥雍：《古本竹书纪年辑校订补》，第30页。
④ 关于师毁簋（JC：4311）铭文，另见白川静：《金文通释》，31.186:740。

戬、□秘、彤㲃十五、錫鐘一，磬五全。敬乃夙夜，用事。毁拜頓首，對揚皇君休。用作朕文考乙仲䵼簋。毁其萬年子子孫孫永寶用享。

郭沫若以为伯龢父即共伯和，是共氏宗族的族长。《竹书纪年》讲他曾在厉王出奔之后"摄行天子事"，这一直延续到公元前828年他死为止。① 这一点已为学者们所普遍接受。② 其他学者则进一步认为铭文中"若曰"（一般只用于引述周王之语）这一习语的使用，说明共伯和确实继任了周王的位置。但最重要的是，这是仅有的两篇由大臣主持册命的金文之一，而其他所有"册命金文"中记录的均是由周王担任册命仪式的主持。此外，夏含夷还指出，铭文中记录的完整日期同公元前841年1月的历日正相一致。③ 在我看来，基于目前的史料，共伯和摄政的历史真实性可以确立，同时带来共伯和摄政的厉王出奔一事也可以得到证实。

不过基于金文资料，我认为共伯和这一角色似乎还不只是担当周王替补这么简单。元年师兑簋（JC：4274）记载了一次册命，作器者师兑被任命担任师龢父的助手，司左右走马、五邑走马。两年之后，根据三年师兑簋（JC：4318），师兑得到提拔，全权接替师龢父的职务。④ 从这些铭文中得知，师龢父可能曾经是周都地区的禁卫部队的统领，并且可能在厉王下台之前对周王室有过一些重要的影响。他不但从厉王下台中获益，同时可能还参与其事。共伯和的重要性同样见诸师𩵦簋（JC：4324.2）铭文。该器器身铭文提到，在师龢父死时，作器者𩵦穿上丧服告于王，周王为此赏赐了他。这篇铭文中既然出现了周王，则显示这件器物当不属于共伯

---

① 范祥雍：《古本竹书纪年辑校订补》，第30页；《竹书纪年》2，第13页。
② 郭沫若：《两周金文辞大系图录考释》8卷（北京：科学，1958），第114页。
③ 杨树达：《积微居金文说》，第119页；Shaughnessy, *Sources of Western Zhou History*, pp. 272–273.
④ 关于师兑的晋升，见 Li Feng, "Succession and Promotion," 14.

和摄政时期,而以定在宣王(前 827/825－前 782)早年较为适宜。①作器者因为对师𩛥父的死向周王作了汇报,周王便对其进行了赏赐,这一事实清楚表明死者在周王室中是一位重要的政治人物。

第二节 结构性冲突和政治对抗的起因

从上文主要基于金文证据进行的讨论中,我们清晰地看到,在西周中期与西周晚期偏早阶段的大部分时间里,面对着日渐扩大的政治混乱与外族入侵,王权出现了全面衰微的趋势。这种危机是内忧加外患,但更根本的是发生在西周国家政治和社会结构之中。长期以来,西周国家似乎无力克服这些问题,以至积重难返,逐渐演化成一股摧毁西周政权之基础的巨大力量。

关于解释的问题

上文所分析的政治混乱与危机的起因是什么?如果周人及时

---

① 从这四件器的风格看,它们固然都属西周晚期,但涉及到具体的王世,早先的学者有不同意见。例如,郭沫若将师兑簋定在幽王,而马承源则认为它属孝王。见郭沫若:《两周金文辞大系图录考释》,第 154－156 页;马承源:《商周青铜器铭文选》,第 200－202 页。在对这些单件铜器进行断代时,我认为首要的是要理解器铭中包含的内在联系。在明确了伯𩛥父与师𩛥父实为同一人时,这四篇铭文的历史次序就一目了然了:师𩛥簋作于伯𩛥父死时,是这个序列的终点,因此在年代上比其他三件提到他的铜器要晚。元年师兑簋和三年师兑簋很可能在伯𩛥父摄政之前就已经被铸造。另一方面,在师毁簋铭文中,伯𩛥父主持册命仪式时的口吻俨然如周王一般,因此这件器可能作于他摄政期间。最后,在师𩛥簋铭文中,当师𩛥父死时,我们看到了周王,这就几乎可以肯定将这件器物的年代定在宣世,具体是宣王十一年(即前 817,取前 827 为其元年)。这个年代同时也得到了其他证据的支持。铭文中还提到了另一位人物,宰珥生,为周王室大夫,并且也是珥生簋(又名召伯虎簋;JC: 4292－4293)与珥生豆(JC: 4682)的作者,这两器一般都定在宣王时期。至于两件师兑簋,它们的年代应该同师𩛥簋不会相隔太远,但亦不可能属于共和行政时期,因为铭文中明确提到了周王。因此,最适合它的时间当属厉王。事实上,通过历日的研究,夏含夷已经指出这两件青铜器应当被定在厉王。这个年代的另一项证据是在元年师兑簋和几父壶(JC: 9721)中都出现了同人,几父壶可能作于夷王或者厉王时期。见 Shaughnessy, *Sources of Western Zhou History*, pp. 281－286. 关于几父壶的年代,见陈公柔:《记几父壶柞钟及其同出的铜器》,《考古》1962 年第 2 期,第 88－101 页;《扶风齐家村青铜器群》(北京:文物,1963),第 7－8 页。

调整政策,这些问题是否能够避免? 促使周人不断衰落的真正原因是什么? 在对很多古代文明或者国家的研究中,譬如说印度文明、亚述帝国、玛雅文明,这些问题曾经被反复地问到;特别是在罗马帝国的研究中,这些问题更是被集中提出。为了解释衰落和崩溃的普遍模式与动力,约瑟夫·坦特(Joseph Tainter)曾提出一种他认为可以用来解释一切复杂社会崩溃的通用模式。[①] 依照他的观点,人类社会是一个不断解决问题的组织,需要不断投资新的能量来维持其运转。复杂社会应付压力的基本策略是提升其自身的复杂程度,这就需要提高投资的成本。起初,人们会采用最普通的、最易达到的,并且也是最廉价的解决方案,因此这种投资的回报是丰润的。然而,持续的压力和预料外的挑战会迫使社会追加更多的投资,并且当最廉价的解决之道被用完后,社会就必需通过扩大其等级化和专门化的途径来进行更高成本的投资。当到达某个临界点时,每一份投资所换来的利润回报便开始下降。如果一个社会不能克服不断增加的成本与不断减少的利润所构成的曲线的话,它就必然会走向衰落;而当压力变得无法承受时,等待它的就只有崩溃了。[②] 单独基于顾立雅(Herrlee Creel)的研究,坦特认为中国西周社会的变化与这种衰落模式正相符合。他写道:"旨在确保封建官员之忠诚的昂贵花费的不断增加似乎与蛮族入侵的猖獗同时发生。这里于是有了这样一个模式:一方面用来维系国家完整和消化压力上升的费用不断增加;另一方面,这种增加却发生在一种其投资所带来的回报完全不会提升的情况下。"[③]

坦特关于衰落和崩溃的理论可能有其某种意义。一个简单的事实就是,人类历史上的所有复杂社会,无论它是一个帝国、一个

[①] Joseph A Tainter(约瑟夫·坦特), *The Collapse of Complex Societies* (Cambridge: Cambridge University Press, 1988).
[②] Tainter, *The Collapse of Complex Societies*, pp. 119 - 127, p. 195.
[③] Tainter, *The Collapse of Complex Societies*, p. 203.

王国,或者是一个共和国,都曾经消亡过,经济学上的"回报递减律"(law of diminishing returns)似乎正适用于这个普遍的过程。就西周而言,坦特关于通过阶层化和专门化这种有负面效应的昂贵策略来处理与日俱增的问题的观点是特别吸引人的,因为我们确切地知道这正是西周中期正在发生的事情。然而,历史学家们也许会觉得坦特的理论太过笼统和简单,因此难以说明历史的具体性。如果所有的复杂社会最终都要灭亡,就像曾经发生的那样,那么真正的问题不是它们为何灭亡,而是它们何时灭亡。纵然是"回报递减律"促成了历史上所有的灭亡,历史学家仍须查明是何时以及有何特殊原因这一"法则"开始导致社会的没落。此类问题的答案取决于历史的特殊性,并且只能在每个相关区域中去寻找。① 在探讨衰落和灭亡的问题时,历史学家们可能会对那些造成某一社会没落的特殊因素以及这些因素彼此间的相互作用更感兴趣,而不是那些语焉不详的通用模式。

在世界范围内,涉及具体地区时,关于衰落和灭亡的历史原因举凡能够想到的种种可能性解释,恐怕全部都集中在罗马史的研究中。根据一项不示同情的统计,学者们提出的导致罗马灭亡的因素多达210条。② 从这些研究中我们所能学到的最基本的一课就是:作为一个极其复杂的过程,一个政权的衰落绝不是,也不应该是某个单一的因素就可以解释的,因为任何一个因素都与其他的每一个因素一起行动,并在其他因素之上发挥作用。③ 我认为,与其去寻找什么"终极原因",不如试着论证各因素之间的相互作用来得更有意

---

① 应当提到,作为例子,坦特分析了三个社会:罗马帝国、玛雅以及查科。Tainter, *The Collapse of Complex Societies*, pp. 127–192.

② Ferrill, *The Fall of the Roman Empire*, p. 12. 另见 Donald Kagan (ed.), *Decline and Fall of the Roman Empire: Why Did It Collapse?* (Boston: D. C. Heath and Company, 1962). 这本书收集了有关罗马帝国衰落和灭亡的很多重要论述。

③ 见 Katz, *The Decline of Rome*, p. 74.

义。同时,我们还必须对一般政治和社会经济体制中固有的因素与那些只是偶然发生从而削弱一个政权的因素加以区分。

在我看来,是西周政权中的两个基本关系逐渐并同时发生了变化,从而导致了危机:1) 王室与东部地方封国之间的关系;2) 王权与陕西王畿内贵族家族权力之间的关系。从制度史的角度来看,这些变化如果不是必然的,也一定是自然的,因为它们都根植于西周国家的社会政治结构中。西周中期以降,周王失去了对这两种关系的掌控,由此而严重危及到西周国家的基础。下面,我将具体分析一下这些变化并解释其起因。

"封建"制度和政治冲突的来源

在讨论西周国家政治体制中那些致使周人趋于式微的诸因素之前,我们有必要首先检视一下这个政治体制的基本特征。长期以来,对西周国家的解释一直被所谓的"Western Zhou Feudalism"说所困扰,人们总不免要将它同中世纪欧洲的"Feudal"制度作一番比较。① 最近,我系统地讨论过"Feudalism"定义中的问题,认为它对于西周并不适用。② 事实上在过去的二十年中,"Feudalism"不仅遭到中世纪欧洲史学家们严厉的批评,而且已不再是用以描述欧洲中世纪那种独特的制度的适当方法了。③ "Western Zhou

---

① 仅有的两本英文版西周通史都采用了"Feudalism"作为解释西周国家的基本理论框架。见 Creel, *The Origins of Statecraft*, pp. 317 - 387; Hsu and Linduff, *Western Chou Civilization*, pp. 47, 71 - 83, 126 - 129. 必须指出的是,这些研究中所讲的"Western Zhou Feudalism"与马克思主义史学家所倡导的"西周封建论"是完全不同的。

② Li Feng, "Feudalism and Western Zhou China: A Criticism," *Harvard Journal of Asiatic Studies* 63.1 (2003), pp. 115 - 144.

③ 批评中世纪欧洲 Feudalism 两位最重要学者是伊丽莎白·布朗(Elizabeth A. R. Brown)和苏珊·雷诺兹(Susan Reynolds)。雷诺兹近来对"European Feudalism"这种概念发起了猛烈攻击,她拒绝使用"Feudalism"、"Feudal Institution"和"Feudal Relation"之类的术语。见 Elizabeth A. R. Brown, "The Tyranny of a Construct: Feudalism and Historians of Medieval Europe," *The American Historical Review* 79.4 (1974), pp. 1063 - 1088; Susan Reynolds, *Fiefs and Vassals: The Medieval Evidence Reinterpreted* (Oxford: Clarendon Press, 1994), pp. 11 - 12.

Feudalism"这一学说一方面出于对西周国家及其政府的误解;另一方面则是错误地将欧洲中世纪的某些非"Feudal"因素当成了"European Feudalism"的本质特征。

在过去研究中被称为"Feudalism"的这种西周的制度在战国时期文献中最早被称为"封建",字面上的意思是"标明疆界以建立"。① 但是,被称作"封建"的这种周人制度,情况要复杂得多,我们毋需在此详加讨论。为了更好地理解由于周之封建后所引起的诸多问题,我们可以在目前已经变得明了的范围内,指出它的一些重要特点。

首先我们应该注意到,战国时期这种西周"封建"的概念或许只是一个错误的混合体,它杂糅了西周初年实施的两套规则,而在西周灭亡之后,它们已经变得无法分辨了。其中的一套规则被用来规范王室和东部众多地方封国之间的政治关系,而另一套则被运用于周王室直接行政管理下的王畿地区。西周国家的这种二分结构不但在西周时期的传世文献中显而易见,近来的考古发掘中也同样愈见明晰。② 这种分割既是政治的,也是地理的,并且它当然在同时期的金文语言中也有所反映。东部地方封国的封君们习惯上被称作"侯",而陕西王畿内的贵族宗族首领则常常根据他们的年龄被称为"伯",即在一个家族内排行老大。进而,很可能"建"这个术语是被用来描述地方封国建立的,而"封"则是用于描

---

① "封建"一词首见于《左传》,它是以动词形式出现的。这个词很可能是战国的产物,通过合并"封"和"建"来描述一种西周的制度。"封"、"建"二字在西周金文中俱曾出现。"封"字本义为"植树以定疆界",这在散氏盘(JC: 10176)铭文中十分明显。"建"这个字直到近来才由裘锡圭先生释出,意思是"建立",出现在小臣謰鼎(JC: 2556)铭文中,显然讲到地方诸侯国的建立:"召公建燕"。这一点也得到近来发现的四十二年逨鼎的证明,铭文中在封长父侯于杨时用了"建"字。见裘锡圭:《古文字论集》,第353-356页;《文物》2003年6月,第6、18页。宜侯夨簋(JC: 4320)和克罍(JL: 987)铭文显示,赐封某人为诸侯的行动以"侯"字的动词形式表示。

② 关于西周国家这种政治地理划分,详见 Li Feng, "Transmitting Antiquity: The Origin and Paradigmization of the 'Five Ranks'," in *Perceptions of Antiquity in China's Civilization*, ed. Dieter Kohn (Monograph of *Monumenta Serica*), 103-134。

述贵族宗族间地产的转让或者赐予。换句话说,从它们的起源来看,"建"与"封"是与不同地缘政治环境中不同的制度规则相关联的。在这里,根据其在战国时期的用法,我们将用"封建"一词来指称西周国家东半部地方封国的建立。

不管怎样,地方封国是西周国家最重要的组成单元,同时周王与地方封国诸侯之间的关系是那个时代最重要的政治关系。"封建"制度的本质在于,西周国家的功能是由众多的地方代理来执行的。这些地方代理以作为西周王室之分支或婚姻对象的宗族为中心,可以称得上是中央政府在地方的翻版。正如在前一章中所阐明的,地方封国的出现与其说是周克商的直接结果,不如说是周公二次东征,镇压东方叛乱的结果。每一个地方封国在自己的领地构成一个自主的地缘政治实体。麻雀虽小,五脏俱全,它们都拥有一个完备的政府,兼有民政、司法和军事等权力。这正是为什么我们在传世文献和出土金文中常常可以看到周王在授诸侯以疆土的同时,也伴随着授民。① 周人地方封国在这点上迥异于中世纪欧洲的"采邑",后者本质上是一种土地薪俸,不具有政治和法律权力,但有具体规定的表现为军事服务形式的义务。

不过,这并不意味着地方封国不受周王权的约束,周王与诸侯之间的关系比中世纪欧洲"领地-封臣"(feudo-vassalic)制度下的"领主"与"封臣"之间的契约关系更紧密,也更独裁。② 虽然缺乏这

---

① 伊藤道治曾将《左传·定公四年》中鲁、卫、唐等国的分封情况与宜侯夨簋记载的宜国分封相比较,指出,"授民"是封建诸侯时一个不可缺少的部分。这一点因克罍的发现再一次得到证明。克罍铭文记载,匽侯(封于今北京)受封时得到了周王赏赐的六族人员。见伊藤道治:《中國古代王朝の支配構造》(東京:中央公論社,1987),第 78-83,98-105 页。关于克罍,见 Li Feng, "Ancient Reproductions and Calligraphic Variations: Studies of Western Zhou Bronzes with Identical Inscriptions," Early China 22 (1997), pp. 4-15.

② 关于西周封国的性质以及它们与中世纪欧洲封地的不同,详见 Li Feng, "Feudalism and Western Zhou China," pp. 125-132.

种契约式的政治纽带,但西周国家通过其他方式来实施自己的政治权力。学者们曾经对"宗法"制度做过大量的探讨,① 由于对《礼记》中的相关文字有着各自不同的理解,争论各依所据,相持不下。赵光贤可能是马克思主义学派中少数几位能超越这一争论,在西周史料(包括金文)中去寻找这一制度之意义的学者之一。他指出,周王通常由嫡长子继承,代表天下的"大宗",而各地的诸侯,多为周王的其他庶子的后代,建立"小宗"。根据"宗法",小宗的诸侯必须服从周都内的大宗,周都故曰"宗周"。② 这种区分不但为周朝的王族所遵从,更重要的是,亦为那些并非按照国家的行政结构所组织起来的其他贵族宗族所恪守。在这种情况下,正妻之子按照他们的长幼分成伯、仲、叔、季,通常只有伯才能成为整个宗族的领袖,因此被称为"宗子"。"宗法"的本质就是根据亲属结构来规定政治权力与财产的继承。善鼎(JC:2820)铭文中曾明确提到"宗子",琱生簋(JC:4293)铭文中也提到了"宗君",可见在西周时期,已有了这种"大宗"与"小宗"之间的区别。然而,"法律"若不能强制执行,就很难是法律。只要两者之间存在着牢固的家族联系,这种制度就会令诸侯产生一种强烈的责任意识,而周王在心理上也会因此而产生优越感。不过在西周的政治生活中,实际上我们很难估计这种"宗法制"在多大程度上能够保障诸侯臣服于周王。正如前章中提及的,也有很多诸侯并非王室后裔,因此可以不必遵从王世的那套"宗法"制度。

基于目前的资料,西周王室可能还采取了其他两项措施来确

---

① 仅举两例,赵光贤:《周代社会辨析》(北京:人民,1982),第 99 - 110 页;金景芳:《古史论集》(济南:齐鲁,1982),第 110 - 140 页。

② 赵光贤:《周代社会辨析》,第 102 页。对这种制度的解释,另见 Hsu and Linduff, *Western Chou Civilization*, pp. 163 - 171; Barry B. Blakeley, "Regional Aspects of Chinese Socio-Political Development in the Spring and Autumn Period (722 - 464 B. C.): Clan Power in a Segmentary State," 未发表博士论文, University of Michigan (1970), pp. 16 - 21.

保周王的政治权威,并且各自可能构成了一种制度。首先是世袭"监国"的设置,王室将它们安置在地方封国,扮演着周王"监察人"的角色。这种制度必须同克商后武王安置在东部监管殷遗民的"三监"相区别;"监国"的使命是监视那些远离首都的诸侯。《左传》记载齐国的"国"和"高"两个家族便扮演着这样的角色,他们被周王委以要职,随时向西周王室反馈信息。① 据金文资料,我们知道这种制度不仅应用于像齐这样的非姬姓封国,同时还应用于西周其他姬姓或非姬姓的地方封国。仲几父簋(JC:3954)铭文中提到,仲几父派遣官员出使诸侯、诸监(可能就驻扎在这些诸侯们所在的封国内)。"诸监"似乎与"诸侯"相对应,这充分显示出他们地位是相当高的,起码对西周王室有着极为重要的意义。地方封国内的一些监者同样铸造带铭文的铜器,例如 1958 年发现于江西的一件由应监所作的青铜甗(JC:883),②应是位于今平顶山的一个重要姬姓封国。属西周晚期的仲禹父簋(JC:4188)铭文中也提到,申国的监者是周王室一位较近的后裔,夷王的儿子,他的家族在当地有着很高的地位。③

第二项是诸侯须定期向周王述职。隩尊(JC:5986)、麦尊(JC:6015)以及匽侯旨鼎(JC:2628)上的三篇西周早期铭文记载了诸侯曾前去宗周觐见周王。隩尊出土于卫国墓地,铭文记录卫侯从豫北前往宗周觐见周王。④ 匽侯旨鼎铭文中显示燕侯从今天的北京赴宗周,很可能也是述职(图 19)。麦尊不仅提到邢侯从今天的河北去觐见周王,而且还记载了这趟行程的其他细节。这篇

---

① 对"国"和"高"两个家族的地位和起源的详细讨论,见 Melvin Thatcher, "A Structural Comparison of the Central Government of Ch'u, Ch'I, and Chin," *Monumenta Serica* 33 (1977 – 1978), pp. 148 – 151.

② 郭沫若:《释应监甗》,《考古学报》1960 年第 1 期,第 7 – 8 页。

③ 这篇铭文由南阳申国的"大宰"仲禹父为他的父亲骕伯和祖父夷王所铸。关于南阳发现的这件青铜器,见《中原文物》1984 年第 4 期,第 13 – 16 页。

④ 《浚县辛村》,图版 14。

铭文提到邢侯是在他被周王封于邢后两个月后去宗周的。① 当邢侯到达宗周时,碰巧周王在荞京,于是又匆匆赶到荞。周王在荞京接见了邢侯,并为他举行了射礼,最后还赐他以丰厚的礼品,其中甚至包括一辆周王乘坐的车马和臣两百家。可见,周王对邢侯是极为慷慨和细心的。鉴于铭文中曾反复出现此类朝觐,作为诸侯——特别是那些刚被分封者——去宗周觐见周王,很可能是西周早期的一项制度,或者至少是一种约定俗成的行为。

图19　匽侯旨鼎及其记录匽侯前往宗周朝觐的铭文
(JC:2628;《泉屋博古馆》(目录),第15页)

即便是保守一点,根据以上铭文资料我们也可以认为,如何在政治上保证对诸侯的控制权是周王所关心的一个重要问题。各地诸侯,虽然在其国内拥有完备的民事、经济以及军事权,但毕竟没有独立统治的自由。这从另一方面说明了他们的封国并非独立的主权王国,而只是西周国家的有机组成部分。在一个非常根本的

---

① 对这篇铭文的解释,见白川静:《金文通释》,11.60.631。

层面上,位于东部中心的强大王师的存在,为中央王室与地方封国之间的关系提供了举足轻重的稳定力量。因此,问题的关键并非在于没有办法控制这些地方封国,而是这些办法是否经受得起时间的考验。

理论上讲,如《诗经·北山》所宣称的,"溥天之下,莫非王土。率土之滨,莫非王臣"。① 但在现实中,这样的权力却是由地方封君们居中调停;周王通过诸侯们的统治来实现自己的统治。换句话说,将辽阔的东部平原分授给诸侯,实际上意味着周王放弃了自己对这些领土的行政管理权,尽管周王可以合法地将自己的意志施加在诸侯之上。但是合法并不代表他总是有能力这么做。正如众多"册命金文"所显示的,西周王室的直接行政管理范围仅限于陕西王畿及东部中心洛邑附近很小的区域。这似乎已经引起了一种结构上,甚至是策略上的矛盾:一方面,西周王室明确以维护西周国家整个领域(包括东部和西部)的安全为自己的职责,如金文常常提到王师被派遣去抗击外族对其遥远的和边陲的封国的侵扰;但另一方面,这类军事行动可以长期可靠地依赖的后勤支援却又仅仅来自于王室管理的王畿地区。至于周王在多大程度上能够得到封国基于地方资源的军事援助,则完全取决于诸侯的意愿和周王对他们的支配能力。虽然这种能力因各王而异,但从长远来看,当诸侯在各自的领域内站稳脚跟,并且开始视自己的利益重于王室利益时,他们已然成为周王室的竞争者,而周王的控制力自然也就随之弱化了。在一个中央政权受地方力量调停的政治体制中,由中心控制向地方自治的过渡便只是时间问题了。

通过血缘结构来实行政治控制的先天不利在于,随着时间的

---

① 《诗经》13.1,第463页。

推移，封国在这一结构中的位置会越来越远离其传承的主干，那么这种情况下所谓的控制就会日渐无力。在《礼记》对"宗法"制的描述中，小宗的亲缘关系五世而斩。① 我们很难弄清后世礼书中描述的这种严格规定是否在西周时期就已付诸施行，但是，与周王室的那条干线至少有七八代之隔的西周中晚期的诸侯，可能很少还会觉得自己与周王有什么亲近，因此对去陕西王室朝觐的兴趣也会越来越小。在这一时期出自东部封国，如鲁、齐、应，乃至陕西地区的大量铭文中，我们没有看到周王室与地方封国之间的互访的任何记载，这与西周早期那些频繁提到这类互访的铭文形成了鲜明的对比。我相信，铭文中的这种现象显示了周王室与东部封国之间关系的一个重大转变。随着血缘纽带的松动，"封建"制度下授予这些地方封国的高度自治权已经开始使他们演变成独立的政权，从此不再惟王命是从。齐国和鲁国很可能就属于这种情况（见下文），它们都曾有过对抗王室的历史。从理论上讲，"监国"应该是一个可以控制诸侯偏离中央的有效机制，但前提是这些监国必须在不同的封国间定期调换，从而让他们明确意识到自身的利益取决于王室的意愿。只有在这种情况下，这种机制才不会随着时间的流逝而失去效应。很可惜，实际情形很可能是周王委派的这些监者都是世袭的宗族，他们在受监的地方封国内有着永久的居住地。如此，虽然他们可以继续为周王室和诸侯提供一种交流的渠道，但是很多代之后，他们的利益就会与其所在封国的利益更为紧密地结合起来，而与中央王室无关了。

地方封国"游离"的考古学观察

现在的问题是：如果这种离心趋势确实经历了长时间的发展

---

① 《礼记》21，第1508页。

和在西周国家中扩散,那么它的物质表现是什么？我们能否从考古学材料中实际观察到这些地方封国的游离？虽然政治的变化并不必然反映在考古中,但是那种在一个跨越庞大的地理区域的政治体系中发生的,并且历经一个较长时段后发展成为一种普遍趋势的变化,应该会对物质文化有所影响。这一点虽然应该可以被学者们所接受,问题是我们应该怎样去证明它。

大约30年前,伊藤道治曾通过西周早期青铜器的广泛地理分布与西周晚期青铜器仅局限于渭河谷地这一鲜明的对比来说明周王室对东部行政控制的丧失。① 然而,除了伊藤所用的有限资料与我们今天拥有的极为丰富的材料有着很大差别外,在他用考古学资料提出政治主张时,方法论上也存在一些缺陷。总体上来看,虽然周文化的空间扩张与退缩与周政权的崛起和衰落并非精确一致,但两者是相联系的。鉴于西周晚期普遍的政治环境,西周国家的衰弱并不表示它的地方封国也随之衰弱;相反,正如近来的考古显示的,当西周晚期王权明显衰落时,东部诸侯国却保持着稳定上升的趋势,并且在这一期间铸造了大量青铜器。所以,我们在这里要论证地方封国的游离是王室衰微的一个因素,应该采用一种更为复杂的做法,即把它分为两个步骤来进行。首先,我们必须论证青铜器的分布范围是否有所缩小,这种缩小并非就一般西周青铜器而言,而是指那些与周王室有着明显联系以及能够反映两个地区之间直接交流的有铭文的青铜器;② 其次,我们必须察看在周人的考古学文化中有无一种普遍的离心趋势,或者在远离周都的地方遗址中是否存

---

① 伊藤道治:《中國古代王朝の形成》(東京:創文社,1975),第307-308、310页。
② 武者章曾指出,与王室相关的"册命金文"仅发现于陕西和洛阳地区;这说明西周中晚期,受命于周王的政府官员其职责仅限于王畿地区。见武者章:《西周冊命金文分類の試み》,载《西周青銅器とその國家》,松丸道雄编(東京:東京大学,1980),第315-316页。

在一种明显的地方化倾向。与他们政治地位的变化相对应,如果这种考古学文化,尤其是地方封国的贵族文化显示出不断增长的地方特征,那么就可以被视为中心权力影响减弱的一种表现。

作为西周早期诸侯曾去陕西周都朝觐天子的证据,隩尊、麦尊和匽侯旨鼎上的三篇铭文我们在上文中已经述及,此外还有两篇铭文,堇鼎(JC:2703)和圉卣(JC:5374),出土于北京燕国墓地。铭文载有燕侯委派官员前去宗周和成周朝觐的史实。[①] 发现于山东黄县的启尊(JC:5983)和启卣(JC:5410)则记有作器者启随周王南征的经历(图20)。[②] 仍旧在山东地区,考古学家近来在济南北面的刘台子遗址中清理了一座西周墓葬,出土一件由王姜所作的青铜鼎。[③] 众所周知,作器者王姜为康王的王后,这在大量西周早期偏晚的青铜器上都有记载,这次发现肯定了该遗址与周王室之间的密切联系。[④] 远在南方的鲁台山(靠近武汉),四件由公太史铸造的青铜鼎出土于一座西周早期的墓葬中。[⑤] 公太史是康昭二世的一位著名官员,并且他在其他青铜器,譬如作册魃卣(JC:5432)的铭文中也曾出现过。所有这些铭文的时代均为西周早期,可视为东部和南部诸封国与陕西王室之间经常交往的有力证据。[⑥] 可见,西周早期的周王室与地方封国间确曾存在过牢固的联系。相比之下,从共王即位到厉王出奔这段时间(前917/915-前842)

[①] 《琉璃河西周燕国墓地》,第106、187页。
[②] 关于这两件青铜器的发现,见《文物》1977年第4期,第68页。
[③] 《文物》1996年第12期,第8-11页。
[④] 关于王姜的地位及其有关青铜器,见 Shaughnessy, *Sources of Western Zhou History*, pp. 208-209.
[⑤] 《江汉考古》1982年第2期,第37-50页。
[⑥] 这些之外,我们还可以加上柞伯簋,新出土于河南平顶山应国墓地,描述了一次由周王举行的射礼。报告作者认为这件柞伯簋是位于豫北的胙国国君所铸,作为一件礼品送给了应国。还有一种可能是,柞伯是王畿内的一位贵族,这件青铜器是他从陕西带到了应国。无论如何,这是一篇与王室有关的铭文,发现于东部的一个地方封国。见袁俊杰、姜涛、王龙正:《新发现的柞伯簋及其铭文考释》,《文物》1998年第9期,第54页。

图 20 启尊和启卣
（启卣铭文；采自《文物》1972 年第 5 期，第 6 页，图版柒）

内，我们仅看到一篇类似的铭文，即发现于陕西蓝田的应侯钟（JC：107）。该钟记述了周王自成周归来，应侯觐见周王一事。[①] 对此，我们或许还要加上前文中讨论过的鄂侯驭方鼎，铭文记录了周王在南征返回途中接见鄂侯一事。虽然东部诸侯国如应、鲁、齐等地

---

① 应侯钟的发现，见《文物》1975 年第 10 期，第 68 页。对这篇铭文的讨论及其英译，参见 Lothar von Falkenhausen, *Suspended Music: Chime-Bells in the Culture of Bronze Age China* (Berkeley, CA: University of California Press, 1993), pp. 58-59. 因为铭文中提到了一位重要的人物——荣伯，他活跃于共懿二世，故此器也可粗略地定在同一时期。见马承源：《商周青铜器铭文选》，第 163-164 页。

出土西周中晚期的铭文数量与日俱增,但在铭文中我们却并未见到周王室与这些地方封国间有过互访。① 因此我们可以说,陕西周王室与东部封国之间的交往呈现出一种急剧下降的趋势。这种现象至少可以说明周王室对地方封国的控制已经出现了某种松动。

那么现在,我们有必要在更为宽广的考古学背景(archaeological context)中来讨论这个问题。山东地区出土的系统资料可以说明这里有一个新兴的地方青铜文化。正如早些时候提到的,齐、鲁这两个较大的地方封国在西周中晚期时就曾经同周王室有过抗争。从刘台子和滕国发现的西周早期青铜器来看,它们同西周中心地区的青铜器有着高度的一致。到了西周晚期,山东地区出现了一些具有本地特色的青铜器和新式陶器。青铜器中最具代表性的是两种形制的壶,它们饰以当地的Z字形网格纹,同时兼有典型的周式装饰风格(图21)。第一种类型的器身呈袋状垂腹、身上常附有或四个或两个环耳。② 第二种类型为鼓腹长颈、喇叭形口。③ 地方特征在鲁国的首都曲阜发现的西周晚期陶器上表现得更为明显。我们在前一章曾提到,西周中期当渭河类型的陶器输入东部后,东部平原与渭河谷地的平民墓葬才开始出现一体化趋势。当然有很多

---

① 一个特殊的例子是不嬰簋(JC: 4328)器身部分,它发现于山东滕县,可能出自一座滕国墓葬。然而因为这篇铭文记录了周人在泾河上游与玁狁的一场战争,它必定是由周王室某人所作,后来不知出于何种原因被带到了山东地区。见《文物》1981年第9期,第25-29页。

② 在鲁国曲阜的M30和M48以及莱阳都发现了这种形制的青铜壶;莱阳发现的壶上铸有铭文:"己侯作铸壶。"见《曲阜鲁国故城》,图版捌拾:4,捌一;《文物》1983年第12期,图版叁:1。另一件发现于黄县的青铜鬲也由己侯所铸,它明显模仿了当地陶鬲的风格。见《文物》1983年第12期,图版叁:5。

③ 这种形制的青铜壶曾出土于烟台和莱阳。见《文物》1972年第5期,图版柒:3;《文物》1983年第12期,图版叁:2。有趣的是,湖北随县发现的一件壶与烟台的那件极为相似,可能是从山东沿海地区输入的。见《文物》1973年第5期,图版肆:4;另见Colin Mackenzie, "Chu Bronze Work: A Unilinear Tradition, or A Synthesis of Diverse Sources?" in *New Perspectives on Chu Culture*, ed. Tomas Lawton (Washington, D. C.: Smithsonian Institution, 1991), p. 117.

上卉村

曲阜 M 48:16

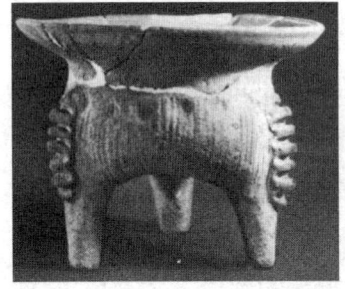

曲阜 M11:2　　　　　曲阜 M 501:3　　　　曲阜 M11:3

图 21　山东地方类型的青铜器和陶器

(采自《文物》1972 年第 5 期,图版柒:3;《曲阜鲁国故城》,图版捌壹,陆拾:4,陆贰:5)

陶器类型也进入了山东,及至西周晚期的早些时候,即使是那些原先从渭河谷地直接引进的陶器类型,也逐渐表现出明确的地方特征了。这种情形在鲁的国都曲阜尤为明显,一群独特的陶器类型在西周晚期至东周早期的许多墓葬中反复出现,如浅腹细长足的宽沿鬲、喇叭口状圈足豆、喇叭口状圈足的浅腹簋,以及素面或磨光的敞口罐等。其实山东具有地区特色的陶器群与作为其基础的东部平原地区一般周文化陶器类型之间的区别还是很明显的。在西周晚期,山东地区的物质文化出现了明显地方化的过程。

简言之,无论是贵族层面的青铜器铭文,还是非贵族层面的物质文化,都明显反映出地方封国从周的政治和文化中心相游离的情形。这不可避免地会对西周国家的基础造成破坏,造成地缘政治实体的分裂。王朝初年实施的这套制度与克商之后的特殊环境是相适宜的,也确实对西周国家的政治稳定做出了积极贡献。然而"成也萧何,败也萧何",由于上述的诸种理由,进入西周中晚期,这种制度反而带来一种破坏性力量,威胁了西周国家的统一。不过,如果西周王室的政治和军事力量足够强大,它就应该仍然可能使地方封国与自己保持一致,以抗衡正在出现的地方主义。不幸的是,周王室本身的实力在这时已经被许多内部的因素所削弱;这将在下文中进一步研究。

第三节　贵族力量与王权的对抗

陕西的王畿是西周国家的政治核心,受周王室的直接行政支配。渭河谷地中散布着多个王室中心,周人的管理正是从这些行政中枢开始,沿着渭河的支流延伸到乡村地区中去。从金文中来看,在地方管理上可能有两种情形:里和邦,分别由里君和邦君负责。[①] 东部中心洛邑周围的一小片区域内可能也存在着由王室控制的相似的行政管理结构。王室绝大部分收入都来自这些地区,王室的日常花费以及军费支出都要依赖它们。不过渭河谷地同时也是众多贵族家族的所在地,他们在王室中心拥有居宅,但同时居住在那些遍布于渭河平原上的宗族地产之上。贵族的地产与周王

---

① 关于这一点,参见 Li Feng, "'Offices' in Bronze Inscriptions," p. 25.

专门派人管理的王室财产相互毗邻或交织在一起。王室财产与贵族财产之间的划分并不是一成不变的,两类财产所有权之间的转换不仅是可能的,而且是预想中的。

土地赏赐与王室财产的缩减

西周政府的成员由众多的贵族组成。传统上认为,西周时期实行的是官职世袭制,但我最近研究发现,尽管进入政府服务的机会可能只限于贵族阶层,官员的选择却是相当灵活的,这使得一些官僚性因素可以在西周政府机体内得以充分发展。① 不过,这些官员并不从中央政府领取薪水,那些来自王畿的收入大部分用在了王家和军队的花费上,他们只能依靠自己或先辈从周王处领受到的地产来维持生计。② 西周中晚期的"册命金文"显示,周王对官员的册命常常有赏赐相伴随,但这样的赏赐并不构成他们的薪水,因为它们并不以官员效力王室的时间长短或者工作分量的大小为转移。过去还有一种意见认为,其中的一些赏赐物其实是官员们供职期间所需的配备,最后还应重新归还王室。③ 在周王赏赐官员的项目中占有重要位置的是地产,它们似乎是随周王的喜好而被随意赐赠的。与此相应,西周国家似乎尚未形成一种能够将东部的地方封国也包括进来的中央集权的财政体制,故而制度化的薪俸其实并没有基础。虽然诸侯偶尔也会向周王朝贡,但至少在西周的大部分时间内,我们尚无证

---

① 譬如说,很多年轻的官员首先接受册命成为老资历官员的助手,数年之后,他们再被提升到更高的位置。这种升迁的事实与另一项统计资料也是相一致的:即金文中更多的官员被册命时周王并没有讲到其家族在政府中服务的历史。详见 Li Feng, "Succession and Promotion," pp. 1–35.

② 顾立雅曾正确地指出,西周的官员并不因为他们在政府的服务而得到酬劳,他们的收入来源于自己的地产,或者用顾立雅的术语说 "Fief"。见 Creel, *The Origins of Statecraft in China*, p. 117.

③ Virginia Kane, "Aspects of Western Chou Appointment Inscription: The Charge, the Gifts, and the Response," *Early China* 8 (1982–1983), pp. 14–28.

据说明王室已经对渭河谷地的贵族宗族或东部地区的封国实行了固定税制。①

由此看来,西周政府的运作实际上是以"恩惠换忠诚"原则为基础的,而地产为周王和贵族官员之间提供了一条重要的经济纽带。由于缺乏系统性税制的证据,并且还由于这类作为"王室恩惠"的土地的价值取决于它们给接受者带来的经济效益,我们便可以合理地认为,当一片地产从王室所有转为一个贵族家庭所有时,对周王而言,这片地产便从此丧失了生产力。马克思主义学者曾长期讨论所谓的"井田制",一种被战国时期哲学家们追溯到西周时期的劳力地租方式。② 即便这种制度确曾存在过,它的功能也仅仅是规范地主与农民,而非地主与周王室之间的经济关系。

根据金文材料,整个西周时期,周王持续地赏赐服务于中央政府的贵族官员们以土地。大约有十四篇金文中保留了这样的记录。属于西周早期的有盠圜器(JC:10360)、趞卣(JC:5402)以及中方鼎(一)(JC:2785),这三件器都作于西周早期晚段,可能就在

---

① 关于王室经济,顾立雅曾独辟一章,他假说一个包容"feudal lords"在内的一个中央集权的财政系统已经存在。见 Creel, *The Origins of Statecraft*, p. 134, pp. 154-155. 然而,顾立雅所依据的唯一可靠证据只有毛公鼎(JC:2841),铭文记载毛公奉周王之命"艺小大楚赋"。"楚赋"的含义曾有过激烈的讨论,一些人认为它与"税收"有关,其他人则认为它是"官员"的一种通称。第一种意见,见郭沫若:《两周金文辞大系图录考释》,第137-138页;白川静:《金文通释》,30.181:668-669。第二种意见,见杨树达:《积微居金文说》,第14页;马承源:《商周青铜器铭文选》3,第319页。我认为"楚赋"可能指某种"赋税",并且鉴于毛公鼎为宣王时器,这似乎与《今本竹书纪年》宣王元年中的一段记载相吻合:"复田赋。"见《竹书纪年》2,第14页。然而,这个问题涉及到西周的制度。首先,这项赋税是在宣王时期还是在此之前制定的,我们并不清楚。我倾向认为,正如铭文内容所显示的,这是与宣王的中兴计划有关的一项政策(见下文)。第二,这项赋税是针对王畿内的贵族,还是东部诸侯国,抑或是外族臣服者,我们也不清楚。我们现有的资料仅支持了最后一种可能性。同样作于宣王时期的兮甲盘(JC:10174)提到,王命兮甲政司成周与四方之积,兮甲曾前去南淮夷地区征收贡赋,包括丝、农产品,以及奴仆。关于这篇金文,见白川静:《金文通释》32.191:790-793。地方诸侯国可能也会向周王进贡一些珍稀物品,但似乎这样的朝贡尚不能构成王室整体收入的一个重要部分。

② 关于这种讨论,见高亨:《周代地租制度考》,《文史哲》1956年第10期,第42-44页;林剑鸣:《井田和援田》,《人文杂志》1979年第1期,第69-70页。

昭王十九年南征前后。铭文记载𥃝得到了毕地,面积为方五十里;趞与中则分别得到了赾和裹两份地产,这两次很可能是大面积土地的授予。西周中期的金文继续出现赐土的记录:永盂(JC:10322)铭文提到周王赐给一个叫师永的官员以洛河流域的田地;卯簋(JC:4327)上说卯领受了四处不同地点的土地;大克鼎(JC:2836)则记录了周王赏赐克七处不同地点的多片田地,其中有些原先属于强大的井氏宗族。然而在记有土地赏赐的西周晚期金文中,数量最多的一次是在敔簋(JC:4323)铭文中提到的,敔因为抗击南淮夷有功,得到周王赏赐两个不同地点的土地,加起来共一百田;不䴉簋(JC:4328)铭文中提到,在击败玁狁后,不䴉被赐十田,但具体地点并未说明,而大簋(JC:4298)铭文则说周王将原本属于另外一位官员的田地改赐予大这位官员。

在这些得到土地赏赐的人群中,有些是在同外族作战时立过战功的军事将领,有些则是效力于王室的行政管理人员。要之,作为王室赏赐的一个原则,土地主要被赐予那些肩负国家重任的文武官员。当然,同样必须注意的是,许多王室官员的宗族历史或许可以一直追溯到克商之前,当时他们的祖先从周统治者那里就已领受了同样的土地馈赠。在"恩惠换忠诚"的关系中,为了维持官员对自己的忠诚,周王就必须持续地施与这样的恩泽。坦特关于复杂社会崩溃的理论或许正适用于此:周王不能仅停留在同一个水平上的土地赐予;他必须提高赐地的水平,因为作为回报的忠诚会日益下降。[①] 到了一定时候,王室恩惠这种投资甚至根本得不到任何回报。当这种现象发生时,西周王朝就濒临崩溃了。不过这里真正的困境在于,周王赏赐官员的土地越多,他继续这么做的可能性就会越小。当时的历史情形是,东部广阔的土地已经分封殆

[①] 见 Tainter, *The Collapse of Complex Society*, pp. 5–6, p. 92, p. 203.

尽,众多的地方封国广布各处。因此周王可以用来赏赐官员的土地就仅局限于渭河谷地和洛邑附近的一小片地域了。当一块田地被赏赐出去后,它便从王室的财产中消失,成为接受者家族的财产,这样的土地自然也就只对接受者家族有生产力了。换句话说,周王的这种行为是将他自己的资本分发给近在周围的经济竞争者。只要土地继续流向贵族家庭,那么这种土地赏赐政策就会极大地缩减王室财产的规模,从而破坏西周国家的经济基础。

对我们而言,最理想的是通过统计学的方式算出每个特定时期内究竟有多少土地作为王室的赐予转为贵族家庭所有,但遗憾的是这种方法论无法应用于西周时期,因为没有足资统计的资料。不过我们还是有一些线索显示周王赏赐土地所带来的后果;通过金文中周王赐土规模的大小我们可以了解到这一点。在西周早期,我们通常见到的是一片完整土地的授予,它们常常有单独的地名,如趞卣和罍圜器铭文中所记录的。到了西周中晚期,金文中这样的记录就难得一见了,我们只能看到零碎的土地授予,卯簋和大克鼎铭文中反映的正是这种情况。同时,金文中记载赐土时,土地数量单位的表述也在随时间发生着变化。西周早期的青铜器铭文中被授予的土地称作"土";而自西周中期开始,它则被称作"田"。毋庸置疑,后者的规模要比前者小很多。这一点已经得由新近发现的眉县青铜器铭文所重新证明。四十二年逨鼎铭文云,宣王在两个地点之间一共授予了五十块"田"。① 这说明在西周中期土地制度发生了一次较大的变化。伊藤道治曾经指出,这一变化反映了西周早期的庄园式经济向西周晚期繁荣起来的小土地所有制的过渡。② 这里的"小土地所有制"并不意味着在西周中晚期一个

---

① 由于四十二年逨鼎上的高年数,学者们一致认为它与出自同一窖藏的其他铜器都作于宣世。见《文物》2003年第6期,第14-15页。
② 伊藤道治:《中國古代王朝の形成》,第53-54页;《中國古代王朝の支配構造》(東京:中央公論社,1987),第193、205、213-216、390页。

宗族拥有的土地总面积越来越小，而是土地以小片的形式被拥有。

五年裘卫鼎(JC：2832)铭文使我们对被称作"田"的小片土地以及附着其上的社会价值有所认识。铭文提到一次土地交易，原属一个名叫邦君厉的地方官员的五田转入作器者裘卫之手。然而有意思的是，在实际的划田过程中，裘卫只接到了四田，而另外一田，则可能由邦君厉宅邑中让予裘卫的一块宅地所替代。根据伊藤道治的图解，裘卫得到的四田实际上夹在属于邦君厉和其他贵族的田地中间。① 这篇铭文和裘卫盉(JC：9456)铭文说明至迟到西周中期，土地已经变成了以小块状态交换的商品，它们可以为私人所拥有，亦可自由出售。② 此外，曶鼎(JC：2838)铭文中还清楚反映了这样一个事实：土地曾被作为败诉者的赔偿物。③ 因此，在西周中期，这些田地为贵族宗族私人拥有是毫无疑义的，《北山》诗中所谓"溥天之下，莫非王土"看来不过只是一种政治理想罢了，经济实效微乎其微。④ 这就是周王当时进行土地赏赐的社会经济环境；而由他赏赐的那些土地，最终也都变成了私人拥有的财产。

不过我认为目前的金文材料所能反映的还不止这些。一个极端的例子是，大克鼎的铭文中提到，七块这样由周王赏赐的田竟然位于七个不同的地点（每处只有一田）。这种小片田地的赏赐之所

---

① 伊藤道治：《裘衛諸器考——西周期土地所有形態に関する私見》，《東洋史研究》37.1(1978)，第35-58页。

② 有关土地转让和所有权的更多讨论，见 Laura Skosey, "The Legal System and Legal Tradition of the Western Zhou, CA. 1045-771 B.C.E.," 未发表博士论文, University of Chicago (1996), pp. 17-19, 103-110; Constance Cook, "Wealth and the Western Zhou," *Bulletin of the School of Oriental and African Studies* 60.2 (1997), pp. 269-273.

③ 对这篇铭文的解释，见松丸道雄：《西周後期社会にみえる变革の萌芽：曶鼎銘解釈問題に初步的な解决》，载《東アジア史における國家と農民》(東京：山川,1984)，第52-54页。

④ 《诗经》13.1，第463页。

以能够成为一种惯例,可能由以下两种情况造成:第一,西周中期王室的财产已经变得十分零碎,王室只能以这种零碎小块的形式继续赏赐土地。王室理应拥有最多的土地,而且也是所有的私有土地最初的来源。王室土地如果变得这样零碎,那只能是与私家土地相竞争,并且不断遭到私家土地的侵吞的结果。从法律铭文中记载的许多土地争端可知,西周中晚期渭河谷地的土地竞争应当是相当激烈的。第二,像这种以"零碎的"方式授予的土地可能来自王室新开发的边缘地带。但这种情况只有在常规的和大规模的王室土地无法再用于赏赐时才会发生。这两种情况均充分说明了西周中晚期王室土地的不足。虽然我们无法衡量王室的财产被这种土地赏赐政策破坏到了何种程度,但毫无疑问,倘若周王一如既往地赐予土地,那么周王室的经济,继而整个西周国家的国力就不可避免地走向衰退。这就是西周必然走向衰亡的根本原因之一。

渭河流域贵族力量的增长

王权与贵族的力量是一种双重的关系:一方面,王权要依赖贵族的支持;另一方面,贵族政治和经济力量的过分增长又会危及王室的权威。这可能是一种矛盾,但它同时又是西周国家王室政治所必需的动力。

西周的许多贵族宗族都有着很长的历史,并且我们有足够的理由认为,他们中的大多数都在西周早期扩张期间实现了稳定的发展。在漫长的历史岁月中,这些宗族代复一代地效力于王室,积累起丰富的政治资本,同时通过扩大不动产和建立新的家族支系,经济实力也日益雄厚。这里,我们仅举南宫家族的例子来观察这些贵族宗族究竟是如何积聚财富的。上文我们已经论述了贵族田地和财产的获得,此处只探讨他们获得人口的方式。我们首先来看著名的大盂鼎(JC：2837)铭文,学者多谓此器为康王(前1005/1003-前978在位)时期的标准器,作于王二十三年。① 铭文记录了周王对南宫家族成员盂的一次赏赐：②

> 锡汝鬯一卣,冂,衣,巿,舄,车马。锡乃祖南公旂,用遵（狩）。锡汝邦嗣四伯,人鬲自驭至于庶人六百又五十又九夫。锡夷嗣王臣十又三伯,人鬲千又五十夫。逦（亟）寱（或）迁自厥土。

这是一份引人瞩目的清单,周王首先赏赐了盂一套官员的命服,从西周中期开始,命服随着各种各样的官员任命在"册命金文"中频频出现。随后王又将盂的先祖南公的旗帜赏赐予他,用以巡狩。实际上,这件铜鼎正是为了纪念南公这个人而制作的。南公同《尚书·君奭》中提及的文王的五大臣之一南宫括实际上是同一人。③ 同时,盂还得到了17位伯(也就是说17个家族),以及1 709名奴隶。有趣的是,其中4位伯是周的地方官员,另外13位则是异族的王臣,这些人员从王族的财产中直接转入了南宫家族。通过这篇铭文,我们对西周时期一个贵族宗族的财产是由什么组成的,以及它们是如何被获得的有了一个确切的认识。当然,贵族宗族也并非只是一味地领受王室的财富,事实上他们也为王室做出了贡献。我们从作于两年后的小盂鼎(JC：2839)铭文中看到,盂在征伐鬼方的两次战役中,俘获了13 000多人,以及大量的家畜和

---

① 器铭末有"惟王廿又三祀"纪年。因为小盂鼎(JC：2839)铭文中有"禘周王、囗王、成王"一句,所以我们可以肯定,盂的大部分生涯是在康世渡过的。关于盂器的年代,见马承源:《商周青铜器铭文选》3,第37-44页；Shaughnessy, *Sources of Western Zhou History*, pp.111, 243.

② 对这篇铭文的释读,见马承源:《商周青铜器铭文选》3,第38-41页。另见白川静:《金文通释》,12.61：666-673。

③ 《尚书》16,第224页。有关南公的身份,见李学勤:《大盂鼎新论》,《郑州大学学报》1985年第3期,第54-55页。关于南宫括的地位,另见 Edward Shaughnessy, "The Duke of Zhou's Retirement in the East and the Beginnings of the Minister-Monarch Debate in Chinese Political Philosophy," *Early China* 18 (1993), p.57.

战车,而这些战利品全部贡献给了周王。① 另有铭文显示,在西周末期,南宫家族继续培养出重要的军事人才和行政管理人员,譬如南宫柳和南宫乎。②

虽然我们没有有关西周晚期金文中提到的那些周初延续下来的宗族的数目统计,但可以确信的是,有些宗族,譬如虢、召、荣、毛、微等等,他们的世系一直可以追溯到克商之前的某些人物身上。而这些宗族仅仅是渭河地区最为著名的贵族宗族。例如,虢氏(详见第五章),为文王母弟虢叔所封,《君奭》篇中亦提起过他,其地在今陕西宝鸡一带。至克商之时,虢氏至少已经发展出三个支系,其中的一支迁到东部,建立了东虢。在整个西周时期,虢氏一族享有很高的威望,始终位居高职。金文材料显示除在宝鸡有其封地外,虢在周和郑这样较大的西周城市中也拥有居留地。③ 另一个重要的宗族是井氏,他们的封地在凤翔县某处。④ 井氏宗族的历史可以追溯到活跃于西周中期偏早阶段一名叫穆公的重要官员。⑤ 穆公之后,井氏分化成井伯和井叔两支,繁荣于整个西周中期。随后井叔这一支又进一步分成位于郑和丰的两支,分别居住于这两个重要的城市。⑥ 金文资料显示,进入西周晚期,井氏家族江河日下,地产也遭到其他宗族的吞并。但其中的一位宗族成员,

---

① 如第一章指出的,鬼方可能位于陕西和山西的北部。有关盂征伐的细节,见马承源:《商周青铜器铭文选》,第 42–43 页;白川静:《金文通释》,12.62:690–694。

② 南宫柳鼎(JC: 2805)铭文记周王命柳司六师之牧、场等。在南宫乎钟(JC: 181)铭文中,南宫乎自称"司徒"。关于南宫家族,另见朱凤瀚:《商周家族形态研究》(天津:天津古籍,1990),第361–362 页。

③ 有关虢氏的更多细节,详见第五章。早先对虢的研究,见李学勤:《新出青铜器研究》,第 85–87 页;朱凤瀚:《商周家族形态研究》,第 374–375 页;李峰:《虢国墓地铜器群的分期及其相关问题》,《考古》1988 年第 11 期,第 1041–1042 页。

④ 井氏必须同河北的邢国相区分;见陈梦家:《西周铜器断代》6,第 107–109 页。关于井在渭河谷地中的位置,见卢连成:《西周矢国史迹考略及其相关问题》,载《西周史研究》(人文杂志专刊 2)(西安:1984),第 232–248 页。

⑤ 穆公在许多金文中被提及,包括尹姞鬲(JC: 754)和盠方尊(JC: 6013)。

⑥ 位于丰的井叔家族墓地于 1984 年在丰京地区被发现;见《考古》1986 年第 1 期,第 22–27 页。有关井氏的历史,另见朱凤瀚:《商周家族形态研究》,第 368–369 页。

即禹鼎(JC：2833)的铸造者，效力于军职，在镇压鄂侯驭方的反叛中曾立下了汗马功劳。

这些材料使我们对渭河地区贵族阶层的基本特征及其发展逻辑有所了解。随着宗族成员经年累月地供职于王室，以及王室的土地一点点流入自己的财库，这些宗族的政治影响力以及经济实力都已经有了相当的积累。在对西周家族的研究中，朱凤瀚关注了贵族力量的增长与西周王朝衰弱之间的关系，承认是贵族的力量削弱了王室的权威。① 在传世文献记载中，直接提到王权与贵族力量之间争斗的寥寥无几。但在金文中，我相信有迹象表明，强大的贵族力量有时会令周的王室权威黯然失色，并引起两者之间关系的持续紧张。

让我们从西周晚期的柞钟(JC：133)铭文来看看这种情况。这是一套甬钟，由八件组成：②

> 惟王三年四月初吉甲寅，仲太师右柞，柞锡载，朱黄，鑾，嗣五邑佃人事。柞拜手，對揚仲太师休，用作大龢鐘，其子子孫孫永寶。

铭文中提到仲太师命令柞管理五邑农甸人事务。由于仲太师仅是"右者"，③而根据其他铭文中常见的册命仪式的程序，柞的册命仪式无疑是由周王主持的。如我另文中所论述，王室的上级官

---

① 不过朱凤瀚认为，纵观整个西周时期，周王对贵族集团维持着绝对的权力，后者的实力从未强大到可以挑战王室的权威。他似乎认为是贵族家族对政治权力和经济资源的争夺破坏了彼此之间的团结一致，从而削弱了王权赖以统治的基础，最终导致了王朝的灭亡。见朱凤瀚：《商周家族形态研究》，第412－413，422，427页。

② 关于这篇铭文，另见白川静：《金文通釋》，33.198:898。柞钟最初被郭沫若定在夷厉时期，但其他学者根据铭文中的月历将其定在幽王三年（前779）。见《扶风齐家村铜器群》，第4-5页；马承源：《商周青铜器铭文选》，第323页；Shaughnessy, *Sources of Western Zhou History*, p.285。除此之外，别无其他证据可为这套甬钟断代。但我们可以有把握地说，它们属于西周晚期。

③ "右者"负责导引受命者入中门，立中廷，并将其介绍给周王。在册命仪式中，导引者通常立于受命者之右，故称"右者"。关于册命的程序及"右者"的作用，见 Li Feng, "'Offices' in Bronze Inscriptions," pp.29-42.

员在周王册命的决策中可能扮演着重要角色,①但在所有铭文中,只有周王被认为是任命的来源,而被册命的官员也都只对周王的恩宠表达感激。与所有的铭文都不同,此处的柞钟向我们展示了一次独特的情况。在铭文中,我们仅看到柞对可能是这次册命仪式的发起者仲太师表示感激,而周王甚至没有被提到。我以为这是说明贵族力量僭越王室权威的一个很好例子。

不过真正代表贵族力量的角色应该是武公,他在许多西周晚期铭文中屡屡出现,如敔簋(JC:4323)、南宫柳鼎(JC:2805)、禹鼎(JC:2834)以及多友鼎(JC:2835)等。如前文所述,当鄂侯驭方发动对周的叛乱时,武公起了关键性的作用。根据禹鼎,周王动用了六师和八师前去征讨鄂侯,但却以失败告终。随后,武公派出自己的戎车和徒驭,在禹的率领下,成功俘获了鄂侯驭方。一支能够力挽狂澜、拯救王朝于危难之际的军队必然是不容小觑的。而在另一篇铭文多友鼎中,同样是这位武公,命令多友指挥自己的战车抗击前来侵犯的玁狁,保卫了京师的安全。对周王而言,一支具有如此高的作战能力却又握于私人之手的军队将是一种严重的威胁。孟子曾经有言:"万乘之国弑其君者,必千乘之家。"②孟子非常清楚,私人的军事力量对国家的利益并没有好处。多友鼎铭文中最耐人寻味的一点是它所提及的西周官员的层级。对这篇铭文我们将在第三章谈到周人与玁狁的战争时进行更为详细的讨论,这里只挑选那些能反映西周官僚政治层级的段落:③

〔王〕命武公:"遣乃元士,羞追于京𠂤(師)!"武公命多友:"衛(率)公車,羞追于京𠂤(師)!"……多友廼獻孚(俘)、聝(馘)、噱(訊)于公,武公廼獻于王。〔王〕廼曰武公曰:"女(汝)

---

① Li Feng, "'Offices' in Bronze Inscriptions," pp. 48–51.
② 《孟子》1,第 2665 页。
③ 田醒农、雒忠如:《多友鼎的发现及其铭文试释》,第 115–118 页。

既静京𠂤(师),𩰱(𩰱)女(汝),易(锡)女(汝)土田。"……公亲(亲)曰多友曰:"余肇(肇)事(使),女(汝)休!不逆(逆),有成事,多禽(擒),女(汝)静京𠂤(师)。易(锡)女(汝)圭瓒一、汤(锡)锺一肆(肆)、𨫼(镱)鏊百匀(钧)。"

这里,作战的命令从周王下达给武公,武公下达给多友,多友领命,投入战斗。当战争结束时,多友献俘于武公,武公又将他们转献于周王。然而,王室的奖赏却只颁给了武公。武公未曾亲临战场,但却赢得了为边界带来和平的声誉。相较于武公收到王室赏赐的田产,多友这位实际参战的军事指挥官却只受到了武公的赏赐,奖品为一件玉礼器、一套铜钟以及一些铜。虽然我们不清楚与武公收受的田产相比,这些物品有着怎样的实际价值,但毋庸置疑,这是一种高度的等级关系,或许还是一场不公平的交易。其间,武公不仅掌握了周王接近军队的渠道,也控制了军事指挥官想接近周王的途径。当然,新分配给武公的土地也必须从王室的不动产而来,这就进一步加强了武公的力量,削弱了周王。通过多友鼎我们可以看到一个贵族家族是如何趁周王室同外族作战之机来增强个人实力的。

搞清楚了这种力量的平衡,我们现在可以来重新考虑公元前842年厉王出奔这一历史问题的含义,因为它恰好就发生在强势的武公供职的厉王时期。① 公元前842年导致厉王出奔与共伯和

---

① 这里的关键是武公的年代及其与多友鼎的关系,但这要求对所有相关的铭文作一番整理。一般认为,武公的显赫在时间上与厉王统治时期相重合,理由如下: 1) 禹鼎和大克鼎(JC: 2836)及小克鼎(JC:2797)在风格上非常接近,纹饰上也特别相似;后两器基于其铭文所讲克的祖父曾职事于共懿的事实(同样也根据其铭文所讲的右者申季在共懿已开始自己的职业生涯)一般被定在西周中期晚段,譬如说孝王时期。2) 敔簋铭文中的荣伯(不同于裘卫器上提到的共懿时期的荣伯)可能是武公的一个下属,并且与文献中记载的周厉王的大臣荣夷公是同一个人。有关禹鼎和克器的关系,见李学勤:《新出青铜器研究》,第129-130页。至于大克鼎与小克鼎,见《上海博物馆藏青铜器》(上海:人民,1964),第47-48号。关于它们的年代,见马承源:《商周青铜器铭文选》,第215-217页;Shaughnessy(夏含夷),*Sources of Western Zhou History*, p. 111. 关于荣伯的地位,见徐中舒:《禹鼎的 (转下页)

摄政的这场历史事件被马克思主义学者们视为一场平民的划时代性胜利,或者是农奴反对贵族剥削阶级的革命。① 这种观点曲解了这场历史冲突中真正的政治动力,近来已经受到一批学者的质疑。② 以《国语》和《史记》为代表的史学传统加诸厉王的最大罪责便是他"好专利";或者也旁及荣夷公,指责荣夷公教唆厉王与民争利。③ 事实上,敔簋铭文讲得相当清楚,敔从战场上带回的俘虏全部移交给荣伯管理。荣伯是荣氏家族的首领,许多学者认为他就是荣夷公。这一点或许并不重要,但它却暗示,负责掌管战利品的荣伯所处的位置很容易使他遭受那些原本是指向周王的谴责。无论如何,作为天下万物的拥有者,周王囤积财富是天经地义的事,除非这种行为与某阶层的利益相冲突。那么厉王究竟做了什么才会招致这样的指责呢?对于史学传统中这一长期的疑问,金文为我们提供了一些证据。可能作于厉世的大簋

(接上页)年代》,第 56-57 页。然而,当 1981 年多友鼎被发现时,问题出现了,因为"多友"可以与宣王之弟"友",又曰"多父",联系起来。因此一些学者提议将多友鼎的时代归于宣王,如此,从厉世延至宣世,武公一直效力于王室。见刘雨:《多友鼎的时代与定名考订》,《考古》1983 年第 2 期,第 152-157 页;Edward Shaughnessy, "The Date of the 'Duo You Ding' and its Significance," Early China 9-10 (1983-1985), 55-69. 我认为首要是认识到,在禹鼎、敔簋以及多友鼎这三篇铭文中,武公的地位有着高度的相似性;多友鼎铭文中的"向父"对此也作了证实,"向父"无疑是禹,即禹鼎的作器者。因此,这三件青铜器在铸造时间上必定是十分接近的。将多友鼎断在宣王时期将意味着武公对周王室维持了如此高度的统治,从厉王时期就开始,经十四年的共伯和摄政,并且稳定过渡到宣王中期,直到周宣王的母弟(如果他确实是多友的话)成长为一名出色的军事将领。这至少在当时是说不过去的,因为在这一时期,西周王朝经历了最富有戏剧性的政治变动——厉王下台和共伯和摄政。无疑,这在调和共伯和与武公这两个历史角色时会出现问题,如果后者在厉王倒台后确实继续执掌朝政的话。此外,正如李学勤指出的,多友鼎中的多友更可能是武公的一个下属,而非王子。简言之,如果将多友鼎定于宣王时期,那么在西周晚期历史背景中为武公这一角色定位时就会带来很多的问题。因此,我主张将多友鼎定在厉王时期。

① 典型的这种观点,见郭沫若:《中国史稿》(北京:人民,1976),第 285-287 页;孙作云:《诗经与周代社会研究》(北京:中华,1966),第 219 页。

② 何凡:《国人暴动性质辨析》,《人文杂志》1983 年第 5 期,第 76-77 页;郝铁川:《西周的国人与彘之乱》,《河南师大学报》1984 年第 1 期,第 39-42 页;张平辙:《西周共和行政真相揭秘》,《西北师大学报》1992 年第 4 期,第 51-54 页。

③ 《国语》1,第 12-13 页。

(JC：4298)铭文记载：①

> 惟十又二年三月既生霸丁亥，王在㽣侲宫。王呼吴师召大锡𨟭䙳里。王命善夫豕曰𨟭䙳曰："余既锡大乃里。"䙳宾豕璋，帛束。䙳命豕曰天子："余弗敢婪。"豕以䙳履大锡里。大宾豕䚢璋，马两，宾䙳䚢璋，帛束。大拜顿首，敢对扬天子丕显休，用作朕皇考烈伯尊簋。其子子孙孙永宝用。

这篇铭文记录了周王将原本属于䚢䙳的土地赐给了官员大。虽然看起来土地的原主人䚢䙳很配合王室的决定，但这完全是从大作的青铜器铭文中了解到的。䚢䙳对这次土地让渡的实际反应可能与大所描述的大相径庭。原因很简单，尽管䚢䙳从土地的新主人大那里收受了玉璋和一卷帛，但同时他还必须向王室的使者豕赠送礼品，一进一出，正好相抵消。终了，无论是大还是周王没有对䚢䙳所失去的进行任何补偿。显然，大簋是厉王简单地"拆了东墙补西墙"的 个例子。在新近发现的吴虎鼎铭文中，吴虎被授予了一片"旧疆"。这里我们再次看到，用来赏赐的土地并非出自王室的财产，而是来自一个叫作吴𠭯的人。② 吴虎簋作于宣王十八年，但铭文说得很明确，将原为吴𠭯所有的土地赐给吴虎是为了实现厉王以前的遗愿。

虽然基于这两篇铭文进行归纳有轻率之嫌，但在许多有关土

---

① 关于大簋的铭文，另见白川静：《金文通释》，29.175：571－580。首先必须提及的是两件传世的大鼎(JC：2806－2807)，一件藏于北京故宫博物院，另一件则在台北故宫博物院，它们都表现出明显的西周晚期特征。其纵深的半球状腹和两端雄壮的足尤为典型。夏含夷指出，两篇铭文中的完整记日与宣王的历谱不合，因此它们肯定不属于宣王时期。见 Shaughnessy, *Sources of Western Zhou History*, pp. 279－280. 另一方面，大鼎上的"十五年"无论是与在位十一年的幽王，还是持续了十四年的共伯和均不符合。因此唯一的可能是，大鼎属于厉王时期。这也是近来夏商周断代工程对大鼎择取的年代；见《夏商周断代工程》，第33页。

② 《考古与文物》1998年第3期，第69－70页。

地的铭文中,这两次经厉王首肯的土地转让颇显特殊,很可能它们便是厉王备受责难的原因之一。这两篇铭文暗示厉王可能会征用一些贵族宗族的财产,然后再转赐他人,以此来达到巩固王室权威的目的。我们应该注意到这一时期西周国家所面临的持续不断的困难:玁狁再三侵犯周的西北边界,东夷和淮夷也频频进攻东部诸侯国。我们同样还需注意,西周国家已经实行了两百年的土地赏赐政策究竟会带来怎样的后果:面对以武公为代表的强大的贵族力量,周王室可能在一天天地贫困下去。在这样的历史环境中再来看待周厉王的"专利",我们就会发现他这种被指责的"妄为"可能只不过是为了挽救王朝的衰亡而加强王室财政的一种努力而已。但要达此目的,同渭河流域强势的贵族阶级发生竞争便在所难免了。厉王可能操之过急,结果引来了普遍的不安和批评。虽然现在还不是下结论的时候,但如果我们对现有厉王时期的所有信息进行分类、整理,并且将它们置于一个共同的历史背景中来思考,对公元前842年的事件最好的解释应该是当时周王权与一些有影响力的宗族之间的一场主要争斗,在这些宗族的逼迫下,周厉王失去了自己的权力,而并非所谓的人民推翻暴君的一场革命。如前所述,这种民众推翻君王的故事更可能是东周现实的一种反映。因此,与其将公元前842年的反叛说成是被剥削阶级推翻贵族阶级的一次胜利,不如说贵族力量战胜王权,抑或是王权重建的一次失败更具说服力。

第四节　西周王权的最后一次振兴:宣王中兴

遭放逐十四年后,厉王死于公元前828年。这时再以周王的名义进行摄政已无必要。向下一个王世的过渡似乎很平稳,随着

共伯和的退位,宣王在周召二公的支持下继承王位。① 事实上,师
釐簋铭文中间接提到了共伯和与新王之间的友好关系,周王对这
位老资历官员的过世给予了高度重视。或许是因为这次和平的过
渡,在得到共伯和派别的认可以及两个重要的贵族宗族即周公和
召公的支持下,新的王世朝着积极的方向开始了。随着新的启程,
宣王四十六年统治中的前三十年似乎是成功的,被后世史家誉为
"宣王中兴"——西周王权的最后一次振兴。② 对周宣王即位的过
程历史上似乎没有过多争议,但我们是否真正有证据表明宣王的
统治代表着西周国家的复兴呢?新政府采取了何种政策达到"中
兴"的?在这一节我将回顾目前涉及到宣王时期的资料,来阐述这
一时期的主要历史发展。

　　一个"中兴"的计划,如果真有一个的话,很可能是从西北边界
开始的,目的是为了保卫周的心脏地带。在第三章我们将详细讨
论,这项计划是伴随着一系列旨在重建对泾渭上游统治的战役而
展开的。金文中记载了周伐玁狁的两次重大战役,一次发生在公
元前823年,另一次则是公元前816-815年。在此我们注意到,
第一次是由周人单方面发动的。与泾河上游这种努力颇为一致的
是早些时候,即公元前825年秦人在西周王室的支持下对渭河上
游地区发动的攻击,但直到数年之后这种努力才获成功。③ 这些军
事行动都充满了极大的危险性,但很可能周-秦联军在这两个地区
都成功重建了据点,保障了渭河平原周人都城的安全。

　　或许最重要的战争是在东南进行的,目的在于抑制来自多年
的宿敌淮夷的压力。有两篇金文提到了宣王时期周人与淮夷的关

---

① 《竹书纪年》谓:"周定公、召穆公立太子靖为王。"我们应该注意到:"周公"和"召
公"都是世袭头衔。见《竹书纪年》2,第14页。
② 《汉书》22,第1071页;《后汉书》86,第2830页。
③ 秦是周王室于西周中期在渭河上游建立的一个同盟国。秦的早期历史详见第
五章。

系。师寰簋(JC：4314)铭文中提到了对淮夷的一次重大征伐,其规模之大,以至于齐、纪以及山东地区的其他诸侯国也派军队协同王师作战(图22)。① 驹父盨(JC：4464)铭文则云,宣王十八年(前810),驹父奉南仲之命取道蔡国前去南淮夷地区索取贡赋,到达目的地后,他受到了优渥的礼遇。② 这篇铭文似乎暗示,由于周宣王早年的军事作为,某种和平的解决方式似乎被达成。因为这一时

图22 师寰簋及其铭文
(采自《上海博物馆藏青铜器》,53,第49页)

---

① 关于师寰簋的铭文,另见白川静:《金文通释》,29.178:600。师寰簋,连同自铭"廿又八年"的寰盘(JC：10172)一般被认为是宣王时器。见马承源:《商周青铜器铭文选》,第307页;Shaughnessy, *Sources of Western Zhou History*, p. 285. 这个年代已经得到眉县青铜器新的支持,因为寰盘上提到的史减在四十二年逑鼎和四十三年逑鼎上也有出现。如此高的纪年只能属于在位长久的宣王。见《文物》2003年第6期,第16页。

② 关于这篇铭文,见黄盛璋:《驹父盨盖铭文研究》,《考古与文物》1983年第4期,第53页;王辉:《驹父盨盖铭释义》,《考古与文物》1982年第5期,第59页。一项不同的释读指出,这篇铭文记录的是周与淮夷之间一次平等的物品交换;见夏含夷(Edward Shaughnessy):《温故知新录:商周文化史管见》(台北:稻禾,1997),第160-165页。关于这篇铭文,另见白川静:《金文通释》,48.补8:226-227。

期的敌人一般被称为"南淮夷",所以周的军事行动很可能是针对淮河以南地区的。金文中记录的周人在南方的军事行动当然也在其文学传统中留下了印记,《诗经》中至少有两首诗的主题与此有关:一首是《常武》,诗中歌颂宣王令太师南仲(在驹父盨中被提及)与皇父统率六师,出征淮河地区的徐方,传统上认为是淮夷的一支;① 另一首是《江汉》,诗中赞美了召虎在重建南土的秩序中做出的贡献。② 召虎曾经出现在琱生簋(JC:4292-4293)铭文中,并且还是洛邑出土的召伯虎簋无可争议的作器者。③ 在《今本竹书纪年》中,这次针对淮夷的战役被确定在宣王六年(前822)。④ 铭文与文献记载在这个例子中可谓吻合一致,共同讲述了一个在逻辑上可以与宣王统治时期的政治也相吻合的历史过程。

文献同时还谈到了宣王统治时期周人在长江中游进行的开发,许多封国迁徙至此并营造领地,如南阳盆地的申国。这一事件是《诗经·崧高》的主题,诗中有详细的描述。⑤《今本竹书纪年》将这一事件定在宣王七年(前821)。⑥ 这一历史地理问题涉及申国的迁徙,我们将在第四章中进行讨论。在这里只要说明申原先坐落在泾河上游,后来迁移到南阳盆地即可,这暗示着周人在西北地区的防御可能进行了重组。但我认为更有可能的是,申国以及另一个诸侯国吕国往南阳盆地的迁徙是西周王室的一种精心安排,目的都是为了加强长江中游的防御。因为经过厉王时期鄂侯的反叛,周王室在长江中游地区出现了权力真空,因此在这个地区安排一些值得信任的人建立据点是颇为必要的。出土铭文虽然未能对

---

① 《诗经》18.5,第576-578页。
② 《诗经》18.4,第573-575页。
③ 关于召伯虎簋的发现,见《考古》1995年第9期,第788-791页。
④ 《竹书纪年》2,第14页。
⑤ 《诗经》18.3,第565-566页。
⑥ 《竹书纪年》2,第14页。至于申的位置,《汉书·地理志》云:"南阳郡有宛县,故申伯国。"见《汉书》28,第1563页。

这次迁移本身做出确认,但告诉了我们西周晚期申国在南阳盆地的位置(见第四章)。

除了军事行动外,在有关宣王统治的文献中,一系列旨在重建周人与边远封国之间联系的外交努力似乎也有记载。《诗经·韩奕》中便提到了韩侯(来自冀北平原)的一次重要来访。① 这次朝觐韩侯不仅受到周王优渥的礼遇和丰厚的赏赐,同时还娶到了蹶父的女儿,也就是厉王的侄女为妻。②《今本竹书纪年》载云,就在韩侯出访之前,宣王四年(前842),周王派遣蹶父对韩进行了外交访问,可能是去传达周王对韩侯的邀请。③ 在漫长的西周中期,河北平原似乎与周王室断绝了交往,所以这次周王室与韩之间的互访以及新的联姻可谓意义重大。大概这是周王室一种有意的策略,目的是重新表明自己对外围地区的影响力。

相应在北方的外交努力,在东部地区周王室显然也想重建王威。根据《诗经·烝民》的记载,仲山甫奉宣王之命出使山东齐国,而齐与周王室在夷王时期却是以仇敌相视的;④师寰簋铭文提到齐国曾援助宣王征讨淮夷;《今本竹书纪年》谓:"王命樊侯仲山甫城齐。"⑤翌年,根据《史记》,宣王干涉了鲁侯的继任;鲁侯西去朝觐周王时带着他的两个儿子括和戏。宣王立戏为武公的继承人,结果是武公死后九年,括子伯御杀了戏。后来在宣王三十二年,王师伐鲁,杀死了伯御。⑥

尽管西周金文已经证实了某些在文学传统中受到称颂的王室

---

① 《诗经》18.4,第570-573页。
② 诗中描述韩侯娶了汾王的外甥女为妻,大多数注者认为汾王即公元前842年奔于彘的周厉王。这种解释可参见陈奂:《诗毛氏传疏》,3册(北京:中国书店,1984),25,第45页。
③ 《竹书纪年》2,第14页。
④ 《诗经》18.3,第568-569页。
⑤ 《竹书纪年》2,第14页。
⑥ 《史记》33,第1527-1528页。

行为，如南伐淮夷以及重建申国等，但我们不能期待周人文学中的每个历史细节都能在金文中得到确认。由于这些事件在历史文本如《竹书纪年》记载中也均有确切的年代，我们似乎没有理由来过分怀疑这些事件的发生。重要的是我们应该认识到，宣王时期在西周全国范围内不同地区发生的看似互不相关的这些事件——包括金文中载录的王室在泾河上游地区采取的军事行动——似乎反映了一系列协调得很好的行动，而这些行动很可能产生于周王室所采取的一个统一的总体战略，目的是通过外交和军事手段在周人世界的周边地区重振王室的声威。这可能是宣王前数十年中以积极行动为主导的中央政府的施政结果，这也促成了西周历史上有46年之久的最长的王世。现有的资料充分说明，至少在一段时间内，不仅周王师的力量在一些边远地区得到了恢复，并且中央王室与地方诸侯国之间的关系也得到了改进。

然而从历史资料来看，在宣王统治的后半段，王室的各种企图屡遭失败。《今本竹书纪年》有一段记载曰："三十三年（前795），王师伐太原之戎，不克。""三十八年（前790），王师及晋穆侯伐条戎、奔戎（山西汾河流域），王师败逋。"次年，王师又在一个叫千亩的地方败给了姜戎；甚至是从南国新征募的军队在这次战役中也被击溃。这些记载说明宣王的后二十年间，王室力量再次衰微，此后再也无力回天。

小 结

与中国历史上许多后世王朝相比，西周似乎很早就已经暴露出它的虚弱，此后便踏上了漫长的衰微之途。撇开损失惨重的昭王南征不谈，从穆王统治开始，西周国家经历了很多诸如宗周王室与东部地方封国之间的政治争端，显示出政治支配的松弛与王权的衰微。同时西周国家的安全也常常受到两个方向的外来挑战：西北的玁狁与东南的淮夷。特别是在遭受了前周盟友鄂侯驭方的反叛后，西周政权业已遭到了严重的打击。诸多问题最终积累到厉王时期，引发了全面危机。但厉王的出奔并非是宗周地区贵族与下层社会斗争的结果，而可能是王室力图从崛起的贵族集团手中收回权力招致失败后所引起的。

西周国家所面临的问题在很大程度上是属于结构性的。西周国家的形成建立在周王与诸侯奉祀同一个祖先，并且后者臣服于前者这样一种原则之上。然而百年之后，血缘纽结的自然松弛，并且"封建"制度下授予地方封国的高度自治权也开始导致它们走向独立。考古证据显示，周王室与地方封国之间的交流在西周早期时有发生，但到西周中期则逐渐中断。同时我们还看到，进入西周晚期，在一些遥远的地方封国内，无论是贵族层面，还是非贵族层面都开始融入当地的文化传统中。但西周政权衰弱的另一个根源在于王室对资源的不当管理。周王与供职于中央政府的贵族官员们的关系只能用"恩惠换忠诚"这样的交易来形容。当西周早期的大扩张结束后，中央政府持续的土地赏赐政策在一点点地抽干王室财富的同时，也导致渭河谷地贵族阶层力量的一天天膨胀。由于土地无法再生，周王向官员分发的土地越多，他继续这么做下去的可能性就会越小。在这场"恩惠换忠诚"的游戏中，这种自杀方式的政府运转注定周王将成为失败的一方。

显然，在西周国家两对最基本的关系——中央王室与地方封国、王权与贵族力量——中，周王丧失了自己的控制力，西周国家的基础自然也不复存在。

第三章 门前的敌人：玁狁之战与西北边境

前一章中，我已经分析了西周国家社会政治结构中存在的问题。现在，我们转向周人与外部世界的关系，来检视一下那些可能加速了西周国家政治分裂的外在压力。不过这并不是对周人外交关系的一次全面审查，而是将目光投向泾河上游这一特殊的区域，因为这里是周人与其西北方敌人（直接威胁着渭河谷地周心脏地带的安全）之间的战场。当我们将注意力集中到这个地区时，我们便有机会来论证一下西周国家所面临的地缘政治危机以及它可能做出的反应。这一研究也将使我们进一步了解在何种程度上那些内外问题深深困扰着周的政权。

前面已经说过，陕西中部的渭河谷地既是西周国家的心脏地区，也是周王室实施行政管理的地方。但如果我们观察一下周人的领域范围，我们会发现周人的丰镐二京并非坐落在西周国家的地理中心，而是临近西部的边界，真正的中心是东都洛邑。在整个西周王朝的大部分光阴内，周人将扩张的重点放在东方，不过这是以西部核心地区的安全作为前提的，否则便无法实现。西部渭河平原上周都的位置与地理的中心相隔大约 400 公里，差不多 40-60 天的行程，这是有着重要含义的：在王师抵达作战现场并赢得决定性胜利之前，东部众多的地方封国至少可以起到吸收和消耗外族入侵的作用；然而在西部，任何一次外敌入侵的锋芒都直指王畿，这种形势便要求王师必须及时快速地做出反应。

周都地理位置上的缺陷在西周中期晚段充分地暴露出来,当时西北高地上的敌人已经渐居上风,对周人领土频繁地发动攻击。从这一时期开始,周人在那些发生于都城邻近地区,关乎王朝生死存亡的战斗中打得相当吃力。不过,我们历史学家不应该把这种危险的地理政治形势归咎于周王朝的缔造者,因为没有一个王朝的缔造者会为他们政权的衰落事先就做好准备。事实上,在他们的早年,周人不但有足够的能力来稳固自己的疆界,同时还能四处征讨,侵占敌人的地盘。然而一旦西周王朝的活力消失,从昔日的进攻者退为今日的防御者时,周人无助地发现自己竟在敌人唾手可得之处,这是历史的结果。熟悉西北边境的这场旷日持久的战争将为我们理解西周国家最终的灭亡提供一个必要的背景。

第一节 周与猃狁战争的历史

所有这些都跟一个被周称为"猃狁"的族群或社会有关。长久以来,猃狁对周政权的安全构成了最有恐惧性的威胁,并且同他们之间的这场战争无论是对西周社会还是周人的心灵都产生了持久的影响,甚至是在某段时间,当这场战争已成过去式的时候,某些经历依然如同梦魇一样纠缠着周人。新的考古发现不仅令我们能够在周人西部的地表形态中对这场战争作一次确切的定位,同时由此也可以为其提供一个更为深远的社会文化背景。

谁是猃狁?

我们或许首先应该问这样一个问题:谁是猃狁?但即便是这样一个非常基本的问题,回答起来也颇为不易。事实上要确定任何一个生活在有文献记载的文明之外的民族,都会潜在地成为一个引起热烈争论的话题。在这个特殊的案例中,我们甚至没有足够的文献证据可以对猃狁的早期历史进行有意义的争论。不过基于目前可资利用的信息,我们或许可以尝试着对他们的政治力量、文化的特征以及他们形成的历史背景作一项大致的勾勒。在传统史学中,对猃狁的讨论主要是在公元前1世纪司马迁著《史记·匈奴列传》所建构的框架中进行的。在《匈奴列传》中,司马迁简单列举了许多古代的民族,譬如山戎、荤粥、猃狁、畎夷、西戎以及犬戎,视他们为匈奴可能的文化先驱。① 对这些民族的描述绝不是今天标准上的人类学或者民族学记载,而仅仅是对涉及这些据说生活在已知世界中的同一个区域的民族的旧有资料的一种追溯性综述。因此,它至多反映了这些相继涉入的不同民族与商周国家之间的一种共同的政治关系。正是在这个背景中,也即是在《周本纪》中,司马迁讲述了周人与这些北方民族早期的关系。古公(文王的祖父),也叫"太王",和他的人民生活在豳地,遭到邻近的熏育频繁的骚扰,在所有试图缓和与敌人关系的办法均不奏效后,古公只能背井离乡,迁至渭河谷地的岐邑。② 司马迁也讲到了西周的灭亡,据说镐京是被犬戎攻破的。

从王国维那篇对见诸不同先秦文献中的鬼方、昆夷、獯鬻、猃狁等名称加以讨论的著名文章开始,现代学者已经倾注了大量的心血来考订这些名称。③ 在西方,曾有学者强力主张将荤粥、猃狁与匈奴等同起来,并进而与欧洲的匈族等同起来,但也有学者对此

---

① 《史记》110,第2879-2881页。
② 《史记》4,第110、113-114、2881页。有关周人向渭河流域的迁徙,以及他们迁徙前的位置,见第一章。
③ 王国维:《鬼方昆夷猃狁考》,载《观堂集林》(1923;石家庄:河北教育,2001年再版),第369-383页。另见蒙文通:《周秦少数民族研究》(上海:龙门,1968),第8-14页;刘学铫:《匈奴史论》(台北:南天书局,1987),第3-8页。

进行了尖锐的批评。① 这些只不过是关于名称的争论；在这种争论的范围内，我认为仅有两点是清晰的：1) 猃狁和熏育这两种叫法仅在汉代出现过，它们分别与先秦史料中的猃狁和獯鬻相同；②2) 犬戎这个词是东周时期的一个发明，用来指称西周史料中的猃狁（详见附录二）。至于它们与后来匈奴的关系，蒲立本（E. G. Pulleyblank）指出，它们中没有一个与匈奴存在瓜葛。③ "猃狁"这个称呼几乎可以肯定包含着某种种族的，乃至文化的特性，因为它原先可能是猃狁这个民族自己语言中的自我称呼；金文明确显示，猃狁可以简单地被称为"戎"，这是十足的周人叫法，意思是"好战的异族"。"戎"这个字当然不只限于猃狁；在它被使用时，前面经常会冠有一些地名，以示与别处的不同。

也有学者试图在中国历史背景之外探寻猃狁的起源。普实克（Jaroslav Průšek）曾经提出，猃狁可能是来自游牧文化的腹地，即中亚阿尔泰地区的移民。而这个论点的唯一基础是，他认为猃狁很可能是骑马的游牧民族，在西周末年突然侵伐中国，旋即又突然并完全从中国历史上消失了。④ 普实克对于猃狁的来源及其作战技术的误解已遭到当代几位学者的反对。⑤ 1980 年发现的多友鼎

---

① Omeljan Pritsak, "Xun: Der Volksname der Hsiung-nu," *Central Asiatic Journal*, 5.1 (1959), 27 – 34. 对这种观点的批评，见 Otto Maenchen-Helfen, "Archaistic Names of the Hiung-nu," *Central Asiatic Journal* 6.4 (1961), 249 – 261.

② 在《史记》中我们可以看到，司马迁的叙述显然是以两部更早的文献为基础：1)《诗经·绵》中提到古公率族人迁于岐下的历史；2)《孟子》："故大王事獯鬻。"见《诗经》16.2，第 510 页；《孟子》，第 24 – 25 页。

③ E. G. Pulleyblank, "The Chinese and Their Neighbors in Prehistorical and Early Historical Times," in *The Origins of Chinese Civilization*, ed. David N. Keightley (Berkeley: University of California Press, 1983), p. 449.

④ Jaroslav Průšek, Chinese Statelets and the Northern Barbarians in the Period 1400 – 300 B. C. (New York: Humanities Press, 1971), pp. 130 – 134.

⑤ Pullyblank, "The Chinese and Their Neighbors," p. 499; Di Cosmo, "The Northern Frontier in Pre-Imperial China," in *The Cambridge History of Ancient China: From the Origins of Civilization to 221 B. C.*, ed. Michael Loewe and Edward L. Shaughnessy (Cambridge: Cambridge University Press, 1999), p. 920.

铭文极具说服力地证明了玁狁是与周人一样利用战车而不是骑马作战的民族;这同时也消除了所谓"蛮族"以步众对抗中国战车的误解。① 正相反,我们目前的证据显示,玁狁是一个规模相当之大、权力高度集中的部族社会,单在与周人的一场战役中,它就可以派出战车百乘。当然,拥有青铜技术并从而拥有先进武器来和周人长期作战是一个必不可缺的条件。正如下文将要讨论的,如果我们从当时的地理环境的角度来看,玁狁可以在一个大范围内从不同的方向与周人作战,这个事实表明玁狁的社会可能是由不同的社会单位或组织构成的,这些单位或者组织拥有共同的文化传统和种族背景,从而为他们相互调和,最终对抗一个共同的敌人奠定了基础。

从各方面来看,他们可能是生活在宽阔的北方高地,即从河套地区一直延伸到黄河上游地区的土著居民。在很微妙的意义上,他们可能是兴盛于商末周初之际的鄂尔多斯青铜文化的文化继承者。他们或许根本就不是游牧民族;如同所谓的"北方地区复合体"(Northern Zone Complex)中的大多数社会一样,他们可能是广泛分布的农牧民组成的团体。② 据迪·珂思莫(Nicola Di Cosmo)研究,商周之际,北方地区中主要居住着一些由农人和牧人混合而成的社会群体,他们也曾进行大范围的狩猎活动。不过从整个历史情况来看,畜牧因素逐渐占据了主导地位。③ 考古材料显示,整个北方地区从公元前 6、7 世纪至公元前 4 世纪,畜牧-游

---

① Creel, *The Origins of Statecraft*, pp. 266 – 269. 关于多友鼎的发现,见田醒农、雒忠如:《多友鼎的发现》,第 115 – 118 页。

② "北方地区复合体"(Northern Zone Complex)是一个文化综合体,他们有着不同于商周文化的特征。地理上,"北方地区"由相互穿插的沙漠、草原以及森林地区组成,从东面的吉林、黑龙江到西面的新疆,位于陕西、山西以及河北省的北方。对"北方地区复合体"的定义,见 Di Cosmo, "The Northern Frontier in Pre-Imperial China," pp. 885, 893。

③ Di Cosmo(迪·珂思莫), "The Northern Frontier in Pre-Imperial China," pp. 888 – 890; Di Cosmo, *Ancient China and Its Enemies* (Cambridge: Cambridge University Press, 2002), pp. 44 – 54.

牧型经济完全替代了农业-畜牧型经济。① 在文化年代学上，当猃狁在公元前 9 世纪期间攻击周人的时候，他们的生活方式并没有因为北方草原上正流行的向游牧经济的转变而发生太大的波动，与当时同样拥有小规模畜牧经济的周人相比，并无多大差别。

早期战争

引发周人与猃狁之间长期对峙的可能是周穆王（前 956－前 918 在位）时期征讨"犬戎"的一场战役；"犬戎"这个名称在战国至汉代的文献中被用来指称猃狁（见附录二）。穆王征"犬戎"的故事见于《国语》，并且《史记》也对其一字不漏地加以引用。② 当时祭公长篇大论引经据典极力阻谏穆王，如果仅仅是出于炫耀武力的目的，就不要对犬戎动武。在这段言论中，祭公指出，"今自大毕、伯士之终也，犬戎氏以其职来王"，故无理由对其征伐。但天子弗听，执意出兵，尽管他这么做可能会令自己处于一种尴尬的道德境地，并且也有违周公"耀德不观兵"的先训。最终，穆王只是获四白狼、四白鹿以归。③ 这场战役在《竹书纪年》（穆王十二年）中亦有记载；无论是《今本竹书纪年》还是《古本竹书纪年》，都提到穆王西征犬戎，获其五王，并迁戎至太原。④ 太原的位置稍晚在涉及与猃狁的战争这样一个历史背景中可以得到确定，而进谏者祭公的宗族则在金文中为人们所熟悉。⑤ 但更重要的是，《国语》将穆王描绘成一

---

① Di Cosmo, *Ancient China and Its Enemies*, pp. 74-80.
② 《国语》1，第 1-8 页；《史记》4，第 135-136 页。
③ 迪·珂思莫认为这场战役标志着穆王领导下的西周国家进入了新扩张时期，并且这次言论本身反映了前帝国时期有关与非华夏国家之间关系的讨论中政治野心和哲学理想之间的矛盾。见 Di Cosmo, *Ancient China and Its Enemies*, pp. 108.
④ 范祥雍：《古本竹书纪年辑校订补》，第 26-27 页；《竹书纪年》2，第 9-10 页。这场战役在战国时期的《穆天子传》（281 年与《竹书纪年》一同出土）中被进一步小说化，其间伐犬戎之战是周穆王西行旅程中发生的系列事件之一。见《穆天子传》1，第 4 页。
⑤ 在近来的一篇文章中，李学勤先生很有说服力地论证了金文中的"濂"字确实是"祭"的古体。我们知道有许多人，如濂公、濂仲、濂季，都出自西周时期的濂氏。见李学勤：《释郭店简祭公之顾命》，《文物》1998 年第 7 期，第 44-45 页。

位不计后果的天子,这与"树惇,帅旧德而守终纯固"的犬戎形成了鲜明的对比。这当然与所有东周时期对周人和"蛮族"关系的表述大相径庭(见第六章),暗示在周人的历史记忆中,即便不能将此后周人所遭受的所有入侵全部归罪于穆王,但至少在改变了西北边界一直以来对周有利的形势这一点上,穆王是难辞其咎的。因此,尽管《国语》中这段言论的具体细节可能形成(或重建)于数世纪之后,并且可能是基于周人传统中有关穆王和西部关系的资料记载,但作为这种关系的一部分,这场战役可能确实发生过,并且可以在西周历史发展的背景中得到很好的解释。① 《国语》最后的结论是:因为这场战役,从此远方荒服的戎人再也不来朝访周朝王都了。②

穆王之后,西周国家经历了长期的内部混乱和衰弱过程,这一点我们在前一章中已经讨论过。《今本竹书纪年》云:懿王(前899/897－前873在位)二十一年"虢公帅师北伐犬戎,败逋"。③ 随后,在夷王(前865－前858在位)时期,根据《古本竹书纪年》,王室曾派遣虢公(或许不是较早的那位虢公)率领驻扎在渭河平原上的主要军事力量西六师"伐太原之戎,至于俞泉,获马千匹"。根据《今本竹书纪年》的记载,这次针对犬戎的大规模军事行动发生于夷王七年。④ 如果这场战役果如史料中描述得那般顺利,那么说明在西周中期这段时间内,尽管王权衰落,但通过发动一系列主动的军事攻击,周人依旧可能在西北边界占据上风,虽然并非所有的军事行动都以胜利告终。

然而,这种情况随后便急转直下。在周厉王统治期间,玁狁开始采取主动,他们向周的领土发动频繁的进攻。多友鼎(JC:

---

① 这场战役发生在昭王南征失败,周人在南方的扩张受阻之时。为了寻找新的扩张空间,很自然周人会将注意力转向西周早期一直被搁置的西部。
② 《国语》1,第8页。
③ 《竹书纪年》2,第11页。
④ 范祥雍:《古本竹书纪年辑校订补》,第30页;《竹书纪年》2,第12页。

2835)铭文以一种非常罕见的方式向我们描述了其中的一场战役(图23):①

　　唯(惟)十月,用嚴(玁)㺔(狁)放(方)興(興),竇(廣)伐京𠂤(師),告追于王。〔王〕命武公:"遣乃元士,羞追于京𠂤(師)!"武公命多友:"衞(率)公車,羞追于京𠂤(師)!"

　　癸未,戎伐筍,衣孚(俘)。多友西追。甲申之脣(晨),愽(搏)于郲(漆),多友有折首、馽(執)噩(訊)。凡𠯑(以)公車折首百(二百)又□又五人,馽(執)噩(訊)廿(二十)又三人,孚(俘)戎車百乘一十又七乘,衣匋(復)筍人孚(俘)。或愽(搏)于龔,折首卅(三十),馽(執)噩(訊)二人,孚(俘)車十乘。從至,追愽(搏)于世,多友或有折首、馽(執)噩(訊)。乃越(軼)追至于楊冢,公車折首百又十又五人,馽(執)噩(訊)三人。唯孚(俘)車不克,呂(以)焚,唯馬毆(毆)盡。匋(復)䢔(奪)京𠂤(師)之孚(俘)。

　　多友乃獻孚(俘)、䤈(馘)、噩(訊)于公,武公乃獻于王。〔王〕乃曰武公曰:"女(汝)旣靜京𠂤(師),𨍰(釐)女(汝),易(錫)女(汝)土田。"丁酉,武公才(在)獻宮。乃命向父叴(召)多友,〔多友〕乃延(延)于獻宮。公寴(親)曰多友曰:"余肇(肇)事(使),女(汝)休!不逆(逆),有成事,多禽(擒),女(汝)靜京𠂤(師)。易(錫)女(汝)圭瓚一、湯(錫)錘一䤔(肆)、鐻(鐻)鐘百匀(鈞)。"多友敢對昜(揚)公休,用乍(作)䙖(尊)鼎,用匋(朋)用旮(友),其子子孫孫永寶用。

---

①　关于多友鼎的发现,见田醒农、雒忠如:《多友鼎的发现及其铭文试释》,第115-118页。应当提及的是,关于多友鼎的年代,有两种不同的意见:第一种认为它属厉世,第二种则将它定在宣世。在前二章中(第154页注①),我已经联系武公的权力充分讨论了多友鼎的年代,推断出这件青铜器应当铸于厉王时期。关于这个年代更详细的讨论,见李学勤:《新出青铜器研究》,第129-131页;张亚初:《谈多友鼎铭文的几个问题》,《考古与文物》1982年第3期,第64-68页;李仲操:《也释多友鼎铭文》,《人文杂志》1982年第6期,第95-99页。

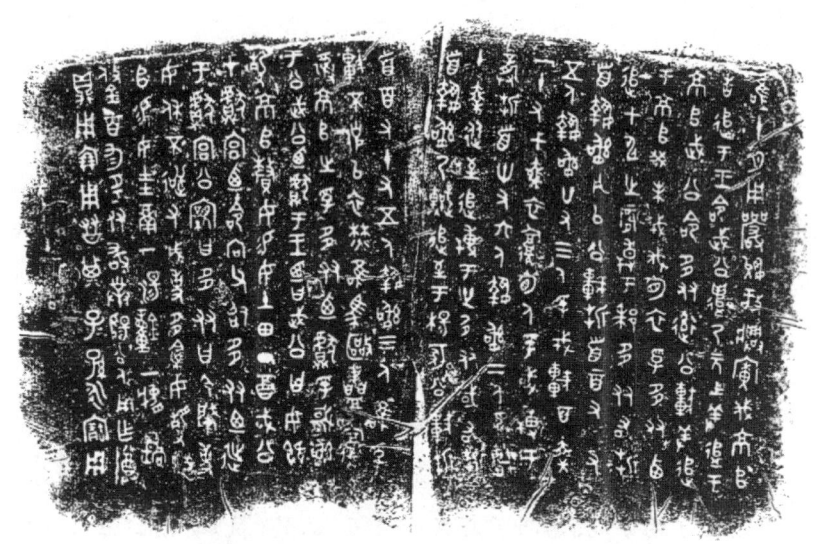

图 23　多友鼎及其铭文

（铭文由作者提供；铜器采自《陕西青铜器》，第 69 页）

很明显，这场战役并非一次寻常的"边界"冲突，而是一次由玁狁发动的很有规模、很有组织的入侵，进攻的目标是那些位于边境内的周邑。玁狁首先将矛头指向一个叫作"京师"的地方（显然是周人的一个聚落），开战的讯息迅速传至周都。面对玁狁的进攻，周王下令武公着手处理这个问题，武公随即派遣多友回击玁狁的入侵。在周师可能尚在西去战场途中之时，玁狁于癸未这一日又劫掠了周的另一个聚落——筍，并且俘获了那里的居民。① 次日早晨，周师在漆地同玁狁遭遇，双方展开了激战，在这场战斗中，玁狁两百多人被斩首，一百多辆戎车被缴获，被俘虏的筍人也得到了解救。接着，当玁狁从周人领土中撤退的时候，战斗在龚和世两个地点接连发生。周师马不停蹄地一路向西追击玁狁，最终将入侵者赶到一个叫杨冢的地方给以最沉重的打击，结束战斗。其间有更多的玁狁将士命丧周师之手，从京师被俘的周人也得到了解救。战役结束后，多友献俘于武公，武公又转献给周王。当武公受到周王赏赐时，多友也因为突出的军事贡献得到了奖赏，他同时还将这次事迹铸在青铜器上留作纪念。

多友鼎铭文的重要性体现在两个方面：一是作器者向我们提供了这场战役详细的空间范围，铭文明确记载了战斗发生的地点；二是通过这场战役，作器者向我们展示了当时周人的军事-政治力量结构。对这场战争栩栩如生的描述让我们对一些问题获得了真切的认识：比如，周人的一支出色军队是如何遏制住一次外敌入侵的，玁狁和周人将士在战场上可能发生的实际行为，如俘获和夺回生活在边境城邑中的居民等。这篇铭文告诉我们在这场战役中，周人的军队赢得了全面的胜利；当然，战争的结果一定要是这

---

① 过去对这场战争的经过存在一些误解。对这个经过的重新解读，见李峰：《多友鼎銘文を巡る歷史地理的問題の解決：周王朝の西北経略を解明するために、その一》，載《中國古代の文字と文化》（東京：汲古書院，1999），第 181－188 页。

样,否则这篇铭文根本就不会书写和铸造下来。然而我们不要忘了,这次的胜利仅仅是一次防御的胜利,玁狁才是攻击的一方;很可能实际上还有很多场战役是周人无法轻易取胜的。鉴于这一时期的基本问题——周人困扰于国内的政治冲突以及南方鄂侯驭方的叛乱——他们在这些战争中的处境必定是相当艰辛的。① 公元前840年,即共伯和摄政的第二年,玁狁又一次闯入周人的领土,《今本竹书纪年》有云:"玁狁侵宗周西鄙。"②但有关这场战役更多的信息,文中未作说明。

宣王时期的战争进程

在经历了长期的政治动荡后,宣王(前827/825-前782在位)的执政可能在某些方面重新活跃了周人的外交政策。正如我在第二章中已经指出的,宣王领导下的西周王朝似乎曾经通过一系列的努力来重新建立西周国家的政治秩序,而且很可能这项计划是以试图重新取得对泾河上游地区的控制权为开端的。确实,只有西北边界受到保护,周人才能够进一步在遥远的东部采取行动。西周王室的这项新计划为秦国势力的崛起提供了良好的契机。作为一连串行动的序曲,宣王三年(前825),大夫秦仲奉王命伐西戎。西戎可能是生活在渭河上游地区的戎人,极可能是玁狁的一部分。因为秦国坐落在渭河上游,也就是今天的天水附近,所以这场战役似乎是对西戎或者玁狁的一次侧面攻击。③ 在作战时间上,这次进攻还与宣王对泾河上游的亲征部分相重合。然而秦仲任务失败,并且在宣王六年(前822)命丧西戎之手。其后,周王室并不死心,

---

① 重要的一点是,这场战争是多友率领可能属于武公的公车打赢的,而并非六师。六师曾被派往东部攻打鄂侯,随后在与玁狁的战争中并没有被提到。

② 《竹书纪年》2,第13页。

③ 《竹书纪年》2,第14页。《后汉书·西羌传》引《古本竹书纪年》云:"及宣王立四年,使秦仲伐戎。"见范祥雍:《古本竹书纪年辑校订补》,第31页。

乃召秦仲五子，与兵七千，使伐西戎，周秦联军最终获胜。我们可以从《史记·秦本纪》秦与戎的早期战争中了解到更多细节，这是我将在第五章中详细讨论的。

在周人方面，我们有三篇普遍认为属宣王早年的青铜器铭文以及《诗经》中的三首诗记录了周人对玁狁的征伐，并且两者可以合理地联系起来。近年眉县的发现为我们提供了又一份重要的涉及周人与玁狁战争的资料，一直延续到宣王末年。将《诗经》和青铜器铭文互相联系起来，我们不仅可以发现大量有关战争本身的信息，也可以通过战争了解宣王长期统治期间的政治状况。进而，对这些资料的分析也可以告诉我们怎样利用这些诗中所包含的具体信息，以与青铜器铭文相结合的方式，来重建一个已逝的历史场景，而这个场景可能正是这些铭文和诗中记录的基础。我们在兮甲盘(JC：10174)铭文和《诗经·六月》中发现了这一最好的联系。

兮甲盘铭文：①

> 隹(惟)五年三月既死霸庚寅，王初各伐厰(玁)狁于䘌㿿。兮甲從王，折首，執噝(訊)。休，亡敃。王易(錫)兮甲馬四匹，駒車……兮伯吉父作盤，其眉壽，萬年無疆。子子孫孫永寶用。

《诗经·六月》：②

1 六月栖栖，	2 戎车既饬。
3 四牡骙骙，	4 载是常服。

---

① 关于兮甲盘铭文的解释，见白川静：《金文通释》，32.191：785-799。兮甲盘是北宋发现的少有的几件传世至今的青铜器之一。因为铭文中提到了"吉父"，故学者们一般将这件器定在宣世。研究历法的学者也指出它的完整记日与已知宣王五年(前823)的历日正相匹配。见马承源：《商周青铜器铭文选》，第305页；Shaughnessy, *Sources of Western Zhou History*, pp. 141-142, 205.

② 《诗经》10.2，第424-425页。

5 玁狁孔炽， 6 我是用急。
7 王于出征， 8 以匡王国。

9 比物四骊， 10 闲之维则。
11 惟此六月， 12 既成我服。
13 我服既成， 14 于三十里。
15 王于出征， 16 以佐天子。

17 四牡修广， 18 其大有颙。
19 薄伐玁狁， 20 以奏肤公。
21 有严有翼， 22 共武之服。
23 共武之服， 24 以定王国。

25 玁狁匪茹， 26 整居焦获。
27 侵镐及方， 28 至于泾阳。
29 织文鸟章， 30 白旆央央。
31 元戎十乘， 32 以先启行。

33 戎车既安， 34 如轾如轩。
35 四牡既佶， 36 既佶且闲。
37 薄伐玁狁， 38 至于太原。
39 文武吉甫， 40 万邦为宪。

41 吉甫燕喜， 42 既多受祉。
43 来归自镐， 44 我行永久。
45 饮御诸友， 46 炰鳖脍鲤。
47 侯谁在矣， 48 张仲孝友。

根据兮甲盘铭文,宣王五年(前823)三月,当秦人可能还正在渭河上游同玁狁进行酣战时,王亲自出征,在一个叫䛬䖒的地方进攻玁狁。铭文中的"初"字明确暗示这是自宣王即位以来第一次针对玁狁的较大军事行动。兮甲,从铭文末来看,又自称"兮伯吉父",他在这场战役中追随周王,斩获许多敌人的头颅,俘虏了很多玁狁人。几乎可以肯定,这个"吉父"与《六月》中歌颂的那位在伐玁狁之战中伴随周王左右做出许多贡献的大臣"吉甫"(第39、41行)乃是同一人。根据《今本竹书纪年》,《六月》诗中的这场战役也发生在宣王五年。① 诗人情绪激动地描述了玁狁对周境的冒犯。诗中明确提到,玁狁择取泾河通道,迅速占领了一个叫焦获的地方,随后又来侵扰周都镐和方(蒡京),直捣泾阳(行25-28)。在下面的地理重建中,我们将会发现玁狁实际上已经侵入到了距离周都仅40公里的地方。最后,宣王亲征,吉甫率领军队搏杀玁狁,驱敌至于太原(行37-38)。由于《六月》中的这场战役比兮甲盘铭文中的战役要晚三个月,那么很可能玁狁这次气势凶猛的夏季攻势是对周王师春季侵伐的一次报复,或者说这两场战役实际上是一次持续了三个多月的战争的两个阶段。很明显,这是一场旷日持久而又艰苦的战争。但是能于公元前823年对玁狁取得最终的胜利,这对于刚刚继承王位的宣王而言,肯定意义非凡。

郭沫若曾经建议在虢季子白盘(JC:10173)与不娶簋(JC:4329)之间建立联系,郭氏认为盘的作器者"子白"即是不娶簋器铭中提到的"伯氏",因为"白"字和"伯"字在金文中的写法是一样的。② 但是当我们注意到"子白"是一个人名,而"伯氏"却是一个尊

---

① 《竹书纪年》2,第14页。事实上,《今本竹书纪年》是所有传世文献中唯一将这次战役定在宣王五年的,恰好与兮甲盘的铭文相合。关于这一点,见 Shaughnessy, "On the Authenticity of the *Bamboo Annals*," 152.

② 郭沫若:《两周金文辞大系图录考释》,第106-107页。

敬的称号时,这种联系似乎就有些牵强了。① 子白盘的时代被确定在十又二年(前816)正月,即在公元前823年战役发生后七年。铭文中提到子白率领的军队搏杀猃狁于陕西的洛河之北,在那里,周师斩首五百人,俘虏五十人。② 不娶簋铭文则更是一份有关周与猃狁战争的重要文献(图24):③

图24 不娶簋铭文(JC:4329)

---

① 依我之见,不娶簋器铭中的"伯氏"可能是兮甲盘上的"兮伯吉父",也即诗《六月》中提到的"吉甫",他显然是宣王朝的一名重要的军事领袖,并且也是许多青铜器的铸造者,包括伯吉父簋(JC:4305)、伯吉父鼎(JC:2656)等等。关于这两件青铜器,见《陕西出土商周青铜器》(北京:文物,1979-1984),3,第103-104页。

② 关于虢季子白盘的解释,另见白川静:《金文通释》,32.192:800。郭沫若过去将虢季子白盘定在夷世,但所有其他学者都将其定在宣王十二年(前816)。见郭沫若:《两周金文辞大系图录考释》,第104-106页。唐兰发表于1950年的长文已经解决了这个问题。晚出的虢宣公子白鼎(JC:2637)显然也由同一个子白所铸,此器现藏于北京颐和园,根据它的器形和纹饰,虢季子白盘不可能作于夷世。见唐兰:《唐兰先生金文论集》,第415-426页。至于子白鼎,见《中国青铜器全集》6,第137页。

③ 关于不娶簋的铭文,另见白川静:《金文通释》,32.193:814-840。不娶簋盖现藏于北京中国历史博物馆,早在19世纪中期便为人所知;见《攈古录》卷三,第25页。1980年,不娶簋的器身部分出土于山东滕县一座西周晚期墓葬,见《文物》1981年第9期,第25-29页。

唯九月初吉戊申，白（伯）氏曰："不嬰駿（御）方！厰（玁）玁（狁）广伐西俞，王令（命）我羞追于西。余来归献禽（擒）。余命女（汝）御追于畧，女（汝）吕（以）我鞼（车）宕伐宽（玁）玁（狁）于高陵，女（汝）多折首，鞻（执）噂（讯）。戎大同，从追女（汝），女（汝）彶（及）戎大拿（敦）戟（搏）。女（汝）休，弗吕（以）我鞼（车）函（陷）于囏（艰）。女（汝）多禽（擒），折首鞻（执）噂（讯）。"

白（伯）氏曰："不嬰，女（汝）小子！女（汝）肇（肇）誨（敏）于戎工，易（锡）女（汝）弓一、矢束、臣五家、田十田，用从乃事。"不嬰拜頴（稽）手（首），休。用乍（作）朕皇且（祖）公白（伯）、孟姬噂（尊）簋，用匄多福，賏（眉）寿无疆，永屯（纯）霝冬（终）。子子孙孙其用宝用亯（享）。

相信每一位读过这篇铭文的人都会为其中的战争情景所震撼。伯氏，这场战役的主要指挥者，针对玁狁对西俞的进攻，率军向西追击。初次得胜后，他带着俘虏从战场上返回，随即派遣年轻的不嬰追击畧地的玁狁。紧接着，不嬰又对驻扎于高陵的敌人展开雷霆攻势，这时可能已经深入到敌人的领地。出人意料的是，玁狁集聚了更多的兵力，在挫败不嬰之后，又反过来追击他。我们可以想象，不嬰必定是在经历了一番惊心动魄的殊死搏斗后，才勉强带着自己的性命与战车逃回。更重要的是，铭文显示玁狁至少能够从两个方向同时发动对周的进攻，因为伯氏的西部追击刚刚结束，由不嬰率军阻击畧地玁狁的战役便马上展开了。我们看到，后面的这场战役后来变得更加凶险。

这场战役发生在年份不明的九月，实际上，因为"伯氏即子白"的推断似乎并不合理，我们没有确凿的依据来对这件器物作出准确的断代。但是它那极简朴的装饰图案及其器身与两边附耳的比例显示此器作于西周晚期；大多学者认为不嬰簋器铭记录的战役与子白盘上出现的有联系，故而将其定在宣王时期。① 夏含夷曾主张，不娶簋可能作于公元前 815 年，即宣王十三年。② 在那一年的九月份，大概是公元前 816 年正月的那场战役结束 20 个月后，③伯氏对不娶参加的那场战役作了一次谈话。如果这种情况属实，我相信这场战役发生的时间不可能比伯氏讲话的时间早很多。最有可能的是，不娶在这一年夏天晚段同玁狁作战，要么就是在九月份。

从上文引用的金文及《诗经》材料来看，周人与玁狁之间的战争可能在宣王早年进行得最为惨烈。在这一系列战争中，其中有些是由周人主动发起的，有些则是对玁狁入侵的回击。根据现有的金文及文献记录分析，既然周师能够驱敌远至太原，并且重新获得对渭河上游的控制，那么很可能，至少在一段时间内周人已经成功地遏制了来自玁狁的压力。不过周人也并非如他们自己在金文中所说的那样永远都是胜利者。根据《古本竹书纪年》，宣王三十三年（前 797），"王遣兵伐太原戎，不克。"④或许最新发现的四十二年逨鼎可以让我们对宣王晚年周人与玁狁之间的战争有一个更为清晰的认识（图 25）：⑤

> 隹（惟）四十又二年五月既生霸乙卯，王在周康穆宫。王各太室，即位。嗣工散右吴逨入门，立中庭，北卿。尹氏受王

---

① 马承源：《商周青铜器铭文选》，第 309－310 页；白川静：《金文通释》, 32. 193: 833－840。应该指出的是，李学勤认为不娶与秦仲的儿子秦庄公（前 821－前 778 在位）是同一个人。这个观点后来又得到了王辉的重申。然而除了不娶和庄公都曾伐戎这一事实外，别无其他证据可以支持这一观点。见李学勤：《秦国文物的新认识》，《文物》1980 年第 9 期，第 25－26 页；王辉：《青铜器铭文编年汇释》（西安：三秦，1990），第 1－6 页。
② Shaughnessy, "The Date of the 'Duoyou *ding*'," 59, 63.
③ 这是从公元前 816 年的第一个月开始算，这个时间是虢季子白盘的作器时间。但盘上记录的这场战役可能会比一月略早，在十一年（前 817）末或十二年（前 816）初的某个时间。
④ 范祥雍：《古本竹书纪年辑校订补》，第 33 页。
⑤ 有关逨鼎及其铭文，见《文物》2003 年第 6 期，第 5－17 页。

第三章 门前的敌人：玁狁之战与西北边境　169

图 25　四十二年逨鼎 2 号及其铭文
(采自《考古与文物》2003 年第 3 期, 第 9 页；《文物》2003 年第 6 期, 第 14 页)

贅(釐)書,王呼史减册贅(釐)逨。王若曰:"逨!丕(丕)顯文武膺受大令(命),匍有四方。則餘隹(惟)乃先聖祖考夾召(召)先王,聂(恪)堇(謹)大令(命),奠周邦。余弗叚(遐)望(忘)聖人孫子。余隹(惟)閗(聞)乃先祖考有聂于周邦。肆余作□□詢。余肇建長父侯于（楊?），余令(命)女(汝)奠長父。休!女(汝)克奠于厥自(師)。女(汝)隹(惟)克弗(井:型?)乃先祖考。① （?）厥(玁)□(狁)出戜(戡)于井阿,于歷㡿。② 女(汝)不（）戎;女(汝)（）長父以追搏戎,乃即宕伐于弓谷。女(汝)執訊,獲馘,俘器,車馬。女(汝)敏于戎工,弗逆朕親令(命)。贅(釐)女(汝)矩鬯一卣,田于䵼三十田,于降二十田。"逨拜稽首,受册贅(釐),以出……

根据铭文开头的四十二年,将该器年代定在宣王晚期的公元前786年是殆无疑问的,因为宣王是唯一一位在位如此长久的周王。可能是当初铸造不精的缘故,铭文有些字已经漫漶不清,从而影响到我们对全文的理解。大致而言,该文主要描述的是周人与玁狁之间的一场战役,作器者逨也曾参与其中。逨受王命前去帮助长父(可能是一位重要的贵族)安置他新授封的诸侯国杨(?)。逨显然完成了自己的使命,并且帮助其安扎了营地。就在这时,玁狁出现了,并袭击了两个地点:井阿和历㡿。王室命令逨率军前去阻敌,随后在一个叫弓谷的地方同玁狁打了起来。逨斩杀了很多敌人,也生俘了不少,另外还有战车和马匹,为此他得到了周王赏赐的酒和田地。简言之,铭文暗示,尽

---

① 此句"弗"字很可能是"井(＝型)"的误写,意为以某为榜样。
② 李学勤和裘锡圭读此句首字为"闢",可是很不像。李学勤:《眉县杨家村新出青铜器研究》,《文物》2003年6期,第68页;裘锡圭:《读逨器銘文札记三则》,《文物》2003年6期,第74-77页。

管宣王早年针对猃狁发动了多场战役,但纵贯宣王一世,来自猃狁的威胁从未停止过。

第二节 确定周人与猃狁之战的地理

上面我们已经详细审视了周人与猃狁战争的历史过程。为了充分理解这场战争对于西周社会,特别是对于它在西周衰落过程中所扮演的角色和深远影响,进一步复原这场战争的空间范围是十分重要的。也就是说,我们应将这场战争在周代中国的实际地形中进行一次复位。第一章我们已经详细介绍过,渭河谷地周人心脏地带周围的环境主要是山脉、黄土高原以及纵深的峡谷。这种多山的环境必定会对生活在渭河平原上的任何社会与其西北近邻之间的战争产生重要影响。战争首先是一门利用地理的艺术。虽然人类的很多伟大成就是通过克服自然的限制而获得的,但与此同时,人类也一直倾向于以对自己最有利的方式来利用地理。正因如此,西周时期的战争与后来历史时期发生的那些战争之间有着明显的相似之处。不过,我们也必须意识到周人与猃狁之间的战争就本质特征而言,是一种车战;而中国后来历史时期进行的战争却是依靠骑兵和重步兵来对付骑马的北方游牧民族。因为是车战,所以良好的道路状况以及一个相对开阔的空间便是其基本条件,因此我们认为周人与猃狁的战争,便只能发生在这个地区一个相当有限的范围内。

确定周人与猃狁之间战争的地理实际操作起来颇为复杂:一方面,任何设想都必须建立在对这个地区的地表形态,特别是对后来历史时期中有完善记载的主要道路交通系统(见第一章)有充分理解的基础之上;另一方面,在根据传统地理记录将这些金文或周代文献中的地名同实际的地点联系起来之前,我们必须首先充分了解在金文和相关文献本身的论述范围内这些地名之间的相互联系。20世纪初期,王国维曾提出,玁狁从两个方向对周人发动进攻:1)穿越泾河流域从西北而来;2)经汾河下游自东而来。① 普实克在其有关玁狁问题的重要研究中,不赞成王国维的东路说,而采纳了他的西北说。② 1980年发现的多友鼎为准确地确定周与玁狁战争的地理位置带来了决定性的新证据,因为这篇铭文在描述那场战役的过程时提到了六个地名。以这篇铭文为基础,同时参考其他铭文及考古学证据,我们现在可以重新来考察玁狁入侵周的一条或者多条路线。虽然在一些地名的定位上仍然存在一些分歧,③但我相信,现有的证据确凿无疑地告诉我们,泾河上游是周人与玁狁之间这场旷日持久的军事遭遇战的主要通道。且让我们从多友鼎开始考察。

多友鼎所见之战役

多友鼎中的第一条证据是铭文中提到了战争早期阶段遭受玁狁攻击的"京师"。京师作为一个地名,在克钟(JC:204)铭文中亦有出现,从铭文内容来看,它显然与泾河存有关联:④

王才(在)周康剌宫。王乎(呼)士智召克。王亲令克遹涇東至于京𠂤(師)。

从铭文中克奉命前去泾河东岸视察,并到达京师的记载来看,京师必定离泾河很近,并且很可能就坐落在河的东面。在第一章

---

① 王国维:《鬼方昆夷玁狁考》,第370-371页。
② Průšek, *Chinese Statelets*, pp. 124-125.
③ 例如,黄盛璋与多友鼎的报告者认为战争是在汾河下游发生的,见黄盛璋:《多友鼎的历史与地理问题》,载《古文字论集》(《考古与文物丛刊》2)(西安,1983),第12-20页;田醒农、雒忠如:《多友鼎的发现及其铭文试释》,第117页。
④ 关于这篇铭文的解释,见白川静:《金文通释》,28.171:531-539。

的论述中我曾经提到,只有彬县到泾阳之间这一段,泾河大致是沿着西北-东南方向流淌的,因此,以周(岐邑)这个发布王命的地方作为他的起点,克必须首先向东走到泾阳附近的泾河下游地区,然后纵贯一条与今天的 211 国道大致相应的道路。沿着这条路线,按理他将在长武-彬县一带进入泾河上游盆地。① 对于这个地名我们并不陌生,《诗经·公刘》中的"京师"显然是"豳"的另一种称呼,在周人迁往渭河谷地之前的先周时期,"豳"是周人祖先之一——公刘及其族人的聚居地。② 古代地理著作一致将这个地方定位在泾河以北、旬邑之西、彬县以北的地区,并且这与克钟铭文中描述的地理背景也非常吻合。③ 两条稍晚的史料甚至谈到豳(京师)明确的位置,但其间涉及的具体数字或许并不精确。④ 由于彬县地区的泾河大约有 2.5 公里宽,故这些史料实际是将京师定在了泾河北岸的高原上(地图 8)。按照汉代《说文解字》的解释,"京"的本意就是"高"。⑤

猃狁占领京师后,随即对笋发动了攻击。关于笋的位置,我们的证据也是十分充分的,并且多友鼎铭文中关于战争过程的描述确实显示京师与笋这两个聚落相去不远。笋似乎在西周时期就已经被称作"栒邑"了,因为"栒邑"这个名称曾在尸臣鼎铭文中出现

---

① 刘雨对这篇铭文作了另一种释读:"王亲令克遹泾,东至于京师"。见刘雨:《多友鼎的时代与定名》,第 156 页。这一释读认为"京师"是渭河南岸的"镐京",但这在地理上说不通,因为从"周"到"镐京"的这段旅程跟泾河毫无瓜葛。
② 《史记》17.3,第 542–543 页。
③ 例如,《汉书·地理志》汉栒邑县下列有豳乡;汉栒邑县遗址在今旬邑东北。班固自己讲豳乡即《诗经·公刘》所讲的豳,为公刘所都。见《汉书》28,第 1547 页。《史记》集解徐广(公元 3 世纪)谓,东汉新平郡漆县之东北有豳亭;漆县即今彬县。见《史记》4,第 113 页。这两条史料显然指向同一个地区。
④ 例如,唐代《括地志》(王应麟引)谓唐三水县(今旬邑)以西约 10 里处有豳原,其上有豳城。见王应麟:《诗地理考》,载《青照堂丛书》41–42 卷(朝邑:刘氏,1835),第 30 页。另一部唐代著作,《元和郡县图志》云:豳城在三水县西 30 里,彬县东北 39 里。见《元和郡县图志》2 册(北京:中华,1983),第 60–62 页。这两条史料并不必然相斥,因为《括地志》中所指是唐代一个叫"豳原"的大的地理区域。而后者指的却是一个具体位置。
⑤ 段玉裁:《说文解字注》(上海:古籍,1981),第 229 页。

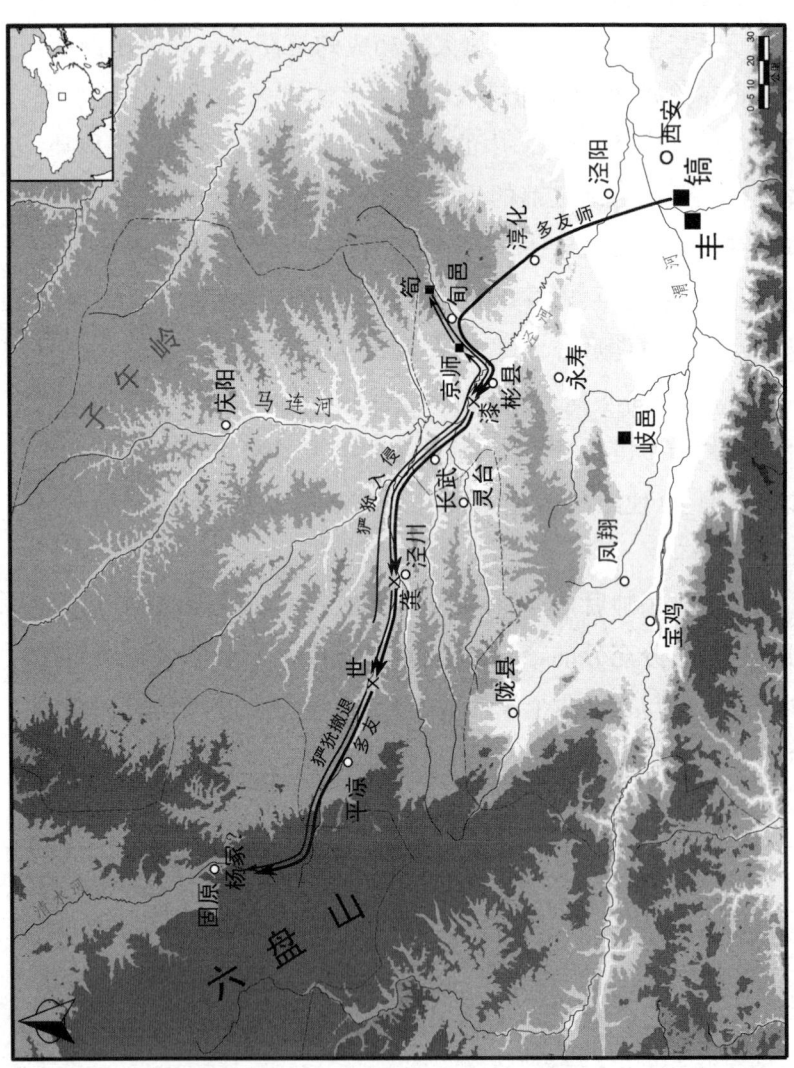

地图 8　多友鼎铭文中记载的战争

（地形图图层采自 ESRI Data & Maps: 2004；河流采自哈佛中国历史 GIS 数据，2.0 版；2003 年 8 月）

过,而尸臣鼎是汉代发现于周原的一件西周青铜器。① 我们还可以从《史记》描述汉朝建立时的历史背景中看到进一步的证据:公元前206年,汉军在郦商将军的指挥下于栒邑击败秦将章邯的军队。② 这些史料显示,从西周至汉代,栒邑都是作为一个地名存在的,并且后来《汉书·地理志》将它列为一个县。③ 栒邑就坐落在今天旬邑的东北,那里就应该是多友鼎铭文中提及的筍的故址。④ 与今天的旬邑一样,古代的筍可能也坐落在泾河的支流之一马栏河流域,并且就在京师的东面。

与京师不同,战场漆坐落在泾河河谷。⑤《汉书·地理志》中有一个漆县,云其西有漆水。⑥ 根据唐代的地理著作记载,漆水大概在今天彬县西面4.5公里处。⑦ 因此,晚清和民国时期的地方志的作者将漆水同今天的水簾河等同起来。水簾河是从西南面在今天一个叫作"水帘"的地方(彬县西北4.5公里,长武东面20公里处)汇入泾河的一条小支流(地图9)。⑧ 多友鼎铭文中的"漆"究竟是在漆水附近,还是在汉代的漆县,无法确定,但它必定是在今天彬县与泾漆之会间泾河南岸某处。

"龚(共)"这个名字曾见于《诗经·皇矣》,这首诗在第一章中

---

① 关于尸臣鼎的发现以及"栒邑"即"筍"的确认,见《汉书》25下,第1251页;Shaughnessy, *Sources of Western Zhou History*, p. 6.
② 《史记》35,第2661页。
③ 《汉书》28,第1547页。
④ 关于栒邑的位置,《元和郡县图志》云:"栒邑故城,在县(三水县,今旬邑)东二十五里,即汉栒邑县。"如果这个距离属实,京师和筍则彼此相隔约五十五里。见《元和郡县图志》,第62页。
⑤ 李学勤先生将郱读作"漆",见李学勤:《新出青铜器研究》,第131-132页。
⑥ 《汉书》28,第1547页。
⑦ 唐代地理著作《元和郡县图志》谓漆水在唐新平县西面九里处,新平县即汉之漆县,也即今日之彬县。见《元和郡县图志》,第61页。
⑧ 刘必达、史秉珍:《邠州新志稿》(1929),第22-23页。在《长武县志》中,樊士烽和著名的经学家洪亮吉记录漆水在长武县东面40里处。因为长武和彬县之间的距离大约是64里,这就同唐代著作中漆水的位置产生了15里的差异。见樊士烽和洪亮吉:《长武县志》(1783),第7页。

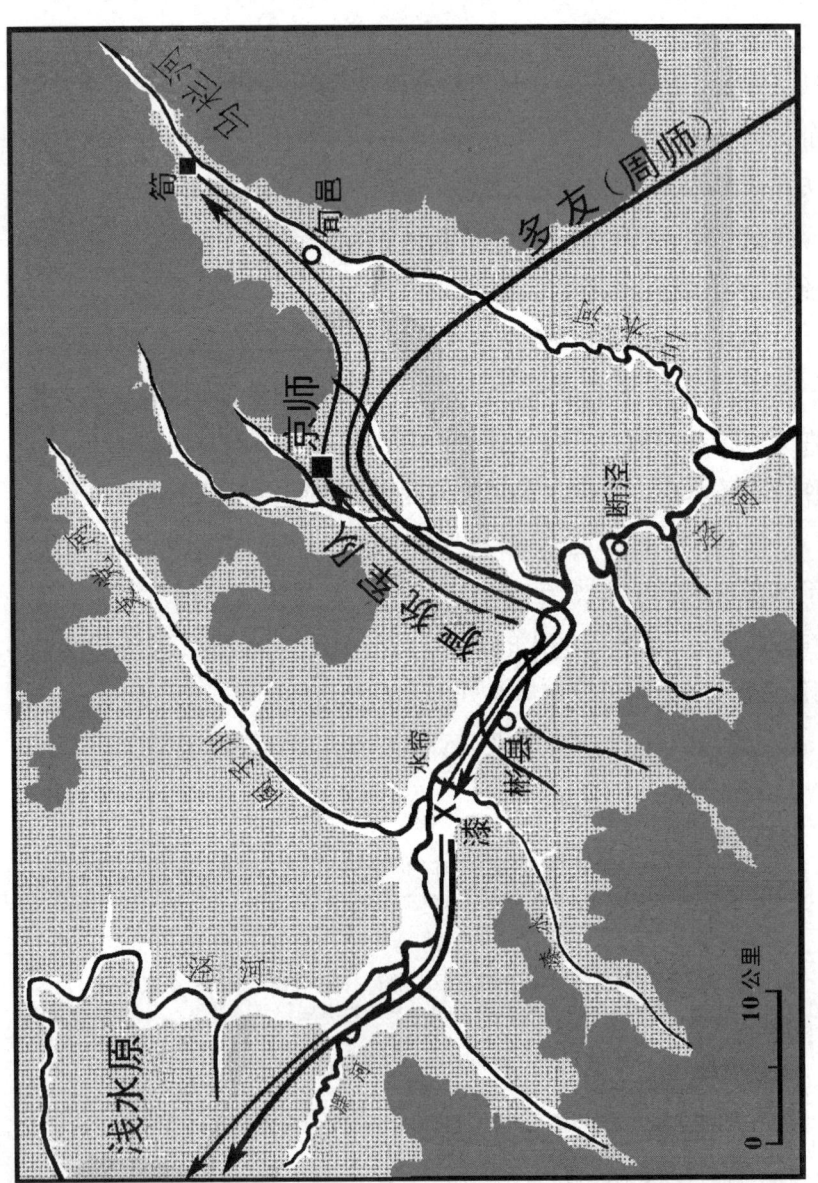

地图 9 多友鼎铭文所见之战役：彬县地区进军详情

已经讨论过:"密人不恭,敢拒大邦,侵阮徂共。"①关于龚的位置,从古至今从未有过争议。朱熹(1130－1200)指出,它坐落在宋代泾州"共池"附近,即今天的泾川。② 清朱右曾进一步指出它在泾州北面 5 里处。③ 而清朝当地史学家张延福则描述道,泾州北面的一个地下泉形成了一个湖,即古共池。④ 这些著作显示,"龚"这个名字可能从古代一直延续到现在,并且同泾汭汇流处的泾川地区有密切关联。多友鼎铭文中的"龚"可能就位于这个地区。而侵"龚"的密则坐落在狭窄的达溪河谷,在"龚"南面大约 37 公里处。

通过古代地理文献,上面的四个地名已经基本上得到确定,但我们仍然需要在多友鼎铭文描述的战争环境中对它们进行核实。通过比较文献所记载这些地点之间的空间关系与它们在铭文中的空间联系,我们便能够在泾河上游地区的特殊地表形态中对这场战役进行重建(地图 8)。在这场战争刚开始的时候,玁狁跟后世所有的入侵者一样,从长武浅水原长驱直下泾河谷地。沿着泾河河岸横贯今天的彬县,然后再折北登上高原袭击京师,因为正如第一章所述,沿泾河继续东南行,河谷会在一个叫"断泾"的地方关闭起来。在占领京师后,他们向东行军大约 25 公里,于癸未(♯20)日进攻周人的聚落"筍"。⑤ "筍"与沿着泾河之东南下渭河平原的道路相隔不远,这条道路差不多也就是今天的 211 国道。实际上,玁狁要想进一步发动对渭河平原的攻击并非不可能,因为他们后来于公元前 823 年夏也的确这么做了。

---

① 《诗经》16.4,第 521 页。
② 朱熹:《诗集传》(上海:古籍,1980),第 185 页。
③ 朱右曾:《诗地理征》,载《皇清经解》(1039－1045 卷;1829)5,第 12 页。
④ 张延福:《泾州志》(1753),第 9－11 页。
⑤ 事实上,这是从西面进攻"筍"唯一的通道。因为马栏河在"断泾"东南大约 7.5 公里处汇入泾河。在这种地表形态下,玁狁不可能顺泾河而下后再转入马栏河谷。

或许是得到了消息，抑或已经遭遇到从周都前往泾河上游地区援救京师的周朝军队，①猃狁开始撤退，退回到彬县地区的泾河谷地。次日早晨（甲申，no. 21），猃狁在彬县西北的漆地被周师赶上，并展开激战（地图 9）。在这场战役中，猃狁先前俘获的筍地周民被部分解救。然而，部分猃狁军队明显逃脱了多友最初的进攻，他们挟持部分俘获的周民，越过浅水原，回到西部。在泾河上游中部的"龚"，猃狁再次被多友赶上并被击败。"龚"的位置暗示猃狁从长武西面的浅水原上某个地点下来后，穿过宽阔而平坦的泾河上游谷地行进（地图 8）。根据这个地区的地形，此时的猃狁除了向萧关行进外，别无其他可能（地图 2）。如果这样，那么"世"和"杨冢"必定就坐落在龚以西的河谷地中。在"杨冢"，被俘虏的京师周民最终得到了多友的营救。简言之，多友鼎铭文中记述的这场战役当是沿着后来"萧关道"的北路进行的。正如我们从那些后来发生于这个地区的历史战役中了解到的，这与主要交通线附近的泾河上游的地理背景完全契合。

太原与公元前 823 年的战役

为什么猃狁会取道"龚"向西撤退？这个问题在我们确定太原的位置之前，难以得到充分的回答。正如上文所述，太原可能是猃狁的一个重要基地，并且也是此前周王师曾经到达过的最远端。这是重建周与猃狁战争地理的一个关键。稍后的许多学者遵循朱熹的注，将太原定在宋代太原府阳曲县，即今天的山西省省会太原市。② 普实克正

---

① 彬县距离周都 120 公里，而多友于甲申（no. 21）日抵达彬县地区，很明显，多友在猃狁于癸未日进攻"筍"数日之前已从周都出发。多友向泾河上游的行军主要是对猃狁入侵京师的一种军事回应。

② 朱熹：《诗集传》，第 115 页；郭沫若：《两周金文辞大系图录考释》，第 104 页。

确地否定了这个位置,但他自己亦未能提出具体的答案。① 朱熹的观点也曾遭到清代研究和注疏《诗经》的大多数学者的反对;《诗经》讲到太原,可能是玁狁的总部。清代考据学之父顾炎武注意到了公元前 823 年战役中太原和泾阳的密切联系,认为太原在平凉地区。顾炎武还主张北魏(386-534)时期的原州(坐落在今宁夏南部的固原)的名字一定源于古太原,虽然他本人并未将太原定在固原。② 另一方面,陈奂认为太原位于平凉之北的清代镇原县(即今镇原)。③ 不同于顾炎武和陈奂,胡渭则认为太原与固原实际上是同一个地点,即北魏的原州所在,并且在公元前 823 年的这场战役中,周师一路追逐玁狁,从平凉出萧关,一直进入固原平原。④ 此处可以看到,胡渭对公元前 823 年战役的重建与我们从多友鼎铭文中所了解的是相一致的。不过,这种一致并不令人惊讶,因为这在过去是,并且现在仍是走出泾河上游地区的主要通道——即所谓的"萧关道"。

固原地区的面积超过 80 平方公里,位于清水河的上游,平均海拔 1 600 米,比泾河上游地区所有的高原都要高;其北面与宁夏中部、北部的黄河平原相连通(图 26)。战国时期秦国的长城也横贯此地。我们在第一章中已经提到,就在这个地区的南缘和秦长城以外的地方,1981 年固原县西面 7.5 公里处的孙家庄发现了一座西周早期墓葬和一个同时期的车马坑(地图 5),出土了标准的西周早期铜器、车马器以及一件典型的周式风格陶鬲(图 10)。⑤ 因为这座墓葬具有确凿无疑的周文化特性,故这次极为重要的发现

---

① Průšek同时还拒绝了顾炎武提出的太原位置。见Průšek, *Chinese Statelets*, pp. 124-125.
② 黄汝成:《日知录纪事》(长沙:岳麓书社,1994)3,第 94-95 页。
③ 陈奂:《释毛氏传疏》17,第 19 页。
④ 胡渭:《禹贡锥指》,载《皇清经解》8-15 册(广州:学海堂,1829),29,第 25-26 页。
⑤ 关于这个发现,见《考古》1983 年第 11 期,第 982-983 页。在固原博物馆,我还看到了一些来自固原其他不知名遗址的西周风格陶器。

图 26　孙家庄墓地所在的固原平原（作者摄）

证明了"萧关道"在西周早期就已经得到使用,同时也肯定了周文化已经越过泾河上游,伸入清水河流域。孙家庄的发现与周人的中心地区在文化上有着高度的一致,无论是青铜器还是陶器,都同当地的草原文化截然不同,这无疑证明周的势力在西周早期已经抵达这个地区。

有两条资料进一步证明了固原地区太原的位置。首先,两部汉代著作中提出"高平曰太原"这一说法;[①] 换言之,在汉人的观念中,太原应该是一个大而高平的地方。虽然"高平"在这两部汉代著作中并不是一个具体的地名,而只是对一种高而上平的原的直观描述,谓之"太原",但耐人寻味的是,高平是汉时的一个县名,并且它恰好就坐落在今天的固原。[②] 固原地区被称作"高平"至少显

[①] 这些著作是《春秋说题辞》(公元 6 世纪《水经注》引)以及《小尔雅》,见《水经注校》6,第 200 页;《小尔雅》,第 4 页。

[②] 《汉书》28,第 1615 页。

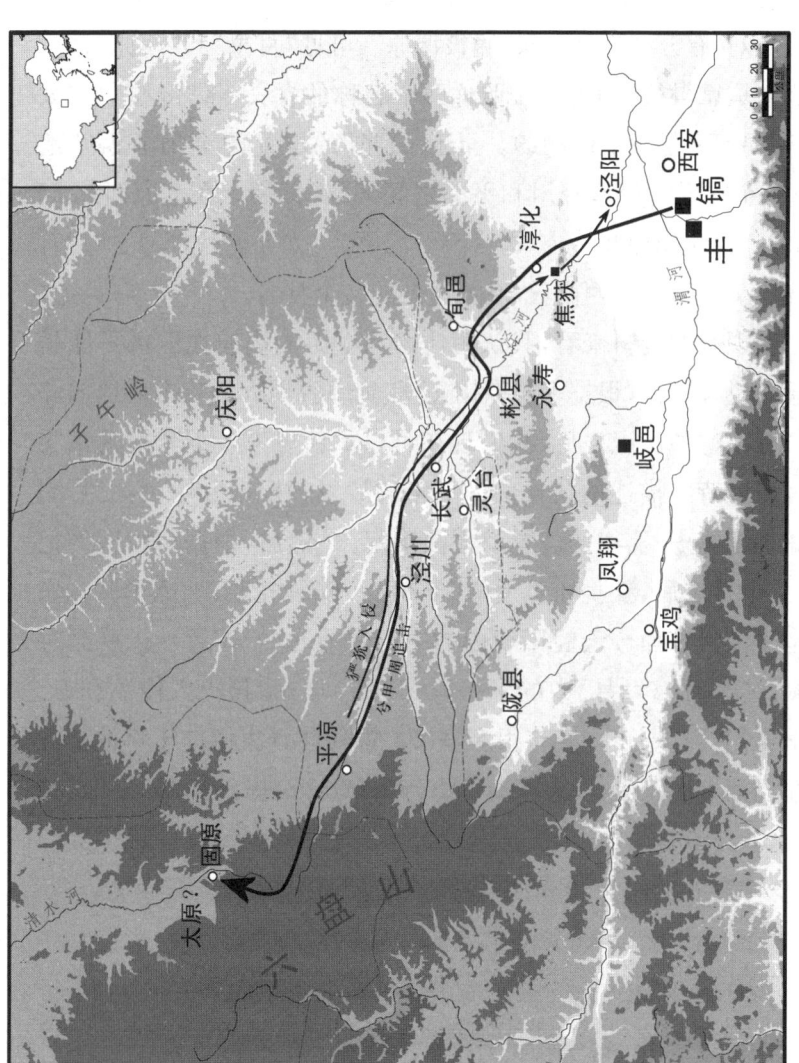

地图 10　公元前 823 年的战役

(地形图层采自 ESRI Data & Maps：2004；河流采自哈佛中国历史 GIS 数据，2.0 版：2003 年 8 月)

示了这个地区在汉代就因这种地形而闻名;同样的理由,这个地区也可能被叫作"太原"。事实上清代学者宋翔风曾极力主张汉代"高平县"之名必定源于同在一个位置上的古"太原"。① 第二,《诗经·公刘》有云:"逝彼百泉,瞻彼溥原",可见"百泉"和"溥原"这两个地方是靠得很近的。② 按照这两个名称的含义,将"溥原"与"太原"等同起来是没有问题的。至于"百泉"的位置,可能存在两个地点:一个在泾河流域泾川和平凉之间某处,另一个在平凉西北 40 公里处,在北魏原州境内,即今天的固原。③ 而在隋代(581 - 619),"百泉"又成为固原西南仅 20 公里处的一个县名。

就现有的资料来看,我认为清水河上游的固原地区极可能是太原的位置所在,根据多友鼎铭文,玁狁逃脱周人的攻击后退向此处。有了这种认识之后,我们现在可以重新思考一下兮甲盘铭文及《六月》诗中描述的公元前 823 年的战役。根据兮甲盘,三月周伐玁狁于罿虘,罿虘的位置尚无法确定。④ 然后,根据《六月》的记载,三个月之后,玁狁在焦濩(25 - 26 行)安营扎寨,训练军队。焦濩位于泾河东面今天泾阳境内的中山之麓,这个位置从未受到过质疑。⑤ 然而,《六月》中的下一段(27 行)显示,玁狁入侵镐和方,经学家们对这一点一直有很多争议。古代注释家倾向于将镐和方定在泾河上游某处,⑥这是基于将诗中(28 行)提到的"泾阳"定在

---

① 杨家骆:《小尔雅训纂等六种》(台北:鼎文,1972),第 27 页。
② 《诗经》17.3,第 542 页。
③ 顾祖禹:《读史方舆纪要》,(台北:乐天,1973),第 2539、2554 页。
④ 王国维认为"罿"应发"彭"音,因此将它同白水之北、洛河附近的"彭衙"等同起来;王国维:《鬼方昆夷玁狁考》,第 379 页。如果这个字确实读"彭",那么视其为汉代的"彭阳"(今天的镇原)则更合适。"彭阳"后来向上迁到了今天的"彭阳",离固原仅 35 公里。但我认为这两个位置均不具备有力的证据支持。
⑤ 《尔雅》将"周之焦濩"列为中国有名的大泽之一。有关焦濩位置的权威是郭璞《尔雅》注,他认为"焦濩"即"瓠中";见《尔雅》7,第 2615 页。《元和郡县图志》云唐泾阳县"焦濩"亦名"瓠口";见《元和郡县图志》,第 28 页。"瓠中"或"瓠口"因是公元前 3 世纪末秦国连接泾河和洛河的著名的郑国渠的起点而广为人知;《汉书》28,第 1578 页。另见陈奂:《诗毛氏传疏》17,第 16 - 17 页。
⑥ 《诗经》10.2,第 424 页;陈奂:《释毛氏传疏》17,第 17 页。

平凉以西的汉泾阳县所在。我认为《诗经》的上下文清晰地显示出这两个地方都坐落在焦获以南,并且极可能就是周都镐和葊,后者屡见于金文(见第一章)。普实克将"泾阳"看作是泾河下游(在今天的泾阳折东而流)北岸的一个通称,这种说法是可以接受的。①这实际上是将公元前823年的战役与多友鼎铭文中记载的战役置于同一条道路上;唯一的差别是,在公元前823年的那场战役中,玁狁往南入侵得更深,曾直抵泾渭二河的交汇之处,距离周都丰镐二京仅40公里。最后,周师沿着泾河将敌军一直逼退到太原,即宁夏南部的固原。这场战役的行军路线与公元765年的战役极为类似,当时吐蕃和回纥联军从彬县直下泾阳,迫使唐军在都城长安附近集结御敌。

其他战役

在上文讨论的两场战役中,我们从铭文和地理文献中可以了解到它们具体的行军路线。而其他的一些战役由于涉及的相关地名或者各自独立,或者缺乏充分的地理记录支持,我们所能说的或多或少总含有一种揣测的成分。第一次是公元前816年的一场战役,载于虢季子白盘。鉴于洛河的流向,"洛之阳"这个战场的地理位置只有两种可能,要么在甘泉北面的洛河上游,要么在洛河与渭河的交汇处大荔附近(但这种可能性很小),因为只有在这两个河段,洛河大致是呈东南流向的(地图3)。② 这就暗示着这场战役可

---

① 但这一释读在理解"来归自镐"(43行)这句时引起一些问题,一些注经者将这句话理解为吉甫自"千里之镐"归来。见陈奂:《诗毛氏传疏》17,第17页。在对多友鼎的研究中,李仲操指出诗句上下文反映的是尹吉甫凯旋归来,先在镐京献功领赏,然后才回到久别的家,而不是自"千里之镐"归来。见李仲操:《也释多友鼎铭文》,第99页。

② 洛河上游从吴旗往东南方向流淌,随后在甘泉南折。河经大荔,又转东注入渭河。公元前816年的战役似乎不太可能发生在洛河的下游河段。因为从洛河的上游远道而至下游是极为困难的,并且也不是朝着周都的方向。洛河在永盂(JC: 10322)铭文中被提到过,毫无疑问,它指的就是今天陕西的洛河。当然,它与流经今洛阳的洛河不是一回事。关于这篇铭文,见白川静:《金文通释》,48. 补3:192。

能是沿着后世所谓的"延州道"进行的,并且玁狁的攻击可能来自更遥远的北部,可能是鄂尔多斯地区,他们穿越横山山谷而来。正如第一章中已经提及的,近来陕西北部的考古发现显示这条道路可能在西周时期就已经在使用。若是这样,这将为洛河上游"洛之阳"这个战场的地理位置提供支持。

不嬰簋铭文中记录的战役在周-玁狁战争地理重构上是一个问题。但我相信,这些战役是在周都的北面和西面发生的。郭沫若曾指出,伯氏在战争早期抵达的"西俞"与《古本竹书纪年》中提到的"俞泉"应该是同一个地方,亦即夷王统治时期,虢公帅六师伐太原之戎时到达之地。这当然不可能只是一种巧合,并且根据文献来看,"西俞"和"太原"即便不是彼此邻近,也一定是处在同一个方位。当然,"西俞"这个词的意思是"西方的俞",因为铭文中说得很明确,伯氏追于西,而太原也确实坐落在西方。这些联系无疑将"西俞"或者"俞泉"引向今天宁夏南部的固原附近。汉代文献《尔雅》将一个西俞和雁门列为中国的北陵,并且史念海认为,它必定与山西东北角、河北附近的雁门山相邻近。[①] 这似乎同历史背景不相符,因为伯氏讲得很明确,他从周都向西追逐。另一种可能是,在汧河流域附近的麟游和凤翔地区,还有另一个俞山。[②] 然而,因为《古本竹书纪年》载虢公伐太原之戎时,于"俞泉"获马千匹,那么这个地点就不太可能位于周都不远的汧河下游。岑仲勉曾提出俞的另一个位置,他认为"西俞"与《穆天子传》中提到的"隃之关隥"是相同的地标。在这篇文献中,"隃之关隥"似乎除了指六盘山的山坡外,再无任何地方适合这个称谓。[③] 而六盘山下正是固原,为古太原。如果这一确认属实,那么它与周-玁狁战争的历史背景正

---

① 史念海:《河山集·一集》4,第 408 页。
② 《水经注校》,第 556 页。俞山南面有隃麋县,也就是今天的汧阳;《汉书》28,第 1547 页;《水经注校》,第 582 页。
③ 岑仲勉:《中外地理考证》(香港:太平,1966),第 10-11 页。

好相合,因为向西长途追逐玁狁必然要到达六盘山山麓。不嫢同玁狁搏斗的两个地点䛬和高陯无法确定。王国维曾将䛬与洛相等同,认为䛬与洛河有关,同时他还将高陯与西安附近渭河北岸的高陵等同起来。① 如果王国维是正确的,那么我们可以推断,周师曾进入洛河谷地进行过一次单独的战役。然而,我推测䛬有可能是马连河下游的眭,在那里由眭伯所作的一件青铜器在宁县被发现。② 如果情况真是如此,那么不嫢的追逐可能是穿过马连河谷抵达北部的。但是简单地讲,我们并不确切知道上述这两场战役的地理位置。

然而,由于近来发现了四十二年逨鼎,周-玁狁战争的地理仍可以进一步研究。王辉有力地指出,铭文中提到的杨(?)应该就是晋南汾河流域今洪洞境内的杨国。这是以中古史料为基础的,比如《新唐书》中说,杨国是宣王封给他的儿子尚父的。③ 这样一来,无论是与逨鼎的年代还是长父的名字,都相吻合了,因为"长"和"尚"这两个字在发音上接近,意思上也有关联。因为由杨国的一位夫人所作的两件青铜壶在北赵晋侯墓地 M63 中被发现,所以很可能在宣王四十二年建立的杨国就坐落在汾河的下游。④ 王辉进一步指出,铭文中记录的这场战役一定发生在山西南部甚至河南北部。但这种意见的问题在于汾河下游没有任何资料可以对铭文中提到的地名(杨除外)进行考证,并且一次发生在汾河下游的同玁狁之间的激烈战争记载中居然没有涉及重要的晋国,这于理不合。相反,众所周知,"井"("井阿"之"井")是位于渭河西部凤翔地

---

① 王国维:《鬼方昆夷玁狁考》,第 378 页。
② 《考古与文物》1983 年第 3 期,第 10 页;《考古》1985 年第 4 期,第 349 页。
③ 王辉:《四十二年逨鼎简释》,载《第四届古文字国际研讨会论文集》(香港:香港中文大学,2003),第 78-79 页。
④ 《文物》1994 年第 8 期,第 12、14 页。对青铜壶的一项研究,见王人聪:《杨姞壶铭释读与北赵 63 号墓墓主问题》,《文物》1996 年第 5 期,第 31、32 页。

区的一个地名；在这个位置上，它可能更易遭受到沿"回中道"（第一章）而下的玁狁的袭击。最后，无论是这场战役发生在汾河的下游，还是渭河流域的西部，都必须基于对"汝"与"长父"之间这个 ■（?）字的解释。如果它的意思是王所希望的"和"或者"助"，那么此句可能就暗示着迹和长父（杨的新统治者）在杨的附近共同抵御玁狁。但它的意思也可能是"离开"或"动身"，若是这样，整句的意思将变成迹被周王从杨国召回，去西部抗击入侵的玁狁。鉴于这个字字义的高度不确定性，目前处理这个问题的最好办法也许是先把它搁置一旁。

简言之，泾河谷地是玁狁入侵西周的主要通道。它笔直宽敞的河谷为玁狁驾驶战车，驰骋深入周人的领地提供了一条理想的通道。而离京师和筍不远的长武-彬县地区则是周人防御玁狁入侵渭河平原的最关键地段。我们的资料同样显示，玁狁可能曾经取道陕北的洛河谷地，乃至东部更远的汾河谷地从侧面对周人实施攻击。这样的策略也为后世的入侵者们所惯用，如吐蕃和西夏。就我们当前的资料而言，泾河流域显然是渭河中部周都安全最重要的防御地带。

第三节　空间危机和周王朝的西北边疆

从上文的分析可以看出，以渭河平原为中心的周人与可能以宁夏地区为基地的玁狁之间的军事对峙是沿着穿越西周国家西北边疆的主要河谷进行的。这片从陕北黄土高原一直延伸到甘肃东南森林山地的半月形高地以其地理的多样性和文化的复杂性而为人瞩目。在这一节中，我将在周人的西北边境这一宽广的社会文化背景中进一步对这场旷日持久的争战进行讨论。只有在这样的背景之中,我们才能够充分理解周-玁狁战争的文化背景,并且正确评估它的深远历史影响。

尼古拉·迪·珂思莫(Nicola Di Cosmo)在其近著《古代中国及其敌人》中写道:

> 边疆从来就不是一个固定的或封闭的防御体系。随着一个文明的扩张,对新空间的探索,以及更广阔的地理和文化地平线的获得,边疆的意义在不断地变化。由于它们的边际性和重要地位,边疆经常是一个灰色地带,或一个限定的区域。在这一个区域中,通行的常规的原则会丧失它们的价值,而新的规范的原则又会出现。从这个意义上讲,对边疆的研究常常会引发一种对"共同体"、"文化"以及"文明"之定义的批评态度。①

不仅边疆的意义可能随着位于边疆之"内"和之"外"的社会团体间的政治关系的变化而变化,更为频繁的是,边疆的自然结构也会随着地表形态的政治建构的不同及军事力量平衡的改变而改变。在近来另一项重要的边疆研究中,怀特克(C. R. Whittaker)借助欧文·兰迪莫(Owen Lattimore)对中国边疆的研究,认为无论是在中国还是西方,古代的边疆在空间上呈现地带状要远远多过线状,他甚至援引不列颠的哈德良城墙(Hadrian's Wall)和中国的长城(Great Wall)来说明一种自然线状边界的存在主要是一种官僚政治秩序以及行政管理的界限。② 怀特克利用考古证据进一步论证了罗马边疆地带自然边界两侧的种族和文化的模糊或同化。③ 作为"地带"(zone)而非"线"(line)的边疆概念对于我们研究

---

① Di Cosmo, *Ancient China and Its Enemies*, p. 2.
② C. R. Whittaker(怀特克), *Frontiers of the Roman Empire: A Social and Economic Study* (Baltimore: Johns Hopkins University Press, 1994), pp. 71 - 73, 84.
③ Whittaker, *Frontiers of the Roman Empire*, pp. 222 - 237.

领土国家(territorial state)出现之前的中国前帝国时期的边疆有着重要的含义。它显示了一个边疆,如果要容纳多种文化变量,就必然要具备一定的"厚度"(thickness)或"深度"(depth)。边疆是一个中间的或者过渡性的地带,在这里,不同的文化相遇,不同的种族团体相共存,不同的经济类型相混杂;这与许多传统史学中划分文明人口和所谓"蛮族"的那种二元对立式的政治分界截然不同。①

西北边疆的文化和政治关系

形成周人西北边疆的半月形高地是被考古学家称作"北方地区复合体"(Northern Zone Complex)这一广阔地区的西部,坐落于北方草原的边缘。② 近来对"北方地区复合体"文化生态的研究从根本上转变了过去那种把秦汉帝国同马背上的北方游牧民族之间的政治对抗推溯到上古时期的传统观点。相反,在商周时期,"北方地区复合体"生活着同样进行广泛狩猎的农牧民混合群体。③ 下文的分析将为我们揭示周王朝西北边疆的文化复杂性,这将为我们理解周-玁狁战争以及相关领土冲突提供一个背景。

周人西北边疆最重要的文化共生现象存在于周文化与寺洼文化之间。公元前两千年的下半叶,寺洼文化首先在甘肃的渭河上游及洮河流域发展起来,并且大约在先周末期东逾六盘山扩展到

---

① 对中国传统史学中边疆观点的批判,见 Di Cosmo, *Ancient China and Its Enemies*, pp. 6–7.

② 关于"北方地区复合体"(Northern Zone Complex)的定义,见 Di Cosmo, "The Northern Frontier," pp. 885, 893.

③ Di Cosmo, "The Northern Frontier," p. 889; Di Cosmo, *Ancient China and Its Enemies*, pp. 48, 68. 这很好地印证了兰逊莫半个多世纪前提出的理论,即西北部族成员的生活方式与早期的"中国人"并无根本的区别;唯一的区别是,他们的生活更多依靠牧业,而"中国人"则从事了更多的农业。见 Owen Lattimore, *Inner Asian Frontiers of China* (New York: American Geographical Society, 1940), pp. 55–58, 238–242.

泾河上游(地图11)。① 考古学家已经发现了30多个寺洼文化遗址,但仅有徐家碾、兰桥和九站三处被正式发掘。② 有迹象表明,寺洼人已经实行农业生产,因为在寺洼陶器的底部,谷物的印痕频繁可见。然而同先前这个地区几乎所有的新石器文化相比,寺洼陶器的质地粗糙,火候低,风格朴素而单一,无论是技术上还是艺术上都显得拙劣许多(图27)。伴随陶器群一起出土的还有大量有使用痕迹的打制石器,磨光石器甚少。显然,寺洼文化还是一个不发达的农业社会。另外还有证据显示,寺洼群体同时也进行牧羊和狩猎,但很难估计这种活动的规模。③

兰桥寺洼墓葬中的人骨碳14年代为公元前1335+/-175年,④而徐家碾寺洼墓葬的人骨样本时代却在公元前715年至公元前370年之间。两者之间的年代存在着巨大的缺环,但这两个地点的陶器组合却非常相似。不过后来北京大学在九站进行的发掘却几乎毫无疑问地揭示,直到西周晚期甚至是东周早期,寺洼文化在这个地区一直都持续存在。⑤ 倘若如此,我们必须认识到,寺洼文化可能是这个地区中最具优势的非周文化因素,并且在先周末期和西周早期周人的扩张过程中,周人的西部边疆实际上是在寺洼文化的领域上切割出来的。其实无论是在时间上还是空间上,这两种文化彼此都相互重叠,正如它们的遗址通常总是相隔不远一样,这种现象构成了这些地区中地表形态的一个重要特征。不过从整体来看,周人的遗址集中于泾河和渭河上游的干流地区,而

---

① 《文物考古工作十年》,第319页。关于寺洼文化的地理分布,见李峰:《先周文化的内涵》,第278-280页。
② 胡谦盈:《论寺洼文化》,《文物集刊》2(1980),第118-124页。关于这三个遗址的发掘,见《考古》1982年第6期,第584-590页;《考古》1987年第8期,第678-691页;《考古学研究》3(1997),第300-477页。
③ 胡谦盈:《论寺洼文化》,第119-122页。
④ 《考古》1987年第8期,第691页。
⑤ 王占奎、水涛:《甘肃合水九站遗址发掘报告》,载《考古学研究》3(北京:科学,1997),第300-460页。

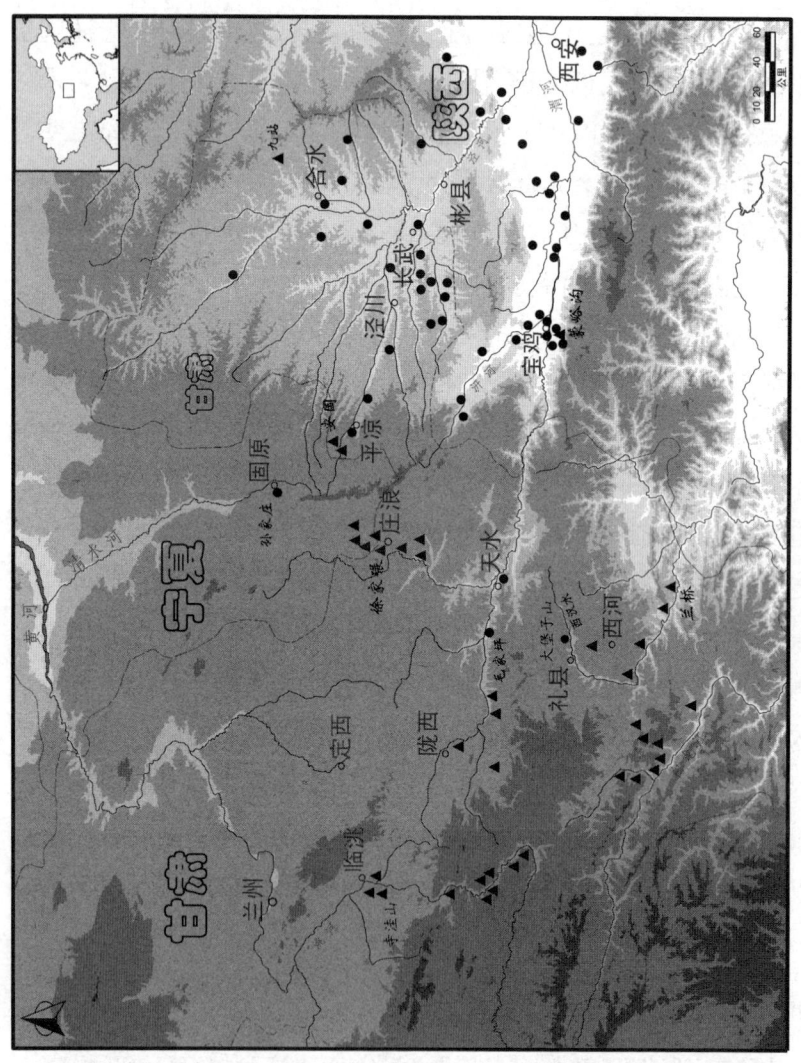

地图 11 周文化和寺洼文化的空间关系

(地形图层采自 ESRI Data & Maps: 2004; 河流采自哈佛中国历史 GIS 数据, 2.0 版, 2003 年 8 月)

第三章 门前的敌人：玁狁之战与西北边境 191

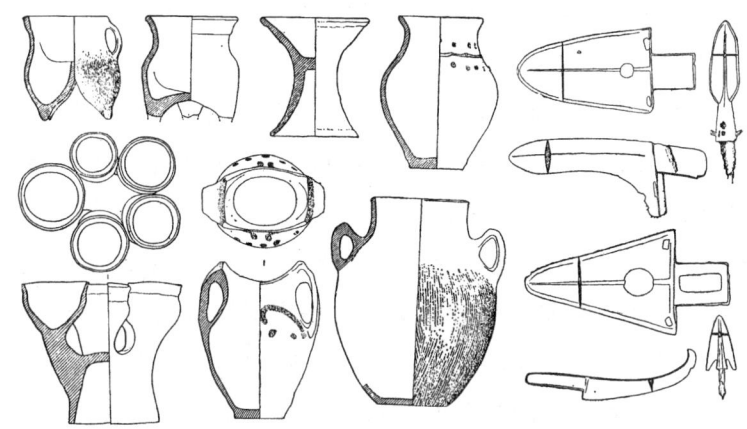

图 27 寺洼陶器和共存的青铜武器
（采自《考古》1982 年第 6 期，第 586、588 页）

寺洼遗址则比周文化遗址更靠上游一些。①

合水九站遗址的发掘为我们进一步提供了有关这两种文化在一个单一的遗址中相共存的极好例子。九站聚落中出土的陶器可以清晰地分为两种传统：寺洼和周。但这两种类型的陶片却一起发现于每一个地层和每一个遗迹单位中。在九站墓地中，周文化风格的陶器虽然数量上较少，但也与寺洼陶器发现于同样一个墓穴中。② 九站聚落遗址中可能生活着一个接受周文化程度颇深的寺洼群体。无疑，这个群体与邻近的周人之间保持着亲密的关系。另外，周式风格的青铜器和陶器在徐家碾和兰桥的寺洼墓葬中也有发现。③

在第一章中，我讨论了西周遗址在泾河上游地区的分布，指出在灵台地区集中分布着一定数量的高等级西周墓葬。然而，泾河

---

① 当然，这并不意味着地图上所有的遗址都一定同时；这种年代上的准确对应关系只有在所有的遗址被发掘和分期以后才能知晓。但总体来看，这两种文化的年代证明它们很多遗址在西周时期是共存的。
② 王占奎、水涛：《甘肃合水九站遗址发掘报告》，第 399、446 页。
③ 《考古》1982 年第 6 期，第 588 页；《考古》1987 年第 8 期，第 687 页。

上游的西周青铜文化中往往表现出来自另一个文化传统,即北方大草原的影响。许多学者注意到,白草坡 M1 中出土的管銎斧,如果不是北方草原的输入品,至少也属于草原风格。① 同样有可能的是两件出土于这两座墓葬中的青铜刀,一件带有浑铸的铃形首,另一件则有管状的柄(图 28)。短剑和头盔的使用在周文化中少见,但在周人的西面和北面的地区却很盛行。管銎斧的使用在"北方地区复合体"中有着悠久的历史。两件相似的青铜器在宁夏中宁 M1 和 M2 中被发现,年代属于春秋晚期或战国早期;甘肃秦安发现的两件青铜器可能也属同一时期。② 灵台地区北方风格青铜器的发现并不是一个孤立的例子。1982 年,位于北山南坡的淳化黑豆嘴发现了四座墓葬,出土了 100 多件青铜器,除商式青铜爵和壶外,还有大量北方风格的青铜刀、斧和镜子。③ 此外在 1985 年和 1987 年,一柄北方风格的青铜斧和两把刀在淳化县被发现。④ 这些青铜器年代上可能属晚商,但它们在渭河谷地北部边缘的出现却意味着北方区青铜文化已经深入进来。

  白草坡西周早期墓葬中周文化因素显然占据主导地位,同时附带一小部分可能是北方草原地区的器物。与此不同的是另一座发现于马连河下游宁县宇村的西周晚期墓。这座墓随葬了二十二件青铜器,证实了在西周晚期至少在泾河上游盆地的北半部可能曾有一次重要的文化转变。在此,我们需要对这批关键性的青铜器作一个详细的讨论(图 29):⑤

---

  ① 乌恩:《殷末周初的北方青铜器》,《考古学报》1985 年第 2 期,第 138 页;杜正胜:《周秦民族文化戎狄性的考察:简论关中出土的北方式青铜器》,《大陆杂志》87.5 (1993),9-10。这件青铜器可见《考古》1987 年第 9 期,第 774 页,图版壹;《文物》1986 年第 2 期,第 40 页。
  ② 《考古》1987 年第 9 期,第 774 页,图版壹;《文物》1986 年第 2 期,第 40 页。
  ③ 《考古与文物》1986 年第 5 期,第 12-22 页。
  ④ 《考古与文物》1990 年第 1 期,第 53-57 页。
  ⑤ 《考古》1985 年第 4 期,第 349-352 页,图版伍;《考古与文物》1983 年第 3 期,第 10 页。

第三章 门前的敌人：玁狁之战与西北边境 193

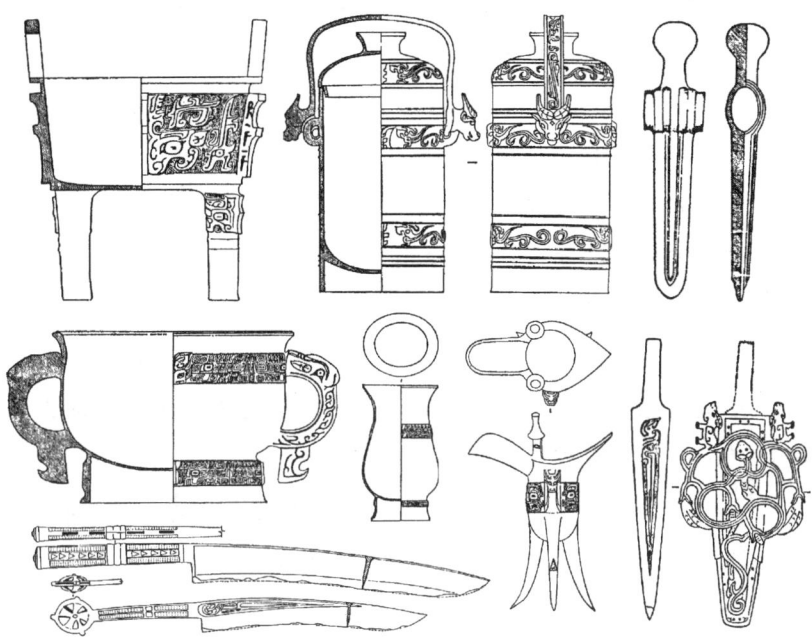

图 28 甘肃灵台白草坡 M1 和 M2 中出土的铜器

（采自《考古学报》1977 年第 2 期，第 107 页，图七；第 115 页，图三：1-2；第 116 页，图一五：5-6）

图 29 甘肃宁县宇村墓中出土的铜器

（采自《考古》1985 年第 4 期，第 351 页，图五-六，图版伍）

1. 夆伯盨（JC：4346）：典型西周晚期器，铭曰："夆白（伯）乍（作）中（仲）姞簠。"

2. 仲生父鬲（JC：729）：典型西周晚期器，铭曰："中（仲）生父乍（作）井孟姬寶鬲其萬年子子孫孫永寶用。"

3. 杯：器型小，饰有龙纹。一件相似的铜杯出土于延安附近的延长瓦口；同出的还有一组西周晚期青铜器以及其他"北方区"器物。①

4. 铜虎：长7.2厘米，高2.5厘米。虎是后来"北方区"中最常见的艺术主题。这件器物的外形与内蒙古毛庆沟出土的一件青铜虎牌类似。②

5. 三件铜虎饰牌：三件器的当腰处均有铸成的条状钮。这是后来在"北方区"流行的青铜牌饰类型。③

6. 两件青铜罐：肩附半环状双耳。这是一种独具特色的青铜容器；延长出土的那批青铜器中有一件相同类型的青铜罐，但其一侧有柄。

7. 四件青铜勺：勺头呈圆形或椭圆形，柄均作成绚索状。这些勺子的式样与周文化风格的匕明显不同，而可能是"北方区"绚索柄勺的原型，例如在鄂尔多斯地区发现很多。④

8. 一把双刃短剑：柄的两侧勾勒有兽面。宝鸡西高泉一座春秋早期墓葬中出土过一把相似的剑，但有人认为它是一件"北方风格"器物。⑤

9. 小型青铜铃：2.5厘米高，类似于鄂尔多斯发现的标

---

① 《考古与文物》1993年第5期，第8－12页。
② 田广金、郭素新：《鄂尔多斯式青铜器》（北京：文物，1986年），第281页，图版67.1。
③ 同上，第87、89、93页。
④ 同上，第144页。
⑤ 《文物》1980年第9期，第3页；另见杜正胜：《周秦民族文化戎狄性的考察：简论关中出土的北方式青铜器》，第193－194页。

准青铜铃。①

10. 杂器：包括一件"U"型器，以及一件小型青铜钩，都不属于周文化器物。

在这组器物名单中，除两件有铭青铜器外，其余的每一件均与周文化相异，但却同北方草原青铜器有着明显的联系。从它们的器形和纹饰看，它们应该与一同出土的两件西周晚期风格青铜器属于同一时期。若是，它们对于衔接北方地区文化链中的缺环便显得十分重要了，因为这种可以确定为西周晚期的北方青铜器发现得极少。② 宇村墓葬呈现出与白草坡强烈的对比，虽然白草坡墓葬中的"北方地区"因素可以得到辨认，但周的因素却占有绝对的支配地位。在宇村墓葬中，那种"北方地区"青铜器如此显著，以至于我们不得不对该墓主人的身份重新加以思考。仲生父鬲上的铭文显示了他与凤翔地区周人的一支重要宗族——井氏的密切联系。眭伯可能是来自北方草原的一位新的移居者，他吸收了周人的青铜文化，并且按照周的标准来铸造青铜器；另一种可能是，宇村墓葬的主人是一位来自北方的入侵者，在他死后，只是简单随葬了一些他从邻近的周人聚落中掠夺而来的青铜器。无论如何，宇村青铜器在这个地区的存在是极具意义的。它们暗示除了周文化与寺洼文化外，在周人中心区以北地区还存在着第三种文化传统。

寺洼文化的影响深至宝鸡这样的周人中心区，寺洼文化的陶罐在竹园沟𢀖国墓地被发现，而更多的则发现于邻近的蒙峪沟，显示寺洼文化群体极有可能已经在这一地区生活过（地图11）。③ 不

---

① 田广金、郭素新：《鄂尔多斯式青铜器》(北京：文物，1986年)，第137页。
② "北方地区"缺少可资比较的西周中晚期青铜器群。迄今为止，北方青铜器的断代主要依靠它们与商周风格青铜器的共存关系。见乌恩：《殷末周初的北方青铜器》，第141页。
③ 《宝鸡𢀖国墓地》(北京：文物，1988)，第14、140页。

过,以弓鱼国为中心的宝鸡地区似乎受到更多来自南方的影响。考古发掘已经揭示,虽然弓鱼采用了周人的典型青铜文化,但弓鱼的物质文化遗存却表现出高度的文化混合。例如,弓鱼的男性贵族葬于双室梯形墓穴中,有他们的妻妾陪葬,而周人贵族通常葬于单一的竖穴土坑墓中。弓鱼的陶器组合完全由各式各样的陶罐类型构成,显示了同南方四川地区强烈的联系,①而且随葬短剑的习俗在弓鱼国墓地很普遍,这种习俗在周人墓葬中却不见。此外,即便是周式风格的青铜器在弓鱼国墓地中占有主要地位,但出土的以鼓腹鼎和簋为代表的一组独具地方特色的青铜器也是非常显眼的。② 因为这样的文化混合,许多人认为弓鱼的统治家族起源于宝鸡西南山区的氐或羌。③ 虽然弓鱼东距周都仅150公里,但考虑到这个地区的地形,它应该位于西周国家的天然边境——巍峨的秦岭脚下。

　　边疆地区的政治关系可能与文化关系一样复杂。灵台姚家河的M1的发现为我们提供了最好的证据。该墓出土了两件西周早期青铜器以及一件周式风格的陶鬲(地图3)。铜鼎上的三个金文告诉我们这件器是由某位乖叔所作,乖叔是乖氏宗族或者乖国的第二代世系。④ 这一发现为长期未决的乖伯簋(JC:4331)的出处提供了重要线索。很明显,乖伯簋是由乖国的另一位成员铸造的,在有关周与西北边境文化群体之间的关系方面,后者提供了重要的信息(图30):⑤

---

① 《宝鸡弓鱼国墓地》,第454—455页。关于弓鱼国墓地中所显示的与南方的联系,另见西江清高:《西周時代の関中平原における弓鱼集団の位置》,载《中國古代の文字と文化》(東京:汲古書院,1999),第230—231页。
② 《宝鸡弓鱼国墓地》,第446—456页。
③ 《宝鸡弓鱼国墓地》,第462页;张长寿:《论宝鸡茹家庄发现的西周铜器》,《考古》1980年第6期,第526—529页。
④ 《考古》1976年第1期,第39—42页。
⑤ 乖伯簋发现于19世纪末,又被称为"羌伯簋"或者"归降簋"。关于它的铭文,另见白川静:《金文通释》,25.145:282—295。

第三章 门前的敌人：玁狁之战与西北边境　197

图 30　乖伯簋及其铭文
(JC:4331；《上海博物馆藏青铜器》，54 号)

　　(惟)王九年九月甲寅，王命益公征眉敖，益公至告。二月，眉敖至见，献贲。己未，王命中佂归 㝬(乖)白(伯)豼(貔)裘。王若曰："㝬(乖)白(伯)，朕丕顯且(祖)文武應受大命，乃且(祖)克㭒(奉)先王，翼自也(他)邦，有节于大命。我亦弗瞍(曠)亯(享)邦，易(錫)女(汝)豼(貔)裘。"㝬(乖)白(伯)拜手頓首："天子休！弗望(忘)小裔(裔)邦。"归夆敢對訊(揚)天子丕丕魯休，用乍(作)朕皇考武㝬(乖)幾王障(尊)簋，用好宗廟，亯(享)夙夕；用好朋友雩(與)百者(諸)䘏(婚)遘(媾)；用祈(祈)屯(純)彔(禄)永命，魯壽子孫。归夆其萬年日用亯(享)于宗室。

以前的研究错误地认为这件青铜器属于位于湖北三峡地区秭

归的归国。① 乖叔簋的发现显示乖如果不是在达溪河谷，则有可能坐落在泾河上游某处。这件青铜器可能作于懿王时期，因为益公也曾出现在西周中期的其他几篇铭文中。② 根据铭文，周王派益公伐乖。很可能益公制服了乖，这才有了乖伯五个月后对周室的朝访。

从周王的话中得知，眉敖的先祖乖国之君曾经帮助文王和武王以"受大命"，这说明从先周时期开始，乖就是周人的老同盟。九年裘卫鼎（JC：2831）记录眉敖在共王九年一月曾派遣一个使团前去周室，可见乖先前与周人保持着友好的关系。③ 有趣的是，周王严格地将乖视为不同于其他西周地方封国的"他邦"。这与铭文中眉敖称他的父亲为"几王"，在地位上与周王平等这个事实也是相一致的。另外一个可以补充说明乖外族起源的因素是眉敖的名字，"眉敖"这两个字听起来似乎是一个外族名字的中文音译。乖伯簋提供给我们的信息是十分清晰的：乖国，虽然政治上与周有联系，但仍然保持着一定的独立性，并且可以与周平起平坐。这种关系在周王与眉敖谨慎地相互馈赠的过程中彰显无疑。

眉敖还是另一件簋的作器者：眉敖簋（JC：4213），现藏于北京故宫博物院。器铭中记述戎给子牙父上缴了成百车的金属，随后子牙父又将它们奖赏给了眉敖。铭文中指出，眉敖可能在某些方面曾援助周人在边境事务中处理同戎人的关系。这件簋的铸造和铭文书法都很不同寻常，它很可能是在乖国当地的一个青铜作坊

---

① 这种认识是基于把"归"当作乖伯本国国名的误读；见郭沫若：《两周金文辞大系图录考释》，第147—148页；白川静：《金文通释》，25.145：285—287。因为乖伯明显是乖国的国君，并且他的父亲被称作"乖王"，故"归"不可能是乖伯的国名。显然，"归夆"是乖伯的名字，他在铭文开头也被称作"眉敖"。另外，这个位置显然同历史和考古背景不合，因为周在长江中游的控制仅限于汉水以东，长江以北（见附录一）。

② 对乖伯簋年代的详细讨论，见第二章。另见 Shaughnessy, *Sources of Western Zhou History*, pp. 117—119, 255—258。

③ 关于九年裘卫鼎，见白川静：《金文通释》，49 补.11：267—273。

中被制作的。事实上它是很少的几件不是在周人的文化环境,而是在边疆地区的非周文化环境中铸造的铭文例子之一。① 眉敖簋反映了周王朝与边境小国之间复杂而多变的政治关系。

另一个有趣的例子来自汧水流域陇县-千阳地区的夨国。② 夨国的统治宗族与周王室同属姬姓,两者源于同一个祖先,而夨国的物质文化也与周文化难以区别。③ 不过在大量的金文中,夨国统治者自称或者被夨国的成员称为"王",在地位上与周王相等同。④更重要的是,散氏盘(JC:10176)记录了夨国对它的邻国——散,也就是这件器物的主人有过一次土地赔偿,为此散铸造了这件青铜器,也称夨国之君为"夨王"。⑤ 这些铭文证明夨国可能与周保持着一种特殊关系,虽然夨与周可能是同族,但极有可能夨处在西周国家的政治体制外,是一个坐落于周西北边疆的独立小国。⑥

---

① 对眉敖簋详细的研究,见 Li Feng, "Literacy Crossing Cultural Borders," pp. 212-222.
② 有关夨国的考古发现,见卢连成:《西周夨国史迹考略及其相关问题》,载《西周史研究》(人文杂志专刊,2)(西安,1984),第 233-236 页;《文物》1982 年第 2 期,第 48-57 页。
③ 关于夨国的姓以及西周金文中妇女称名的基本原则过去曾有一些混乱,不过我认为这个问题已由李仲操完满地解决了。他提出了下列原则:1) 妇女的后代子孙称呼其人时常称妇女本族之姓及丈夫之氏,例如"作朕皇考郑伯郑姬"(郑姬从姬族嫁入郑氏)。2) 已婚妇女自称时,称其本族之姓与丈夫之氏,如"散姬作尊鼎"(散姬从姬族嫁入散氏)。3) 在媵器上,国君称其女儿时,称其(也就是他自己的)姓和其丈夫的氏,例如"鄂侯作王姞媵簋"(王姞从姞姓的鄂国嫁给周王)。4) 国君称呼他已婚的女儿时,用其本族之姓和其丈夫之氏或私称,例如"王作仲姬寳彝"(仲姬为周王之女,她嫁给了一个排行第二的人)。5) 丈夫为妻子作器时,称妻子本族之姓和妻子本族之氏,例如"散伯作夨姬寳簋"(夨姬从姬姓的夨国嫁为散伯之妻)。夨的问题关系到另一个宗族——郑(非姬族,如第一个例子),这将在第五章中详细讨论。夨王簋盖(JC:3871)铭文中提到,夨王为郑姜铸造了一件青铜器,显示了郑姜从姜姓的郑国嫁入夨国。同理,散伯簋(JC:3779)(上面第五个例子)显示出夨属姬氏,而散则不是。这两件青铜器明显不是作为嫁资而铸造的,否则青铜器上一定会有"媵"字,而应该是丈夫为他们的妻子铸造的。我相信这是我们对于这个问题所作的最好结论。见李仲操:《西周金文中的妇女称谓》,《宝鸡文博》1991 年第 1 期,第 35-39 页。
④ 例如,夨王鼎(JC:2149)、夨王觯(JC:6452)、夨王簋盖(JC:3871),以及同卣(JC:5398);对这些铜器的一项讨论,见卢连成:《西周夨国史迹考略及其相关问题》,第 236-237 页;白川静:《金文通释》,24.139:212-216。
⑤ 关于这篇铭文,见白川静:《金文通释》,24.139-210。
⑥ 基于散氏盘和乖伯簋,王国维曾经提出,周的地方诸侯在周室时按照周的制度来称呼自己,但在自己的封国内则以"王"自称。散氏盘和乖伯簋这两个例子应该根据这两国独特的历史来进行解释,与其他西周诸侯并不相干。见王国维:《古诸侯称王说》,载《观堂集林》(石家庄:河北教育,2001),第 779 页。

以上的讨论说明西周国家的西北边疆是一个极其复杂的政治和文化系统。虽然在西周早期,由于周的扩张,致使周文化因素在西北边疆占据了主导地位,但在整个西周时期,寺洼文化也作为一个重要文化与周文化共存。泾河上游地区青铜文化中还有一些非周文化因素,它们显然与北方草原地区有着关联。并且到西周晚期时,甚至是一些具有强烈北方文化特征的墓葬也开始在这个地区出现。此外,一种复杂的政治关系在这个地区的青铜铭文中也表现得十分突出。从这些铭文中得知,沿着泾河的诸干流广泛分布着一群周文化团体,或者军事营地。同时,那里可能还存在着一些外族起源的小国,譬如有一定的独立性,同时又在一定程度上为周人服务的乖国。但数目更多的则可能是遍布泾河支流沿岸的寺洼文化村落。这就是玁狁不断入侵并且周人要奋力抵抗来保护的西北边疆。

空间危机与周-玁狁战争的影响

在周王朝的西北边疆这一多文化乃至多种族的环境中,我们是否能找到可能是历史上的玁狁所留下的任何遗址呢?胡谦盈曾指出,寺洼文化是历史上有名的熏育的遗存,而熏育又与玁狁可能存在关联。① 然而,这一认识却很难解释这样一种情形,即迄今发现的寺洼遗址规模都太小,其生业水平都较低,这样的遗址似不能支持一个玁狁这样能够在对周人的一次战争中派出成百辆战车的先进社会。虽然寺洼墓葬出土了一些青铜武器,但它们很可能是从周人那里输入的。我们尚无证据说明寺洼文化已经发展出了自己的青铜铸造传统。因此,在寺洼文化的一些中心遗址发现之前,我们似乎没有证据把寺洼同历史上的玁狁联系起来。进一步考虑

---

① 胡谦盈:《论寺洼文化》,第 123—124 页。

周-玁狁战争的历史地理，玁狁似乎更像一种断断续续从北方侵入泾河上游地区的力量，它们取道宁夏，穿越"萧关道"而来。在这一点上，重要的是虢季子白盘铭文中指出陕西北部的洛河谷地可能是玁狁入侵的另一条渠道；同时，它还将玁狁入侵的来源指向横山以北。从这一点来看，玁狁很可能是居住在一个很大范围内的社会，从宁夏平原向东沿着横山北缘延伸。在延长地区发现了一组西周晚期青铜器，它们与北方草原风格的青铜器共存，与宇村发现的那些相类似，这意味着北方地区文化对陕北高原的影响。① 因此，我们有理由将玁狁看作是拥有"北方地区"文化传统的社会之一；宇村和延长的青铜器是西周中期至晚期这一文化传统的代表。玁狁并非不可能是商末繁荣一时的鄂尔多斯地区的青铜文明的文化继承者。另一方面，寺洼文化，作为泾渭上游的一支本土文化传统，有可能是长时间与周人进行合作的诸多社群的文化来源。

无论如何，玁狁的侵入似乎已经给西北边境特别是泾河上游地区的文化生态带来了诸多变化。多友鼎铭文记载的第一个遭受玁狁攻击的周邑是京师，这是传给周王最初的报告。有趣的是，京师以及第二个被玁狁占领的笱邑彼此相互邻近，并且都坐落在泾河上游盆地的东缘。这似乎显示，到多友参加的这场战役发生时，周人可能已经失去了对京师以西泾河一带聚落有效的行政控制。至少，我们可以合理地认为泾河干流一带的大部分地区已经沦为战争区，原来在那里居住的周人以及寺洼社群，如果他们有幸能够躲过玁狁的宰杀，恐怕也要依靠自己的力量来保护自己。不过在西周早期，周人不仅牢固控制住了泾河上游，并且可能超越它进入了宁夏南部的清水河流域。这种情况与我们在西周中期末至晚期

---

① 《考古与文物》1993年第5期，第8-12页。

初这个地区所了解到的已经完全不同了。与泾河上游地区西周早期遗址和墓葬的广泛分布形成鲜明对照的是，泾河干流一带地区所报道的西周晚期遗存极为稀少。① 相反，在西周晚期，我们开始看到像宇村出土的那类青铜器，这也是情理之中的事。由是观之，西周早期周人在泾河上游地区构建起来的地理政治系统在临近西周中期末时可能就已经崩溃了。

如果上文对泾河上游地区的政治情形所作的估计是正确的，那么我们就应该认为猃狁对这个地区的入侵实际上已将周置于一个非常危险的境地。根据多友鼎铭文，第一场搏斗于甲申日（no. 21）在彬县的漆地展开，战场离周都仅大约 120 公里。随后，大概在同一个月的丁酉（no. 34）日，多友在周都献俘。由于第二个战场龏可能坐落在泾川地区，离漆地大约有 70 公里，很明显，多友在 13 天中行进了至少 260 公里，平均每天走 20 公里。照这种速度，多友仅花了六天便从周都抵至第一个战场。由于龏地之战后，多友在返回周都前又打了两场仗，故实际上从周都到第一个战场漆，多友用了比六天远为少的时间。

如果多友的这个例子可以代表周人对猃狁进攻回应的正常速度，那么周人就必须经常预备一支在三到四天内可以行进 120 公里投入战场的军队。换言之，如果周人做不到这一点，敌人的战车将会从泾河上游地区长驱直入，只需三至四天的时间便可对周都发动直接攻击。虽然我们无法知道多友鼎上记载的这场战争在

---

① 目前，在泾河上游地区，除了上面提到的宇村墓葬外，从西周中期末开始的这个时期仅有两次发现可为代表：长武彭公发现的一件青铜鬲，但背景不详；正宁杨家台发现的一个青铜壶盖。见《考古与文物》1981 年第 1 期，第 9 页，图版肆，1;《考古与文物》，1983 年第 3 期，第 10 页。1997 年，我参观了泾河上游地区五个县的博物馆。其间，我特别关注西周中期和晚期的藏品。在这些藏品中，西周早期的青铜器和陶器多得不成比例，而晚期的器物，我只看到了一件陶罐。由于这些陶器是在这个地区随意搜集的，故它们确实反映出西周晚期泾河上游地区的一种脱节。另外，泾河上游地区一些经正式发掘的墓地，如崇信的于家湾，同样显示出一种相似的文化序列断层。见《考古与文物》1986 年第 1 期，第 1-7 页;《考古》1976 年第 1 期，第 39-48 页。

周-玁狁的诸多战争中是否具有代表性,但至少它显示了有一些战役是在很短的时间内进行的。这种超短线的防御实际上对渭河谷地周都地区构成了一种重要的空间压力。这与周人在东部采取军事行动所需的时间形成强烈对比;在这种行动中,仅是周师从宗周出发到达成周的旅程就要耗费一个多月的时间。有人或许会认为西北边境的山地环境本身对周人就是一种保护,而东都洛邑反而对敌人的攻击敞开了空旷的大门。但现实是,玁狁是西周国家最主要的威胁,并且他们离周人的心脏地带实在太近。当他们利用泾河谷地的理想通道成功地克服地理障碍后,周都就随时处在他们的虎口之下。至少在公元前823年的一场战役中,玁狁显然已经逼近周都。

《诗经·采薇》(no. 167)曾对周人要抗击玁狁,防卫周都的急迫心理作了极为细致的描绘:①

   1 采薇采薇,   2 薇亦作止。
   3 曰归曰归,   4 岁亦莫止。
   5 靡室靡家,   6 玁狁之故。
   7 不遑启居,   8 玁狁之故。

   9 采薇采薇,   10 薇亦柔止。
  11 曰归曰归,   12 心亦忧止。
  13 忧心烈烈,   14 载饥载渴。
  15 我戍未定,   16 靡使归聘。

  17 采薇采薇,   18 薇亦刚止。
  19 曰归曰归,   20 岁亦阳止。

---

① 《诗经》9.3,第412－414页。

21 王事靡盬，　　22 不遑启处。
23 忧心孔疚，　　24 我行不来。

25 彼尔维何，　　26 维常之华。
27 彼路斯何，　　28 君子之车。
29 戎车既驾，　　30 四牡业业。
31 岂敢定居，　　32 一月三捷。

33 驾彼四牡，　　34 四牡骙骙。
35 君子所依，　　36 小人所腓。
37 四牡翼翼，　　38 象弭鱼服。
39 岂不日戒，　　40 玁狁孔棘。

41 昔我往矣，　　42 杨柳依依。
43 今我来思，　　44 雨雪霏霏。
45 行道迟迟，　　46 载饥载渴。
47 我心伤悲，　　48 莫知我哀。

这首诗生动诉说了在抗击玁狁的战争中战士们的忧伤。从诗句的字里行间，我们能深切体会到周人的那种挥之不去的恐惧和焦虑。这首诗以其深刻的文学意义，反映了玁狁入侵对周人心灵的冲击以及在陕西王畿地区所引起的社会动荡。或者，也许只有在此处构建的历史和文化背景中，这首诗的真实含意和寓意才能够被充分地认识和欣赏。正如诗中所言，周人将士们必须对可能侵入周人心脏地带的敌人时刻保持警惕（39－40行）。当然，这种影响不仅是心理上的；为了应付随时可能来自玁狁的威胁，西周国家必须以最好的方式调动它一切的资源来对抗一个它可以打赢但却无法摧毁的敌人。

小　　结

獵狁对于周人而言,既是邻居,亦是宿敌。他们的政治力量可能集中在北方大草原的南部边缘,从宁夏平原一直延伸至横山山脉的北侧。大约从西周中期的后半阶段开始,獵狁对周人控制的地域发动了频繁的攻击,扭转了西周国家西北边疆的力量平衡。基于新的铭文证据以及传统的文献资料,周-獵狁的主战场应该在与周人心脏地带相毗邻的泾河上游。依照这个地区的地表形态,我们可以进一步对周与獵狁之间的一些战役的过程进行重构。这项重构与历史上有完善记载的后代中原王朝同北方游牧政权之间的战役非常相似。这种相似性说明了地理对西周国家的政治和军事行为的重要影响。

在更为宽泛的文化背景中,这些战役是在一个有高度文化混杂和共生的环境中进行的。寺洼文化构成了第一个文化层次,起源于西部,从渭河上游向东越过六盘山进入泾河上游谷地。在整个西周时期,寺洼社群可能与这个地区的西周文化群体并行生存。从考古发现来看,在西周早期,周人不仅对泾河上游地区进行了严密的控制,同时还将触角伸入宁夏南部的清水河流域,在北方大草原上冒险探试。考古发现同时还显示,泾河上游地区的西周青铜文化还受到北方草原的影响,并且这种影响在临近西周晚期时日渐增强,宇村出土的独具特色的青铜器物便是其代表。

到西周晚期之初,周人可能已经丧失了对泾河上游大部分地区的有效控制。这使得那些坐落在对周人的安全至为关键的长武-彬县地区(泾河上游盆地的东缘)的周人聚落暴露在入侵的敌人面前。从长武-彬县地区到渭河平原中心的周都只有120公里,大约三四天的行程。面对如此短促的防御线，周人必须时刻准备着在都城不远的地方与玁狁力战。这一危险的境遇恰好与周都日益滋生的政治骚乱同时发生。当众多的因素从内部削弱西周国家之时，强大的外部敌人也决意将其逼向崩溃的边缘。

第四章　西周的灭亡：党派之争与空间的崩溃

公元前771年春,西戎涌入渭河中游谷地,他们劫掠了周都丰镐二京,杀死了最后一任周王——幽王(前781-前771在位),西周王朝走向灭亡。从多方面看,西周国家最终的垮台是周人与玁狁之间那场旷日持久的战争的最后一个阶段。① 在新的周王——平王(前770-前720在位)即位之时,周廷要想继续驻留渭河谷地显然已不可能,因为玁狁随时都会卷土重来,更不用说从这里统治天下了。为此,平王决定将王室迁往东都洛邑,从而开启了中国历史上一个新的时代。

不过,"西周的灭亡"并不仅仅意味着周都地理位置的改变,它实际上宣告了周王室对黄河中下游长期统治的结束,西周国家作为一个复杂的政治机体从此陨灭。更加意味深长的是,至少从公元前16世纪商王朝建立开始,中国早期国家一直支撑着东亚世界规模最大的社会,而公元前771年则宣告了这一长期历史的结束。在一千多年的时间里,王室的力量支配着中国北方的政治生活,并且引导着那里的文化发展,但自公元前771年中央权威崩溃之后,长达五百多年的列国争战便上演了,导致弱小的地方诸侯国遭到其强邻们的无情兼并。在这场列国战争中,一种帝国的政治结构在中国逐渐浮现出来。

---

① 由于近来四十二年逑鼎的发现,我们可以肯定地说,周与玁狁的战争延续至周宣王统治末期,并且很可能在幽王时期仍时有争战,时间上也正好同公元前771年西戎入侵有一个合理的衔接。

在这些年中究竟发生了些什么才导致周人走向最后的崩溃？单纯是一次军事上的灾难？抑或是西周国家内部矛盾的积聚到了不得不引起政治破裂的地步？历史文献记载中西周不祥的崩溃本身就有传说成分，特别是那些有关各方地理位置的记载又往往相互抵牾，不成条理。西周末期的金文资料不但稀少，而且它们所包含的历史信息也极为贫乏，因此，要了解西周晚期的历史，很大程度上要依赖于历史文献。我们或许永远不会遇到能够为我们提供有关王朝如何灭亡的详细金文资料，因为西周贵族不会将如此不光彩的事件铸在那些常常用来纪念荣誉和表达敬意的青铜器上。在这一章中，我将对幽王的十一年统治进行一次系统的研究，在此基础上，为王朝的灭亡寻找一种新的解释。我以为西周的灭亡是由一次对形势严重的错误估计而直接导致的。基于这种估计，周人的王师被派往泾河谷地进攻周人的一些同盟国，以此来解决西周王室多年积压下来的政治争端。接着，王师遭到了玁狁的回击，并且一败涂地，为敌人进军周都开辟了通道。我将首先评价有关这场历史性崩溃的一些传统观点，通过澄清涉及这一时期的年代学问题，这十一年的历史发展脉络便可逐渐得到确立。在本章的最后一部分，我将探讨两个复杂的地理问题，问题的答案将有助于我们重新建构西周国家灭亡的地理。

第一节 观点和学说

西周王朝灭亡后的两千年中，周人的历史性灭亡在中国的史学传统中被每每提及和讨论。这部分是因为孔子曾赋予周王朝以高度的声望，正如它尊贵的名字在中国历史上屡屡出现一样。[①] 另

---

① 中国许多后世王朝都沿用"周"作为国号，包括北周(557 - 581)，武周(690 - 704)，以及后周(951 - 960)。

一方面，这是因为人们必须回答一个萦绕着周人这一声望的问题：倘若西周王朝果真如孔子说的那般完美，政治清明，制度合理，那么何以它还会灭亡，并且被一个政治失序和道德衰败的时代所取代？这个问题，尽管是个历史问题，但对后世的政治家和史学家而言，显然有着重要的道德和隐喻性的含义。

事实上甚至就在西周灭亡后不久的一段时期内，关于这场历史性溃灭的原因就已经有了不同的看法。在西周灭亡一百年后，也就是晋献公（前676-651在位）在位时期，晋国的朝廷之上便出现过对公元前771年这场事件的讨论。① 献公在征伐骊戎（位于陕西骊山地区）的一场战役中，俘获了骊戎的一位公主，名叫骊姬。骊姬很快便得到了献公的宠爱，并且风头盖过了他的正妻和另外两位稍早的配偶，从而使晋室陷入了一场政治困境。这场战役在《左传》鲁庄公二十八年（前666）中也被提及。② 根据《国语》记载，在战役发生之前，晋大夫史苏曾进行占卜，曰："胜而不吉。"后来在战役结束后的一个场合上，史苏解释他的判断说，最得嬖幸的妃子，譬如骊姬，是被征服的国家用来报复征服者的"雌性杀手"。为了强化他的观点，史苏讲道："周幽王伐有褒，褒人以褒姒女焉，褒姒有宠，生伯服，于是乎与虢石父比，逐太子宜臼而立伯服。太子出奔申，申人、鄫人召西戎以伐周，周于是乎亡。"既然褒姒能够导致西周的灭亡，史苏预测，由于骊姬的出现，晋亡无日矣。③

史苏的观点遭到另一位晋大夫郭偃的驳斥，郭偃曰："夫三季王之亡也宜。民之主也，纵惑不疚，肆侈不违，流志而行，无所不疚，是以及亡而不获追鉴。"④不赞同史苏对西周灭亡做出极为宿命的解释并以此来预测晋国未来的国内战争。郭偃引出了统治者的

---

① 《国语》7，第252-253页。
② 《左传》10，第1781页。
③ 《国语》7，第252-256页。
④ 《国语》7，第257页。

道德问题：西周的灭亡是周王自己的过失，不能归咎于褒姒。因此，郭偃认为，虽然骊姬会给晋室带来骚乱，但有大家族及邻国的支持，晋不会因为她而灭亡。

关于西周的灭亡，《国语》中的这两个先秦观点均对后世的史家们留下了各自的影响，但史苏的观点似乎赢得了更多的支持者。受史苏影响，司马迁在《史记》中陈述西周灭亡时明显将浓重的笔墨落在了褒姒这个角色上，虽然他也曾提到幽王使用谄媚巧佞的虢石父（可能是虢氏宗族的头领）为卿。太史公将褒姒的身世娓娓道来，指出她是夏代"褒神"的龙漦妖子。在这个故事的《史记》版本中，神秘的褒姒不好笑，整日眉黛紧蹙，郁郁寡欢。幽王或许是受到她神秘力量的驱使，费尽心思取悦于她。为博其开颜一笑，幽王举烽火召集诸侯，诸侯悉至，至而无寇，褒姒乃大笑，幽王说之，为数举烽火。其后不信，诸侯益亦不至。当犬戎真的前来进攻时，兵莫至，幽王遂死于犬戎。① 这样，司马迁认为褒姒应该为西周王朝的灭亡负主要责任，周王只不过是受了她神秘力量的蛊惑而已。

从唐朝起，《史记》的叙述方式在正史历史文献中得到延续，如郑樵在其著名的历史百科全书《通志》中对西周历史的长篇叙述。② 不过，也有一些进步的思想家，如唐代的柳宗元(773-819)、明代的李贽(1527-1602)等，他们对褒姒的故事都给以强烈的质疑。柳宗元的看法与郭偃略为相似，他说西周灭亡的原因应该在幽王自身的行为中去寻找，而至于说到"褒神"则是君子所不当语。不过与先秦批评者将矛头指向幽王的道德不同，柳宗元认为幽王采纳了错误的政策，远贤臣而小人得道所致。③ 这一批判传统在清代

---

① 《史记》4，第147-149页。
② 《通志》3，第52页。
③ 柳宗元：《柳河东集》第三卷（北京：中华，1961），第786页。另一方面，李贽，对《史记》中褒姒的故事进行嘲讽。见李贽：《史纲评要》（北京：中华，1974），第33-34页。

学者焦循(1763-1820)一篇名为《褒姒辩》的文章中得到了充分发展。借助于他先前和同时代的学者创立的文献考证方法,焦循系统分析并指出褒姒传说这一事件上的内在逻辑和历史顺序中的矛盾。焦循认为,既然《史记》说褒姒是厉王后宫某一妃子所怀,并在厉王出奔十四年后出生,经过宣王时期,等到幽王时她起码五十岁了,她六十岁时犬戎攻周,这个年龄要得到幽王的宠幸几乎不可能。因此,焦循推断这个故事是荒谬不可信的。①

不过对于西周的灭亡,或者说对整个西周历史最系统的近代研究,恐怕要属崔述(1740-1816)的《丰镐考信录》。崔述干脆摒弃了褒姒的故事,径直从幽王的政治中探寻西周灭亡的原因。他的见解与柳宗元的十分相似,崔述认为西周灭亡首先在于幽王用人不当。其次,他指出西周的灭亡是内外因素相互作用的结果,戎之灭周非一朝一夕之故,周之患戎,穆王之时即已开始。除此两个因素外,崔述同时还认为,迨至幽王之世,有一个全社会的道德衰败,世风日下状况,这同样也导致了西周的灭亡。②

以上讨论反映出西周灭亡这一事件在历史上也一直为文人们所关注。看来在解释西周灭亡时,传统学者们的关注点要么在神秘的褒姒这一角色,要么在幽王"远贤臣亲小人"的错误政策。尤其是在后者的情形中,我们可以清楚地看到实际上这是在中华帝国士大夫官僚政治体制中,封建士大夫对他们自身未来所表现出的一种高度政治关注的反映。在这种体制中,西周的灭亡可能已经被赋予了一种强烈的象征意义。

无论是中国还是西方,现代的历史学家面对历史上学者们提出的这些分析之外,似乎很难再补充什么了。褒姒的故事在许多

---

① 焦循:《雕菰集》(上海:商务,1937),第118-119页。另见《史记》4,第147页。
② 崔述:《崔东壁遗书》,顾颉刚编(上海:古籍,1983),第246-247、334-335页。

历史书籍中继续被讲述着,通常还小心翼翼地附加上说明指出它的传说性特点。更谨慎的学者则尝试着将这一事件置于西周末年外敌入侵(特别是玁狁之患)这一大的历史背景中去考虑。[①] 但是,学者们似乎还没想到通过对文献及考古资料的全面检视,从而去研究包括内部政治和外部压力在内的复杂历史问题。最近数十年,在一些地方封国(最引人注目者如晋、虢和应)的墓地中西周晚期墓葬的发现,重新激起了学者们对西周晚期历史的兴趣。将西周的灭亡看作是西周王室派系斗争的表现这一新观点被一些年轻学者提出。在1986年发表的一篇论文中,谷口义介主要以《诗经》资料为基础,提出西周的倾覆源于幽王时期的继位争端,争斗的双方实际上是周王室的两个传统联姻对象:姒、姜两个氏族。而隐藏在姒姜二氏争斗背后的则是一东一西两个地方封国集团之间的争斗,这两个封国集团即源于上述两个氏族。按照这个观点,西周灭亡是姜族对姒族的胜利。[②] 在对晋国早期历史新近的一项研究中,沈载勋比较了有关西周向东周过渡时期的不同资料,认为周人分成了两个派别,一派是幽王、伯服以及虢氏,另一派是太子宜臼、申郑鲁三个诸侯国,甚至还包括西戎。[③] 西周的灭亡是第二派对第一派的胜利。

这些新观点尽管尚需要进一步完善,其中相关的证据也还需要更为全面的理解,但它们与只强调褒姒的作用或者强调幽王的败政的传统解释已截然不同了。相反地,我们应该将这场历史性的溃灭看作是西周国家内部政治的一种相当自然和符合逻辑的发展。依照这种观点,外部因素扮演的角色仅仅是周人内部政治的

---

① Hsu and Linduff, *Western Chou Civilization*, pp. 259 – 260.
② 谷口義介:《西周滅亡の一側面》,《學林》8(1986),第11 – 12页。
③ Jae-hoon Shim, "The Early Development of the State of Jin: From its Enfeoffment to the Hegemony of Wen Gong (r. 636 – 628 B. C.),"未发表博士论文,University of Chicago (1998), pp. 139 – 150.

一种延伸。

第二节　西周灭亡的新发现

为了充分理解西周王朝倾覆的历史过程,并且发现公元前771年事件背后真实的驱动力,对当前拥有的信息作全面的分析便显得十分必要。在这一节中,我将检视这一时期所有的证据,并且对涉及西周王室及一些地方政体的最终导致西周王朝灭亡的政治发展进行新的释读。不过,要正确重构幽王时期的政治,我们首先要对幽王在位十一年间历史事件的次序进行一次准确的排序。本书附录三做的即是这样一个工作,它是基于对《竹书纪年》以及相关文献中幽王在位期间的基本纪年进行比较而完成的。所以在阅读下文时,请读者多参考附录三中的讨论。

褒姒角色的史学史发展

由于对西周灭亡的传统阐述长期以来一直被褒姒这一神秘的角色所掩盖,因此在解决这一时期其他所有的问题之前,我们必须首先廓清褒姒之谜。褒姒身世故事中的内在矛盾早在两百年前便由焦循指出,我们不必在此赘述。从另一方面看,我认为,证据显示后世史学家所描述的褒姒这一角色其实是中国古代史学领域长期发展的一个结果。因此,我们这里的任务是论证褒姒的故事是如何一步步发展起来的,以及在后世的历史记录中它又有着怎样的描述形式。如果我们能够从这个传说中分辨出后世添加的层次,并将后世的臆造与故事的原始内核相分离,那么我们就可能还原她真实的历史作用,或者说这个角色是否真正存在过。对褒姒的正确理解将为我们重新解释西周的灭亡开辟一条新的道路。

让我们从《国语·郑语》中的一段叙述开始,据说出自周幽王的太史史伯之口:[1]

> 且宣王之时有童谣曰:"檿弧箕服,实亡周国。"于是宣王闻之,有夫妇鬻是器者,王使执而戮之。府之小妾生女而非王子也,惧而弃之。此人也,收以奔褒。天之命此久矣,其又何可为乎?《训语》有之曰:"夏之衰也,褒人之神化为二龙,以同于王庭,而言曰:'余,褒之二君也。'夏后氏卜杀之与去之与止之,莫吉。卜请其漦而藏之,吉。乃布币焉而策告之,龙亡而漦在,椟而藏之,传郊之。"及殷、周,莫之发也。及厉王之末,发而观之,漦流于庭,不可除也。王使妇人不帏而噪之,化为玄鼋,以入于王府。府之童妾未及龀而遭之,既笄而孕,当宣王之时而生。不夫而育,故惧而弃之。为弧服者方戮在路,夫妇哀其夜号也,而取之以逸,奔于褒。褒人褒姁有狱,而以为入于王。王遂置之,而嬖是女也,使至于为后而生伯服。天之生此久矣,其为毒也大矣,将使候淫德而加之焉。毒之酋腊者,其杀也滋速。

上面这篇文字出自史伯批评幽王的昏暗统治的段落中。在这段叙述中史伯征引了两份资料:一首童谣和已经佚失的《训语》。但这两条引述本身似乎与褒姒并没有太大的关系,并且它们也不能支持史伯将褒姒描绘成一个邪恶女子。从另一方面来看,很可能是史伯(如果他真是这个故事的讲述者),或者说是《国语》这部书的编纂者,将这两份资料编联起来创造了一个引人入胜但却自相矛盾的故事。

不过,另外还有一段文字中也提到了褒姒,叙事者是史苏,篇幅较短,载于《国语·晋语》。与《郑语》中将褒姒记述为褒人为一

---

[1] 《国语》16,第519页。

次可能的败诉而支付给幽王的抵偿品不同,《晋语》中谈到了幽王对褒国的一次讨伐,根据叙事者的观点,这与献公伐骊戎十分类似;褒人将褒姒献给幽王以换取和平。史苏继续说道,褒姒得宠,生了伯服。随后她与奸臣虢石父勾结,驱逐了王位的继承人宜臼。① 史苏版本的不同之处不仅仅是它的简单,更在于它潜在的哲学:褒姒是被征服者向征服者实施报复的工具——"雌性杀手"。但在史伯的版本中,她却是一位古代邪神的转世,奉上天之命前来惩罚周王的倒行逆施,并且将周王朝引向灭亡。有些学者认为,《郑语》的成书年代可能要比《晋语》晚。② 如果此点属实,那两个版本之间的差异可能反映了战国时期的史学家和哲学家对西周灭亡之认识的一种转变。但它们也可能只是代表了褒姒身世故事的两个并存传统。

这两个版本自然都为司马迁所熟稔,但在《史记》中,他显然将史伯对褒姒身世的详细叙述与史苏关于褒姒导致西周灭亡的说法结合了起来。事实上,司马迁不仅复制了史伯的版本,而且还添加了在某种程度上可谓整个故事中最著名的一部分。这个特殊的部分极可能来源于《吕氏春秋》,但太史公对其做了一定的修改。《吕氏春秋》的成书年代甚至比《郑语》还要晚,大约在公元前239年:③

> 周宅酆镐近戎人,与诸侯约为高葆,置鼓其上,远近相闻。即戎寇至,传鼓相告,诸侯之兵皆至救天子。戎寇尝至,幽王击鼓,诸侯之兵皆至,褒姒大说喜之。幽王欲褒姒之笑也,因子击鼓,诸侯之兵数之而无寇。至于后,戎寇真至,幽王击鼓,

---

① 《国语》7,第255页。
② 卫聚贤:《古史研究》,第一辑(上海:商务,1934),第164页;另见 Loewe, *Early Chinese Texts*, p. 264.
③ 《吕氏春秋》,第712-713页。关于这部著作的成书年代,见 Loewe, *Early Chinese Texts*, p. 324.

诸侯兵不至,幽王之身乃死于骊山之下,为天下笑。

在《史记》中,这个故事变成了:①

> 褒姒不好笑,幽王欲其笑万方,故不笑。幽王为烽燧大鼓,有寇至则举烽火。诸侯悉至,至而无寇,褒姒乃大笑。幽王说之。为数举烽火。其后不信,诸侯亦不至……申侯怒,与缯、西夷犬戎攻幽王。幽王举烽火征兵,兵莫至。遂杀幽王骊山下,虏褒姒,尽取周赂而去。

"烽火"之说显然是司马迁的虚构,因为《吕氏春秋》中仅说到了"鼓";我们几乎没有任何证据可以证明"烽火"这种报警系统在先秦即已存在,自不必提西周时期了。更重要的是司马迁为褒姒添加了一种更为神秘的特征:她不爱笑,甚至连话都不说。在这样一种情况下,她邪恶的力量"驱使"幽王费尽心思去取悦于她。这种特征并非《吕氏春秋》或《国语》中的褒姒所有。在《吕氏春秋》中,这个故事只是向我们展示了一位不计后果的统治者如何戏弄他的臣子,而司马迁却利用它来显示邪恶、心怀鬼胎的褒姒是如何引起西周王朝灭亡的。鉴于《史记》对后世历史著述有着巨大的影响,《史记》版本因此晋升为褒姒故事的主流。然而,这个故事的发展并不止于《史记》;到公元 10 世纪,褒姒又被附加了另一个癖好:爱听丝裂之声。据《通志》:②

> 褒姒好闻裂缯之声,王发缯,裂之以适其意。

我怀疑这次新的发展可能与鄫国的名字有一定关系,"鄫国"之"鄫"在《国语》和《史记》中均作"缯",根据《今本竹书纪年》,公元前 780 年,鄫遭到周王师的讨伐。③ 很可能这次新的创作是基于对

---

① 《史记》4,第 148—149 页。
② 《通志》3,第 52 页。
③ 《竹书纪年》2,第 16 页。

"缯"字的误读和曲解。正如附录三中表明的,这个被进攻的小国在古墓本的《竹书纪年》中可能被写作"鄫";而《国语》中却是"缯"(有"丝"的意思),"缯"随后被复录入《史记》,很显然这是"鄫"字在不同的文献传统中书写发生了变化。到了中古时期,古墓本《竹书纪年》最初的"鄫"字已经被错误地引成"鄫"字,同坐落在不同地区的另一个名为"邵"的诸侯国产生了混淆。"鄫"与"缯"之间的联系也因而丧失,而后一个字"缯"所具有"丝"的意思从而导致了"褒姒好闻裂缯之声"这个故事的出现。我认为此处细致的文本分析能够清晰地解释《通志》所传递的这一新的虚构描述的来源。

褒姒故事的持续发展在很大程度上要归因于"妖女祸国"这个古老的信仰。虽然邪恶的男人更容易毁掉一个王朝,但当一个女人卷入到王朝的纷乱中去时,即便她在整起事件中是个无关紧要的人,她的角色依旧会被夸大其词,并且在历史上可能会被妖魔化。上面揭示的褒姒故事的发展就属于典型的将褒姒逐渐妖魔化的一个长期过程。对女性的这种成见在由男人统治的世界中并不是短时间内形成的,这主要是男人反对女人干政这一传统偏见所致。在《尚书·牧誓》中,武王誓师时引述了一个古代谚语:"牝鸡无晨;牝鸡之晨,惟家之索!"[1]在《诗经·瞻卬》中诗人断言:"乱匪降自天,生自妇人!"[2]值得注意的是,邪恶的女人妲己将商朝引向灭亡的神秘故事与褒姒故事的发展轨迹简直如出一辙。[3]

从更深层的意义上来看,或许只有将褒姒妖魔化,西周王朝的声望与其耻辱的结局之间的矛盾才可以得到适当的调和。找到了西周灭亡的替罪羊,后世的史学家和政治家们就能够求得一种心理平衡,从而他们也就有理由继续视西周王朝为模范王朝。我们

---

[1] 《尚书》,第183页。
[2] 《诗经》18.5,第577页。
[3] 《史记》3,第105页。

在后面的讨论中将进一步说明，诸如褒姒的身世、神秘的行为以及其诱使幽王欺骗诸侯，从而导致周王朝灭亡的一系列臆造，都是围绕着《诗经》中的某些核心信息构建起来的。这些信息表明她也许在幽王统治时期扮演着一个政治角色，从而使其成为担当王朝灭亡罪责的理想对象。如果她的名字确是褒姒（这一点其实我们没有必要怀疑），那么她很可能来自陕西南部山地，因为褒就坐落在今天汉水上游的勉县境内。① 不过，为了理解西周灭亡的真实历史，我们必须首先从传说的影响中摆脱出来。

周王室的派系和政治斗争

传统史学同样将一些不祥的征兆归置到幽王身上。据《太平御览》中引用的一个故事，幽王之母不恒期月而生之，生而几乎被其父宣王遗弃，只是因为宣王年长而未有子，幽王才有幸被留下，并且继承了王权。② 幽王统治的十一年是中国历史上变故不断、殊不平静的一个时期。王室的政治斗争交织着王室与一些地方诸侯国之间的冲突，同时再加上政治危机和自然灾害之间的相互作用，幽王时期的整个情况显得错综复杂。但最终引起西周王朝崩溃的政治混乱之根源却是在宣幽两世的权力交替。

幽王掌权后的最初五年间，周王室的政治牵涉到一位叫"皇父"的重要历史人物。根据《今本竹书纪年》，幽王元年（前 781），"王锡太师尹氏、皇父命。"③这段记载显示皇父可能同时对周朝军队和王室行政拥有权威。不过重要的是应该提到，皇父的权力和

---

① 《汉书·地理志》记载，汉代汉中郡有褒中县。见《汉书》28，第 1596 页。褒国所在的褒河流域，往南穿过秦岭，注入汉水，为汉渭谷地与汉水流域之间的一条重要的交通通道。

② 《太平御览》85，第 403 页。

③ 《竹书纪年》2，第 16 页。大多数学者认为，在西周中晚期的金文中，尹氏是"内史尹"或"作册尹"的简称，或者是两者的合称，为周王室中各种史官的一个总管。见张亚初、刘雨：《西周金文官制研究》（北京：中华，1986），第 56－57 页。

威望可能早在幽王继位之前即已建立，因为在宣王二年（前826）时，他就已经被册命为"太师"，四十四年后，他再次被授以同样的职位。宣王六年（前820），《今本竹书纪年》记载，在宣王帅师伐淮河地区的徐戎时，皇父担任了军事将领。这场战役也是《诗经·大雅·常武》的主题。① 皇父非比寻常的地位我们亦可从"皇"这个头衔中窥见；在整个西周金文中，除皇父外，只有在成康时期地位已极为显贵的召公被赋予过这个称号。②

皇父这个人物的历史真实性在西周金文中可以得到充分的证实，因为他显然是1933年在岐邑地区发现的一批青铜器的作器者（图31）。③ 鉴于他在宣王时期长期的任职以及显赫的地位，到幽王重新册命他为"太师尹氏"时，皇父可能至少已近古稀之年。并且根据他长达四十四年担当"太师"的资历和早先的荣誉，毋庸置疑，皇父是幽王继位时西周王室的一位核心人物。

《今本竹书纪年》载："（幽王）五年，皇父作都于向。"④皇父在洛邑北面的向（今河南济源）为自己营建新邑，并且永久性地离开宗周去那里度其余生。这个记录也可以在《诗经·小雅·十月之交》中得到印证。显然，这是一件很不寻常的政治事件，这并非因为一个年长的官员必须要退休，而是因为，由于某种原因，他都必须离开陕西王畿地区，将自己的住所永久地迁往遥远的东部。西周历史上唯一一次与此类似的事件可能是王朝建立之初，周公因为与年轻的成王（背后得到召公的支持）之间的政

---

① 《竹书纪年》2，第14页；另见《诗经》18.5，第576页。
② 例如，在作册大方鼎（JC：2758）的铭文中，召公被称作"皇天尹太保"。
③ 包括两件函皇父鼎（JC：2548、2745），四件函皇父簋（JC：4143）以及函皇父盘（JC：10164），遗憾的是，青铜器上的铭文内容相当简单。见《青铜器图释》（北京：文物，1960），第20—21页，图版61-66。
④ 《左传》（隐公十一年）中，向与其他聚落一同被提及，这些聚落均坐落在太行-黄河地带的西南端，从洛阳渡河向北即是。注疏者和历史地理学家一般认为向在汉代的轵县，即今天的济源。见《左传》4，第1737页；江永：《春秋地理考实》，第10页。

图 31　周原出土的函皇父器

(采自《陕西青铜器》,第 66 页;《青铜器图释》,第 59 - 64 页)

治嫌隙而择居东方。① 有趣的是,正如附录三中的年代学分析显示的,同一年,王位的正当继承人宜臼也被迫离开都城,前去申国避难。这又是一次极不寻常的政治事件。我认为这是幽王统治历史上的一个重要转折点——西周末日的开始。皇父隐退东部是否标志着这位受人敬重的王室大员平和而体面地让出权力呢? 抑或只是他屈辱地败于政敌之手呢? 遗憾的是我们的历史著作没有提供有关皇父隐退的详细内容。但在周人的文学作品

---

① 对这个问题的精彩分析,详见 Edward Shaughnessy, "The Duke of Zhou's Retirement in the East and the Beginnings of the Minister-Monarch Debate in Chinese Political Philosophy," *Early China* 18 (1993), pp. 64 - 72.

中,我们看到了一些重要的线索,这些线索有助于我们理解那些在历史著作中只是一笔带过的事件描述。我们的资料显示,后一种情况可能更属实情。皇父隐退东方是《诗经·小雅·十月之交》的主题:①

1 十月之交,　　　　2 朔日辛卯。
3 日有食之,　　　　4 亦孔之丑。
5 彼月而微,　　　　6 此日而微。
7 今此下民,　　　　8 亦孔之哀。

9 日月告凶,　　　　10 不用其行。
11 四国无政,　　　　12 不用其良。
13 彼月有食,　　　　14 则维其常。
15 此日而食,　　　　16 于何不臧。

17 烨烨震电,　　　　18 不宁不令。
19 百川沸腾,　　　　20 山冢崒崩。
21 高岸为谷,　　　　22 深谷为陵。
23 哀今之人,　　　　24 胡憯莫惩。

25 皇父卿士,　　　　26 番维司徒。
27 家伯维宰,　　　　28 仲允膳夫。
29 棸子内史,　　　　30 蹶维趣马。
31 楀维师氏,　　　　32 艳妻煽方处。

33 抑此皇父,　　　　34 岂曰不时。

---

① 《诗经》12.2,第445—447页。

35 胡为我作，　　　　　36 不即我谋。
37 彻我墙屋，　　　　　38 田卒污莱。
39 曰予不戕，　　　　　40 礼则然矣。

41 皇父孔圣，　　　　　42 作都于向。
43 择三有事，　　　　　44 亶侯多藏。
45 不慭遗一老，　　　　46 俾守我王。
47 择有车马，　　　　　48 以居徂向。

49 黾勉从事，　　　　　50 不敢告劳。
51 无罪无辜，　　　　　52 谗口嚣嚣。
53 下民之孽，　　　　　54 匪降自天。
55 噂沓背憎，　　　　　56 职竞由人。

57 悠悠我里，　　　　　58 亦孔之痗。
59 四方有羡，　　　　　60 我独居忧。
61 民莫不逸，　　　　　62 我独不敢休。
63 天命不彻，　　　　　64 我独不敢效我友自逸。

如本书前言所述，我们并不知道究竟是何人、何时创作了这首诗。然而，既然所有的学者都一致同意《诗经》中最晚的部分（主要指《国风》）时代在公元前6世纪中期，以及那些年代稍早的诗中（特别是《雅》和《颂》部分）至少有一部分是属于西周时期，这就给这首诗提供了一个大致的年代框架，其创作与它所讲到的西周最后一个王朝应该相去不远。事实上，上面的这首诗最重要的一点就是它提到了一大串官职名称（25–31行），这些名称精确地总括了我们从金文中所能了解到的西周晚期中央政府中最重要的职位；实际上，在西周中期以前"宰"并不重要，"膳夫"也是到西周晚期才变得突出。① 诗中对西周晚期政治制度的描述有力地说明,不管这首诗为何时何人所作,作者必定是一个对西周晚期政治和人事特别熟悉的一个人。在皇父隐退的这一年里,周都地区并没有发生大地震。但根据《今本竹书纪年》和《国语》的记载,幽王二年(前780)确有一次;② 在同一年或早一年的时候,正如一些现代科学研究显示的,周都地区确实出现过一次日食,这再次说明了这首诗的历史价值。③

对这首诗的传统解释一直都遵循《诗序》,传统上认为是孔子的门徒子夏所作,并且汉代郑玄注也假定这首诗是对幽王统治时期政治的全面批判。④ 把这首诗放到相关的历史背景中来看,我认为诗的主题显然与皇父的隐退有关,而不仅仅是谴责幽王统治的腐朽。这首诗实际上揭示了地位显赫的皇父与新近即位的幽王之间严重的政治裂痕,并且这一政治冲突最终迫使皇父离开周都。诗人将皇父隐退以前发生的自然现象,如地震、日食,同其隐退联系起来,在他看来,皇父的隐退是与地震一样悲惨的事情。诗人抱

---

① 对这些官职的讨论,见 Hsu and Linduff, *Western Chou Civilization*, pp. 230-249. 对西周晚期政府尝试性的重建,见张亚初、刘雨:《西周金文官制》,第 110 页。

② 《竹书纪年》2,第 16 页。据说这次强烈的地震引起岐山崩溃,渭、泾和洛三川枯竭。在《国语》中,伯阳父将这次地震视为一次极坏的征兆,预示着西周的灭亡。见《国语》1,第 26-27 页。

③ 诗中提到的日食年代是西周年代学研究中的一个重要问题。这次日食的传统断代是幽王六年(前 776)。不过现代天文学研究显示,那一年周都地区并未出现日食。还有人认为这次日食发生在公元前 734 年,但这个年代显然同《十月之交》中的历史内容相抵触。另一方面,正如大多数学者已经接受的,方善柱曾认为这次日食可能是公元前 780 年周都地区发生的一次(儒略历日数 1 436 318)。在 Stephenson 和 Houlden 编辑的历史日食图中,这次日食被定在公元前 780 年,与公元前 781 年相当。见 Needham, *Science and Civilization in China*, vol. 3 (London: Cambridge University Press, 1959), p. 409; 方善柱:《西周年代学上的几个问题》,《大陆杂志》51.1 (1975),第 21-22 页; Stephenson and Houlden, *Atlas of Historical Eclipse Maps: East Asia 1500 BC – AD 1900* (London: Cambridge University Press, 1986), p. 89.

④ 依照这个观点,诗中列举的所有人物,包括皇父、艳妻(自然是指褒姒),以及周王都受到了诗人的批评。见《诗经》12.2,第 445-446 页。但这个观点不能解释皇父隐退东部的原因;这显然是这首诗的主题。同样,将皇父和其他四位官员均视为褒姒的同党显然是不明周王室的实际权力结构。鉴于皇父的身份背景,我认为他没有理由与褒姒合作。

怨皇父,因为在他看来,皇父不负责任地离开王都,使周王身边少了保护之人,并且他的东迁造成了都城地区的骚乱和资源的流失。同时,诗人对皇父也明显抱有同情之心,认为他是政敌诽谤(52-56行)及周王猜忌(11-12行)的牺牲品。更重要的是,第42-48行显示,许多王室元老都追随皇父从周都撤离,一同迁往东部,这似乎暗示了宣王朝的老一代官员与幽王刚刚培植的新派系之间的一次决裂。第45-46行,"不憖遗一老,俾守我王"一句尤见皇父离开王都之时的愤懑之情。

在人物描述方面(25-32行),诗中共提到六位官员,它们分别是番、家伯、仲允、聚子、蹶以及楀,这是这首诗与诗人讲述的故事之历史背景之间的一个重要联系。除皇父是函皇父器的作器者外,引人注目的蹶可能就是本书第二章中讲到的蹶父,他曾在宣王四年出使冀北韩国,并且在《诗经·韩奕》中也曾被提到。仲允可能与曾经奉宣王之命出使山东齐国的仲山父有关或同人。番可能是宣王时期的一位重要官员番生的后代,著名的番生簋(JC:4326)便是由番所作。① 我认为这些官员中的大多数均为皇父的政治盟友,而并非如郑玄注中所言是褒姒的追随者(按郑玄的说法,皇父也成了褒姒的追随者)。在这份人员名单的最后,诗人提到了"艳妻",毫无疑问,正如所有的注疏者都同意的,指的正是在这时声誉日隆的褒姒;这与我们的年表中褒姒在早两年之前,即公元前799年赢得幽王的宠幸也是相一致的(见附录三)。

我以为这一新的释读最能合理地解释这首诗的内部逻辑,并且与这首诗的历史背景也相吻合。在人类历史上,新上台的统治者用自己的亲信来更替那些地位显赫的老一代官员的现象可谓层

---

① 郭沫若认为番即番生。见郭沫若:《两周金文辞大系》,第133页。然而在年代必定早于幽世的番生簋中,番生是整个王室官僚机构的官长,而番仅仅是一名司徒,两者地位悬殊。因此,我认为番与番生是两个不同的人。关于番生簋,见白川静:《金文通释》,27.160:422。

出不穷。在与皇父的政治争斗中，幽王可能得到了他年轻妃子褒姒的协助，而后者也可能正觊觎着王后之位。进而，这一新的释读也得到另一首诗，即《诗经·小雅·节南山》的支持，这两首诗的内容明显是有关联的。事实上《小雅·节南山》是《诗经》中少有的几首提到诗人名字的诗之一，在这首诗中，诗人的名字叫作"家父"。我们有理由认为，家父亦即《十月之交》中的"家伯"，官职是"宰"，可能是皇父的盟友之一，因为金文中的诸多例子表明一个人是可以同时有这样两个称谓的。① 如果"家父"确实是"家伯"，那么说明这首诗可能创作于西周王朝灭亡之前（即为皇父派系的人所作）。当然，一位后来的诗人借一位早期政治家之口吟诵了这首诗也不无可能。关于这一点，我们先不做答案，但问题的关键在于，无论创作者是谁，诗人显然是站在皇父一派说话的，他尖锐地批评与幽王一派的反对政党：②

1 节彼南山，　　　2 维石岩岩。
3 赫赫师尹，　　　4 民具尔瞻。
5 忧心如惔，　　　6 不敢戏谈。
7 国既卒斩，　　　8 何用不监。

9 节彼南山，　　　10 有实其猗。
11 赫赫师尹，　　　12 不平谓何。
13 天方荐瘥，　　　14 丧乱弘多。
15 民言无嘉，　　　16 憯莫惩嗟。

---

① 这里仅举金文中两个例子。班簋（JC：4341）铭文中，"毛父"又被称作"毛伯"。郑义伯盨（JC：4391）铭文中的"郑义伯"在郑义羌父盨（JC：4392）中叫作"郑义羌父"，同时他在郑羌伯鬲（JC：659）中又被叫作"郑义羌伯"。

② 《诗经·小雅·节南山》12.1，第 440－441 页。

17 尹氏太师, 18 维周之氐。
19 秉国之均, 20 四方是维。
21 天子是毗, 22 俾民不迷。
23 不吊皇天, 24 不宜空我师。

25 弗躬弗亲, 26 庶民弗信。
27 弗问弗仕, 28 勿罔君子。
29 式夷式巳, 30 无小人殆。
31 琐琐姻亚, 32 则无膴仕。

33 昊天不佣, 34 降此鞠讻。
35 昊天不惠, 36 降此大戾。
37 君子如届, 38 俾民心阕。
39 君子如夷, 40 恶怒是违。

41 不吊皇天, 42 乱靡有定。
43 式月斯生, 44 俾民不宁。
45 忧心如酲, 46 谁秉国成。
47 不自为政, 48 卒劳百姓。

49 驾彼四牡, 50 四牡项领。
51 我瞻四方, 52 蹙蹙靡所骋。

53 方茂尔恶, 54 相尔矛矣。
55 既夷既怿, 56 如相酬矣。
57 昊天不平, 58 我王不宁。
59 不征其心, 60 覆怨其正。

61 家父作诵，　　62 以究王讻。
63 式讹尔心，　　64 以畜万邦。

这首诗在传统解释中被认为是对皇父的政治讽刺，并且因此连带对幽王也进行了批评（因为是他册封了皇父）。这非但是一种误解，更是完全忽视了这首诗的历史背景。将"家父"与"家伯"视为同一人，无论他是不是这首诗的作者，本身便是对这种观点的一种驳斥，因为同样是这种观点将"家伯"和"皇父"均视为褒姒的同党。在我看来，第1-24行再明白不过地强调了皇父对维持西周国家稳定的重要性，并且也表达了对皇父失势的同情和悲哀。第25-36行谴责皇父的政敌蒙蔽周王，在政府中随意安插自己的亲信。① 第37-48行抱怨幽王无视民众愤怒与憎恨心理的增长，允许邪恶之人操纵权力。诗的最后一部分（53-64行）或许是最重要的一部分，诗人呼吁皇父与周王和解，这正是本诗的主旨所在。"家父"，即这首诗的提名作者，本人可能也未能幸免这次政治争斗（如49-52行所暗示的），但他还是试着规劝皇父与周王妥协，并留在王都。

毋庸置疑，"节南山"这首诗向我们呈现了西周晚期政治中一种激烈的派系之见。这种观点甚至在《正月》中表现得更为明显，它直接对褒姒进行公开和尖锐的批评。诗人显然是站在皇父这派人的立场上说话的（他原先可能是皇父的盟友之一），在无法同新的派系相处的情况下，被迫离开王室。②

1　瞻彼阪田，　　2　有菀其特。
3　天之扤我，　　4　如不我克。
5　彼求我则，　　6　如不我得。

---

① 行13-18原先被错误地当作对皇父的批评。我认为这一部分的批评显然是指向皇父政敌的，最可能是指向褒姒（行16提及）及其同党。
② 《诗经·小雅·正月》12.1，第441-443页。

7 执我仇仇，　　　　8 亦不我力。

9 心之忧矣，　　　　10 如或结之。
11 今兹之正，　　　　12 胡然厉矣。
13 燎之方扬，　　　　14 宁或灭之。
15 赫赫宗周，　　　　16 褒姒灭之。
17 终其永怀，　　　　18 又窘阴雨。
19 其车既载，　　　　20 乃弃尔辅。

21 彼有旨酒，　　　　22 又有嘉肴。
23 洽比其邻，　　　　24 婚姻孔云。
25 念我独兮，　　　　26 忧心殷殷。
……

简言之，虽然传统注疏者所遵循的《诗序》所讲讽刺功能可能并不正确，但上面这些诗的政治倾向却是十分清晰的。这些诗的创作明显不是出于纯粹的文学乐趣或审美情趣，而是有着明确的政治意图。它们共同提及了一个潜在的历史背景或过程，并且这些背景或过程同样得到了其他历史著作的证明；因为这个潜在的历史背景或过程的存在，我们可以实际上将他们当作一组诗来加以释读。不过与其他历史著作（比如《竹书纪年》）通常只是粗略地描述不同，这些诗有着深刻的政治观点和历史现实意义，而这都已经成为周人文化记忆中的一个重要组成部分。它们显示了幽王早年西周王室中曾经有过的一次激烈的政治争斗，结果皇父被迫隐退东部。这场争斗可能是围绕着王室政策的控制权而展开的，争斗的双方是年轻的幽王与宣王时期留下的前朝元老，同时还纠缠了两个女人为她们的儿子争夺王位的争斗：一个是正统的周王室王后申后，另一个则是势力逐日上升的褒姒。需重点回顾的是，根据《今本竹书纪年》，王权的合法继承人宜臼在皇父隐退的同一年也被迫出逃。我认为这两起事件必定有联系，俱源于皇父集团败于幽王-褒姒集团的政治争斗。在这种情况下，远离纠纷对于一个老人来说或许是最明智的选择。而失去了皇父集团的政治支持，王子的唯一选择也就只有出逃了。

从历史文献记载来看，从幽王五年到幽王八年（前777－前774），周王室经历了一次重要的权力重建和政府改组。《国语·郑语》提及一位叫虢石父的幽王派大臣，他是虢氏的族长，幽王晋升其为"卿士"，而这个职位原本是属于皇父的。我们不知道这次册命的精确日期。但根据《今本竹书纪年》，幽王七年（前775）虢人灭焦，①很可能在皇父离开后不久，虢石父便开始在周宫廷中扮演重要的角色。我们同时还了解到，在幽王八年（前774），正如《周语·郑语》结尾处的一条记载告诉我们的，郑桓公被册命为司徒。② 更重要的是，公元前774年，也就是王权合法继承人宜臼出逃三年之后，褒姒的儿子伯服（或伯盘）正式被立为太子。附录三中的年表显示，从褒姒在公元前779年受到幽王宠幸算起，伯服正式成为王室继承人时可能仅仅是个三四岁的孩童。③ 很可能立伯服为太子就是为了巩固褒姒的政治地位。

我们在此所讨论的历史著作虽然主要来自于战国时期的文本，但在讲述西周王室发生的一次较大的政治过渡时，却与早些时候的《诗经》中的描述颇为吻合。从这些历史著作来看，至公元前771年，西周王室已经诞生了一个新的权力结构，它由四个主要人物组成：周王、褒姒、虢石父以及郑桓公。根据《吕氏春秋》，与虢石父一同提到的祭公敦可能也是这个新政府中的一员，不过目前

---

① 《竹书纪年》2，第17页。
② 《国语》16，第524页。
③ 《竹书纪年》2，第17页。

尚无其他资料可以证明这个说法。① 由前朝元老所组成的反对政党已被完全排除在外，周幽王由是赢得了对周王室政策的完全话语权。对幽王政治的一份全面批评在《国语》中可以找到，那是史伯为郑桓公论兴衰的一部分。除了对褒姒及虢石父的个人抨击外，史伯还提出了一个关于"和谐"与"同一"关系的哲学问题。根据史伯的说法，幽王排斥异议，抛弃和谐，专喜同一。② 这在史伯看来，是很不好的现象，会导致西周的灭亡。这一饶有兴味的观点至少反映了后西周时代的政治家和史学家是如何看待幽王宫廷中的政治问题的。

总括起来，上文对幽王朝中政治发展的分析与谷口义介的简单推测（认为虢氏支持的褒姒家族与申氏支持的申后家族之间有一场斗争）有着显著的不同。它同样异于沈载勋所划分的幽王、伯服和虢石父一派同王子宜臼、申、郑、鲁还有西戎一派之间全面的政治分界。③ 我的解释意在从西周最后两个王世的权力交替中寻找这种政治对抗的起源，正是它扰乱了幽王的朝廷，并且最终将王朝引向灭亡。这是一次分别以皇父和幽王为核心的政治派别争斗，同时，两个王室女人及其儿子围绕王位继承的争端也牵涉其中。随着斗争中皇父集团的失败，西周政府的权力结构也逐渐按照一条完全由周幽王掌控的政策路线进行重建。但周幽王对政敌的胜利不仅为王室权威的重建创造了机会，同时也开启了西周王朝灭亡的大门。

联盟与洗劫周都

西周王室中幽王和褒姒势力的巩固自然也在周都之外有着重

---

① 《吕氏春秋》2，第634页。
② 《国语》16，第515—516页。
③ 应当指出，这两种意见都没有提到幽王时期的关键政治人物——皇父。见谷口义介：《西周灭亡の一侧面》，第10—12页；Shim, "The Early Development of the State of Jin," p. 139.

要的影响。其后在公元前773年至公元前771年之间所发生的一系列事件也可以视为西周王室政治斗争的一个延伸。不过这一次的斗争已经上升到了外交层次，某些地方诸侯国采取结盟的方式来与王室对抗。这次冲突主要牵涉到两个地方政体以及一个邻近西北边境的外族势力，并且随着冲突的升级，甚至是位于遥远东部的一些诸侯国也被牵扯进来。

申国是正统的周室王后申后的家乡，因此对于失势的太子宜臼而言，那里是最安全的庇护所。从公元前777年至公元前771年，根据《今本竹书纪年》中的记载，王子宜臼居留申国六年，一直处于他的外祖父申侯的庇护下。对于外孙被迫逃离王都以及女儿的失宠，申侯自然感到不悦。《史记》中对此只轻描淡写道："申侯怒，与缯、西夷犬戎攻幽王。"①但我相信，实际的情形可能与《史记》中这段被传统中国史学视为西周灭亡的正统描述极不相同。很显然，申侯开始并没有采取任何行动，直到他收留王子宜臼四年之后。《今本竹书纪年》在幽王九年下有一段重要的记载（前773）：②

（幽王）九年，申侯聘西戎及鄫。

这里的"聘"字，在《左传》这样的著作中是惯常出现的，指的是诸侯国间的官方拜访。"西戎"是对犬戎的另一种称呼，因为在地理上，他们位于周的西北（见附录二）。"鄫"，如同附录三中分析的，正是幽王二年（前780），晋文侯同王子多父所伐之"鄫"。虽然这次讨伐的动机不得而知，但毋庸置疑，因为与周王室之间存在冲突，鄫必定愿意向申伸出援助之手。公元前773年这一联盟的建立，仅发生在幽王褒姒集团巩固自己对王室控制后的一年。可想

---

① 《史记》4，第149页。
② 《竹书纪年》2，第17页。

而知,这主要是针对来自王室的威胁做出的一种反应,因为在申、鄫两国看来,周王室已经完全处于政敌的掌控之中了。无论如何,到公元前773年,阵线已经变得比以往更加明晰了,并且大范围的军事对峙已无法避免。在这点上,《国语》中史伯的谈话对这种形势提供了一个颇有"预见性"的政治分析:①

> 申、缯、西戎方强,王室方骚,将以纵欲,不亦难乎?王欲杀太子以成伯服,必求之申。申人弗畀,必伐之。若伐申,而缯与西戎会以伐周,周不守矣!缯与西戎方将德申,申、吕方强,其隩爱太子亦必可知也。王师若在,其救之亦必然也。王心怒矣,虢公从矣,凡周存亡,不三稔矣!

接下来三年中发生的事情正应了史伯的"预言"。但鉴于《国语》这部典籍的成书年代稍晚,故这一"预言"更可能是在公元前774年(被认为是史伯在《国语》中谈话的时间)之后,在已经发生的实际历史事件的基础上所做的一种回顾性的重建。不管怎样,《国语》中的记载与其他史料,特别是《竹书纪年》是相互一致的;但在申和王室谁先发难这一问题上,却与《史记》不同,《国语》记载的是王室首先向申发动攻击,而非申采取的主动。当然《史记》的记载并非不可能是基于另一种不同的史学传统,但是《国语》的记载和《竹书纪年》结合起来,似乎更符合当时的历史背景。不过在最后的战斗爆发之前,公元前772年可能还发生了另一件大事,《左传》(昭公四年)中写道:②

> 商纣为黎之搜,东夷叛之。周幽为太室之盟,戎狄叛之。皆所以示诸侯汰也,诸侯所由弃命也。

---

① 《国语》16,第519页。
② 《左传》42,第2035页。

在《今本竹书纪年》中，我们读到：①

> （幽王）十年春，王及诸侯盟于太室。

《左传》中的记载出自楚大臣椒举的一段言论，这是他对公元前538年诸侯盟会上以过度的礼仪表示其霸权意图的楚灵王进行的规劝。这段可能反映了东周政客们观点的文字看起来是自相矛盾的。一方面，它谈到戎狄叛周，另一方面，它又说太室之盟是诸侯叛周的原因。《左传》字里行间的政治逻辑是，周王利用自己的王权可以要求地方诸侯们提供无条件的支持，当周王决定按照东周时期平等的诸侯国之间举行的一种政治仪式来进行誓盟时，他实际上是在向地方诸侯暴露自己的弱点，诸侯们很可能会因此对王命罔视不从。"太室"指的是今天的嵩山，坐落在洛阳东面大约60公里处，后来被称为"中岳"。《今本竹书纪年》将这次会盟的时间定在幽王十年春（前772）。对于战国时期的政治家而言，这次事件具有独特的意义，因为他们会把它作为一个历史先例来支持自己的政治主张。而对于我们，这一记载似乎暗示着幽王曾前往东部与众多地方诸侯盟会，而这个会盟则是以一种有趣的方式与早一年形成的申、鄫、西戎联盟以及数月之后爆发的决战联系起来的。在幽王末年的历史背景中，在与申国正式摊牌之前，幽王很可能采取这个步骤来首先巩固他与东部封国的关系，将他们争取到自己这一边。假如这样的话，他可能会迫不得已下降身份来达到与地方封君盟誓的目的。无论如何，大概在这一年接近年末的时候，幽王决意同申国兵戎相见了。

《今本竹书纪年》中记载，在同一年（前772）的九月，王师伐申。为了更好地理解西周历史上的最后一个阶段，此处有必要对《古本竹书纪年》和《今本竹书纪年》有关幽王的两段记载进行比较。《古

---

① 《竹书纪年》2，第17页。

本》记载云：①

  （文侯九年）幽王十年，九月，桃杏实。

  （文侯十年）伯盘与幽王俱死于戏。先是，申侯、鲁侯及许文公立平王于申。幽王既死，而虢公翰又立王子余臣于携。周二王并立。

  二十一年，携王为晋文侯所杀。

《今本》则云：②

  （幽王十年）秋九月，桃杏实，王师伐申。

  （幽王）十一年，春正月，日晕。申人、鄫人及犬戎入宗周，弑王及郑桓公。犬戎杀王子伯服，执褒姒以归。申侯、鲁侯、许男、郑子立宜臼于申，虢公翰立王子余臣于携。

  二十一年，晋文侯杀王子余臣于携。

  根据《今本竹书纪年》，申、鄫和西戎对周都的进攻乃是王师先行伐申（它的地理位置将在下节中进行讨论）失败以后对周的还击。《古本竹书纪年》中并没有提到这场战役。我们必须牢记，古墓本是唐代学者辑自其他古书所引佚文而成的；如果关于这场战役的记载并没有被引用，那么它就不可能在重组的古本中露面。但更重要的是，今本似乎也与《国语》的传统保持一致，正如史伯的"预言"所显示的"（周）若伐申，而缯与西戎会以伐周"。而且，《今本竹书纪年》和《国语》中所展现的西周灭亡的过程与宣王早年，即公元前823年的战役（这在第三章中已经进行了重建和图示）是十分相似的。很可能申、鄫及犬戎联军在申附近一次较早的交战中击败了王师，随后向周都进军，很快周都便被攻陷了。另外，《古

---

① 九年条采自《御览》九百六十八引《纪年》。十年条采自《左传·昭公二十六年》孔颖达疏引《纪年》。见范祥雍：《古本竹书纪年辑校订补》，第34页。

② 《竹书纪年》2，第17页。

本》中说幽王和伯服俱死于"戏","戏"坐落在骊山脚下,西距镐京约50公里。① 如果此属实情,则说明幽王和伯服在遭到犬戎攻击时,已从周都向东退却,但最终未能幸免。

有关西周历史上的最后一幕,《古本》与《今本》之间最大的分歧是周平王宜臼被立的时间:《古本》中"先是"一词将它定在了幽王死之前,而《今本》却将其定在了幽王死后。如果《古本》准确,我们就必须考虑这样一种可能性,即王师伐申是出于对宜臼篡位的镇压。我们需要更为仔细地检视这个问题。重辑的古本中的记载辑录自孔颖达《左传·昭公二十六年》正义(见附录三全段引用);不过在宋代,这段特殊的记载再次被《通志》和《资治通鉴外纪》这两份史料所征引,并且个中内容精确地一致:②

　　幽王死,申侯、鲁侯及许文公立平王于申,虢公翰立王子余,而王并立。余为晋文侯所杀,是为携王。

由于这段引用中的措辞同录入《古本》中的孔颖达注有所不同,那么它就不可能是以孔注为基础的,而可能是直接引自《竹书纪年》的古墓本。刘恕(1032-1078),甚至郑樵(1104-1162)或许曾有机会直接接触到古墓本。内中直截了当地指出平王是在幽王死后被立的,与今本中一致。③ 相反,孔颖达《正义》显然是解释性和叙事性的。这自然暴露了在使用《古本》时的一些问题(论证见附录三)。事实上,无论是王国维还是范祥雍,都注意到孔颖达注中所引可能有异文侵入的问题。④ 我认为"先是"这个词同样是后来侵入的,是孔颖达在引用《竹书纪年》古墓本时自己增加的。简

---

① 关于"戏"的位置,《后汉书·郡国志》谓其在东汉新丰县;见《后汉书》19,第3403页。《水经注》中提到一条源出骊山的戏河,向北流经新丰,注入渭河。见《水经注》19,第616页。
② 《通志》3b,第52页;《资治通鉴外纪》3,第32页。
③ 在今本中,周平王即位时有郑公子的帮助,这也表明即位一事必在郑桓公死后。
④ 王国维:《古本竹书纪年辑校》,第11页;范祥雍:《古本竹书纪年辑校订补》,第34页。

而言之,平王是在幽王死后才被立为王的。

如果前文对西周灭亡的历史过程的重建是正确的,那么首先可将这个结局归因于一次军事上的错误估算,其目的是西周王室希望除去已经被驱逐的旧的王位继承人,从而保证新的候选人在未来顺利继位。当时王室内的反对党已经被击败,周幽王完全掌控了王室的政策。如果西周的力量足够强大,那么王师就有可能击败联合的敌军,并拘捕王子宜臼。但是,因为幽王早年的政治斗争已经大大地削弱了周王室的实力。相较而言,敌军明显实力雄厚,他们不但抵抗住了周王室方面首先发起的攻击,并且趁势打回周都,推翻了西周政权。在这样一种危险的境况下,一个错误的军事估算酿成了一场无法挽回的灾难。

第三节 西周灭亡的地理考订

上文对最终导致西周灭亡的历史发展过程进行了新的解释,基于目前的材料,我认为这个解释最能系统地阐明这一历史发展的真正政治动力。不过,我们仍有必要将这项解释同空间范围内的地表形态联系起来,二者实际上还牵涉到许多复杂的问题。这里最重要的,是搞清在西周王朝倾覆中扮演至关紧要角色的申、吕两国的地望问题。这既是一个历史的过程,亦是一个地理的过程。只有在解答了这些地理难题后,我们方可能透彻地理解这一历史性的王朝灭亡。

申国的地望

在附录二中我们论证了协助申国共同推翻周王朝的犬戎正是周政权传统的死敌——玁狁;第三章中我们也充分说明了在泾河上游,所谓的"萧关道"乃是玁狁入侵周的主要通道,还有太原,这一獫狁力量的大本营,可能就坐落在今天宁夏南部的固原附近。大概到幽王时期,这些人群已经广泛地分布在宁夏南部,以及甘肃东部六盘山以西一带地区。附录三中的年表显示,西戎同时也是秦国(今甘肃东部天水地区)的敌人。太原地区可能已经成为他们的聚集之所,从这里可以向周发动反复的攻击(地图12)。在后来的历史中虽然吐蕃的权力中心位于更远的西南,但依旧择取这条通道攻唐,这主要与西北地区的地形有关。

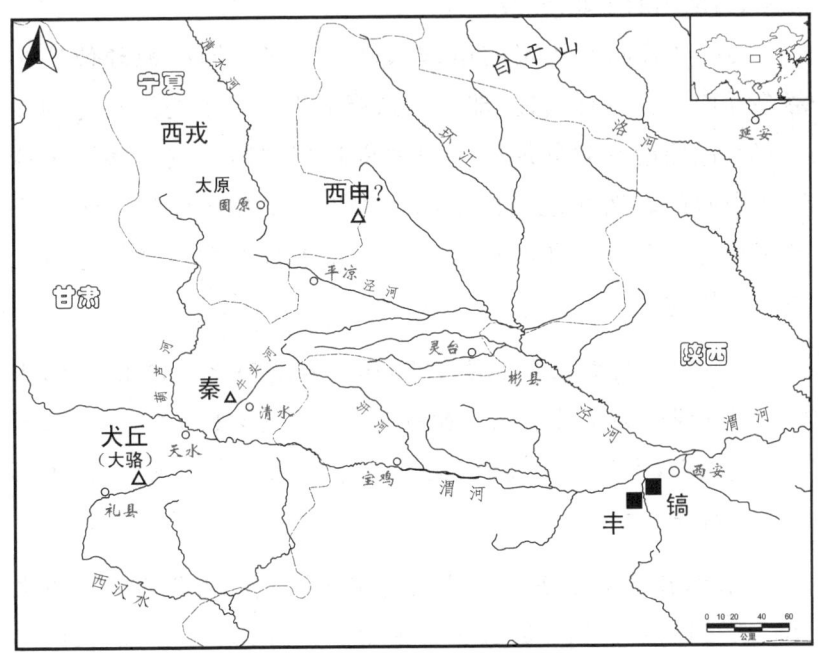

地图 12　西申和西戎可能的地理位置

长期以来,关于申国的地望,学界大多认为在河南省西南部的南阳盆地,周都的东南方。南阳盆地确实有一个申,始封于宣王时期。《诗经·崧高》中对此还做了赞颂。① 《汉书·地理志》将申定

---

① 《诗经》18.3,第 565–568 页。

在汉代南阳郡宛县,即今天的南阳市。① 表面看来,另外两个诸侯国,鄫和吕的位置似乎也支持申国的这个地理位置;两者在上文所引《国语》史伯的政治分析中与申一起被提到。吕国地望的权威解释是《史记》集解引徐广曰:"吕在南阳宛县西。"② 至于鄫的位置,后代的注者将它同春秋早期坐落在山东地区的"缯"国联系起来。③ 与此不同,清代学者高士奇认为鄫必定在申附近的某个地方,并且将它同《左传·哀公四年》中提到的"缯关"等同起来;缯关在今方城附近,南阳的东北面。④

传统学者们所认定的申、鄫、吕三个诸侯国的地理位置必然会导向这样一种结论,即西周国家的灭亡是由渭河谷地的周王室和豫西南南阳盆地中一组地方封国之间的政治和军事冲突所引起的。然而这与西戎的地理位置形成了矛盾。第一个基于地理位置对申和西戎之间的联盟进行严肃质疑的是清代史学家崔述:⑤

> 申在周之东南千数百里,而戎在周西北。相距辽远,申侯何缘越周而附于戎! 黄与弦之附齐也,其国在楚东北,然楚灭之,齐桓犹不能救,远近之势然也。王师伐申,岂戎所能救乎!

当然,崔述此处关心的主要是申与西戎政治联盟的历史真实性。但既然《国语》和《今本竹书纪年》均证实了这一联盟的存在,我们便无须再进行否认,并且进而否认西戎或申都曾参与制

---

① 《汉书》28,第1563页。
② 《史记》32,第1477页。此外,唐《括地志》(朱右曾《诗地理征》引)给出了申和吕的具体位置:申南距南阳15公里,吕则在南阳西面20公里处。见朱右曾:《诗地理征》,第32-33页。
③ 例如,《史记》正义云:"缯县在沂州承县。"即今枣庄市。见《史记》4,第149页。
④ 关于"缯关"的位置,见高士奇:《春秋地名考略》14,第1页;江永:《春秋地理考实》254,第34页。
⑤ 崔述:《崔东壁遗书》,第246页。

造西周的灭亡。真正的问题是这些政权组织的地理位置，其中又以申的最为关键。应当提到，钱穆曾试图解决这一矛盾，他以文献记录中东周早期一些戎人的活动范围为依据，将西戎定在一个庞大的地域内，大致从陕西渭河中游的兴平一直拉伸到豫西南的南阳。① 然而，钱穆把公元前771年攻破周都的戎人活动定在陕西东部和河南西部这一带，完全是置当时的历史背景于不顾了，因为我们知道戎人从西北迁入陕西东部和河南西部是在西周灭亡之后，也正是因为西周灭亡他们才有这个迁徙过程。钱穆错把结果当作了原因，因此他对西周晚期历史的研究是完全失败的。

显然，问题并不在于戎人的位置，因为同时期的金文资料告诉我们，戎人必在周王畿的西面和北面，问题在于传统文献中所记载的那些联戎破周的地方小国的地理位置。在某些方面，记录本身并没有错，因为申和吕这两个诸侯国显然坐落在南阳地区，并且不久之后便沦为南方楚国的附庸。但是这两个诸侯国的早期历史却在传统地理文献中被掩盖了。近来许多学者，譬如童书业、石泉等已经抛弃了申在南阳的说法，指出申当在陕西某处，靠近西戎。② 虽然他们尚未能指出申的近似位置，但他们的论点的方向是正确的。根据上文对西周晚期历史所做的新分析，我相信，当前的资料确实为我们寻找申国早期那段迷失的历史提供了一些重要的线索。

关于王子宜臼的出逃，《古本竹书纪年》云："平王奔西申。"而并不是简单地被称作"申"。这意味着在幽王时期，周的西部地区还有另外一个申。说到"西申"，它在古代文献中出现的时间更早，

---

① 钱穆：《西周戎祸考》，载《古史地理论丛》（台北：东大图书，1982），第154页。
② 童书业：《春秋史》（香港：太平，1962），第47页；石泉：《古代荆楚地理新探》（武汉：武汉大学，1988），第88页。

不但《竹书纪年》提到了它,另一部编于战国时期的古籍——《逸周书》中也曾提到。《逸周书》虽然成书于战国,但可能包含了一些较早的资料。① 在它的《王会》篇中,西申作为西北民族的一支(很可能是戎)而被提及,他们参加了成王在东部中心成周召开的一次诸侯大会。② 这似乎又同《国语·周语》中的一段记载相吻合,其中提到齐、许、申和吕四诸侯国的建立归因于太王与太姜(来自姜族的一名女子)的婚姻。这段记载暗示,这四个诸侯国或政治组织可能都是在西周早期建立的,并且都来源于同一个氏族,即明确起源于西部的姜族。③ 此外,《史记·秦本纪》中还显示,申与同在西部的秦国也存在着密切关系:④

> 昔我先郦山之女,为戎胥轩妻,生中潏,以亲故归周,保西陲,西垂以其故和睦。今我复与大骆妻,生適子成。申骆重婚,西戎皆服,所以为王。

这段引文的历史背景我们在第五章中再详加探讨,此处只需要指出申是秦人(戎胥轩和大骆皆为秦人的祖先)传统的通婚对象,并且这段联姻也成为西周国家西部边境安全的基础。此外这段引文所提供的背景说明申离秦和西戎都很近,因此它与秦的婚姻联盟也就成为稳固周西部边境至关重要的因素。

西周中期的金文资料同样证实了在宣王重建申于南阳盆地之前,早就已经存在着一个申。五年裘卫鼎(JC:2832)铭文中提到一个叫"䤲(申)季"的人,根据铭文中指称一个人时常冠以他所在

---

① 关于《逸周书》的内容及文本历史,见 Loewe, *Early Chinese Texts*, pp. 229-233。夏含夷认为《逸周书》中的《世俘》篇极可能就是原见于《尚书》中的一篇西周早期文献。见 Edward Shaughnessy, "'New' Evidence on the Zhou Conquest," *Early China* 6 (1981-1982), pp. 57-79。

② 《逸周书》7,第9页。

③ 顾颉刚对这些诸侯国与西部姜族之间的关系有详细论述;见顾颉刚:《从古籍中探索我国的西部民族——羌族》,《社会科学战线》1980年第1期,第122-123页。

④ 《史记》5,第177页。

宗族之名或者国名的惯例，此人很可能来自于申。在其他两篇铭文中，申季以右者的身份出现在王室册命仪式上，他负责带领受命者去见周王。① 由于这三件青铜器的年代俱在宣王之前，说明在公元前 821 年，作为宣王重整计划一个部分的南阳建申以前，申已然存在了，而这个申极有可能就是西申。② 很有可能申原先坐落在西部，后来才奉王室之命分开并在南方重建。1981 年，南阳市有一个重大的考古发现，一座西周晚期墓葬中出土了两件青铜器，作器者是南申伯太宰仲爯父。③ 这次发现不但确认了与这些青铜器同时期的南阳申的具体位置，更重要的是，它同时还显示了这个申在西周晚期被称作"南申"。我认为在这个例子中所看到的申有西—南之分（但并不呈现西—东或南—北对称），说明两申的地理方位是以宗周（镐京）为参照物的，并非彼此相对而称。④ 换言之，南申在宗周之南，西申则在其西，跟指称西戎的方式相一致。

此外，还有其他证据表明，甚至在南阳的南申建立之后，西申仍继续存在。最显而易见的是《古本竹书纪年》曰王子宜臼在公元前 777 年（幽王八年）奔西申。更早些时候，在宣王三十九年或四

---

① 这两篇铭文是大克鼎（JC：2836）与伊簋（JC：4287）。至于觯季的仕途进展，见 Li Feng, "Promotion and Success," pp. 1 – 35.

② 《竹书纪年》2，第 14 页。

③ 《中原文物》1984 年第 4 期，第 15 页。裘锡圭教授在分析史墙盘（JC：10175）的铭文时，首先将铭文中的"觯"考订为文献中的"申"字，这个观点已得到普遍的赞同；见裘锡圭：《古文字论集》，第 375、382 – 383 页。

④ 与这个解释相矛盾的是"东申说"，东申在河南信阳。这个论点最早由顾铁符提出，并且得到其他学者的追从。见顾铁符：《信阳一号楚墓的地望与人物》，《故宫博物院院刊》1979 年第 2 期，第 77 页。有的学者甚至提出信阳"东申"是南阳申的最初所在，他们将南阳申称作"西申"。见艾延丁：《申国之谜之我见》，《中原文物》1987 年第 3 期，第 109 页；邬锡非：《也谈西周申国的有关问题》，《杭州大学学报》1992 年第 1 期，第 30 – 31 页。不过，徐少华颇具说服力地指出，信阳之申直到春秋早期才出现。换言之，楚灭申（南阳）后，将其遗民重置于信阳，谓之"东申"。徐同时还认为，在南申建立之前，仅有一个申，那就是位于陕西的西申。见徐少华：《周代南土历史地理与文化》，第 28 – 29、35 页。

十一年(前789/787),出于某些不为人知的原因,申(最可能是西申)与周王室发生了军事冲突;并且无论是《竹书纪年》的古本还是今本都对那年的伐申之战作了记载,《今本》云:①

　　(宣王)四十一年,王师败于申。

而《古本》则云:②

　　(宣王)三十九年,王伐申戎,破之。

不但两份史料中记载的战役结果各不相同,就连称呼申的方式也相异。鉴于申的位置可能与戎相近,加上他们之间长期的牵连瓜葛,一旦他与周的关系恶化,周斥之为"申戎"便在情理之中了。不过还有一种可能:如果南阳之申是由迁往南方的西申贵族建立的,那么很可能是一批新的戎人占据了西申,因此被周人称为"申戎"。在后一种情况下,那个在西周最后的岁月里跟周人打交道的西申便不能与在宣王早年迁往南方的申同日而语。不过这一点尚无证据证明。不管怎样,这场战役的时间选择看来仍有一些疑问:周攻申仅七年之后,申侯之女便被幽王立为王后。不过,两个族群之间的政治关系瞬间便可转化,并且在中国历史上,昨日还是政治上的敌人,今日已结为秦晋之好的现象并不罕见。在此我想说明的是,与西戎和鄫结盟共抗周廷进攻的乃是这个西申,而非南阳的南申。

到了汉代,西申的位置显然已不为人知。而其后所有的古代地理著作中亦付阙如。这或许是因为南阳之申进入了地理文献描述中的主流,从而西边的申便遭忽视的缘故。幸运的是,我们在战国文献《山海经》(按照后世的标准,它算不上是一部严格的地理学著作)中仍可追寻到西申的一些踪迹。这部著作中提到一座申首

---

① 《竹书纪年》2,第16页。
② 范祥雍:《古本竹书纪年辑校订补》,第32页。

之山(也就是位于申水源头的山),可能位于平凉地区的某个地方,接近泾河的源头。《山海经·西山经》云:①

> 西二百五十里,曰白于之山……洛水出其阳,而东流注于渭;夹水出于其阴,东流注于生水。
>
> 西北三百里,曰申首之山……申水出于其上,潜于其下。
>
> 又西五十里,曰泾谷之山,泾水出焉,东南流注于渭。

虽然《山海经》中提到的许多山、方位或者距离等很有问题,但在这一特例中,我们幸运地发现两个重要的地标:白于山与泾河源,这两个地标的存在及其地理位置是没有疑问的。尽管《山海经》中的许多其他地标并不可靠,甚至属于虚构,但有关这两个地标的地理信息,一些历史地理学者已经指出了它们的准确性。② 由于公元6世纪文献《水经注》中的"泾水"部分早已遗失,因此这里关于泾河上游地区的信息便显得相当重要。白于山作为横山山脉的西段同样为众所周知,它坐落于陕西北部,与绵亘在泾河上游盆地东缘的子午岭相交。泾河,正如第一章中提及的,起源于六盘山(今宁夏隆德境内)东侧,在白于山西南(非《山海经》说的西北)约250公里处。③ 相应的,申首之山,意为"申水源头之山",即坐落在白于山和泾河源之间。

可见,在《山海经》的地理概念中存在一条申河与一座申首之山,前者可能是泾河的一条较小支流,后者则可能是屹立于泾河上游盆地西北边缘的群山之一。依据同样的概念,泾河源与申首山之间的距离(50里或25公里)暗示着它们彼此靠得很近,可能都在平凉地区的北部(地图13)。因为古代的诸侯国经常会

---

① 《山海经》,第1348页。
② 王成祖:《中国地理学史》(北京:商务,1982),第24-25页。
③ 这里的方位与实际地理的差异是由《山海经·西山经》中对山脉方向系统扭动所致。

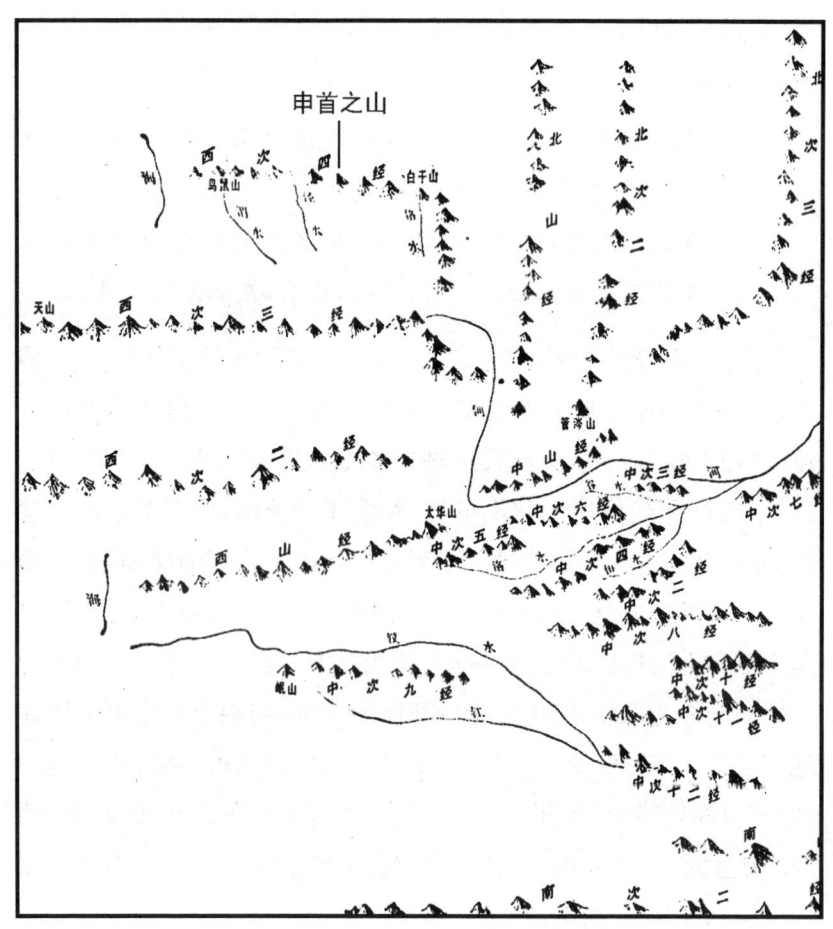

地图 13 《山海经》中申水的位置
（采自王成祖:《中国地理学史》,北京:商务,1982 年,第 19 页;图二）

用它们附近的山名或河名作为自己的国名,反之亦然,很可能西申就坐落在申首之山和申河的附近。虽然这份资料来源于一部一般来讲可靠性值得怀疑的著作,但有关申的地理位置,不仅就其文献本身来说可以确定,并且它与要求申必须坐落在周都之西,同时接近西戎和秦国这样的历史背景也完全吻合。这就不可能仅仅是一种巧合了。平凉在固原（玁狁的主基地）东南大约 70 公里处,而在平凉西南约 130 公里处则是秦国所在地——天水。我相信,目前可资利用的证据显示,平凉地区很可能便是西申的位置所在。

吕国地望

在确定西周灭亡的地理时,我们还须考虑《国语》中与西申一同提及的吕国的地理位置。春秋早期,人们普遍认为吕在南阳之西。不过徐少华认为直到西周晚期时,吕才在南阳盆地出现,并且很可能是从山西迁过去的。① 据西周铭文来看,较申而言,吕氏或吕国在周王室中扮演着更为积极的角色。在一件可能铸于昭王或穆王时期的吕行壶(JC:9689)上,我们得知吕行曾经参加过一次北伐。② 而在静簋(JC:4273)上,一个叫吕刚的人在一场战役中陪伴周王左右。③ 在班簋(JC:4341)上的一篇更为重要的铭文中,吕氏的首领吕伯受周王指命,在东部的一场战役中协助毛伯。在另一件西周中期器吕服余盘(JC:10169)上,吕服余奉周王之命在西六师中服役。④ 从所有的这些铭文来看,在吕封于南阳之前,它已经存在很长时间了,并且很可能就位于周王畿的附近或者王畿之内。但是这些铭文并没有告诉我们在西周早中期时吕究竟坐落何处。

在所有可被确定为西周时期的吕器中,仅有两件的出处是清楚的:一件是吕季姜壶(JC:9610),据说在二次世界大战时发现于

---

① 徐少华:《周代南土历史地理》,第41页。
② 吕行壶一组青铜器都提到了伯懋父,从它们的器形和纹饰来看,无疑是作于西周早期末到穆王早年。吕行壶是典型的西周中期器,许多墓葬中均有出土。见李峰:《黄河流域西周墓葬出土青铜礼器的分期与年代》,第389、403、414页。
③ 静簋在提到吕刚时,同时还提到了吴虡,两人在一场射礼中陪伴周王。由于班簋上提及吕伯时一同提到了吴伯,许多学者认为吕刚即吕伯,吴虡即吴伯。从这些青铜器的器形以及铭文间的联系来看,它们无疑作于西周中期早段。见马承源:《商周青铜器铭文选》3,第108-111页。有关这两件青铜器的年代,另见 Shaughnessy, *Sources of Western Zhou history*, pp. 250-252。
④ 从它的深腹和装饰风格看,这件盘属于典型的西周中期器。有关它的发现及年代,见《文物》1986年第4期,第1-7页,图版壹。

丰京或镐京；①另一件是吕姜簋（JC：3348），典型穆王时期的器物，出土于灵台的一座墓葬。② 吕姜簋的发现暗示着吕同西申所在的泾河上游地区的联系。有可能吕与蒲河有关，因为《尚书》中有一篇将"吕"称作"甫"。③ 在泾河的上游有两条蒲河，北边的一条是泾河的支流，南边的则是达溪河的一条支流，而达溪河又是泾河的支流（地图 2）。北蒲河的名字直到明以后才出现，而南蒲河的由来则要早得多，它最早见诸《太平寰宇记》引业已佚散的《水经注》"泾水"篇的记载。④ 出土吕姜簋的那座墓距离南蒲河的入口仅数公里。而且《水经注》中同时还提到，位于今天陇县地区的汧河被叫作"蒲河"。⑤《水经注》中提到的这两条蒲河与西申可能所在的平凉地区都非常靠近。

　　基于上面的分析，现在我们可以将西周王朝的历史性灭亡放置到周西北边疆的地表形态中去。在幽王十年（前 772）九月，周王师向泾河上游的一片支流河谷进发，此次出征意在攻申，同时要求申侯交还王子宜臼。申侯得知大军来犯，不但不交还王子，而且还请来盟军援助。西戎收到消息后，积极响应，从固原地区直奔泾河谷地，在临近申的某个地方同来犯的王师发生了第一次交战。显然，王师不敌西申、西戎和鄫的联军，溃败而逃。联军乘胜追击，沿泾河急速而下，于幽王十一年（前 771）一月抵达周都。由于无法抵挡联军的入侵，周王及宫廷大臣，包括郑桓公在内，向东都成周方向奔逃。当他们逃至骊山脚下时，为西戎赶上所杀。自此，西周王朝陨灭。整个的过程同宣王五年，即公元前 823 年的一次战役可

---

① 关于吕季姜壶的发现，见《文物》1982 年第 10 期，第 43 页。
② 关于吕姜簋的发现，见《考古》1976 年第 1 期，第 41－42 页。
③ 例如，有些学者认为班簋上的"吕伯"即"甫侯"，据说是《尚书》"吕刑"（或"甫刑"）篇的作者。见白川静：《金文通释》，15.79：46。另见《尚书》19，第 247 页。
④ 《太平寰宇记》32，第 11 页。
⑤ 《水经注》2，第 581 页。

谓极其相似，但结果却是完全不同。

小　　结

我们对西周末年政治史的了解大多来自传世文献的记载，但是，青铜器铭文也为我们提供了有关那些曾在西周晚期的历史发展过程中扮演重要角色的个人或政治组织的不少重要的信息。同时，它们还为我们提供了政治史与地理环境之间的一些极为关键的联系。借助于金文所提供的这些联系，在一个与前一时期相连结的历史背景中对文献资料进行仔细分析，我们便能够探明在西周崩溃过程中各种政治势力之间的较量。

最终导致王朝倾覆的问题之根源依然在于周王室的政治，尤其是在跨越宣幽二王的世代权力更替。与传统解释不同，通过重新释读《诗经·小雅》中的三首诗，同时联系历史著作，我们便可揭示以皇父为核心的老资历官员与新立的幽王两派之间的政治斗争。幽王得到他的新宠褒姒的支持，褒姒则试图通过将自己的儿子抬上王位继承人的位置，从而使自己成为合法的王后。公元前777年，皇父很可能在政治斗争中失利而离开都城，前往东部，而合法的王位继承人宜臼也逃到西申避难。幽王自此赢得了王室政策的全部掌控权。

然而好景不长，幽王权力的巩固却导致了王室对西申（王子宜臼的庇护者）错误地采取了一种更具主动性的政策。西申为了保护自己，同鄫和西戎建立了军事同盟（我们有理由将西戎与周的宿敌玁狁联系起来）。在西申附近的第一场战役中，王师被西申、鄫和西戎的联军击败。联军乘势顺泾河而下，洗劫了周都。直观来讲，西周的灭亡看来是由周王室对敌我力量对比的一次严重错估引起的。在这点上，倘若周幽王不贸然进攻西申，或许周王朝能多苟延残喘几年。但从我前面几章中论述的各种因素以及幽王早年的政治争斗这种本质来看，灭亡是长期处于衰弱过程中的西周国家的最终归宿。

第五章　东迁：周的重构

周都的沦陷给渭河谷地带来了混乱、骚动和满目疮痍。《史记》云："（西戎）遂杀幽王骊山下，虏褒姒，尽取周赂而去。"① 然而真实的情形可能要远比司马迁描述的复杂。渭河平原上的众多聚居地可能都遭到入侵者的劫掠，引起了普遍的社会恐慌和经济凋敝。西申和鄫可能已不再是周人的严重威胁，因为他们在王室中的阵地已经被翦除。倒是西戎，这个可能从与申结盟伊始就抱有其他目的的势力，已经成为最恐怖的破坏性力量。

这意味着，渭河平原已不再是一个适合周人大都市社会和文化持续发展的安全之地。在公元前771年发生的事件中，渭河平原战略上的弱点已完全暴露。而对于西戎而言，他们既然可以成功地占领周都一次，就不排除有第二次、第三次。此时，周平王（宜臼）领导下的周王室要在渭河平原上继续生活下去殆无可能。因此一项东迁洛邑（位于豫西洛河平原）的决议诞生了，"东周"的序幕自此拉开。② 这次周人中心的东迁对中国历史有着长期而深远的影响。它开启了一场西周国家的地缘政治重新构建的过程，牵涉到众多贵族宗族的转变，他们原先坐落在西部，后来在东部成立

---

① 《史记》4，第149页。
② 周王室在东都维系了五百年以上，公元前256年亡于秦。东周时期又可细分成两个部分。前一部分被称作"春秋"，这是因为它延续的时间粗略上同实际始于公元前722年的《春秋》相对应。第二部分被称作"战国"，名称源于《战国策》，直到公元前221年秦灭六国。至于"春秋"和"战国"的分界点，学界惯于定在公元前481年，这一年田氏代齐；或者公元前403年，这一年韩赵魏三家分晋，列为诸侯。

新的地方诸侯国。这场转变进一步引起了新的政治对抗,产生了新的社会关系,从而改变了中国后一个五百年间的政治走向。这期间,周王和他的王廷变得越来越边缘化。当然,由于中心权力的消失,用以建立政治权威的新的政治规范和策略也随着新时代的开始而诞生。

在更大程度上,东迁开启了一个伟大的文化和种族融合时代。东周期间,周的诸侯国发觉自己正处在戎人的觊觎之中,不是在从前的西周边境上,而是在中原的他们中间。这是由于随着周室东迁,戎人就一直向周领地迁徙和渗透,从未间断。因而在东迁之后的两百年中,如何接纳所谓的"蛮族",对于地方诸侯国来说已经成为一个紧要的社会问题。此外,原先生活在甘肃东南部的秦人,在与多个戎人的斗争中,也逐步进入渭河平原。这次迁移将渭河平原变成了一个新的力量基地,未来中华帝国的摇篮。

本章将致力于考察周人国家的地缘政治重构以及复杂的社会转变过程。我们首先从检视有关周王室东迁的历史文献开始。然后,转向周贵族宗族的东迁,集中讨论两个重要宗族的历史——郑和虢,因为关于这两个宗族,我们不仅拥有较多的文献记载,同时还有新的考古学证据。本章的第三部分着重探讨周与秦的关系,同时分析秦人是如何成为西部的新主人的。

第一节 周室在东部的重新安置

正如我们早先已经说过的,陕西渭河谷地虽是周人的政治中心,但却不是它的地理中心。从周室在洛邑的重新安置开始,中国进入了一个政权结构与西周迥异的新时期。随着它的东移洛邑,周王室继续扮演列侯之间政治争斗的中心。东迁后的一百年间,众多地方诸侯竞相争夺自己对周王的监护权。

东都的地缘政治环境

为了理解洛邑这个新的政治斗争场所,我们必须首先熟悉它的地理环境。洛阳平原的自然环境与陕西中部渭河平原相类似,只是同后者的开阔相比,前者略显狭小。将王都在洛阳平原重新安置,豫西的地理障碍(见第一章)在周王室和他西面的敌人之间构筑起一道天然的屏障,王室似乎显得相对安全一些。往南,伏牛山将其同南阳盆地以及淮河上游地区相互隔开;向东,嵩山在它与更远,也更开阔的东部平原之间架起一道天然屏障;而在它的北面,黄河是又一道天堑。凭借着这些地理优势,洛阳成为中国历史上的九朝古都。尤其值得关注的是,另外两个主要王朝——汉和唐,在它们的势力如日中天之时,都城一律设在渭河平原;而当它们步向衰弱时,又均将都城迁向洛阳,这种情形跟周王朝如出一辙。

不过我们更需要知道周人自己是怎样看待洛邑在其政治地理中的重要性的。这让我们联想到《国语》中发生在公元前774年周幽王的朝廷中的一段论述。当郑桓公询问为了避免王朝灭亡的灾难,他应当将郑氏宗族的财产迁向何处时,周太史史伯为他做了如下分析:①

> 王室将卑,戎狄必昌,不可逼也。当成周者,南有荆蛮、申、吕、应、邓、陈、蔡、随、唐;北有卫、燕、狄、鲜虞、潞、洛、泉、徐、蒲;西有虞、虢、晋、隗、霍、杨、魏、芮;东有齐、鲁、曹、宋、滕、薛、邹、莒。是非王之支子母弟甥舅也,则皆蛮、荆、戎、狄之人也。非亲则顽,不可入也。其济、洛、河、颍之间乎!

史伯在这段论述中指出,成周(洛邑)的四面不是王室宗亲便

---

① 《国语》16,第507页。

是戎、狄、蛮、夷，郑氏唯一的容身之处大概只有济、洛、河（黄河）、颖四水之间了；这片区域大概与今天中原的核心荥阳、密县和新郑一带相符，紧邻洛邑的东部（地图6）。虽然像东虢和郐这样的诸侯国早已在那里安置，但史伯认为他们都成不了气候。

正如前文所述，《国语》中的"郑语"篇可能成书于战国晚期的某个时候。① 除了其文本的编撰年代外，这里还有其中所包含资料的年代以及资料所反映的地理概念的年代问题。这些是我们对于任何一部古代文献都应当问的问题。关于最后一个问题，我们可以在上列诸侯国与其历史的比较中找到一些线索。例如，西面的虞、西虢、霍和芮在公元前640年之后便不复存在了。南边的楚分别于公元前678年、478年以及447年先后吞并了邓、陈和蔡。东面的曹在公元前487年为宋所灭。② 总的来说，在公元前5世纪中叶以后，这里提到的诸侯国中，至少有八个从历史上消失了。我认为这是一个很有力的线索，它说明史伯的这段论述所反映的地缘政治认知可以追溯到春秋前半段。即使是这个论述是在战国晚期才形成现在这个样子，它的编纂者必定对于春秋早期的政治地理颇为熟悉，至少曾经努力尝试着去对它进行重建。

在这个典型的"四方-中心"的从地缘政治角度所认知的周人世界中，成周被赋予中心的位置。③ 成周以南有平顶山的应国，南阳盆地的南申、吕、邓以及唐，同时还有淮河上游的陈和蔡（严格来说应是洛邑的东南）。这些诸侯国担当着成周与湖北的荆蛮（楚）

---

① 有关《国语》的成书年代，见卫聚贤：《古史研究》，第164页；Loewe, *Early Chinese Texts*, p. 264.

② 关于这些诸侯国的消失，见陈梦家的重要研究：陈梦家：《西周年代考》（上海：商务，1945），第57—59页。

③ 近来对中国早期"四方-中心"宇宙观的讨论，见 Aihe Wang（王爱和），*Cosmology and Political Culture in Early China* (Cambridge: Cambridge University Press, 2000), pp. 23—74.

以及淮河中下游地区的淮夷之间的屏障。都城的北面有豫北的卫国和北京的燕国。成周西面的汾河流域坐落着晋、霍和杨,而在豫西和山西之间狭窄的黄河通道中则分布着魏、虞、芮和西虢。往东,在豫东和山东西部分布着宋、曹、齐、鲁以及滕国。这些诸侯国形成了一张庞大的网络,如果按照周统治者的意愿正常发生功效的话,它可以保护处在中心的王都免受来自外面的攻击。这张网络的形成,虽然部分归因于西周晚期宣王的强化统治(见第二章),但在很大程度上是西周早期扩张的成果。最显著的例子是公元前662至前659年狄的入侵,当时位于豫东和山东西部的诸侯国团结起来阻止入侵者向王都的进攻。① 不过这段论述同样显示,在这张网络的外围地区,最初的周人地方封国已经同一些非周人的政权组织混杂起来。这种现象在北方显得尤为突出,那里分布着一些与狄和戎相关的政权组织,包括鲜虞、潞和洛。然而在公元前662年为狄所灭的一个重要北方诸侯国——邢国并没有被提及。这或许意味着这段论述不可能出自周太史史伯之口。

从沦陷到重建

虽然历史学家同意周室在洛邑的重建标志着一个新时代的开始,但从公元前771年周都沦陷到公元前770年在东部重建,这一年的时间中究竟发生了些什么,历史并没有交代。要了解东周早期的政治,对这一过渡时期的一些资料进行检视是相当重要的。让我们首先从释读《诗经》中的"雨无正"开始,诗中谈到了周都遭犬戎侵占后周人丧失家园的情形。②

---

① 普实克曾对这次远征作过详细的描述;见 Průšek, *Chinese Statelets*, pp. 145–148。然而讽刺的是,在东周漫长的历史时间中一些诸侯国也往往是外族入侵的策划者,甚至或者自行对王都进行攻击。这反映了东周时期周王室与地方诸侯国之间不断转变的关系。

② 《诗经·小雅·雨无正》12.2,第447–448页。

1 浩浩昊天，　　　　2 不骏其德。
3 降丧饥馑，　　　　4 斩伐四国。
5 昊天疾威，　　　　6 弗虑弗图。
7 舍彼有罪，　　　　8 既伏其辜。
9 若此无罪，　　　　10 沦胥以铺。

11 周宗既灭，　　　　12 靡所止戾。
13 正大夫离居，　　　14 莫知我勚。
15 三事大夫，　　　　16 莫肯夙夜。
17 邦君诸侯，　　　　18 莫肯朝夕。
19 庶曰式臧，　　　　20 覆出为恶。

21 如何昊天，　　　　22 辟言不信。
23 如彼行迈，　　　　24 则非所臻。
25 凡百君子，　　　　26 各敬尔身。
27 胡不相畏，　　　　28 不畏于天。

29 戎成不退，　　　　30 饥成不遂。
31 曾我𦈚御，　　　　32 憯憯日瘁。
33 凡百君子，　　　　34 莫肯用讯。
35 听言则答，　　　　36 谮言则退。

37 哀哉不能言，　　　38 匪舌是出，
39 维躬是瘁。　　　　40 哿矣能言，
41 巧言如流，　　　　42 俾躬处休。

43 维曰于仕，　　　　44 孔棘且殆。

45 云不可使，	46 得罪于天子。
47 亦云可使，	48 怨及朋友。
49 谓尔迁于王都，	50 曰予未有家室。
51 鼠思泣血，	52 无言不疾。
53 昔尔出居，	54 谁从尔作室。

这首诗的创作显然不是纯粹为了文学乐趣,而是充满着强烈的政治情怀。通读整个诗句,我们能够切身体会到那份对于国家陷于"无政府状态"的深深忧伤与无助。屈万里认为这首诗作于周室东迁之时。① 先不论这个意见有无根据,事实上诗中所谈的正是这个时间点,正如第 11－12 行明确显示的:"周宗既灭,靡所止戾。"这首诗似乎暗示,在周都覆灭的同时,一场严重的旱灾也正降临在渭河平原上,并且蔓延到了整个周人世界,造成了大量的死亡。这或许是实情,或许仅仅是一种文学上的夸张,又或者是引起王朝崩溃的这场大灾难的隐喻。尽管这首诗有着文学的性质,但诗句中仍然包含了一些清晰可见的历史细节,从中我们可以提取一些关于王朝灭亡所招致后果的可资利用的信息。

首先,在诗人看来,周王朝灭亡所产生的影响远远超出了惩罚那些罪犯的目的(第 7－8 行),这里的罪犯从广义上可能是指那些引起王朝灭亡的人。事实上王朝的灭亡给所有周人带来了大量的死亡,而且还有心灵上长期的苦痛。与《雨无正》可能为同一时期的《召旻》中,诗人也感叹道:"今也日蹙国百里。"② 可见在周都沦陷后,随之而来的可能是戎人对周领地大规模地侵占。

---

① 屈万里:《诗经诠释》(台北:联经,1983),第 362 页。
② 《诗经》18.5,第 580 页。

这与《史记》中描述的犬戎占领周都后,席卷财物即刻归返的情形是截然不同的。① 有材料证明这些戎人实际上在前周的遗址(如镐京)上建立了他们各自的政权,并且在以后的半个世纪里仍然活跃在这个地区,对此我们在本章稍后将进一步探讨。第二,第13-18与49-54行显示当时很多人——包括一些贵族官员——在这次事变中失去了他们的家园,四处寻求栖身之所,故而当他们被要求返回王都时,他们可以推辞说王都里没有他们的家室(第50行)。第三,这首诗明白无误地告诉我们,由于外族入侵,王朝灭亡,社会动乱,周的行政机器也陷于瘫痪。最意味深长的是,诗人草拟了一份西周政府的官僚阶梯,从正大夫到三事大夫(司土、司工、司马),随后是地方行政长官和诸侯,这与我们从金文中了解到的西周官僚阶梯是相当一致的。在这一点上,诗中说道,大臣逃离都城,三事大夫不再尽职(有趣的是,在这里我们看到了"夙夜"这个辞。它通常出现在"册命金文"的末尾,是周王要求官员在早晨和夜晚都务必尽忠职守的用语)。地方长官和诸侯也不再恭敬,而上百君子(可能指众多贵族)无人肯进谏(第33-34行)。从诗人的视角看,维持政府的正常运作是贵族和大臣们的职责所在,即便处在最荒乱的时期亦应如此;但令人感到失望的是,官员们都极力远离政府,避免卷入政治的漩涡。第四,可能是最重要的一点,第43-48行显明地指出周王(鉴于这首诗描述的是西周灭亡后的情形,故这位周王应该是新继位的平王)与被诗人称作"朋友"的众多贵族之间出现了一种新的政治上的紧张关系。贵族们正处在一个尴尬的境地,要么不去新都听命于新的周王(第49行),要么就会招致"朋友"们的责备。这种情形必定有其特定的历史背景,只有在这种背景中,我们才能够充分地理解这些诗句。

---

① 《史记》4,第149页。

当然，这首诗只能允许我们从其创作者的视角来看待这场王朝的大灾难，这种情况就跟其他文献一样，包括青铜器铭文。尽管如此，这种诗歌式表现或许反倒是对历史现实的一种鲜明的和真实的反映。总体而言，这首诗透露了公元前771年西戎对周都的进攻，给陕西中部宗周社会带来了毁灭性打击。渭河平原从此陷于一个长期无序和无政府的状态，其间，普通的民众只能寄希望于那些正四处寻求避难之所的前朝官员。对这次破坏的一项重要证据已由考古学提供。在渭河平原上三座较大的城市丰、镐和岐邑的发掘中，考古学家已经在考古遗存中发现了一个明确断层，其年代正与西周末相吻合。在丰和镐遗址中，不时会发现有战国地层叠压在西周地层之上，但最常见的却是汉代堆积直接叠压在西周遗址上；属于春秋时期的，也就是能够说明这些遗址从西周时期一直被持续使用下来的连续地层堆积还从未被发现。① 在岐邑（周原），通常都有汉代以后的扰乱层叠压在西周晚期地层上。② 考古学材料有力证明了这三座城市都是在西周末同时遭毁灭的。一些学者还指出，由于西戎突然来袭，大量的青铜器被匆匆埋于周原和丰京的地下，因此它们才得留存至今。③

这种考古学现象实际发生的历史背景是什么？上文征引的诗所指的又是怎样一个历史环境？对此我们恐怕要进一步从历史记载中去寻求答案。《左传·昭公二十六年》为我们提供了一条独特的记录。公元前516年，周敬王在地方诸侯的支持下在成周即位，在与敬王的政治斗争中被击败的王子朝给诸侯们传来一份文书以解释自己的处

---

① 《沣西发掘报告》（北京：文物，1962），第17-18、70-71页。
② 例如，见《文物》1979年第10期，第27-28页。
③ 这一观点由郭沫若首先提出；见《扶风齐家村青铜器群》（北京：文物，1963），第5-6页。罗西章系统研究了这些青铜器窖藏的埋藏情形，推断大部分窖藏（但非全部）是在犬戎进攻周都时草率埋下的。见罗西章：《周原青铜器窖藏及有关问题的探讨》，《考古与文物》1988年第2期，第44-47页。

境。在这段冗长的文辞中,他提到了幽王死后的历史发展:①

> 至于幽王,天不吊周,王昏不若,用愆厥位。携王奸命,诸侯替之,而建王嗣,用迁郏鄏,则是兄弟之能用力于王室也。

幽王失去统治后,携王篡位,但他不久又被诸侯们拥立的合法王权继承人替代,并且周室也被迁往郏鄏之地,即洛邑。尽管这出自一段王子朝的颇有政治意图的言论,但按照情理,像"携王"这位有名无实的"王"的存在这样一个简单的事实,看来不像是后世的作者所伪造的,因为那样只会破坏这份言论的分量。一个言论要想具有说服力,就必须在基本的历史事实上可以征信才行。不过,关于这位携王的身份尚有一些不同意见,例如,杜预认为他就是幽王和褒姒的儿子伯服。② 这个错误认识已经得到许多学者的更正。③ 当然,《左传》并非唯一一处提到携王的史料,《竹书纪年》中则更多地提到了这位周王即位的情况(见第四章中对《古本》和《今本》相关文段的完整引用)。无论《古本》还是《今本》都指出伯服为犬戎所杀,可能与幽王俱死于戏。而另一位王子余臣在一个叫"携"的地方,由虢公翰拥立为周王;至于合法的王权继承人,公元前777年出逃至西申的宜臼,则在众多诸侯,包括申侯、鲁侯、许男,可能还包括郑子的拥立下,在申国(自然是西申)即位。然而,正如我将在附录三中进行论证的,《古本竹书纪年》中解释平王为何被称为"天王",以及余臣为何被称为"携王"的那段话是晚期的异文窜入。从《古本》和《今本》的真实部分来看,很显然,王子余臣之所以被称作"携王"是因为他是在"携"地即位的。不过可惜的是古代地理学文献中并没有为我们提供携的位置信息,虽然我们几

---

① 《左传》52,第2114页。
② 《左传》52,第2114页。
③ 雷学淇:《竹书纪年义证》27,第210页;陈逢衡:《竹书纪年集注》35,第17-19页。

乎可以肯定它就坐落在渭河谷地。①

要了解幽王死后的继位争斗,我们须将这些事实融入西周晚期政治的整体历史环境中去。这里虢公翰是位关键人物,也就是《吕氏春秋》中的虢公鼓,或者《国语》中的虢石父。② 他是褒姒的政治同盟者,与她共同对抗皇父一派,并且在幽王最后四年中,在周王室中担任最显赫的职务。鉴于他们所处年代相近,我认为虢公翰与虢公鼓是同一人;我颇怀疑《竹书纪年》中的"翰"字是古墓本中"鼓"字的误抄。③ 无论这种确认有无根据,凭借着虢国在周王室中担当的重要角色,虢君的确最有资格确定一位新的周王来作为幽王的合法继承人。就这一点而言,携王和平王之间的继位争斗其实是幽王朝廷政治斗争的延续,它标志着周贵族已经彻底分裂成两派。

很可能周都沦陷的消息迅速在周人世界内传开,并且一些地方诸侯也已经赶往西部助周抗戎。《今本竹书纪年》中列举了三位:鲁侯、许男与郑子。根据《史记·卫康叔世家》,卫武公也曾赶往西部勤王。④ 不过,这些诸侯并没有承认虢公推选出来的携王,相反同申侯握手言欢,将原先合法的太子宜臼在西申扶上王位。如前章所述,西申可能就坐落在泾河上游地区。一些学者对为什么众诸侯会同与犬戎共同摧毁周王朝的申侯合作,同时平王又为什么会将帮助他消灭政敌的戎人视为威胁,表示疑问。⑤ 其实这个

---

① 基于发音上的相似性,有学者认为"携"就是"戏",也就是幽王和伯服被犬戎所杀之处。见程发轫:《春秋左氏传地名图考》(台北:广文,1967),第 242 页。根据《后汉书》和《水经注》,戏坐落在戏水岸边,戏水从骊山向北流入渭河。见《后汉书》19,第 3 403 页;《水经注》19,第 616 页。

② 《吕氏春秋》2,第 634 页;《国语》16,第 518 页。

③ 两字之间有着明显的相似性。例如,东周时期的沈儿钟(JC: 203)上的"鼓"字写作𣫛,而同器上的"翰"字写作𩏶;关于这篇铭文,另见白川静:《金文通释》,40. 228;572。年代上,虢公翰拥立携王在公元前 771 年,也就是虢公鼓成为周室大臣四年之后。同时有两个公来自虢国是不太可能的。

④ 《史记》37,第 1591 页。

⑤ 例如,吉本道雅:《周室東遷考》,《東洋學報》71. 3. 4 (1990),36;宋新潮:《骊山之役及平王东迁历史考述》,《人文杂志》1989 年第 4 期,第 75 – 79 页。

问题并不复杂,西戎加入西申的阵营时可能有他们自己的动机,意在侵占周都。杀死幽王后,两者之间的关系可能迅速发生了转变。基于同样的理由,待宜臼成为周王之后,他对西戎的态度自然也可能与他被周王室驱逐的那段时间有所不同。

在《史记》对这一过渡时期的简洁叙述中,来自戎人的威胁被当作是平王东迁唯一的理由。这可能是对的,因为与当时已完全向西戎敞开大门的渭河平原相比,洛阳地区凭借地缘政治上的优势,为这位新周王提供了理想的庇护之地。迁往洛阳,平王可以受到那些在西申立他为王的地方诸侯们的直接保护。此外,或许还有一个促使周室东迁的重要因素,即渭河平原上携王的存在。迁向东部,可以避免同携王产生直接的冲突,当时在背后支持携王的虢国已经在三门峡地区建立新的基地(见下文)。在这里,我们必须再一次考量地表形态的影响。三门峡位于东西部交通的一个关键位置,而平王领导下的新王室要获得东部众多诸侯们的支持则必须穿越三门峡。所以这样看来,越过虢氏宗族的障碍,离开渭河谷地,向东寻求东部诸侯们的直接保护实为平王的明智之举。但这么一来,他也就不得不将渭河平原拱手相让给了携王和虢氏。我认为这正是周室东迁的真正历史动力。

关于平王从宗周迁向洛阳的实际旅程,我们掌握的信息微乎其微。但一路上,他可能得到了众多地方诸侯们的护送。《今本竹书纪年》云:①

> (平王)元年辛未,王东徙洛邑,锡文侯命。晋侯会卫侯、郑伯、秦伯以师从王入于成周。

根据这段记载,晋侯、卫侯、郑伯以及秦伯全程护送平王前往洛邑。这暗示了东迁之旅是伴有危险的,并且还可能遭遇戎人的

---

① 《竹书纪年》2,第 18 页。

袭击。没有东部诸侯们的陪伴,平王几乎很难平安走出渭河谷地。《左传·襄公十年》中透露,在这段东去洛阳的行程中,曾有七个宗族追随平王。① 《国语·周语》中则高度突出了晋、郑两个诸侯国,其中云:"我周之东迁,晋、郑是依。"② 《史记·秦本纪》中也提到了秦襄公以兵护送平王东迁。③ 正如本章稍后涉及到的,因为秦国坐落在陇山以西,甘肃东部的天水地区,故襄公长程护送平王,并相助周室在东部成功重建似乎是一个壮举。

我们上文中已经分析了从周都沦陷到周王室在洛阳重建这一阶段历史的大致脉络。通过广泛搜罗文献资料,并对其作精细分析,我认为我们能够恢复隐藏在这一历史过渡期中的一些史实,并且跟《史记》的简洁叙述相比,从中还可获得一种有逻辑性和更与历史背景相符的解释。虽然这一关键时期的许多方面我们仍不甚明了,但可以想见,这次过渡并不平稳,携王朝廷中的幽王-褒姒余党与受到众多诸侯支持的平王领导下的新政府之间的政治斗争可谓一路相随;而且,尽管"周王室"在携地持续存在,但自西周王朝灭亡以后,渭河平原却一直处在惊慌和无政府的混乱之中。由此来看,建于西申,旋即又迁到洛邑的平王新政府与过去西周王朝的关系更多的可能是一种绝断,而不是延续。携王在渭河平原至少存在了十一年,最终为晋文侯所杀。④ 在这十一年中,平王领导下的东周王室与携王王室之间的关系尚不为人知。携王之死在东周

---

① 《左传》31,第 1949 页。
② 《国语》2,第 45 页。
③ 《史记》5,第 179 页。
④ 根据《今本竹书纪年》,二十一年,携王为晋文侯所杀;见《竹书纪年》2,第 18 页。在《古本竹书纪年》(《左传·昭公二十六年》疏引)中,如上所示,由于"二十一年"前面没有王名,所以很难说清它指的是幽王死后二十一年,还是晋文侯二十一年(也即平王十一年)。另外,孔颖达将"晋文侯"误引作"晋文公"。见《左传》52,第 2114 页;范祥雍:《古本竹书纪年辑校订补》,第 35 页。有学者认为《尚书·文侯之命》记录了平王对晋文侯的锡命,这是特别表彰他在翦除陕西的对立王室中做出的贡献。见《尚书》20,第 253 – 254 页;屈万里:《尚书文侯之命著成的年代》,《"中央研究院"历史语言研究所集刊》29(1958),第 510 – 511 页。

早期是一次重大的政治事件,它一方面确保了平王的地位,另一方面也标志着从西周向东周过渡的最终完成。

第二节　贵族宗族的迁徙

如果我们把东迁看成是一场大规模的运动,那么这个过程其实在周室撤出渭河谷地之前可能即已开始。许倬云教授认为在幽王统治时期,整个宗周社会弥漫着一股王朝将倾的不祥气氛,逃离已被视为最明智的选择。① 从这个角度,我们在第四章讨论过的皇父在政治斗争中败于幽王褒姒集团之后隐退东方是一个好的例子。在这段西周-东周的过渡期间内众多可能迁向东部的贵族宗族中,郑和虢最为重要也最具代表性。这是因为郑和虢都已深深卷入了幽王时期的王室斗争。甚至在东迁结束后,在公元前8世纪至公元前7世纪早期的大部分时间中,郑和虢继续构成东部平原上政治争斗的轴线,东周王室则位于这条轴线的中端。因此,为了理解周贵族的东迁,我们必须首先阐明郑和虢两个宗族的迁徙;他们实际上揭示了一些前帝国时期人口迁移以及宗族发展的一般模式。在这两个例子中,有关他们的起源以及随后的历史发展,长期以来都存在一些悬而未决的问题。不过通过细致分析我们目前的考古、铭文以及文献资料,我认为这些谜团现在可以揭开了。

郑的始封及其迁徙

关于郑氏宗族的历史,《史记·郑世家》云:"郑桓公友者,周厉王少子而宣王庶弟也。"②这种说法也见诸《左传·文公二年》,云郑

---

① 许倬云:《周东迁始末》,载《求古编》(台北:联经,1982),第104-105页。
② 《史记》42,第1757页。

氏宗族以厉王为其建宗之祖。① 尽管友（也叫"多父"）在周王室世系中的位置虽然存在一些传统的混淆，②但我们可以确定地说，多父是厉王的一个儿子，在宣王二十二年（前806）始封于郑，此后便作为周王族新的分支开始了自己的历史。

郑的地望何在？大多数古代史家引《汉书·地理志》，谓郑在秦汉之时的郑县，也就是位于今天陕西渭河流域东端的华县。③ 不过卢连成指出，郑最初在凤翔地区，临近渭河流域的西端，岐邑之西，卢的观点是以春秋时期秦都大郑宫的位置为依据的。④ 另外还有一个线索似乎也支持这一论点，现已佚失的先秦典籍《世本》（据唐人所引）中说郑桓公居棫林。⑤ 这个地名出现在《左传》襄公四年，即公元前559年，在一场联合对秦的远征中，东部诸国的军队越过泾河，抵达棫林。这显然是说棫林在泾河之西，自然也就在渭河谷地的西部。⑥ 这个棫林可以同棫阳宫联系起来，后者同样位于秦都，并且已经为"年宫"与"棫阳宫"瓦当的发现所证明。⑦ 或许棫林离郑很近，或许它事实上就是郑的一部分。这两个联系都将郑氏宗族的位置指向了渭河流域的西部。

---

① 《左传》18，第1839页。

② 有的学者基于三条史料认为多父是宣王的儿子：首先，《左传·僖公二十四年》中说郑有厉王和宣王之亲；但这并不代表桓公便是宣王的儿子，因为兄弟也能够被视作为亲。第二，《国语》中有一段说郑出自宣王；但这只不过意味着郑是由宣王建立的。第三，《今本竹书纪年》有云："二十二年，王锡王子多父命居洛。"故这些学者认为他必定是宣王的儿子。事实上，有关幽王的一段记载同样指称桓公为"王子"，并且在《左传》中有大量证据说明，父亲死后他们的儿子仍常被称作王子。关于这三份史料，见《左传》15，第1818页；《国语》2，第50页；《竹书纪年》2，第15页。基于这些史料将多父视为宣王之子的观点，见陈槃：《春秋大事表列国爵姓及存灭表譔异》，第53-56页；松井嘉德：《周王子弟の封建：鄭の始封建、東遷をめぐって》，《史林》72.4 (1989)，4-6。

③ 《汉书》28，第1544页。

④ 卢连成：《周都棫郑考》，载《古文字论集》（《考古与文物》丛刊2）（西安，1983），第9-10页；王辉：《周畿内地名小记》，第26-27页。

⑤ 《左传》47，第2080页；《史记》42，第1758页。

⑥ 《左传》32，第1956页。

⑦ "棫阳"或"棫"字瓦当发现于秦都遗址范围内的马家庄附近。见《文物》1963年第5期，第69-70页；卢连成：《周都棫郑考》，第10页。

不过西周金文中的郑倒是一个众所周知的地点,并且在公元前 806 年成为郑桓公的封地之前,它就已经存在很长的历史了。金文显示,在西周中期和晚期早段,郑是王室活动的一个非常重要的城市。有三篇铭文中提到周王在郑处理事务,包括免尊(JC:6006)、三年癲壶(JC:9726)以及大簋 no.1(JC:4165)。其他两篇铭文也提到周宫廷直接委任官员管理郑及其邻近地区的财产。除了作为王室活动的一个地点外,郑似乎还包括一些属于其他贵族宗族的住宅。例如井氏的一支显然就分布在郑,因此被称作"郑井",与生活在丰京的"丰井"那一支不同。① 到懿王(前 899/97-前 873 年在位)和孝王(前 872?-前 866 年在位)时期,郑可能已经发展成为一个与丰京和岐邑同等复杂化的城市。许多贵族家族在那里都拥有居址,与王室的财产相毗邻。② 我以为王室和贵族之所以对郑表现出兴趣,可能还受到穆王对西方的野心的影响。然而,除了大簋可以被定在厉王十二年外,还没有哪一件曾经提到郑的青铜器的年代晚于西周中期。说明在经历了西周中期的繁荣之后,郑逐渐失去了它的重要性。耐人寻味的是,也正如伊藤道治多年之前就已经论及过的,郑的衰退恰好同井氏的衰微在时间上大致同步。③ 在西周晚期,郑地似乎已经不再是从前那样重要的王室活动地点,因此它可能被分给王子多父作为他新的宗族基地。

不仅郑地的城市历史可以追溯到公元前 806 年王子多父在此建宗之前,其实它还是一个时间更早同样叫"郑"的宗族的所在地。两个郑之间的转变是西周历史上的一个缺环,现在我们能够通过金文资料对其重建。矢王簋盖(JC:3871)铭文中说矢王为郑姜作

---

① 陈梦家:《西周铜器断代》6,第 108-109 页。
② 对郑有关铭文的分析,见松井嘉德:《西周期鄭の考察》,《史林》69.4 (1986),24-31。由于西周中期郑的重要性,传统史料中有一种意见,认为穆王曾经迁都至郑;见《汉书·地理志》注,《汉书》28,第1544页。
③ 伊藤道治:《中國古代王朝の支配構造》,第 179 页。

了一件祭祀用的铜簋。① 郑姜(姓姜)是来自郑氏的一名妇女,她嫁入了姬姓的夨国。② 根据这件青铜器的器形和纹饰,它应当被定在西周中期晚段,显然是在多父受封于郑之前很久。由此可见,夨王簋盖上提到的郑与多父之郑是不相同的。寰盘(JC:10172)的铭文材料进一步证明了这一点,寰声称为其父郑伯和其母郑姬作了一件祭器。③ 寰盘的时代被确定在宣王二十八年,此时郑伯和郑姬已经死了,此器是为了祭祀他们而作,而新的郑氏宗室建立仅五年之久。由此可见,寰盘铭文中提到的郑伯绝不是多父,而是一支与一直活到公元前771年与幽王一起死于戎人之手的多父所不同的更早的郑氏宗族。④ 既然郑伯的妻子被称作郑姬,那么根据周实行的同姓不婚的原则,这个较早的郑氏显然不属于姬族,因此可以肯定它就是夨王簋盖铭文中提到的姜姓的郑。陈槃已经指出,郑地原先为较早的郑氏所占据,后来郑桓公又在那里建立他新的宗族郑,⑤这是最有可能的情况。

传统史学中关于郑的最大的争论是,究竟是郑桓公攻灭郐国后随即将郑国迁到了中原? 抑或是他的儿子郑武公陪伴平王迁到中原?⑥

---

① 因为夨国坐落在汧水沿岸的宝鸡-陇县地区,这篇铭文同样说明郑可能位于渭河流域西部与夨国相邻的地区。

② 基于铭文中的郑即多父之郑的假说,有的学者认为郑姜是从姜姓的夨国嫁入郑国的一名妇女。但这是错误的。对西周金文中妇女称名原则的讨论,见199页注③。

③ 寰盘自铭为二十八年。由于幽王仅统治了十一年,故寰盘的年代不能晚于宣王二十八年。寰盘的年代近来得到一项新证据:寰盘铭文中宣告王命的史减在四十二年和四十三年逨鼎上扮演了同样的角色。由于逨鼎的高年份(四十二和四十三),史减为宣王之前就开始扮演同样的角色共超过四十三年是不太可能的。这几乎将寰盘断定在宣王二十八年。关于寰盘的铭文,见白川静:《金文通释》,29.177:594。至于逨鼎,见《文物》2003年第6期,第6-16页。

④ 当然,这件青铜器也不可能是郑桓公为其父母所作,因为郑桓公的父母为周王和王后,不可能被称为郑伯和郑姬。

⑤ 陈槃:《春秋大事表列国爵姓及存灭表譔异》,第62-65页。"郑伯"这个名称与"郑井叔"不同,后者显然在郑拥有住宅,而他的宗族名称却来源于另一个叫"井"的聚落。相较而言,郑伯可能是郑较早的居民,并且以"郑"作为他宗族的名称。

⑥ 对这些论点的综述,见张以仁:《郑国灭郐资料的检讨》,《"中央研究院"历史语言研究所集刊》50.4(1979),第615-625页。

换言之，郑的东迁究竟是在周都灭亡之前还是在此之后。这个争论主要是由《古本竹书纪年》（晋文侯二年）和《今本竹书纪年》（幽王二年）中关于多父伐"鄶"（古本中作"郐"）的两段记载所引起的。关于这点，我们将在附录三中进行详细的研究。

由于《古本》中错将"郐"当作了被攻击的诸侯国，这似乎是指在公元前779年，郑桓公进攻了后来成为郑新都城的郐国。然而，两份其他史料显示，郐遭受郑的攻击并且成为郑的一部分是在平王初年。在附录三中我们可以看到：1）郑的东迁不可能发生在郑桓公于公元前774年成为司徒之前（可能他在公元前773年或772年将郑的财物迁往郐和东虢）；2）郑武公分别于公元前769年和公元前767年吞并了郐和东虢；3）古本中的"鄶"（郐）字可能是古墓本《竹书纪年》中"鄫"字的误写；鄫后来加入西申和西戎的联盟，参与了公元前771年对周都的进攻。将"鄫"误作"郐"，这就与后来遭受郑武公进攻并且成为其新领地的"郐"之间引起了极大的混淆。我们这里不用再重复繁琐的考据，可简单推断郑国是武公于平王统治初年在郐和东虢的领地中重建起来的。

正如第一章中已经谈到的，东虢坐落在今天的荥阳。① 至于郐，虽然传统史料将它的都城定在密县东北，但两位考古学家经过实地调查，将它同密县东南大樊庄一个古城遗址联系起来。② 郑的新都紧邻新郑，并且作为"郑韩故城"为人们所熟知，因为公元前375年后，它为韩所攻占（地图14）。这个巨大的古城遗址在最近

---

① 更详细内容，见陈槃：《春秋大事表列国爵姓及存灭表譔异》，第158页。
② 江永：《春秋地理考实》253，第12页；许鸿磐：《方域考证》（济宁：华鉴阁，1932），28，第33页。关于这项考古学研究，见马世之：《郐国史迹初谈》，《史学月刊》1984年第5期，第30–34页；梁晓景：《郐国史迹探索》，《中原文物》1987年第3期，第103–104页。另见《河南省志：文物志》，第114–115页。因为古代地理著作显示密国坐落在同一个地区，大樊庄遗址究竟属郐还是密仍待进一步研究。

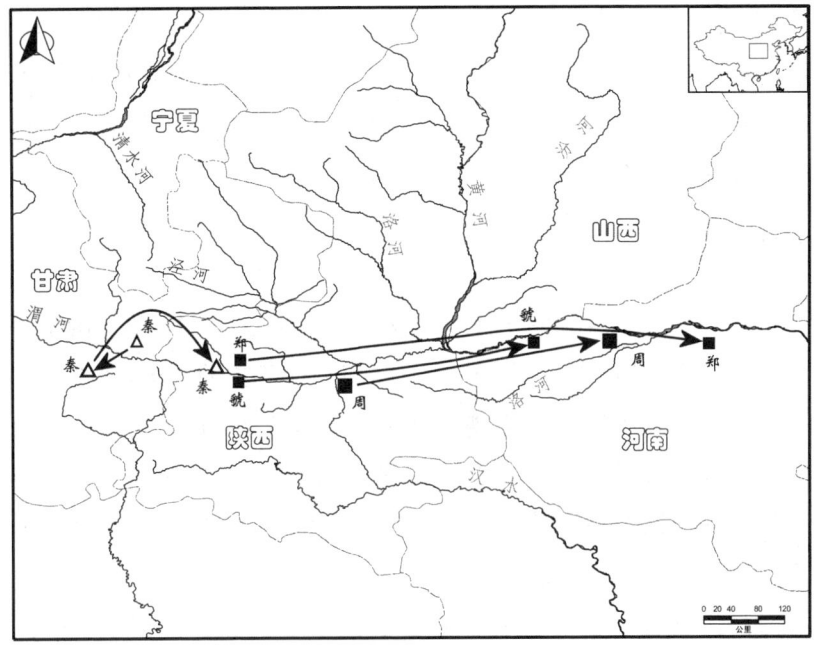

地图 14　周、郑、虢和秦的迁徙

四十年中已经出土了极为丰富的考古资料,[①]该遗址离被认为是邻国的都城遗址的大樊庄东南仅 10 公里。然而另一种文献指出,郑武公最终迁往新郑之前,可能还在一个叫作"刘"的地方居住过。[②]如果此情属实,或可以在公元前 770 年周室与郑东迁,至公元前 769 年与公元前 767 年邻国与东虢被灭之间插入一段鲜为人知的历史。

简言之,郑国原先坐落在渭河流域西端附近的凤翔地区。因为预感到西周王朝行将灭亡,故在公元前 773 年至公元前 772 年

---

① 对新郑考古发现的概要,见《新中国的考古发现》,第 274 页;《河南考古四十年》(郑州:河南人民,1994),第 231－234 页。
② 《公羊传》5,第 2220 页。关于刘,学者们提出了两个地点。第一个是汉代的陈留,靠近开封,在新郑东北约 55 公里处。见陈槃:《春秋大事表列国爵姓及存灭表譔异》,第 70－71 页。第二个是靠近洛邑的一个村落,后来成为刘国的都城,位于今天的偃师。见陈奂:《诗毛氏传疏》6,第 18－19 页。近来对刘的考古学研究,见梁晓景:《刘国史迹考略》,《中原文物》1985 年第 4 期,第 67－69 页。

之间,郑桓公将郑氏宗族的财产以及一部分人口东迁到邻国和东虢的领地内。周都沦陷后,郑武公随平王东迁,并可能暂居于刘。最后,武公分别于公元前769年和公元前767年吞并了郐和东虢,并且在今天的新郑地区重建了郑国。

西虢的东迁

虢的历史以及它的东迁是中国早期历史上又一个令人困惑不解的谜,而且在过去十年中由于三门峡虢国墓地的发现,重新激起了学术界对这个问题的兴趣。这是一个综合性问题,它掺杂了历史地理问题以及有关中国早期宗族分支的基本原则等人类学问题。不同于郑的情况的是我们拥有数量可观的由虢氏贵族铸造的有铭青铜器,而且其大多数都是考古出土物。所以,文献记载可以和考古发现紧密结合起来。我们首先来探讨虢氏的起源与分支,然后讨论它可能的位置,最后我们再回到虢的东迁问题。

虢的起源与分支:关于虢的起源问题,传统上认为它们是由文王的弟弟虢仲和虢叔各自建立的政权组织。[①] 其中虢叔,作为周文王的良臣之一,在《尚书·君誓》中曾被提到。[②]《国语·晋语》亦云文王"孝友二虢"。[③] 进而,《国语·郑语》中史伯的长篇言论中也提到了二虢,其中一个位于成周之西;另一个,也就是虢叔所属的坐落在史伯所谓的郑可以前去的四河之间的中心地带。[④] 按照这种逻辑,西虢可能是由虢仲建立的。

[①] 《左传》12,第1795页。正如第二章所论,在周的宗法体制中,正夫人所生的儿子按照长幼分成伯、仲、叔、季,其中只有长子伯可以继承宗嗣,而年轻的儿子在宗族财产规模允许的情况下,将被分出去建立支系;如果是在王族,则是建立地方政权或者诸侯国。对这种习俗的解释,见 Hsu and Linduff, *Western Chou Civilization*, pp. 164–171; Blakeley, "Regional Aspect of Chinese Socio-Political Development," pp. 19–21.

[②] 《尚书》16,第224页。《逸周书》中称"虢叔"为"郭叔"。见朱右曾:《周书集训校释》(归砚斋,1846)7,第6页。

[③] 《国语》,第387页。

[④] 《国语》16,第507、518页。

对于二虢是由文王的两位弟弟建立的传统史学观念,长期以来我一直表示怀疑,原因有三:1) 如果虢从一开始就是一个政体的名字,那么文王的两个弟弟同时在两个不同地点建立政权,却有着同样名字的可能性不大;2) 如果虢仲和虢叔是文王的弟弟,那么无论他们中的哪一个将东虢建立在当时仍属商控制的东部平原上,都是不可能的;①3)《尚书》和《逸周书》中只说虢叔是文王同时代的人,并没有提到虢仲。我认为《左传》和《国语》中关于二虢同时并建的记载与当时的历史背景完全不符。合乎逻辑的解释是应该只有一个虢叔,文王的弟弟,克商之前被封于虢地,因此成为虢氏宗族的创建者。克商之后,虢氏内产生分支,一位年轻的虢叔,即最初建立虢氏的年长虢叔的儿子,可能被派往东部平原建立东虢,成为虢氏实际上的支系。当然,年老的虢叔也有嫡长子,即虢伯继承他的位置,成为虢的"大宗",而虢仲和虢季也可能建立各自的支系。虽然这只是一种假设,但我认为这个理论不但可以解释有着相同名字的二虢之间的区别,同时还能解释为什么除了虢仲和虢叔外,还有虢季这一似乎到了西周中晚期比其他任何一支虢系都要重要的支系;如下所述,这一点可以得到考古学材料的充分支持。

当虢最初被分成众多支系(虢仲、虢叔,可能还有虢季)时,个人的称呼比如"虢仲"、"虢叔"和"虢季"随后就成为了新建立的虢氏支系的称号。换言之,仲、叔、季这三个称号不再意味着年长次序,而是已经成为用来区分各个支系相对于"大宗"的地位的标记。一般认为这些称号会为相关支系的每一代的首领所世袭,并且在铭文中常常置于人名的前面。这种现象当然不唯虢氏独有,而可能反映了西周时期宗族分支的普遍模式。因此,虢叔支系的第三子就应该称他自己为"虢叔叔 X",他的名字前面有两个"叔"字。

---

① 根据《左传》和《国语》,虢叔和虢仲都生活在文王时期,这暗示两个虢的政权组织在文王时期即已建立。但这似乎是不可思议的。

事实上情况也确实如此,并且这种观点在 1984 – 1985 年间井氏支系井叔家族墓地发掘时得到了有力证明。①

这样一来,情况就变得复杂了。如果我们缺乏清晰的考古学关系(archaeological context)以及类似井叔青铜器上显示的谨慎措辞,铭文中不管是"虢叔"还是"虢仲",我们似乎都很难确定他们究竟指的是一个支系还是排行第二或第三的人。并且正如一些学者已经指出的,在有些文献资料中,西虢的国君实际上使用了这两种称号;②而另一方面考古资料却表明,"虢季"是虢的一个支系的称号。但是金文中没有确凿的证据可以说明"虢仲"或"虢叔"曾被用作虢氏支系的名称;这两个支系实际上可能是存在过的。

虢的地望 虢,或者多个虢,它们究竟位于何处? 与虢相关的有铭文的青铜器及考古遗址的发现为我们回答这个问题提供了可靠的依据。在周-玁狁战争的论述中我已经讨论过虢季子白盘(JC:10173),该盘记录了虢的贵族在捍卫周王畿时所起过的重要作用。这件青铜器是 19 世纪早期在宝鸡虢川司被发现的(图 32)。③ 另一

---

① 这个墓地属于张家坡(丰京的中心区)南面墓地的一部分。金文显示,位于西面的 M157 是井叔叔采的墓;中间的 M152 是井叔达的墓;东面的 M170 也是一位井叔的墓,但名字不详。它们是井叔家族三代首领的墓葬。报告还认为,位于 M170 与 M152 之间的带斜坡的较小墓葬 M168 也埋葬着一代井叔。根据报告的排列,这些墓葬的年代次序是 M157 – M152 – M170。M157 墓中出土的一件由井叔叔采(叔字重文)铸造的青铜钟是最重要的。这篇至关紧要的铭文证实了叔同时作为排行和支系的标记而使用。关于张家坡的发掘,见《考古》1986 年第 1 期,第 11、22 – 27 页;《考古》1990 年第 1 期,第 504 – 510 页;张长寿:《论井叔铜器:1983 – 1986 年沣西发掘资料之二》,《文物》1990 年第 7 期,第 32 – 35 页。关于这些墓葬的详情,见《张家坡西周墓地》(北京:中国大百科全书,1999),第 18 – 35 页。同时,应该提到的是卢连成(张家坡主要发掘者之一)曾提出另一种排序:M152 – M170 – M157。见卢连成:《张家坡西周井叔墓地的昭穆排列》,《中国文物报》1995.3.5,3。

② 根据《左传》,三门峡西虢之君既称"虢叔",又称"虢仲",虽然现在我们很清楚他们属于虢季支系。见樋口隆康:《虢國銅器考》,《東方學》20 (1960),第 10 页;上原淳道:《虢國遺跡出土の青銅器銘文について》,《甲骨學》8 (1960),第 642 – 643 页。

③ 传清道光年间陕西宝鸡虢川司出土,但发现的具体地点不明。有些学者将它定于宝鸡市东南 60 公里处;见唐兰:《唐兰先生金文论集》,第 415 页。虢川是隐于秦岭深处的一条河,距离清代宝鸡县(今宝鸡市)东南 75 公里;见强振志等:《(重修)宝鸡县志》(1922) 2,第 16 页。然而,根据 10 世纪的《太平寰宇记》,今宝鸡县附近有桃虢川,见《太平寰宇记》30,第 13 页;顾祖禹:《读史方舆纪要》,第 2414、2419 页。有可能此器出于后面这个地方,但后来的古董商误以为是虢川司。

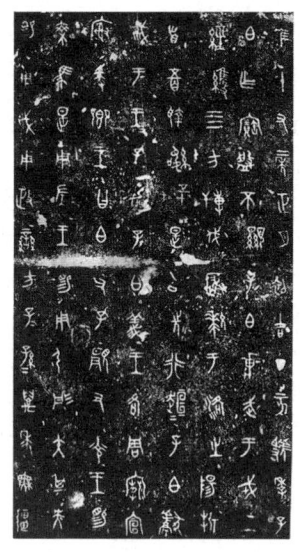 

图 32　虢季子白盘及其铭文

(JC:10173;郭沫若:《两周金文辞大系图录考释》,第 18 页,152 号)

件由虢季氏子组铸造的青铜盘据说是在清代的凤翔府发现的,当时宝鸡即隶属凤翔府。① 这些发现明显地将虢同今天渭河西端的宝鸡凤翔地区联系起来,同时也显示出它们的作器者来自于虢的虢季支系。文献记载实际上将西虢定在了宝鸡地区。《汉书·地理志》实际上将西虢同右扶风辖内的虢县等同起来;在汉代,右扶风基本上包括了渭河谷地的西半部。同时《汉书·地理志》还提到一个"虢宫",秦宣太后起也。② "虢县"的名字一直延用于整个唐代,因为两部唐代史料均说今天叫作"虢镇"的古城遗址即为"虢县",即今天的宝鸡县所在。③ 可以相当肯定地说,基于目前的文献与铭文证据,虢就坐落在今天的宝鸡地区。

---

① 《周金文存》(1916)4,第 8－9 页;白川静:《金文通释》,34.200:64。
② 《汉书》28,第 1547、1549 页。
③ 《元和郡县图志》认为西虢即唐代的虢县;见《元和郡县图志》,第 43 页。《括地志》(《史记》正义引)云:"故虢城在岐州陈仓县(今天的宝鸡市)东四十里。次西十余里又有城,亦名虢城。"见《史记》5,第 183 页。

和许多其他贵族家族一样，虢氏在王室遗址岐邑（周原）也有居住地。1974年，周原中心区强家村的一个窖穴中出土了七件有铭文的青铜器，其中包括最重要的师承钟（JC：141）和师𩰬鼎（JC：2812），从其铭文中可知虢季支系四到五代的世系，年代上大约从共王到夷王或厉王时期。① 除了这些青铜器外，由虢仲所铸造的一件鬲在同属周原地区的京当被发掘出土。②

在陕西的周王畿之外，另一处虢器的集中发现地是豫西的三门峡地区。1957年，三门峡发掘出土了多达234座墓葬，这些墓地位于黄河南岸的缓坡上，其中有38座随葬有青铜器。在虢国的历史地理方面，最重要的发现是M1631出土的一件青铜鬲（JC：683），③作器者为虢季氏子𢦏。这篇铭文不仅确定了这座墓地属虢季支系，同时还将它同渭河流域发现的众多虢季青铜器联系在一起。这座墓地当然也包含了一些高等级的虢氏贵族墓葬，比如M1052，其中出土的一件戈上的铭文显示墓主是"虢国太子"。因为许多墓葬都保存完整，我们可以基于一定数目的列鼎对这些墓葬的等级关系做一系统分析，大致与其墓葬的规模与形制相符。④

---

① 这一世系包括虢季亮公、幽叔、德叔以及铸造师承钟的师承。师𩰬鼎上提到两个先祖：公上父和章（虢）季易父，李学勤教授认为"虢季亮公"代表了两个虢的先祖："虢季"，他认为是师𩰬鼎上的"虢季易夫"，而"亮公"则是师𩰬鼎的作器者"师𩰬"。但这种意见仍有商榷的余地。至于这些青铜器的年代，师𩰬铭文中有"臣朕皇考穆穆王"一句，为将此器定在共王八年提供了重要依据。出自同一窖穴的其他青铜器略晚，但都是在西周中期至西周晚期早段铸造的。见李学勤：《新出青铜器研究》，第85-87页。关于这次发掘，见《文物》1975年第8期，第57-62页。关于这些铭文，另见白川静：《金文通释》，49补.10：237-246。

② 王光永：《介绍新出土的两件虢器》，《古文字研究》7(1982)，第185-186页。

③ 《上村岭虢国墓地》(北京：科学，1959)，第32页，图版壹：1。

④ 考古学家归纳出随葬七鼎、五鼎、三鼎、一鼎，乃至无鼎的分别代表五个等级的墓葬。见《新中国考古发现和研究》，第283-285页；Lothar von Falkenhausen (罗泰), "The Waning of the Bronze Age," in *The Cambridge History of Ancient China: From the Origins of Civilization to 221 B. C.*, ed. Michael Loewe and Edward L. Shaughnessy (Cambridge：Cambridge University Press, 1999), pp. 470-476。从西周中期开始，但西周晚期更普遍，青铜器的铸造往往按一定的标准，鼎的数目为奇数，形制、纹饰相同，但大小依次递减，并且配以次一位偶数的簋，尺寸器形统一。这种现象考古学家称之为"列鼎制度"，在许多西周晚期以及东周早期的墓葬中流行。对这种现象系统的分析，见俞伟超、高明：（转下页）

另一方面，三门峡墓地显然也包含着不同时期的墓葬。1988年，我提议将虢墓铜器分成连续的三期，年代从西周晚期至公元前655年晋攻上阳灭虢之际。这个序列在虢墓铜器的器形演变上是十分清楚的，可以把从西周到东周青铜器的演变很好地连接起来。①

20世纪90年代初，同一墓地中又有18座墓葬（12座资料已公布）被发掘，出土了一批重要的新资料。② M2001墓葬中出土了七件列鼎和六件簋，其器物组合形式与1957年发掘的M1052极为相似。这座墓葬出土的20件青铜器上都铸有"虢季"的字样（图33）。③ M2011同样也出土了七件列鼎和一柄作器者为虢国太子的青铜斧。④ 还有一座资料尚未完全公布的M2009，据说出土了九件列鼎和八件簋，显示出级别比M2001和M1052还要高级，而且出土的青铜器上铸有"虢仲"的字样。⑤ 很可能这些都是虢君的墓葬。⑥ 一些学者认为这些新出青铜器上的"虢季"和"虢仲"只是个人的名字，而非宗族名。⑦ 但是有一件青铜鼎（M2001：345）上的铭文告诉我们三门峡墓地无疑正属于虢的支系虢季；"虢季"这

（接上页）《周代用鼎制度研究》，《北京大学学报》1978年第1期，第84-89页（第一部分）；1978年第2期，第84-97页（第二部分）；1979年第1期，第83-96页（第三部分）。另见Lothar von Falkenhausen, "The Waning of the Bronze Age," p. 489.

① 我将一期（M1820、M1810、M1601、M1602）定在西周晚期，时间跨度从宣王到幽王。而第二期（M1052、M1689）和第三期（M1705、M1721）分别定在春秋早期早段和早期晚段。见李峰：《虢国墓地铜器群的分期及其相关问题》，《考古》1988年第11期，第1035-1041页。关于三门峡墓地年代的其他观点也应当被提及。报告作者将三十一座墓葬年代均定在宣王及其前后，见林寿晋：《上村岭虢国墓地补记》，《考古》1961年第9期，第505-507页。通过分析，日本考古学家樋口隆康也得出了相同的结论。见樋口隆康：《虢國銅器考》，《東方學》20（1960），1-21。还有一些学者认为所有的墓葬都应当被定在春秋早期，见郭宝钧：《商周铜器综合研究》（北京：文物，1981），第70-78页；李学勤：《东周和秦代文明》（北京：文物，1984），第64-65页。

② 《三门峡虢国墓地》（北京：文物，1999），第9页。

③ 《三门峡虢国墓地》，第33-75页；《华夏考古》1992年第3期，第106-112页。

④ 《三门峡虢国墓地》，第344页。

⑤ 《三门峡虢国墓地》，第245-249页。

⑥ M2001与M2009可能是虢公的墓葬，而M2011则被认为是虢国太子的墓葬。M2012和M2006，从它们的随葬品来看，可能是两位不知姓名的虢公配偶的墓葬。

⑦ 李学勤：《三门峡虢国墓地新发现与虢国史》，《中国文物报》1991.2.3, 3.

个名称中的"季"字在这里指的是三门峡墓地的主人——虢的一个特殊支系,而不是个人排行的称呼:①

虢季作宝鼎,季氏其万年子子孙孙永宝用享

图 33　三门峡 M2001 中新出土的青铜器

（采自《三门峡虢国墓地》图版伍:1;玖:2;拾:1-2;拾伍:1;拾陆:1、3;拾捌:2;拾玖:1、3）

三门峡的虢在《左传》中被多次提及,于公元前 655 年为晋所灭。②《汉书·地理志》中说得很明确,"陕（今三门峡）,故虢国"。③历史上对于有一个虢国坐落于三门峡这个狭窄关口的基本史实从

---

① 《华夏考古》1992 年第 3 期,第 106 页。
② 《左传》12,第 1795-1796 页。
③ 《汉书》28,第 1549 页。

未有过异议。如上文所述,在东部平原今天的荥阳,还坐落着另一个虢(东虢)。① 然而坐落在三门峡地区的究竟是哪一个虢国,至东汉初期人们已搞不清了。有些学者指出,三门峡的虢(西虢)是由虢叔建立的,而荥阳之虢(东虢)则由虢仲所建,而有些学者则提出了相反的意见。② 这种情形又由于文献中南虢和北虢之分变得更加复杂。南虢是三门峡虢的又一指称,而北虢在山西平陆,两者隔黄河相望,之间距离不超过 10 公里(图 34)。③ 然而,新的考古发现已经证明,三门峡的虢既非虢仲所建,亦与虢叔无关,而是属于虢季的分支,它们是后来从建立虢的第一代虢叔的"大宗"中分离出来的。至于南虢和北虢之间的关系,我认为对《左传》中的记录

图 34　从三门峡看黄河(作者摄)

① 关于东虢的地望,见《汉书》28,第 1549 页。
② 第一种意见,见孔颖达《疏》引贾逵曰:"虢仲封东虢(荥阳),制是也。虢叔封西虢,虢公是也",《左传》,第 1795 页。第二种意见,范晔在《后汉书·郡国志》中指出,荥阳之虢为虢叔所建,而陕县(三门峡)之虢则由虢仲建立;《后汉书》19,第 3389、3401 页。
③ 汉代马融认为虢仲封于下阳,而虢叔封于上阳。见《史记》39,第 1640 页;《左传》12,第 1795 页。

作仔细的释读是可以阐明它们事实上只是三门峡西虢的两个组成部分。正如我在以前的研究中已经指出的,仅因为这两个部分为黄河相隔,它们便被后世的史学家和地理学者错以为是南虢和北虢。①

西虢东迁:对这些墓葬的全面分析应该等到虢国墓地资料全部发表以后在另文中进行。我们在这里的问题是:关于虢国的东迁考古资料能够告诉我们什么?要了解这些考古发现的真实含意,我们必须将它们同有关虢的文献记载联系起来。显然,上文介绍的铭文资料将三门峡和西面的宝鸡同时视为虢季支系的两个基地。为了理解这期间的关系,《水经注》中的一段记载尤为重要:②

> (雍县)《晋书地道记》以为西虢地也,《汉书地理志》以为西虢县。《太康地记》曰:"虢叔之国,有虢宫。平王东迁,叔自此之上阳,为南虢矣。"

这一段首先将公元6世纪的雍县(大致相当于今天的宝鸡凤翔地区)同班固在《汉书·地理志》中提到的虢县等同起来,并且赞同《晋书》(成书于公元7世纪)中将这个地区确认为西虢所在。随后,它引《太康地记》(编纂于公元3世纪,已佚失)指出西虢原先位于宝鸡地区,后来从那里迁到了豫西狭窄的关口,并且在西周末期重新定都于上阳(今三门峡)。在误将西虢看作是虢叔所建的同时,这段文字很好地解释了为何宝鸡和三门峡地区均有虢季青铜器的存在。虽然这条材料合理地解释了考古学上的这一现象,但我们还必须联系这两个地区青铜器的年代对这一点作更仔细的分析。唯此,我们才能正确地勾画出虢的历史轮廓。

郭沫若过去将虢季子白盘定在夷王时期,也有其他学者认为

---

① 李峰:《虢国墓地出土铜器群》,第1041页。
② 《水经注》18,第587页。

它应该晚至春秋。① 但我以为唐兰的论证更具说服力, 虢季子白盘应作于宣王十二年（前816）。② 很明显, 铭文中的"虢季子白"正是现藏于北京颐和园的虢宣公子白鼎(JC：2637)的作器者"虢宣公"。③ 更重要的是, 这一确认表明最迟到宣王时期, 虢季支系在虢氏宗族中已经居于领导地位, 因为虢季支系一名叫作"子白"的成员已经荣膺"虢宣公"这个称号。同时它还显示, 宣王的早年, 西虢仍在宝鸡地区; 出自岐邑的虢季铜器（包括上文讨论的师䚶鼎）铭文告诉我们虢在西周中期的大部分时间里一直生活于渭河流域。虢宣公（子白）的下一代可能是虢文公, 他活跃于宣王时期。《今本竹书纪年》说宣王十五年（前813）周王锡命于虢文公, 这说明他的先祖宣公可能死于公元前816年（制作虢季子白盘的时间）与公元前813年之间。④ 虢文公似乎是宣王晚年一个相当重要的政治人物, 他曾见于《国语》。⑤ 此外, 金文中也明确提到了他, 几乎可以肯定, 他正是三件虢文公子㱇鼎(JC：2634‑2636)的作器者。此外有趣的是, 子㱇同样也是1957年三门峡M1631墓葬中发掘出土的虢季氏子㱇鬲的作器者。⑥ 这些铭文显示, 文公来自虢季支系, 并且因为这件青铜器发现于三门峡, 所以有一种可能, 在宣王统治末期, 虢季支系已经在东部建立了新的基地。

基于三门峡地区发现的青铜器年代, 我曾经在1988年提出

---

① 郭沫若:《两周金文辞大系》, 第104‑106页。后一种观点, 见高鸿缙:《虢季子白盘考释》,《大陆杂志》2.2 (1951), 第7‑9页; 尾形勇、平势隆郎:《中華文明の誕生》（東京：中央公論社, 1998）, 第123‑124页。

② 唐兰:《唐兰先生金文论集》, 第415‑420页; 另见 Shaughnessy, *Sources of Western Zhou History*, p. 285.

③ 关于这篇铭文, 另见《商周金文录遗》（北京：科学, 1957）, 第23页。这件铜器的照片最近在《中国青铜器全集》6, 第137页中发表。

④ 《竹书纪年》2, 第15页。

⑤ 《国语·周语》有云："宣王即位, 不籍千亩, 虢文公谏。"

⑥ 《上村岭虢国墓地》, 第31‑32页, 图版41。另见郭沫若:《三门峡出土铜器二三事》,《文物》1959年第1期, 第13‑15页。

西虢东迁可能发生在宣王时期，当时文公是虢国国君。① 基于三门峡新出土的资料，我仍然相信这是西虢东迁的最可能的时间，而《太康地记》中给出的东迁时间事实上是错误的。② 在幽王统治期间，正如第四章中已经说明的，西虢是幽王褒姒集团强有力的支持者，在周宫廷中扮演着重要角色。《今本竹书纪年》说虢国在幽王七年（前775）兼并了原在三门峡地区的小国焦。③ 并且很可能也是在这个时间，虢开始向黄河北岸扩张领土。毫无疑问，虢公鼓就是西虢的国君，与西周灭亡后在携地扶立余臣为王的虢公乃是同一人。

或许因为早年同幽王褒姒集团的瓜葛以及随后支持携王的缘故，西虢同周平王领导下的周王室之间的关系十分紧张，正如《国语》中所言，周平王依赖的主要是晋、郑二国的扶持。然而，进入其漫长统治的后期，平王希望借西虢的力量来牵制当时正操纵着周室的郑国。于是，"虢公忌父始作卿士于周"，④以周王室的名义，下一任虢公林父，也称虢仲，于公元前707年从王伐郑，并于公元前703年进攻位于曲沃的晋国的分支。公元前681年之后，林父在周王室中的职务为另一个名叫醜的虢公（也称虢叔）所取代。虢公醜在位期间，虢与国力日强的晋之间纷争不断，并且也为一些流亡的

---

① 李峰：《虢国墓地出土铜器群》，第1042页。
② 河南的考古学家强烈主张三门峡最新发掘的大多数墓葬（如果不是全部的话）的年代应当定在西周范围内。见《河南考古四十年》（郑州：河南人民，1994），第249页；许永生：《从虢国墓地考古新发现谈虢国历史概况》，《华夏考古》1993年第4期，第95页。的确，M2001出土的大多数青铜器表现出西周晚期特征，然而七件列鼎的年代似乎更晚。这显示这座墓葬可能葬于东周初年，尽管它也包含了一些年代较早的铜器。M2011中的青铜器有明确的西周晚期特征，故当定于西周晚期。至于M2006，墓中青铜器显示可能葬于接近西周末年的某个时间。所有的这些墓葬，包括M2012，年代比1957年发掘的M1052和M1689（属于墓地二期）要早。
③ 《竹书纪年》2，第17页。
④ 关于虢郑之间的政治斗争，见上原淳道：《虢の歴史および鄭と東虢との関係》，《古代學》6.2（1957），第124-143页；《卿士をめぐる争い、及び、鄭伯称王説の檢討》，《東京大学教養部人文科学紀要14》（1958），第6-19页。

晋国王子提供避难之所。① 公元前 658 年，晋师假道于虞伐虢，一举攻下下阳，吞并了虢在黄河以北的领土。随后，公元前 655 年，晋师攻入虢都上阳，西虢自此被除掉了。

综上所述，通过对虢的分析，我们能够了解到西周时期的宗族分支的一种模式。就虢而言，很可能在周克商之前，文王的母弟虢叔，被授予了今宝鸡凤翔地区的一片土地，在那里建立了虢。克商之后，随着第一次东迁浪潮，虢叔的一个儿子奉王室之命前往东部平原建立地方封国，以此作为西虢的一个支系，历史上从此便出现了两个虢。从虢的"大宗"内分出来后，虢季支系也便诞生了。既然存在一个由第四子建立的"虢季"支系，那么"虢仲"支系也应当存在，而虢的"大宗"则由"虢伯"这一支传下去。然而，我们没有确凿的证据可以证明这种假设。很可能在西周的某个时期，虢季支系作为虢最主要的一支在西部确立了自己的统治地位，同时也继续效命于周王室。在宣王统治期间，虢季领导者为他们在三门峡地区又建立了一个新的基地。接近西周末年，虢季进一步扩大他们在三门峡地区的领土，先是灭掉了焦，随后又向黄河北岸扩张。

第三节　秦的崛起与向周心脏地带的迁移

在有关西周向东周过渡时期的史料中，我们能够观察到众多诸侯国的迁徙，而其中注定要改变中国历史的一支则是来自甘肃东南的秦人，他们迁徙的目的地正是陕西中部的前周心脏地带。落脚在陕西肥沃的渭河平原，秦嬴的势力大增，并最终建立了中国第一个中央集权制帝国。在这一节中，我将系统研究秦与周的关

---

① 有关晋在当时的政治形势，见 Shim, "The Early Development of the State of Jin," pp. 170–189.

系以及西周灭亡之后,它向东的迁徙。

寻找早期秦

秦早期的历史及其与周的关系是西周晚期历史中最重要的问题之一,《史记·秦本纪》中的一段叙述(在第四章中已略有讨论)为我们提供了极富价值的信息:①

> 非子居犬丘,好马及畜,善养息之。犬丘人言之周孝王,孝王召使主马于汧渭之间,马大蕃息。孝王欲以为大骆適嗣。申侯之女为大骆妻,生子成为適。申侯乃言孝王曰:"昔我先郦山之女,为戎胥轩妻,生中潏,以亲故归周,保西垂,西垂以其故和睦。今我复与大骆妻,生適子成。申骆重婚,西戎皆服,所以为王。王其图之。"于是孝王曰:"昔伯翳为舜主畜,畜多息,故有土,赐姓嬴。今其后世亦为朕息马,朕其分土为附庸。"邑之秦,使复续嬴氏祀,号曰秦嬴。亦不废申侯之女子为大骆適者,以和西戎。

关于大骆宗族及其支系秦国建立的历史,这是一份内容相当丰富的资料。但与虢的情形不同的是,秦的分支牵涉到周王室的意愿。根据这一段,秦的先人是生活在犬丘的大骆宗族,他们同申(西申)之间有着双重的通婚关系,而申本身,正如第四章提及的,又是周人的联姻对象。周-申同盟据说可以追溯到太王和太姜时期。首次申-大骆通婚是在秦人的先祖戎胥轩与郦山部落(可能是戎人的一部,申起源于此)的一个女子之间进行的。由于他们与申的通婚关系,大骆宗族承认了周的统治。第二次联姻是在大骆和申侯(这段文字的叙事者)的女儿之间进行的,他们所生之子成即大骆宗族的合法继承人。然而,因为大骆的庶子非子——也就是

---

① 《史记》5,第177页。

后来秦人的直接祖先——赢得了周孝王(前872?－前866在位)的青睐,孝王欲立庶而废嫡。这番意图遭到了申侯的强烈反对,申侯是成的外祖父,他明确向周王表示,这会破坏申与大骆之间的关系,而这层关系是安抚周王朝西部边疆的基础。最终,孝王放弃了他的初衷,寻找了一个妥协的方式,即封非子于秦。由此可见,秦国是周王室政治操作中折衷妥协的产物。严格地讲,在这段时间之前,我们不应使用"秦"这个称号来指称秦人。

因为文献记载将犬丘和秦都定在了甘肃东南的渭河上游,这就为考古学上寻找早期秦提供了一个基础。① 在第一章中,我曾经提到过天水东泉乡发现的青铜簋,以及天水西面毛家坪的发掘。② 来自东泉乡的那件簋属于一件典型的西周早期器物,由此证明了周文化在渭河上游的存在。1982－1983年毛家坪的考古发掘提供了许多重要信息,使我们对与西周同时期甘肃东南部的考古遗存有所了解。毛家坪4B层的堆积可以被确定在西周早期,出土了不同型制的深腹瘪裆鬲和深腹盆。4A层中出土了大量身形较矮的联裆鬲、浅腹盂和高浅盘豆,因此,报告者将它们定在西周中至晚期(图35)。③ 除了居址遗存外,在发掘的三

---

① 关于秦族的起源,学术界主要有两种看法。王国维指出,秦人可信的历史始于商末中潏,其时已居于陇山之西。因此,王将秦之祖先归于戎狄。同样,蒙文通亦认为秦是戎的一部分,并且很可能同犬戎有关。秦西来说特别是在考古学家中很具影响力。见王国维:《秦都邑考》,载《观堂集林》(石家庄:河北教育,2001),第335页;蒙文通:《秦为戎族考》,《禹贡》6.7(1936),17;俞伟超:《先秦两汉考古学论集》(北京:文物,1985),第187－188页;刘庆柱:《试论秦之渊源》,载《先秦史论文集》(人文杂志专刊)(西安:1982),第176－178页。另一种看法坚持认为秦人原先居于东方,与山东地区的东夷集团有联系。见徐旭生:《中国古史的传说时代》(北京:文物,1985),第205页;林剑鸣:《秦史》(台北:五南,1992),第21－28页;段连勤:《关于夷族的西迁和秦嬴的起源地族属问题》,载《先秦史论集》(人文杂志专刊)(西安:1982),第175页;韩伟:《关于秦人族属及文化渊源管见》,《文物》1986年第4期,第23－27页;王玉哲:《秦人的族源及其迁徙路线》,《历史研究》1991年第3期,第32－39页。近来对这个问题的讨论,见Falkenhausen, "The Waning of the Bronze Age," pp. 496－497.

② 《文物参考资料》1955年第6期,第117－118页;《考古学报》1987年第3期,第359－396页。

③ 《考古学报》1987年第3期,第388页。

十三座墓葬中,其中二十二座墓葬的陶器被分成五个不同的时期,时间跨度从西周中期一直到战国早期。一期(M1、M2、M4、M6、M10)和二期(M3、M9、TM5)墓葬中出土的陶器群大致与4A层中的同时。①

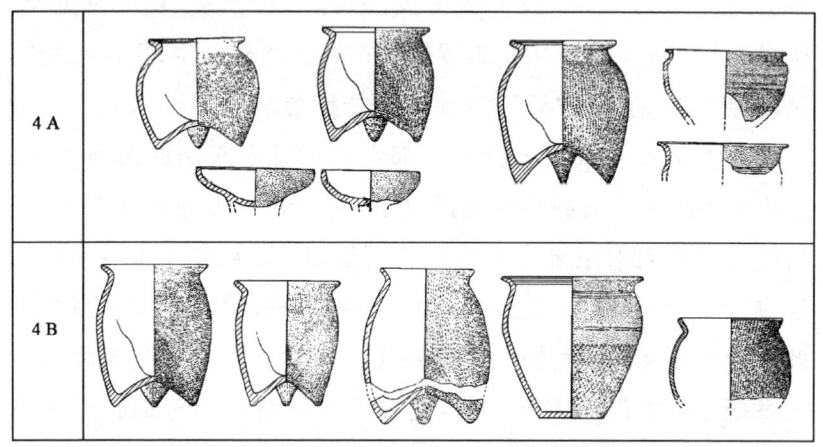

图35 天水毛家坪第4层出土的陶器

(采自《考古学报》1987年第3期,第367-368、370页)

这些陶器不仅在类型学上相似于陕西中部渭河平原上发现的那些(见第一章),而且它们组合的方式与同期的陕西周人墓葬也是一样的。② 另一方面,在我看来,同周都地区的陶器相比,毛家坪的陶器器类显得略为简单。③ 这在一定程度上可能要归因于毛家坪发掘的规模还比较小,但也有可能这就是这个遗址的特征。

关于早期秦,这些说明了什么呢?虽然这项发掘阐明了渭河

---

① 《考古学报》1987年第3期,第387-388页;赵化成:《甘肃东部秦和羌戎文化的考古学探索》,载《考古类型学的理论与实践》,俞伟超编(北京:文物,1989),第153-162页。

② 西周中晚期墓葬中标准的陶器组合包括:鬲、豆和罐;或者鬲、豆、盂以及罐。

③ 例如,西周早期的袋足鬲和簋,中晚期的仿铜陶和疙瘩鬲,以及豆柄上有突棱的节棱豆,都在周都地区极为普遍,但在毛家坪并没有出现。

上游的陶器群可以合理地被当作陕西中部周人中心地区物质文化的一种地方类型,①但关于秦它并不能说明什么。②将这些与西周同时期的陶器定名为"秦文化"是否合适还是一个问题,因为在渭河上游地区同样还可能分布着有同样葬俗的其他亲周政权或者群体。不过在天水南面55公里处深山里的礼县地区,却出现了可以鉴别秦文化的决定性的材料(图36)。1994年6月,纽约古董商拉利(J. J. Lally)出版的图录里刊载了一对青铜壶。这两件壶上都铸有铭文:"秦公作铸尊壶"。③大约同一时间,一批可能用于棺具装饰的金箔饰片在巴黎出现,据云,它们出自甘肃礼县。④由秦公所

图36　甘肃礼县附近的西汉水上游(作者摄)

---

① 牛世山:《秦文化渊源与秦人起源探索》,《考古》1996年第3期,第45页。
② 事实上,毛家坪和秦晚期墓葬在葬俗上存在明显联系。在毛家坪的大多数墓葬中,死者实行屈肢葬。这与周人的仰身直肢葬是迥异的,但却与春秋时期典型的秦人葬俗相同。见《考古学报》1987年第3期,第376页。
③ J. J. Lally & Co., *Archaic Chinese Bronzes, Jades and Works of Art* (New York: J. J. Lally & Co., 1994), no. 54.
④ 韩伟:《论甘肃礼县出土的秦金箔饰片》,《文物》1995年第6期,第4-11页。

作的六件其他青铜器,包括四件鼎、两件簋,被上海博物馆从香港文物市场购回,并且随后于 1996 年发表(图 37)。① 除了这些已经发布的青铜器外,另有几件青铜器已由公安部门从盗墓者手中截获,现仍由礼县公安局保管。这批青铜器可能铸造于西周末,春秋初。在大堡子山进行的抢救性发掘确认了四座墓坑,几乎可以肯定包括了两座主墓及陪葬的车马坑。② 这是近年来秦文化考古最重要的发现;这些铭文显示秦的中心可能就坐落在西汉水上游的礼县地区。

为了解释这些远离渭河干流,隐于深山之中的秦人墓葬,我们必须要参考传世的地理记录,这些记录实际上将这个地区同《史记》中提及的大骆宗族的所在地犬丘联系起来。《水经注》说得很明确,汉代西县故城在今礼县东北,为大骆犬丘之地。③ 其他地理文献也提到了犬丘的不同位置,④但《水经注》所描述的位置与近年来的考古发现似乎更相符合。另一个最近的考古报告告诉我们,大堡子山墓地坐落在今礼县东北约 10 公里处的西汉水之滨。从大堡子山渡河往东,有四座春秋中期至晚期的秦人墓葬在1998 - 2000 年间被发掘(地图 15)。⑤

不过问题依然存在,地理文献认为大骆族居住的犬丘位于礼县地区,而考古发现却显示大堡子山墓地应归属于受孝王分封的且居住在另一处聚落的秦国国君。对此我们还是来看看历史文献中的解释。关于秦的地望,古代地理文献认为是在今天牛头河流

---

① 李朝远:《上海博物馆新获秦公铜器研究》,《上海博物馆集刊》7(1996),第 23 - 33 页。
② 韩伟:《论甘肃礼县出土的秦金箔饰片》,第 7、11 页。
③ 《水经注》20,第 643 页。
④ 例如,《汉书·地理志》云:"槐里,周曰犬丘,懿王都之。"见《汉书》28,第 1546 页。正义《括地志》云:"犬丘故城一名槐里,亦曰废丘,在雍州始平县东南十里。"见《史记》5,第 177 页。槐里在今兴平县,距周都镐京西面 20 公里处。犬丘位于周都附近的可能性极小,它同时也与下文将分析的历史背景相矛盾。
⑤ 《文物》2005 年第 2 期,第 4 页。

第五章 东迁：周的重构 285

图37 礼县大堡子山墓地新发现的秦公铜器

（采自李朝远：《上海博物馆新获秦公铜器研究》，第 24-27 页；Lally, *Archaic Chinese Bronzes*, no. 54）

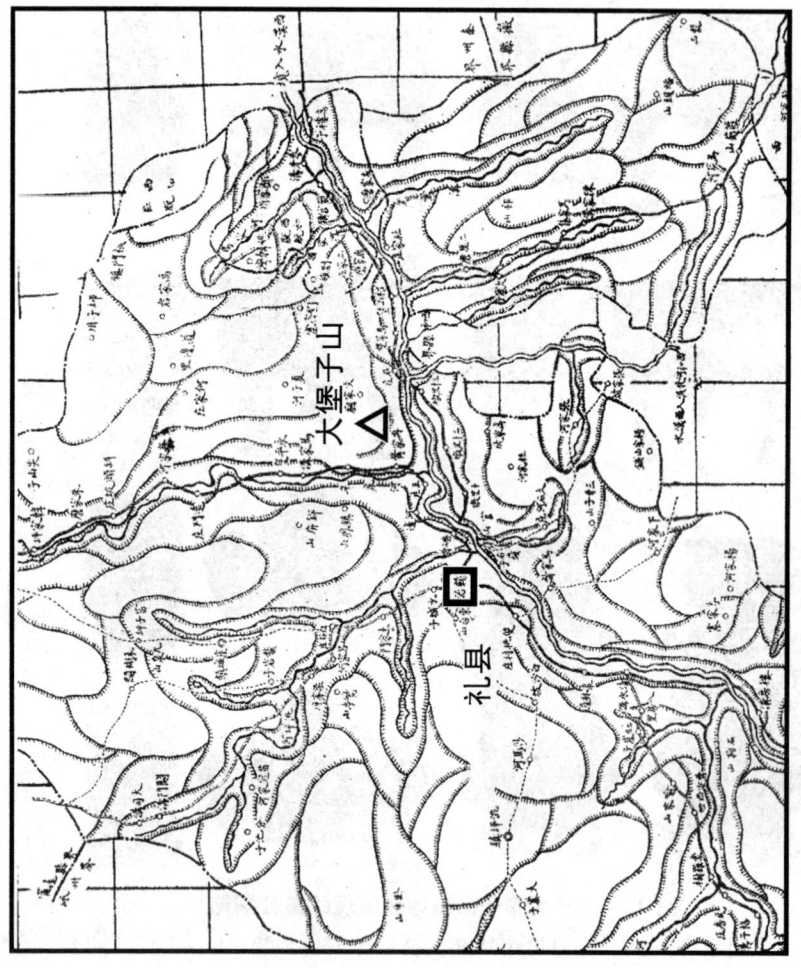

地图 15　甘肃东南的礼县地区

(采自安维峻:《甘肃省新通志》第三卷《秦州礼县图》,兰州:1909;《文物》2005 年第 2 期,第 4 页。)

域的清水地区,大约在礼县东北 100 公里,天水东面 40 公里的一个地方(地图 12)。① 这实际上是将秦置于大骆之族犬丘所在地的西汉水上游的邻近地区。"秦"这个名称出现在询簋(JC: 4321)和师酉簋(JC: 4288)铭文中,与生活在周都地区的其他一些外族一同被提到,它们被称作"秦夷"或"秦人"。因为这两件铜器作于孝王封非子于秦之前,②可见与上文分析的郑氏政权建立的背景相似,这个叫"秦"的聚落原先可能就住着一个人群,他们被周王赐给了非子,后者成为那里新的主人。

周-大骆-秦之三角关系

第一章中已经指出,陇山之西的渭河上游是周文化范围的最西端。在先周及西周早期,周人对泾河上游地区行使着完全的控制,并将他们的力量扩展到了宁夏南部的北方草原与渭河的上游。在这样的历史背景中,周与大骆之间的接触可能是西周国家向西扩张的一个结果。不过像这样的接触可能是以不同方式进行的,政治的或文化的。上文引用的《史记》中的一段显示,由于他们与周人的老同盟申之间有婚姻关系,故大骆也就顺从了周人的政治权力。正如第四章中我们已经提到的,申可能坐落在泾河上游的平凉地区,并且对于周人而言,申和秦都是重要的战略防御之地。在西周早中期的漫长岁月中,周-申-大骆组成的三角结构可能成为周西陲安全的保证(地图 12)。借助这两个小国与戎人的密切联系,周人得以与戎保持相对的和平关系。

---

① 例如,《史记》正义引《括地志》云,唐代秦州清水县本名为秦,是嬴氏(非子)的居地。见《史记》5,第 178 页。清代历史地理学者顾祖禹将秦与位于今天清水西面的古清水县遗址联系起来。顾祖禹:《读史方舆纪要》,第 2598 页。

② 大多数学者认为这两件器乃父子二人所作。询簋上的益公和师酉簋上的史墙将可将它们定在共懿之世,先于孝王封秦。关于询簋的年代,另见 Shaughnessy, *Sources of Western Zhou History*, p. 255. 至于这些铭文,另见白川静:《金文通释》,31. 182;701;29. 173;553.

通过在渭河上游建立秦国,与西汉水流域的大骆族别地而处,周人为自己创造了一个新三角:周-大骆-秦。在西周中期的后半段,秦国与犬丘的大骆族同为周人的盟友,两者相依相存。然而在西周晚期,周人西北边境的形势发生了剧变。《史记》讲道:"周厉王无道,诸侯或叛之。西戎反王室,灭犬丘大骆之族。"①《今本竹书纪年》中的一段记载亦云:"(厉王)十一年,西戎入于犬丘。"②这意味着犬丘已为西戎所征服,秦的母族自此消失。不过我们应当认识到,西戎对大骆族的进攻只是厉王时期玁狁与周人世界发生冲突的一个部分。当宣王掌权时,西周王室采取了一系列的努力来力图重建对西北地区的控制。作为这种努力的一部分,秦国的统治者秦仲,被周王室授以所谓大夫之职,并且在宣王三年(前825)奉命讨伐西戎,这次出征比公元前823年王室遣兵在泾河上游讨伐玁狁早两年。③ 不过可惜的是秦仲"出师未捷身先死",公元前822年命丧西戎之手。随后,早期秦人历史上便迎来了最重要的一个英雄时期。周宣王于是召来秦庄公昆弟五人,与兵七千,使伐西戎。④ 这次征伐最终获得了巨大成功;周-秦盟军不仅击败了西戎,并且还趁势光复了犬丘之地。此役之后,周王室册命庄公为"西垂大夫",且正式授予他犬丘一带的土地。于是庄公将其居地从秦迁到了犬丘,从此那里成为秦政权的中心。乘宣王"中兴"之势,秦人将自己发展成为周人世界西端的一支重要力量。庄公在犬丘统治了四十四年,卒于幽王四年(前778),这是早期秦人历史上最昌盛的一段时期。简言之,秦人的早期历史同西周晚期历史,特别是周人与玁狁的战争密切交织在一起。只有当我们从周人的全面战略来观察这个问题时,我们才能够理解秦人作为一支地方力量的形成。

---

① 《史记》5,第178页。
② 《竹书纪年》2,第13页。
③ 《竹书纪年》2,第14页;《史记》5,第178页。
④ 与其他记录如多友鼎铭文中周对玁狁的战争相比,这个数字似有夸大之处。

文献记载中秦人的历史发展可以帮助我们合理地解释为什么秦的统治者会葬于礼县大堡子山；这里曾是大骆之族所居的犬丘。但接着的问题是：大堡子山墓的墓主究竟是何人？在大堡子山发现秦国铜器之后的五年中，大量的研究文章被发表，从秦仲到宪公（前715-前704在位）的一个世纪里的所有秦国国君都被举出来作为这些墓葬的候选人。① 这个问题之所以会在学术上有如此纷争，部分要归咎于这批资料恶劣的保存状况；我们甚至不清楚这八件青铜器究竟出自同一墓葬还是不同的墓葬。因此，要解释这些青铜器对西周晚期历史研究的意义，我们首先有必要对其组合及年代进行认真考察。

有些学者试着将这八件青铜器分成两组，指出青铜器上铭文秦字作 （鼎三、四；簋一、二）的为秦襄公器，而秦字作 （鼎一、二；壶一、二）的则为秦文公器。② 不过这种差别意义不大，因为一个字即便是在同一件青铜器上也会有不同的写法。③ 另一方面，我认为有四项理由可以说明鼎一、二与鼎三、四明显属于两套不同的器物：1) 铭文铸造技术不同，鼎三、四上有清晰可见的铭文铸范的边缘，而鼎一、二上没有；2) 在鼎三、四的铭文中，使用了"宝"这个

---

① 李学勤和艾兰（Sarah Allan）首先提出拉利的两件壶的器主为秦庄公（卒于前778）。见李学勤、艾兰：《最新出现的秦公壶》，《中国文物报》1994年10月30日。随后，韩伟认为这些墓葬的主人是秦仲（卒于前822）和庄公；韩伟：《论甘肃礼县出土的秦金箔饰片》，第8页。从1996年开始，又有六位学者发表了他们关于这批青铜器的研究，其中四人认为它们应归于襄公（前777-前766在位）和(或)文公（前765-前716在位）。见陈昭容：《谈新出秦公壶的时代》，《考古与文物》1995年第4期，第64-70页；白光琦：《秦公壶应为东周初期器》，《考古与文物》1995年第4期，第71页；李朝远：《上海博物馆新获秦公铜器研究》，第29页；王辉：《也谈礼县大堡子山秦公墓地及其铜器》，《考古与文物》1998年第5期，第93页；其他两位学者将它们归于文公和(或)宪公（前715-前704在位）。见卢连成：《秦国早期文物的新认识》，《中国文字》1996年第21期，第64页；陈平：《浅谈礼县秦公墓地与相关问题》，《考古与文物》1998年第5期，第86页。
② 王辉：《也谈礼县大堡子山秦公墓地及其铜器》，第90页。
③ 类似这种书写变化的例子，见 Li Feng, "Ancient Reproductions and Calligraphic Variations: Studies of Western Zhou Bronzes with Identical Inscriptions," *Early China* 22 (1997), pp. 38-39.

术语,而在鼎一、二上,"铸"字则被用在同处;3)鼎三、四上的纹饰处理与鼎一、二上的不同;4)鼎的高度上存在差距,鼎三、四为25.9－24.2厘米,而鼎一、二则为47－38.5厘米。很明显,这四件鼎属于两套不同的列鼎。因为每座墓在正常情况下都只有一套鼎,所以这四件鼎可能来自两座不同的墓葬。

同样显而易见的是,鼎三、四的年代要稍早于鼎一、二;前者是圆底,后者则是平底,乃是后来春秋时期平底鼎的祖型。鼎三、四与其他西周晚期铜器(如小克鼎)之间的相似性是十分明显的。① 拉利的那对青铜壶的年代目前已成学者们讨论的焦点。与传世的颂壶以及芝加哥艺术研究所(The Art Institute of Chicago)藏的一件壶(24.233－24.234号)相比,② 这两件壶的年代明显要晚,这从它们更为细长的腹部以及龙纹图案的具体做法亦可看出。不过彼此的时间跨度并不大。与宋村 M1 中出土的同类的壶(普遍认为属东周早期晚段)相比,③ 这件拉利的壶与颂壶更为接近。同样应当提及的是,从铭文中的"铸"字来看,拉利的壶可能与鼎一、二属于同一组。至于两件铜簋,它们与两组鼎的关系尚不明朗,但它们的器形是西周晚期常见的。简言之,这两组青铜器可能铸于西周晚期或者春秋早期,但可以肯定,它们的年代不会晚于春秋早期早段。

我们可以首先排除秦仲葬于大堡子山的可能,因为秦人居犬丘之地是在庄公打败西戎之后,而根据《史记》,秦仲在此之前已为戎所杀。同时,我认为宪公的年代较晚,故也不可能为这些铜器的主人。宪公卒于公元前 704 年,几乎是周室东迁 70 年后,而这些

---

① 关于小克鼎的形制,见《上海博物馆藏青铜器》,no. 48。
② 关于芝加哥的壶,见 Charles Fabens Kelley and Ch'en Meng-chia (陈梦家), *Chinese Bronzes from the Buckingham Collection* (Chicago: The Art Institute of Chicago, 1946), pp. 34－35。
③ 关于宋村的壶,见《文物》1975 年第 10 期,第 55－67 页。

青铜器与大家所熟知的西周晚期的青铜器在风格上似乎并没有这么大的差别。即便是文公（卒于前716）的年代，似乎也要比这些青铜器晚。庄公葬于何处虽然缺乏明确的记录，但既然他在犬丘统治了44年，很可能他就葬于犬丘的某个地方；襄公亦然，《史记》说襄公葬于西垂。文公墓地的位置说法不一，《秦始皇本纪》中说文公葬西垂，①但是《秦本纪》中则说他葬于西山；另一个据说也葬在西山的秦公是宪公。李零曾力主文公的葬地在宝鸡地区，而非西垂之说，因为文公之时秦的中心已经东迁至陕西中部的渭河平原。② 公元前762年，文公将秦都从犬丘迁至汧渭之会，从此在那里安定了46年，直到他公元前716年故去。几乎在陕西中部渭河平原生活了半个世纪的文公，死后再归葬甘肃，这种可能性是非常小的。

从历史记载来看，生前居于犬丘并且死后也葬在那里的秦国统治者只有两位：秦庄公与秦襄公。而大堡子山的两座大墓中也只出土了两组青铜器。我想答案已经相当明瞭了。庄公卒于公元前777年，即周都破灭之前七年；襄公卒于公元前766年，即西周灭亡后四年。这两个年代同大堡子山青铜器的年代是极为吻合的。

秦人东迁：进入周人的心脏地带

在周人与西戎的军事争斗中，秦人扮演着非常重要的角色。但是，随着西周王朝的崩溃以及稍后周平王领导下的周王室东迁（以及携王朝庭的终结），秦政权被留在了戎人的茫茫大海之中。由此来看，秦向陕西的挺进与其说是力量的东扩，倒不如说从险境中撤离。随后的数十载中，秦人竭尽全力抗拒来自戎人的压力，并

---

① 《史记》6，第285页。
② 李零：《史记中所见秦早期都邑葬地》，《文史》20（1983），第19—23页。

且逐渐将其政治中心从甘肃东南的犬丘之地迁入本是周人家园的陕西渭河平原。《史记·秦本纪》云：①

> 西戎犬戎与申侯共伐周，杀幽王郦山下。而秦襄公将兵救周，战甚力，有功。周避犬戎难，东徙雒邑，襄公以兵送周平王。平王封襄公为诸侯，赐之岐以西之地，曰："戎无道，侵夺我岐丰之地，秦能攻逐戎，即有其地。"与誓，封爵之。

学者们在解释秦人何以反复进入渭河平原作战以及最终成为周人旧地的新主人时，会经常引用上面这段话。不过，也有一些学者怀疑这段史料的真实性，他们认为这恰恰是为了把秦人对渭河平原的入侵合法化。真实的情形可能是在周人中心力量崩溃之后，秦人必须承受来自戎人的更大压力。东迁渭河平原可以令他们远离戎人的势力中心，至少西面的陇山还称得上是一道天然屏障，同时这又可以令他们维持自己同东部周诸侯国之间的联系。毕竟，陕西中部渭河平原的自然环境要比甘肃天水地区好得多。

在讨论秦的东进战役之前，我必须简要叙及一下周室东迁后渭河平原上的政治形势。周室的崩溃造成戎人向周领地大规模的迁徙。这种情形在《诗经·雨无正》和《诗经·召旻》中已有描述，但这在春秋早期戎人集团的地理位置上体现得更为明显。其中的一些戎人在历史记载中是可以见到的（地图14）。譬如，宝鸡前西虢遗址上有小虢，乃是来自遥远西方的羌之别种；②前周都镐京附近有亳（其邑曰荡社）政权，可能也是起源于西戎的一个部落；③骊山地区有骊戎，《国语》中记载，公元前672年晋与之有过争战；④渭

---

① 《史记》5，第179页。
② 《史记》5，第182-183页。
③ 《史记》5，第181页。
④ 《国语》7，第253页。

河平原的东部则有大荔戎和彭戏戎;①此外,《左传》中曾经提到,公元前660年,三门峡的西虢曾"败犬戎于渭"。② 当我们综合看待这些记载时,周室东迁后戎人在渭河谷地的统治便不言而喻了。然而,须重点提及的是,秦的东迁与戎人入驻陕西中部不应被视为时间上相互分隔的两个独立过程。相反,他们更可能是在东周时期的第一个世纪里同时进行的。要点在于,周人东迁后,秦人不但要应付西部的压力,同时还必须同东面的戎人作斗争。这就意味着,要进入陕西中部原属周人的家园就要用武力打进这个地区。

公元前766年,即周室东迁4年之后,秦襄公伐戎而至岐。《史记》中说襄公卒于这场战争。很可能这次的军事行动是穿越汧水河谷进行的。20世纪70年代末80年代初,数座春秋早期的墓葬在陇县边家庄出土,人们普遍认为它们同这个地区秦人的活动有关。③ 边家庄墓地坐落在西犬丘与后来秦人所都雍城之间,无论在空间上还是时间上都处于大堡子山墓葬和那些位于渭河平原的秦人墓葬的中间。④ 襄公之后也就是文公时期是秦人历史上的一个关键时期,这一时期秦人在渭河平原西部站稳了脚。《史记》载:"三年(前763),文公以兵七百人东猎。四年,至汧渭之汇……乃卜居之,占曰吉,即营邑之。"⑤文公在那里居住了46年,直至公元前716年离世。

在巩固了他们对渭河平原西端宝鸡地区的控制后,秦人随后发动了对渭河平原中部以及东部戎人的进攻。这些战役的概要如

---

① 《史记》5,第182、199页。
② 《左传》11,第1786页。
③ 《考古与文物》1986年第6期,第15-21页;《文物》1988年第11期,第14-23页。
④ 对边家庄墓地的两项研究,见张天恩:《边家庄春秋墓地与汧邑地望》,《文博》1990年第5期,第227-231页;刘军社:《边家庄秦国墓地发掘的主要收获及其意义》,《宝鸡文博》1991年第1期,第12-14页。
⑤ 唐代地理著作显示,陈仓故城在今宝鸡市东二十里,为秦文公所筑。唐人又说城有上下二城相连,上城是秦文公筑。学者们普遍认为,汧渭之汇乃文公所居。见《元和郡县图志》,第42-43页。另见李零:《史记中所见秦早期都邑葬地》,第20页。

下:《史记》云文公十六年(前750),即秦都在宝鸡营建12年后,文公以兵伐戎,戎败走。这场战役在秦人历史上有着极为重要的意义,根据《史记》,此役之后,秦将其地域扩展到岐邑一带,并且将周遗民收为秦所有。很可能通过这场战争,秦人确立了他们对渭河平原西部的统治。

文公死后,他的孙子宪公(或宁公)继位。在宪公统治期间,秦都进一步东迁,宁公二年,公徙居平阳(在今天的阳平镇附近,西距他们原先位于宝鸡的都城约30公里)。新都城刚刚安置完毕,宪公便遣兵伐位于今长安县的戎人小国——亳。亳王战败,亳被荡除。通过这场战役,秦人光复了前周都地区,并且将他们的前线推到了渭河平原的中部。在秦人历经了出子时期的短暂政治骚乱后,武公于公元前697年即位。《史记》云:"武公元年,伐彭戏氏,至于华山下。"通过这场战役,秦人的势力已进一步推进到了渭河平原的东部。为了巩固对新获领地的控制,公元前687年,秦人在此设置了两个县——郑和杜——作为直接对秦室负责的行政单元。郑位于今天华山附近的华县;杜几乎可以肯定就坐落在先前的戎人小国——亳的旧址上。翌年,秦灭掉了位于今宝鸡境内的小虢。同一时间,秦武公也付诸努力巩固秦对西部的统治:在公元前688年,秦伐邽和冀戎,两者都在天水地区。此役之后,邽和冀都成为秦的县。①

简而言之,进入渭河平原后,秦从蕞尔小邦逐渐发展成为中国北方的重要力量之一。至武公统治末期,秦人显然已将整个陕西中部渭河平原尽收囊中,并且开始超越这个地区向外释放影响力。曾经是周人本土的渭河平原在历经了自西周灭亡以来80年的动荡不安以及军事文化冲突后,再次被单一的政权力量所统治,并且

---

① 《史记》5,第182页。

作为最终走向中华大一统的又一轮历史发展的中心而重获新生。

小　结

我们在本章中详细讨论了周室从陕西渭河平原向豫西洛河平原的东迁过程，以及两个重要的贵族宗族——郑与虢的分支和迁徙，他们在西周向东周的过渡中发挥了重要作用。郑原先坐落在渭河谷地的西部，后来从那里迁往河南中部，在今天的新郑重新安置。同在渭河平原西部的是西虢，从那里迁到豫西狭窄的关口三门峡。联系这两个宗族的迁徙，以及宣王时期申、吕（可能来自泾河上游地区）在南阳盆地的重建，并且同时考虑幽王时期皇父家族东迁至向，我们可以视西周晚期至东周早期为中国历史早期人口流动与重新定居的最重要时期之一。当然，在这幅图景中我们还应该加上秦人的东迁，以及在秦之前"诸戎"群体从西北向陕西中部的迁徙。

那么，这种迁徙有着怎样的意义？对周室而言，这次变化可谓剧烈的、伤筋动骨的。周王的权力锐减，王室对政策的掌握权完全落入地方诸侯之手。在这个历史过程中，一些诸侯国甚至对周王室宣战，并且羞辱性地将王师击败。严格地讲，从此刻起我们须使用"前周诸侯国"这个术语来指称那些曾经属于一个共同周王国的组成分子的地方诸侯国。而潜藏在这些表面现象之后的，可能还有丧失渭河平原所导致的王室财政的重大变化，因为周王室的大部分收入来源于此。洛河平原这片小区域提供的收入只够周王室养活一支小规模的军队，西周时期享有盛名的六师和八师到东周时早已销声匿迹。西周诸侯国的东迁极大地改变了东部平原上的政治形势。这些"新"诸侯国的重建在东部平原上加剧了对政治和经济资源的竞争。毋庸置疑，这种冲突首先是以郑和西虢为中心的，他们为了巩固自己新的基地而牺牲那些本土诸侯国。逐渐的，位于周外围地区的地方强权，譬如齐、鲁、燕和楚，由于它们与内部诸侯国的种种联系而被卷入到中原的斗争中来。于是，列国争霸的时代降临了。

在西面，周室东撤后，渭河平原上激烈的竞争在残留的周人与戎人，以及戎人集团与势力蓬勃兴起的秦国之间展开。文献和新的考古学证据显示，秦人最初生活在甘肃东南部的渭河上游，且在好几个世纪中一直协助周室抗击西戎。西周王朝灭亡后，秦在戎人的包围中，孤立无援，于是他们尝试着东迁。在文公早年，秦已经在宝鸡地区建立了新的基地。从这时起，一直到武公统治末年，秦人将陕西中部的戎人势力逐个瓦解，最终成为西部新的主人。渭河平原在秦人的手中再次成为新的政治力量中心。并且数世纪之后，它成为中国历史上第一个中央集权的官僚政治帝国的中心。

第六章 西周的遗赠

从公元前1045年武王克商开始,到公元前771年犬戎破周,西周王朝共经历了274年,与明朝的统治年限(276年:1368-1644)大致相当。然而西周王朝灭亡之后,周王室又在洛邑继续延存了515年,这使得周王室的历史比曾经统治中国的任何其他王族或者帝世都远为长久。与中国历史上其他主要王朝相比,西周王朝的力量和荣耀似乎转瞬即逝,而它的衰退之路却走得格外漫长。不过周王室既能坚持几近800年之久,则周人体制的力量似也不可小觑。西周国家因为内部问题和外部压力的联合困扰而步向衰退,最终又在一场"突如其来"的由周的前盟友与外族的携手攻击下陷入崩溃的境地。一方面,是地方封国的成长剥夺了西周国家的活力和资源;另一方面,同样也是地方封国的成长保存了一个周人的世界与长期延续的王室。西周国家本身即是一个矛盾——一个无可避免会将其带向悲惨结局的矛盾。

作为中国早期王朝中的末代,西周国家在后来的中国历史上留下了无法磨灭的印记。在某种程度上,秦汉帝国可以说是直接承续了西周国家,尽管在五个世纪的时间中曾经有过众多相互竞争的地方性力量,但却没有一个富有支配意义的文化传统可以将它们相隔开。早先的学者已经充分指出,西周国家留下了古代中国经典的核心内容,即《诗经》《尚书》《周易》等,它们见证了西周的伟大文化财富,讲述了它的历史发展。[①] 虽然这些典籍同儒家传

---

① Creel(顾立雅), *The Origins of Statecraft in China*, p. 43.

统的结合似乎只是历史的偶然,但借助儒家思想这一能动的载体,它们得以深深地植入中华文明的根基之中。可以不夸张地说,通过这些核心典籍,周王朝对后世文化,譬如政治道德、政府实践、文学审美、哲学,乃至军事策略,都产生了巨大的影响。不过在本章中,我们不拟采取这种传统的检讨方式,而是通过文化和政治途径来看待西周的遗产,分析西周国家在促进中华文明的形成过程中所作的最主要的贡献。我无意一一列举西周时期对后来产生巨大影响的政治与文化因素,而是集中探讨以下几个主题:第一节,我将讨论秦汉帝国从西周那里学到的重要经验,这些经验被用于构筑中国国家的帝国结构。第二节,我将讨论所谓"华夏民族"与"蛮夷戎狄"这两个总括性概念之间差别的出现,隐藏在这种差别背后的是春秋时期中国北方人民心中产生的一种文化自我意识,这种自我意识可以在其共同的西周经历中找到根源。第三节,在考古学的帮助下,我将讨论西周国家对中国先秦时代人口的文化整合产生的深远影响。

第一节 留给帝国的经验

在《剑桥中国古代史》的长篇结语临近收尾时,受人尊敬的英国汉学家鲁惟一(Michael Loewe)写道:[①]

> 帝国必需寻求一种灵活的折衷方案,而这几乎很难做到:即在一个严格的和纪律严明的政府模式和对人性的道德价值的重视之间求得一种可行的平衡。从一开始,他们就面临着

---

① Michael Loewe(鲁惟一,前引), "The Heritage Left to the Empire," in *The Cambridge History of Ancient China: From the Origins of Civilization to 221 B.C.*, ed. Michael Loewe and Edward L, Shaughnessy (Cambridge: Cambridge University Press, 1999), p. 1031.

一个问题,这个问题其实在帝国的黎明降临之前就已经出现了,但在以后的两千年内依然没有完全解决。每一朝王室都要在决定其政府方式的两种不同原则之间进行选择。帝王们或者可以依赖连结他们祖先的血缘纽带来确保臣子的忠诚以对抗个人野心,或者可以基于才能的原则通过控制主要官员的任命来运营自己的政府。没有哪一种原则是完全有效的。

鲁惟一这段话的最后口吻颇似顾立雅,后者曾就西周国家以为,面对着是把自己凌驾于一群半独立的 feudal 小国之上,还是凌驾于一个精心构建的官员阶梯上的选择,周王发现两者都无法接受,事实上也哪一个都没接受。依照顾立雅的观点,西周政府是 Feudalism 与王室的中央集权之间的混血儿。① 如我另文所论,事实上顾立雅归诸西周国家的这种"窘境"可能是虚幻的。一方面,西周国家并未实行所谓的 Feudalism;西周国家的政治关系是按照迥异于欧洲中世纪的"领地-封臣制度"(feudo-vassalic institution)的一套规则来定义的。地方诸侯,作为西周国家的代理人与周王的臣子,是完全应该履行他们的职责的;为了保证他们这样做,周王室精心构建了一个血缘关系结构,并以压倒性的王师军事力量为后盾。② 另一方面,王畿内部的管理依靠的是一个规模有限的官僚机构,这种机构显然在西周中期已经出现。事实上,西周国家从未试图采用一个"精心构建的官员阶梯"来对国家全域实施中央集权式的管理。③ 换言之,周人从未必须在一个以宗法血缘关系为基础的地方诸侯体系和一个全国范围的中央集权的官僚机器之间做出选择。众所周知,这种中央集权的官僚机器直到多个世纪以后才在中国出现。

---

① Creel, *The Origins of Statecraft in China*, pp. 423–424.
② Li Feng, "'Feudalism' and Western Zhou China," pp. 142–144.
③ Li Feng, "'Offices' in Bronze Inscriptions," pp. 51–54.

不过当我们越过西周,以长远的目光来看待中国历史时,我们确实注意到了一种"窘境"——围绕着两种政府的摇摆,一种是以血缘纽带为基础的政府,而另一种则是通过纪律严明的官僚机构来达到自己的目标。这种摇摆对王朝的政策产生了深刻的影响,并且引导着中国历史的进程。我们不得不承认,西周国家的创建者实施的"封建"制度在西周早期的特殊历史环境下确实是一项巨大的成功。这种制度运作得非常之好,因为那些地方诸侯大多是周王的同族或者亲戚,他们对王室的忠诚不仅是可以预想的,更是完全有理由期待的。这些地方封国有着一定的政治和军事灵活性,他们是王室统治东部平原以及更远地区倾向暴乱的人口的有效工具。正因为这些地方封国的存在,西周王朝才有所谓的"成康之治",并且在他们的支持下,周人的进一步向外扩张才成为可能。同样也得益于他们的保护,周王室才得以选择敌人进行攻击,而不至于全方位、全天候和敌人对抗。然而,正如第二章中已经分析的,从西周中期开始,"封建"制度的缺陷开始逐渐暴露:地方封国与日俱增的实力和王室授予他们的自治权使它们变得越来越妨碍王室权威在西周国家领域内的实行。

在西周王朝崩溃后的五百年间,列国战争的烽火完全摧毁了"封建"制度最初意在达成政治统一的期望。作为这场旷日持久的列国战争的唯一赢家,秦国统治者从西周国家的失败中学到了重要的一课。秦朝在整个帝国范围内推行的"郡县制"显然是以西周国家的"封建"制度为着眼点的。秦国统治者不欲重复西周历史悲剧的强烈意识在公元前 221 年的一场宫廷辩论中显露无遗,这场辩论彻底改变了中国历史的走向:①

丞相绾等言:"诸侯初破,燕、齐、荆地远,不为置王,毋以

---

① 《史记》6,第 238-239 页。

填之。请立诸子,唯上幸许。"皇帝下其议于群臣,群臣皆以为便。廷尉李斯议曰:"周文武所封子弟同姓甚众,然后属疏远,相攻击如仇雠,诸侯更相诛伐,周天子弗能禁止。今海内赖陛下神灵一统,皆为郡县,诸子功臣以公赋税重赏赐之,甚足易制。天下无异意,则安宁之术也。置诸侯不便。"始皇曰:"天下共苦战斗不休,以有侯王。赖宗庙,天下初定,又复立国,是树兵也,而求宁息,岂不难哉!廷尉议是。"

作为这次争议的结果,始皇将新建的秦帝国分成36个郡,置于中央集权官僚政治的控制之下。然而有趣的是即使到了这个时候,周朝的制度仍然被帝国宫廷中的众多官员奉为国家的政治规范而津津乐道。原因很简单,这是他们过去所知道的在一个庞大的领土上实现政治统一的唯一途径。不过,"郡县制"是对帝国控制下的庞大地域实施管理的一种新的政治选择,在李斯的建议下,始皇决意放弃周朝的制度以追求永久的政治统一。于是,秦帝国不再派遣王子去遥远的地区实施控制,而是代之以训练有素的官员,这些官员在自己管理的地域社会内永远无法扎根,并且随时都有可能从他们的位置上被撤换。李斯为秦帝国提供了一种"有效的"药方来阻止扩大的领土在未来军阀的控制下陷于崩解。然而富有讽刺意味的是,李斯开出的治愈帝国未来潜在疾病的药方却无法将它从即刻的失败中拯救出来——仅过了15年,秦帝国就在一场疾风暴雨般的攻击下夭亡了,而发动这场攻击的既非外族的势力,亦非地方上的官员,而是一股由农民和战国旧贵族混合而成的巨大的反叛力量。

中央集权秦帝国的早逝说明了秦的制度存在着严重的问题。同时,它也反衬了西周体制的光明一面:当西周王朝灭亡后,周王室以及对周人祖先的奉祀因为地方诸侯的援助又延续了五百年,同理可见第五章所讨论的周王室东迁。虽然这些地方诸侯有时也会挑战洛邑王室的权威,但他们仍然将周王的支持至少是承认视为自己统治合法性的依据和来源。而在公元前206年刘邦进入咸阳时,庞大的秦帝国却几乎是在一夜之间消亡的。没有人决意帮助秦帝室摆脱险境,因为除了通过业已瘫痪的官僚体制外,别无其他东西把他们和帝室联结在一起。在这里,我们可以清楚地看到鲁惟一描述的"人性的道德价值"的重要性,所以在这点上,秦人的制度也算不得完美。秦人制度将所有的权力都集中在咸阳的帝室,而一旦中心遭毁灭,整个的帝国体系也随之瘫痪。

摆在汉代皇帝面前的有两种国家和政府模式:一种来自于周,一种来自于秦。汉代的制度是一个典型的混血儿:汉帝国沿袭了秦帝国的基本行政管理结构(郡县),主要在西半部,同时又增加了西周的特征,主要表现在东半部。但即便是这一东一西的分别也映射了西周国家曾分成西部王畿和东部地方封国的政治地理分割。与主要位于帝国西半部的郡并存的是多个世袭的诸侯王国,并且其中许多具有与大郡相当的规模。这些诸侯王国,有些是刘邦分封给他的功臣将领的,有些则是战国旧贵族后裔在反秦的过程中占地割据,重新建立的旧王国。当时存在一种政治趋势,即仿佛又要回到东周时期诸国林立的体制中去,而汉帝国迫于形势,姑且承认了这些诸侯王国,并将它们纳入自己的统辖之内。① 然而很快,这些诸侯王不是相继反叛汉室,便是被控存有反叛的意图,因而陆续遭到皇室亲戚们的取代。最终,汉高祖刘邦(前206-前195)刑白马,与诸大臣、将领盟誓曰:"非刘氏而王者,天下共击

---

① 公元前201年的1月,在楚霸王项羽死后,刘邦即皇帝位,同时分封了下列诸王:楚王、梁王、韩王、长沙王、淮南王、燕王以及赵王。事实上,这些王中很少有人同其王国的始建者在血缘上存在联系;他们多是过去与项羽或刘邦同盟的地主军阀。这年末,刘邦又将他的两个弟弟和一个儿子分封为楚王(杀掉韩信后)、荆王和齐王。见《史记》8,第380、384页。

之。"①至高祖统治末年,刘姓子弟有九人被封王,异姓王则大多被翦除了。这似乎是进一步从战国时期的诸国并立体制回归到西周时期的以分封王室亲属为特征的"封建"制度。换言之,西周体制中最本质的血缘关系已经被移植到了地方诸侯王国的汉代体制中去。汉代皇帝可能以为,通过郡县与刘氏所控制的王国的平衡,帝国就可以长治久安了。

然而,即使是这些"刘姓"王国也同样迫不及待地想强化自己以对抗帝国。汉室必须竭尽全力来维持自己对他们的控制。文帝(前179—前157)时期,赵国和齐国首先遭到分割,两国诸子被分立为王。随后在景帝时期(前156—前141),汉室采纳晁错"削藩"的建议,削夺吴国和楚国的领地,而这成为了"七国之乱"的导火索,叛军联合西进,矛头直指帝都长安。面对气势凶猛的叛军,景帝不得已将晁错处死,随后遣军东向镇压反叛的诸侯王,并且用同样来自刘氏的年轻一代王子来代替他们。这一事件使地方诸侯王势力受到致命的打击。进入武帝(前140—前87)统治时期,朝廷的力量进一步粉碎了淮南王和衡山王的叛乱。同时,一项名为"推恩令"的新政策被宫廷采纳,通过授封诸侯王的支庶为列侯,地方诸侯王国被剖分成更小的部分,最终达到系统削减地方诸侯王势力的目的。自此以后,地方诸侯王只能领受到很少的几座城以及一定的税租收入,很少再有王国辖有较大的地域了。

这种"没有王国的王"几乎成为后代中国每一个王朝帝国结构的规范。它不但满足了加强帝国官僚政治统治的需要,同时又建立了贯穿帝国的血缘纽带。通过封赐皇室亲属比所有官吏都要高的诸侯王地位,一个上等特权阶级由此诞生,这个阶级又反过来保障了皇室家族的统治地位。这样一来,再次引用鲁惟一的话说,在

---

① 《史记》9,第406页。

一个纪律严明的官僚机构与"人性道德价值"之间便达成了一种平衡。或许更为重要的是,在秦朝旨在实现政治统一的法家策略与西周的血缘策略之间也形成了一种平衡。这种平衡的取得是一个漫长历史过程的结果,它始于西周,其间经历了多方面的调整与适应。因为有了周朝这一课,中国的帝国结构始终不同于古罗马。伟大的罗马帝国毫不间断地持续了好多个世纪,但是罗马的皇权却频繁地从一个家族转入另一个家族。不过在中国,帝制统治的问题并没有因此而得到彻底解决,只要中央权力出现了衰弱,地方官员就会追求各自的利益,并且逐渐向着独立发展。即使那些没有王国的诸侯王们对于帝室也仍然可以是一种威胁,就如同晋代(265-317)发生的"八王之乱"一样。尽管如此,汉帝国完成的这种平衡优势,也就是说西周的历史经验的价值,在以后的历史发展中仍然得到了充分的体现,即汉代以后,很少有王朝是因为不断增长的地方主义而走向衰弱的(因北方边境藩镇反叛而由盛转衰的唐朝除外)。相反,地方势力的膨胀通常是王朝衰退的结果。

第二节 共同的西周经历

纵观历史,西周国家留给中国及其人民的重要影响或许更多是文化和心理上的,而不是政治上的。一个民族的自我意识是一个可以根据历史原因得到最好解释的重要文化现象。在西周王朝灭亡后的数世纪中,我们实际上目睹了这种以"华夏"观念为代表的文化自我意识的兴起。① 这个概念已与现代西方史学中所用的"Chinese"这个称谓在内涵上颇为接近。"华夏"真实的文化与哲学寓意是什么?这个观念出现的时间背景有何特殊之处?在对这

---

① 关于这个问题,另见 Di Cosmo, *Ancient China and Its Enemies*, pp. 93-94.

些问题的答案中我们会发现,中国北方人民所共有的西周经历起了重要作用。

在周与戎、夷这两个频繁见于西周金文以及传世西周文献中的称谓之间确实存在着一种差别。不过在西周时期,"戎"这个称谓意味着"尚武的外族",而"夷"则类似于"可被征服的外族",这种差别很可能是政治的多于文化或者种族的。在本书的研究中,我已经提供了足够的证据来证明西周国家是一个由不同成分组成的综合体,它不仅仅包含了周,同时还接纳了有着不同种族背景和文化传统的人群。在这样一种政治范围内,种族划分所能扮演的角色是相当有限的。这一点从商周关系上同样可见一斑。虽然周是商的文化承继者,并且周人甲骨文上的证据也的确显示,周人在先周晚期曾祭祀已故的商王,①但没有证据表明周人曾经视他们自己和商人在种族,甚至文化上是同一的,并且都异于戎夷。恰恰相反,当他们一朝反目为仇,周毫不迟疑地将"戎"这个称谓置诸商人的身上,这一点在提到克商之战的三篇《尚书》中的真正西周篇章中有所反映。在这样的情况下,周人直言不讳地指称他们的商敌为"戎殷"或者"戎商"。② 正如金文中频繁使用的"戎"这个称谓意思是"好战的",当一个族群被称为"戎"时,周人视他们更多是政治和军事上的对手,而不是文化和种族上的"他者"。至于"夷",它在金文中的书写与"人"相似而又有区别,"夷"字的金文外形就像是一个跪着的人,这清晰的暗示了"夷"被当作奴隶或者仆人的来源。③

---

① Shaughnessy, "Zhouyuan Oracle-Bone Inscriptions," pp. 159 – 161.
② 例如,在《康诰》篇中,商人被称为"戎殷";见《尚书》14,第 203 页。同样的称谓也出现在《逸周书》的《世俘》篇中。见《逸周书》4,第 9 – 12 页。关于《世俘》即《尚书》的《武成》篇,见 Shaughnessy, "'New' Evidence on the Zhou Conquest," 57 – 79. 另外,《国语·周语》引古《大誓》逸文:"戎商必克。"这个短语在今《泰誓》中不存。见《国语》3,第 100 页。
③ 例如,在师酉簋(JC: 4288)中,"夷"字和"人"字均多次出现,但明显是有区别的。兮甲盘(JC: 10174)铭文提到,南淮夷除了必须向周出纳物质贡品外,还要向周贡献奴隶。

然而,中国北方人民自我意识的兴起是通过在"华夏"人口与其他"戎狄"总体之间构建文化分水岭的方式进行的;到春秋中期,"戎狄"已经很明显地成为同英语中所谓的"Barbarian"意思相似的一个词。① "夏"是中国传统中第一个王朝的名字,这在西周早期的著作中是可以明确追溯到的。② 作为"华夏"这个称谓之一部分的"夏"的使用自然反映了周人世界中一种统一体的意识,以及他们对一个共同文化和种族起源的探寻。"华"这个称谓来自华山,华山坐落在西周国家连结渭河谷地丰镐二京与东部洛邑的政治中轴线的中心点上。与此同时,"戎"逐渐被用来指称一批无论是文化、种族,甚至是道德上均不同于"华夏"子民的人群。无论"华夏"各国之间的关系是多么的敌对,他们从未互称对方为"戎"。同样,无论戎族与某个"华夏"国家之间的关系有多亲密,两者之间的差别却是根本的。这种概念上尖锐的对立在《左传》这部书中可谓比比皆是,并且在下面两起事件中得到了极好的例证。

公元前 569 年,当坐落在今天河北境内属戎的无终国遣使前去晋国请求和好时,晋宫廷上随之发生了如下讨论:③

> 无终子嘉父使孟乐如晋,因魏庄子纳虎豹之皮,以请和诸戎。晋侯曰:"戎狄无亲而贪,不如伐之。"魏绛曰:"诸侯新服,陈新来和,将观于我。我德,则睦;否,则携贰。劳师于戎,而楚伐陈,必弗能救,是弃陈也。诸华必叛。戎,禽兽也。获戎,失华,无乃不可乎!"

---

① 关于这种差别的出现,另见小倉芳彦:《夷裔の俘:左傳の華裔觀念》,《中國古代史研究》2 (1965),第 14-21 页。
② 例如,"夏"作为商前王朝的名字出现在《尚书·召诰》中。夏王朝在西周时期的其他篇章如《多方》中也被提到,这显示夏自然是西周的一种传统。这一点已经得到近来发现的鄹公盨铭文的有力支持;这是一件西周中期偏晚的青铜器,为了纪念夏王朝的建立者大禹的功德而作。关于《尚书》中提到的夏,见《尚书》15,第 213 页;17,第 228 页。至于鄹公盨,见李勤:《论遂公盨及其重要意义》,《中国历史文物》2002 年第 6 期,第 4-12 页。
③ 《左传》29,第 1933 页。

在这个交谈中,晋侯认为戎狄贪婪而没有仁慈之心,而晋室大臣魏绛则表明了"诸华"与"诸戎"之间的明确差别,他认为前者是晋的同族,而后者则根本有如禽兽一般。隐藏于这场说辞背后的逻辑是,如果晋劳师动众征讨戎狄,楚国就会趁火打劫攻打陈国(豫南的一个"华"国),晋或许会因为伐戎国无终而获利,但却也会因此而无法救陈,这将会破坏晋在华夏诸国中的信誉,是万万划不来的。《国语》中的一段话甚至给出了戎人非人性的一种"理由":其血气不治,若禽兽焉。① 这不单是从文化和道德上谴责戎人,② 甚至就连他们在生理上也被认为是低劣而难同"华夏"子民相提并论的。

公元前 559 年,当要求参与中原诸国间会盟的权利遭到晋臣的严辞拒绝后,名叫驹支的姜氏之戎首领据说发表了一段颇为愤慨的言辞:③

> 昔秦人负恃其众,贪于土地,逐我诸戎。惠公蠲其大德,谓我诸戎,是四岳之裔胄也,毋是翦弃。赐我南鄙之田,狐狸所居,豺狼所嗥。我诸戎除翦其荆棘,驱其狐狸豺狼,以为先君不侵不叛之臣,至于今不贰。昔文公与秦伐郑,秦人窃与郑盟,而舍戍焉,于是乎有崤之师。晋御其上,戎亢其下,秦师不复,我诸戎实然。譬如捕鹿,晋人角之,诸戎掎之,戎何以不免? 自是以来,晋之百役,与我诸戎相继于时,以从执政,犹崤志也,岂敢离逷! 今官之师旅无乃实有所阙,以携诸侯,而罪我诸戎! 我诸戎饮食衣服不与华同,贽币不通,言语不达,何恶之能为? 不与于会,亦无瞢焉。

---

① 《国语》2,第 62 页。
② 这种对戎人道德上的批判还见于郑公子的一段议论:"戎轻而不整,贪而无亲,胜不相让,败不相救。"见《左传》4,第 1734 页。《左传》中还提到狄人不以在战争中逃跑为可耻。见《左传》13,第 1799 页。
③ 《左传》32,第 1956 页。

根据这段回忆,由于晋国的首肯,姜氏之戎得以迁居晋南疆之地,并且在公元前 627 年著名的崤之战中助晋战秦。其后的一系列战役中,姜氏之戎一直担当晋师的辅助。然而,尽管长期服事于晋,他们仍然在文化和语言上同"诸华"存在差异,并且也因此在政治上受到晋臣们的歧视。当然,这段言辞的深层文化内涵可以从更综合的角度来探讨,并且我们也会询问究竟这段感慨是真出自驹支之口,抑或只是著者借驹支之口讲了这段故事。不管怎样,这段故事极好地反映了对戎族与本土周人诸侯国之间真实关系的深刻理解,这种关系既可以是很亲近,但同时又是很遥远的。① 在政治上,周人诸侯国可以与戎人集团达成不同形式的同盟,但在文化上,戎人与周人诸侯国之间却始终存在差别,并且前者受到后者的歧视。

这种区分看来并不只是战国时期历史文献中文人狂热的文化优越感,它同样见于这一时期的青铜器铭文,例如,在春秋中期由秦国国君铸造的秦公簋(JC:4315)铭文中,我们开篇即可读到:

> 秦公曰:"丕顯朕皇祖受天命,鼐宅禹賨(迹)。十又二公,在帝之砅(坯)。嚴龏夤天命,保鐅(業)厥秦,虩事蠻夏……"

铭文中使用的"蛮"这一称谓是"戎"或"狄"文化上的对等词。铭文中呈现了"蛮"与"夏"这两个对立的世界,并说秦人的祖先谨慎地兼顾两者。秦最初是周人设置在西北边境的一个小邦,秦与西北的戎人有多年打交道的经验,并且他们成功从戎人的挑战中生存下来。在周室败退洛阳平原后,秦人迁入周人旧地渭河流域,并且通过吸纳戎人来建立自己新的基地。由此,我们对于铭文中秦人的

---

① 对周与戎狄之间多层次关系的讨论,见 Di Cosmo, *Ancient China and Its Enemies*, pp. 107–126.

祖先扮演"蛮"与"夏"两个对立世界之间的调停者就不难理解了。

在这些反对戎人的事件中所表现的文化偏见和歧视是显而易见,毋需赘言的。然而,在对戎狄不公正的攻击的背后,实际上有一个正在进行的历史过程,即中国北方的本土居民在天命的信仰崩溃以后试图重建自己的文化认同及重新界定自己在这个世界中的位置。对于中国北方人民的自我意识中为什么存在这种"华夏"与"戎狄"二元对立论或许有很多理由可以说明,但我们必须首先思考"春秋"这一特殊的时代背景。如第五章讨论的,西周王朝灭亡后,戎人大规模迁入周人世界的浪潮随之而来。在西部,诸戎定居渭河平原;在北部与东北部,继消灭前周人诸侯国邢与卫后,狄人沿着太行山麓建立了许多小政权。① 临近公元前7世纪末,即使那些处于周人核心地区的诸侯国也遭受到戎狄的进攻,而这些戎狄就在他们的邻里建立起了自己的国家。本土诸侯国为抗拒这些新来者进入自己的领地进行着艰苦的斗争。从而,"华"或"夏"的概念作为一种团结本土中原诸国抵抗共同敌人的政治意识形态或者策略出现了。当这些本土诸侯国在地理上同戎狄政权交织在一起时,是他们承自西周国家的共同遗产将他们同戎狄组织区分开来。当公元前661年狄人从北方闯入中原侵略邢国和卫国时,这一点显得尤为真切。管仲,被孔夫子评价为拯救了华夏世界,② 力劝齐桓公救邢,这促成了随后华夏同盟的形成,包括齐、鲁、宋、曹和郑。根据《左传》,据说管仲是用下面这段话说服桓公的:③

> 戎狄豺狼,不可厌也;诸夏亲昵,不可弃也。宴安鸩毒,不可怀也。诗云:"岂不怀归?畏此简书。"简书,同恶相恤之谓也。请救邢以从简书。

---

① 关于狄人的迁徙,见 Průšek, *Chinese Statelets*, pp. 136–183.
② 《论语》,第185页。
③ 《左传》11,第1788页。

这里,管仲对戎狄与诸夏做了明确的区分,他斥责戎狄有如豺狼,把华夏诸国说成是兄弟之邦,认为齐国有责任援救邢国。有趣的是,他引用与猃狁之战有关的《诗经·出车》的诗句作为他的理论依据,指出,根据共同的西周传统,诸侯各国理应互相援助共抗外敌。

"华夏"这种观念出现的另一个原因可能是"诸夏"与"诸戎"生活方式上的差异到了春秋时期已经愈发清晰了。迪·珂思莫指出,商周时期所谓的"北方地区"实质上生活着农民和牧民的混合群体,他们同样进行广泛的狩猎,战争中使用战车。[1] 这种生活方式与在一定程度上也进行狩猎甚至放牧的商、周人群并非完全不同;或借用欧文·兰逊莫的话来说,这仅为密集型农业与非密集型农业之间的差别。[2] 或许这也就正好解释了为何在西周史料中,"戎"这个称谓被应用得如此随意,很少有文化或种族歧视的成分。然而在历史的进程中,这一广袤的"北方地区"——"戎"、"狄"民族的家园——逐渐消失在西周世界密集型农业人口与北方草原以及中亚新出现的游牧人群之间,致使西周世界与北方游牧民族陷于直接的冲突之中。[3] 根据某些学者的研究,"北方地区"中的这一文化转变过程直到公元前4世纪或战国时期才告终。[4] 在文献记录中,有证据表明,春秋时期的戎狄在生活方式上与周人世界是有差异的。除了上文驹支的言辞中对这种差异作了清晰的表述外,《左传》的另一处亦云:"戎狄荐居,贵货易土,土可贾焉。"[5] 这里用来形容

---

[1] Di Cosmo, "The Northern Frontier," pp. 889, 920-921.
[2] Lattimore, *Inner Asian Frontiers of China*, pp. 60-61.
[3] Lattimore, *Inner Asian Frontiers of China*, pp. 277-278, 331-334, 410. 另见 Di Cosmo, "Ancient Inner Asian Nomads: Their Economic Basis and Its Significance in Chinese History," *Journal of Asian Studies* 53.4 (1994), p. 1117.
[4] Lattimore, *Inner Asian Frontiers of China*, p. 55; Di Cosmo, "The Northern Frontier," p. 887.
[5] 《左传》29,第1933页。

戎狄聚居形态的"荐居"一词亦见于《汉书》,用以描述匈奴逐水草而居的生活方式。① 仅凭这些记录,我们还很难确定公元前6世纪的戎狄是否已经成为游牧民族。可能还不是,因为《左传·隐公十一年》在谈到戎侵郑的一场战争时,戎使用的仍旧是步兵。不过有一点是很清楚的,即至春秋时期,他们已经表现出一种与周人明显不同的生活方式。北方草原上逐渐向游牧文化的转变确实对戎狄民族以及他们与周人之间持续不断的政治-文化对抗,产生了较大的影响。另一方面,我们也不应忽视周人社会生活的变化:差不多在历经了三百年的文化适应后,周人世界已经变得越来越农业化和城市化。

然而,"华夏"观念形成的最根本原因必须在周人世界的内部结构与社会生活中寻找。在此我们首先要指出的是,所谓"诸华"或"诸夏"集团从未具有种族的同一性;正相反,它们包含了多个有着不同起源的诸侯国。这从众多的不同部族据说追随周人参与伐商战争即可看出。② 第一章已经指出,克商之后,有许多不同的族群跟随西周贵族前往东方新的诸侯国,并且同整个周人世界相比,西周贵族的人数可能仅占有很小的一部分。除了姬姓诸侯国外,还有许多有着不同民族背景的非姬姓诸侯国。其中最显著的是非姬姓的陈国,它在上文魏绛的陈述中被当作"华夏"的一个关键要素,据说是由传说中帝舜的后裔建立的,并且很可能与东夷有关。宋国显然是由商人的后代所建,并且始终维持着对商人祖先的祭祀,但宋是公元前661年北狄进攻时由齐桓公领导建立的"华夏"联盟的一员。另一个诸侯国杞,据说由夏的后裔所建,持续奉祀着夏人的祖先。齐国,这个多年来一直是"诸夏"的首领诸侯国,和申

---

① 《汉书》64,第2815页;对"荐居"的解释,另见杨伯峻:《春秋左传注》4册(北京:中华,1990),第939页。
② 根据《尚书·牧誓》,有八支不同的族群,包括庸、蜀、羌、髳、微、庐、彭、濮,曾追随周人进攻商都。见《尚书》,第183页。

国及吕国同由西方的姜氏后裔所统治,并且极可能与稍后的姜氏之戎有着远亲关系。不过在西周统治的 274 年内,西周国家在一种一元化的贵族文化引导下,逐渐给周人世界带来一种文化和种族同一体的意识。这些西周诸侯国,无论他们的祖先是夏、商乃至戎或夷,都开始互视彼此为同一个统一体里面的同僚,并且都认同一个被认为是历经了夏商周而来的共同文化传统。

说得再明确一些,西周国家通过在地理上延伸姬姓亲属,以及促进姬姓贵族与非姬姓贵族这两个俱为西周国家组成部分之间的联姻来实现最初多样人口的同一化。因此,虽然君临天下的周王与地方封国姬姓贵族之间的血缘纽带日渐松弛,导致了王权的衰弱,但总的来说,周人世界的贵族,包括姬姓与非姬姓,已经变成一个紧密的借助血缘而连结在一起的整体。正是这种西周时期逐渐形成,到东周时期被充分认识,同时与"戎"和"狄"形成鲜明对照的文化与民族统一体,日后成为了中华民族的核心,并且在历史的进程中将更多的人群吸纳进来。在这一点上,西周国家给周人世界贡献了一种新的文化身份——"华夏",并且为东周时期的中原贵族在面对外部新的压力时提供了重要的力量来源。当然,这份共同的西周遗产在东周时期的考古学记录中同样能够见到。

第三节 地域性文化的背景

在过去的数十年中,春秋时期的考古学研究是以寻找各种各样的地域性文化为特征的,例如,"楚文化"、"吴文化"、"晋文化",以及"燕文化",它们是这一时期政治地方主义在物质文化上的表现。[①]

[①] 自20世纪80年代以来,对文化起源研究的地方主义倾向主导了中国考古学界。参见 Lothar von Falkenhausen(罗泰), "The regionalist paradigm in Chinese archaeology," in *Nationalism, Politics, and the Practice of Archaeology*, ed. Phillip L. Kohl and Clare Fawcett (Cambridge: Cambridge University Press, 1995), pp. 198–217.

然而，在近年出版的《剑桥中国古代史》的一章中，我们可以看到罗泰对春秋时期总体文化发展所作的一项颇有见地的观察：①

> 最近有关中国青铜时代早期一些时间段的研究表明，传统史学中可能过分夸大了黄河流域早期王朝的中央集权的政治控制程度。相反，本章的证据显示，我们也不能过分强调公元前770年之后周的政治结构的那种常被夸张的分裂局面。西周和春秋时代的文化模式犹如一个硬币的两面——这是经过几个世纪的发展并在西周晚期的礼制改革中找到了其最高的系统表达的持续发展趋势的一个结果。当业已建立的结构面临着越来越多的压力时，小规模的局部调整出现了。但是，即便是在战国时期这种彻底的文化变革中，青铜时代传统遗产中一些重要的部分也被完整地保留了下来……我们在春秋时期的考古材料中观察到的这种走向同样化的大趋势，无疑反映了这些新的标准在整个周人世界内的实行。这种趋势很可能反映了周文明的贵族参与者们对其定义标准的一种更自觉的认同，正如早期儒家典籍所反映的一样。

罗泰的论述中指出了重要的一点，即文化融合的过程或者叫"同样化过程"并没有因为公元前771年西周国家的灭亡而结束，而是采取了一种略为不同的途径，在东周时期继续进行了很多个世纪。我们在第二章中曾经讨论到西周末期周人世界外围的一些地区，例如山东，开始铸造一些模仿当地陶器的富有特色的青铜器；到春秋中期，许多地区已经发展出外形与装饰风格独具特征的青铜器，很轻易便可将它同其他地区的对应器类相区分。但这仅仅是故事的一部分。在春秋时期，我们注意到周的器用限定制度在周人世界全域内得以实行，这个制度规定主要青铜器如鼎、簋的

---

① Falkenhausen, "The Waning of Bronze Age," p. 543.

使用数目必须与所有者的社会地位相一致。事实上，只有到春秋时期，通过标准组合的器皿的使用，在周人世界每一个角落中的贵族的社会地位才变得可以比较。这种随葬青铜器所表现的广范围的对同一种礼制决定系统地遵守甚至在西周的大部分时间内都是看不到的，而是直到公元前771年王朝灭亡后才逐渐显现。鉴于这一时期的政治现实，在这种限定规则的传播中并没有出现一个中心驱动力；相反，我们所能见到的可能只是一种自发的过程，也就是说，共同的周人文化传统在新兴的政治中心受到了推崇与遵守。因此，尽管政治上并不统一，但共同享有的文化价值却将周人世界的贵族们联系得比从前更加紧密。

这种现象在遍布周人世界的物质遗留中是清晰可见的。在中心地区，如三门峡的虢墓与琉璃阁的卫墓中，将一套奇数的列鼎与一套偶数的、形制同一的簋相搭配的习俗在春秋时期已经稳固地确定下来。在汾河谷地，特别是在晋国的上马墓地，根据用鼎的标准，同样可以将墓葬排出等级。在西面，虽然秦人的墓葬以东西向、屈肢葬以及陶明器的使用为特征，但墓中随葬的铜器群显然也遵照了中心地区诸侯国所实行的周人限定制度。在周人世界的东部，这样的规则不仅在薛国墓地中得到了明确反映，即便是像莒和郳这两个可能起源于东夷的诸侯国亦不例外。最能说明问题的要属南方的情况，在那里，周人的器用限定制度甚至被楚国所采用，长久以来，楚国即便不是以整个周人传统为敌，至少也是与西周国家相仇视的。在春秋时期，楚人发展了一些与众不同的被称作"楚式青铜器"的铜器类型，其中最典型的是一种叫作"鬲"的浅腹平底鼎。这种类型的鼎随后成为了高等级楚墓的标志，但是它的数目也坚持了周人的器用限定规则。①

---

① Falkenhausen, "The Waning of the Bronze Age," pp. 471–525.

罗泰视这种普遍接受周人器用限定制度的现象为"一个潜在的共同的政治宗教价值系统及贵族社会组织中的同一体"的反映。① 依我之见,东周时期持续的文化交融只不过是西周国家通过姬姓亲属的扩散以及姬姓与非姬姓贵族之间的联姻所带来的种族融合在物质文化上的反映。实际上,正如本书提供的例子所显示的,这种联姻本身即伴随着不同诸侯国之间具体物质的交换,比如青铜器。除了罗泰对随葬青铜器的观察外,我们进一步注意到周人的器用限定制度并不仅限于贵族阶层。从春秋中期开始,各地的非贵族文化也开始受到影响。这种变化始于将鼎和壶这两种陶器类型纳入随葬品组合内。鼎和壶这两种类型向来是以青铜形式出现的(也有例外),并且仅为周的贵族所使用。再加上在商和西周时期有着漫长使用历史的陶豆,鼎、豆、壶的组合在战国时期的小型墓葬中盛行起来。

我们并不清楚这个过程始于何处,但可以肯定的是,这一转变几乎是在周人世界的每一个角落(包括楚在内)中同时进行的。在楚国,虽然豆的流行程度不比北方诸国,但变更了的鼎、敦、壶组合在它的领地内却占据了支配地位。② 唯一没有卷入这场随葬陶器"同样化"新浪潮的是秦国,秦人在他们的墓葬中继续保守地随葬传统上的"实用"器,以鬲和罐为组合的中心。这促成了中国地方文化中一种新的东西差别,与政治上和文化上长期以来明显可见的南北差别形成鲜明的对比。这种变化是根本的,需要在其他场合作进一步的讨论。但毫无疑问,它在文化上将周人世界拉得比从前更加接近了。我们还可以指出,这种在整个周人世界内通过随葬陶器的"贵族化"来进行的"同样化"趋势和历来为西周统治贵

---

① Falkenhausen, "The Waning of the Bronze Age," p. 544.
② 对春秋与战国时期随葬陶器的讨论,见《新中国的考古发现与研究》(北京:文物,1984),第 286-314 页。

族所独霸的礼仪习俗的"大众化"过程不无关系。但这种礼仪习俗的源头是西周,就像鼎和壶是西周时期的铜器组合中基本的器类一样。

在这个意义上,西周国家不仅留给了中国一个民族的核心,同时还留下了对于中华文明在日后百年和千年间在帝国统治下的持续繁荣至关重要的文化根基。尽管西周与秦汉帝国之间有着五百年以上的时间间隔,但文化因素却是可以长时间存续的。我们应该在西周国家所带来的文化与民族融合中去探寻中华帝国的起源,应该在西周国家植入周人世界每个角落的同一文化因素中去寻找中国日后统一的基础。

结　　语

　　本书以考察西周国家地缘政治的构成,特别是周都所在的西部地区为开端。在对西周国家的文化和政治边缘进行重建后,它的地缘政治周界得以恢复,这项调查也进一步走向深化。这项研究结合考古发现、铭文和文献记录,同时联系地表形态的特征,向我们呈现了一幅具有特定地理空间的中国前帝国国家之一的可视图景。研究表明,西周国家的布局受制于土地的界限和潜力,同时也是对这种界限和潜力的一种反应。这种调查线索贯穿了整本书,为我们理解西周的衰弱和灭亡这一历史过程提供了一种独特的途径。

　　本书建议,西周国家的危机可以被看作一个结构上的和空间上的危机。西周国家在空间上受到两支力量的挑战:一支是将它的组成部分从其政治核心中隔离出去的内部力量;另一支则是频繁攻击西周国家地理周界的与日俱增的外部力量。对这种空间危机做出的反应,正如宣王中兴期间明确表现出来的,是周王室开始巩固边境地区的军事防御,同时着手加强与东部封国之间的关系。为了达到这一目的,周王室甚至可能恢复了最初在二次伐商后实行于东部的"封建"制度,在边境地区安置新的地方封君。同样,西周的灭亡也可以在地理关系中进行研究。我们已经说明,公元前771年周都的破灭肇因于一直相安无事的"周-申-秦"地缘政治三角的毁坏,以及周幽王对玁狁穿越泾河河谷而来的直接威胁的忽视。此外,周王室与西周贵族家族的东迁事实上是西周国家地理空间的一个重构过程,在这个过程中,新的政治动力与标准出现了。

正是在西周国家的统治结构中,我们发现了空间危机中所显现出来的周王朝日趋衰弱的根源。我认为,周王在"恩宠换忠诚"的这种交易中持续实行的土地赐予政策从物质上削弱了周王室的经济基础,弱化了西周国家的统治能力。厉王可能曾经力图恢复周王室的经济实力,然而在贵族力量的强势反抗下,这种努力终以失败告终,厉王也因此落得个被迫出奔的下场。这种解释可以帮助我们阐明造成周王权衰弱的真实力量,同时也开辟了一条深入了解西周国家政治生活的新途径。

同时,对衰落原因的研究还要尽可能考虑多方面的因素,并且必须考察它们之间的关系。我们对周王朝衰弱原因的考察应当超越周代王畿范围之外。在我看来,"封建"制度下授予各地方诸侯的高度的民政和军事自治权在西周国家的政治结构中铺下了一个基本的矛盾,从西周中期开始,这种矛盾演化成一股较大的离心力,裂解了周的政治统一体。我们同时还联系到西周国家的外部压力,特别是来自玁狁的压力,对它的衰落作了进一步研究。面对着来自玁狁越来越大的威胁,周王室必须将更多的资源投入到这场在西周中晚期持续了数十年之久的全面战争中去。要想赢得这场战争,周王室就必须不断加大投资,这种投资包括了金文中明显记录的对军事将领们的地产授予。这样,西周国家在内忧外患的相互作用下一步步陷入了持续衰落的困境之中。

在研究西周的灭亡时,我将它同西周的衰落分开处理。不过,这两个问题是密切相关的。其实,对西周灭亡的考察线索贯穿全书中的很大部分,逐渐揭示了对西周最终灭亡的一种连贯的历史释读:如果没有第三章中对周和玁狁之间那场旷日持久的战争的研究,我们便无法理解西周灭亡的文化和历史背景;同样,在第一章中如果不对泾河流域作地理学分析,周与玁狁的战争将很难得到重现。这种研究是在整本书中逐渐建立起来的。

虽然我们在这里对西周灭亡所作的解释是以空间建构为主要视角的,但这种解释同样基于对文献记录的深层次研究,以此来发现这场历史性灭亡中的政治动力。通过解决由于文本矛盾所产生的诸多长期悬而未决的历史问题,我们力图重建西周灭亡的具体过程。我认为,最终导致西周灭亡的政治斗争起源于曾经服事于宣世的老资历官僚与支持幽王的新党派之间的紧张关系。周王室中的这种党派斗争最终恶化成王室和泾河上游地区一些重要边境政权之间的军事冲突。王师在一场可能是惩罚性的战争中被这些边境政权和周的长期敌人玁狁联合击败,这为敌军入侵周都敞开了通道。西周的灭亡是一个令人扼腕的政治策略失误和军事错估所导致的直接后果。

西周的灭亡标志着中国早期王朝式国家之政治体系的最终崩溃,这样的政治体系以王室的中心地位为特征,并借助各地行政独立的地方君主们的权威来实施对一个相对庞大的地域的政治控制。西周国家的最终崩溃表明,由于各地经济和政治实力的发展,这种政治体系已经不能使人们再继续抱有政治统一的理想,以之来包容这种新的发展。西周国都在公元前771年的陷落,以及随后周王室与西周贵族宗族的东迁为各地方政权提供了一个完全不受中央控制的自由竞争空间。一个为达到政治一统的新控制体系只有在一系列政治和军事的争斗中才会诞生。帝国就是最后的答案。

附录一 边缘地区：西周国家的最大地理范围

西周国家的中心地区，亦即地缘政治中轴的渭河平原和东部平原的外围是那些被认为是遥远的边缘区域。这些区域大致可以分成三个部分：作为周人之"远东"的山东，南方的淮河-长江流域，以及太行山东侧的冀北平原。这些地区，连同西部的泾河上游，共同构成了西周国家的地理边界。这种西周国家的空间划分与周人自己的宇宙观念是一致的；如青铜器铭与文献所明示，这种宇宙观把周人自己的世界划分为"四方"，围绕这一个中心。① 通过建立这些边远地区的据点，周人保证了他们在东部平原上的地位，并由此建成在公元前221年秦帝国崛起之前的中国有史以来最庞大的地缘政治实体。

继续第一章的研究途径，我们在附录一中将探究西周国家的宏观地理范围，看一看周人的政治组织和军事行为是如何与这些边缘区域的地表形态相交织的。通过论证，我们将看到与周人在东部平原上的迅速胜利相比，建立起自己的一个地缘政治性的边缘需要经历一个更为漫长，也更为复杂的过程，其间种种失败、挫折自不可免。这倒不仅仅是由于这些地区与周人的西方故土之间的距离遥远，而且还由于其文化与族群的复杂性。在这些边缘地区中，有些地区之前曾部分是商的领地，在这种情况下，周人就必

---

① 关于周"四方"理论的文献和铭文证据以及它和商的关系，见王爱和最近的讨论，*Cosmology and Political Culture*, pp. 57-74.

须同时应对一个亲商的人口和更多的本土居民。至康王后期（前1005/3-前978在位），周人在这些地区的统治地位已然稳固，其扩张的过程仍在继续。不过其后这种扩张行为与其说是在西周王廷的指令下，倒不如说是出自位居前线地方封国们各自的企图。

对外围地区的研究将给予我们一次机会来实际界定西周国家的地理范围，并对当时西周的政治和军事实力做出评定。不过我们必须注意到，与地缘政治相对稳定的东部地区所不同的是，这些边缘地区无论在地缘政治布局上，还是文化背景方面，都是在持续变化的。在这里，我们要做的并不是要找出西周的边界线，而是要确定一系列边缘区域，看看西周国家以它的各种身份，在这些地区内是怎样实施其有组织的政治统治以及如何与当地土著人群相互作用的。这项研究将同样揭示周人是如何适应边缘地区的地表形态和文化环境，从而达到文化和种族高度融合的，而这都将成为东周时期地域性文化繁荣兴旺的基础。

第一节　周的"远东"地区

对周人而言，山东地区为其"远东"。作为一个深居内陆的民族，向山东的扩张令周人第一次接触到了沿海人群以及他们创造的文化。不过，山东是一个拥有纷繁多样的地表形态与复杂文化传统的辽阔区域。在整个西周时期，周人以及一些亲周的团体只是成功地占领了山东半岛的一部分，可能只是它的北半部。因此，总的来看，这个地区为我们研究文化的接触和交流提供了一个理想的历史环境。

山东地区的地表形态

位于一连串湖泊（沿大运河分布）东侧的这个地区多为山地和

丘陵地组成。① 据统计，在东部的半岛部分，丘陵地约占十分之七，而以整个山东省面积计算，山地丘陵地约占全省面积的五分之三。大体上，山东地区可以分成两个部分：胶莱河以东的胶东半岛和中部的多山地带（地图16）。胶东半岛，这个曾经周人心目中世界的最东端，大部分为海拔200－300米的连绵丘陵。白垩纪晚期火山喷发所产生的火成岩形成了一种山脉很不明显的复杂表层结构。② 由于全新世的不断海侵，半岛的边缘显得曲折而狭窄，海岸线上岩石密布，异常危险。③ 尽管有些山脉，例如南部边缘的崂山，海拔高达1 133米，但绝大多数平顶的山丘还是低矮的，并且山的斜坡、宽阔的河谷以及盆地中都覆盖了深厚的表土层与稠密的植被，此外还有充足的地表水流，故这个地区非常适合农业和多种种植的发展。比起中部的多山地带来，它要显得更为富庶，农业上更为发达。④ 胶东半岛的西缘与胶莱平原相接，胶莱平原海拔在50米以下。胶莱平原冲积层较薄，洪涝一直是个问题。⑤

西部的山脉构造运动开始较晚，但速度更快，形成的山脉海拔平均在500－600米，而有些山脉，譬如泰山，海拔则高至1 524米。寒武纪-奥陶纪的岩石山体受到一系列呈东北或西北方向延伸的平行断裂的切割，留下了六列山脉：北部的泰山，鲁山，沂山山脉；南部的摩天岭，蒙山，尼山山脉。⑥ 这些山脉中的绝大多数皆以它们裸露的山体而最具特点，与我们在中国西北部看到的那些山脉和山丘截然不同。在这些山脉之间，纵深的河谷为穿越这个地区提供了三条理想的交通渠道：北部位于泰山和太平顶-鲁山之间

---

① 曾昭璇：《中国的地形》，第227页。
② 《中国自然地理》2，第29页。
③ 曾昭璇：《中国的地形》，第232－233页。
④ 孙庆基、林育真：《山东省地理》（济南：山东教育，1987），第358－359页。
⑤ 曾昭璇：《中国的地形》，第233页。
⑥ 《中国自然地理》2，第29－30页。

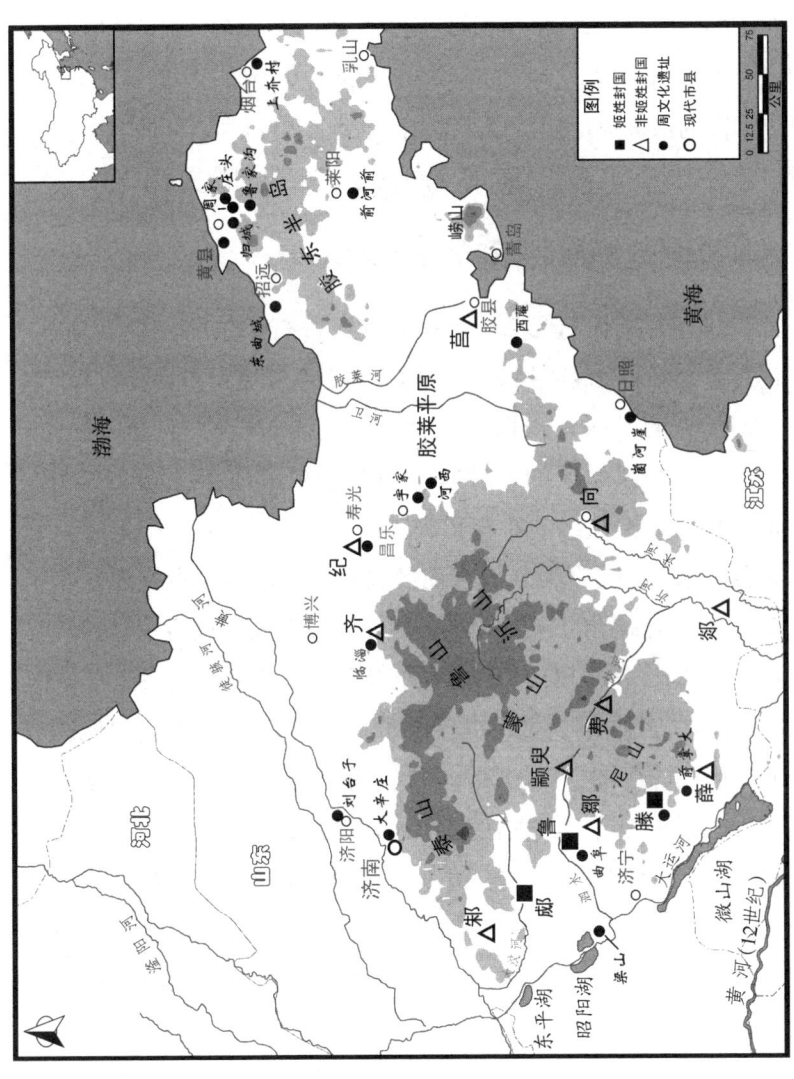

地图 16 西周时期的山东地区

(地形图层采自 ESRI Data & Maps:2004;河流采自哈佛中国历史 GIS 数据,2.0 版,2003 年 8 月)

的大汶河上游断陷谷地;西南部蒙山和尼山之间的泗河和祊河上游断陷谷地;以及东南部沂山和五连山之间的沭河上游河谷。

处于鲁中山地和湖群之间的是一片南北延伸的过渡地带,相对于湖群西侧的平原腹地,它的海拔要高出许多。在上古时期,当西侧的平原饱受洪水困扰时,这片过渡地带却是高枕无忧,并且得益于东侧山脉上丰富的水资源,这里的人口稠密、农业产量也高。同时,这片过渡带也是连接中国北部和东南部,特别是长江三角洲的交通过道。

二次东征和殖民:西周早期和中期早段的山东

西周早期是周人对"远东"的山东地区进行扩张的一个重要时期。迄今为止,这个地区相关的实物资料、铭文以及文献资料等足资我们对周人的扩张过程做一个整体勾画。同样,我们亦可据此将历史的进程与该地区的地理状况联系起来,从而展示出一个根据地形来构建政治边缘的有趣案例。

鲁西的殖民。让我们从山东地区属西周早期的考古发现开始。首先要提及的是所谓的"梁山十器",这是一套西周早期青铜器,清朝道光年间(1821-1850)发现于鲁西梁山脚下。① 在这七件器中,三件由召公所铸,另外两件由他的儿子伯宪铸造。据铭文所载,伯宪曾得到北方诸侯国燕国国君的赏赐。这些铜器既不在周国都附近,并且离召公的另一个儿子统治的燕国也很远,这里便出现了一个问题。贝塚茂樹认为"燕"即"奄",是位于鲁西今曲阜境内的一个亲商的政权,距离凉山大约80公里,贝塚指出,燕原先位于曲阜,只是后来才迁移到北方。② 近来北京的发掘证明贝塚是错误的,我们将在

---

① 《济宁州金石志》(1845)1,第10-16页。这些铜器发现之后很快便在古董商手中分散。有关这个铜期群的复原研究,见陈寿:《太保簋的复出和太保诸器》,《考古与文物》1980年第4期,第23-30页。

② 贝塚认为梁山地区曾有一支由伯宪督率的防卫军,伯宪是居于曲阜的燕侯之弟。见贝塚茂樹:《殷末周初の東方経略について》,載《貝塚茂樹著作集》2冊(東京:中央公論社,1977),第157-158页。

下文中讨论。关于这些与燕相关的铜器的埋藏背景,仍然有很大的不确定因素,因为它们可能通过联姻、战争或者其他交换形式出现在这片区域。另一种可能是,伯宪在山东地区拥有自己的领地,与北方燕国并无关系。但鲁西这些明确由周人铸造的青铜器则说明了一个事实,即这个地区已经被纳入到西周国家的政治体制中去。

在南距济南大约 40 公里处,济阳刘台子西周早期遗址近年来被正式发掘。文物工作者在一个低矮的台地上发现了一些墓葬,其中有三座在 1979－1985 年间被挖掘,年代属西周早期晚段。① 这些墓葬中出土了大量青铜器,其特征与周中心区发现的铜器十分类似。M2 中出土了一件由季所作的鼎和两件由夆所作的簋。M3 中也发现了一件由王季铸造的鼎和一件由夆铸造的簋。最重要的是 M6,从中发现了 24 件铜器。一些铜器上铸有铭文"夆"字,另有一件由王姜为一名叫龏姒的女子铸造的鼎。② 尽管这些铭文没有明确地指出它们来自哪一个地方封国,但却表明了它们与周王室之间的密切联系。在这些铜器所处的时间背景中,无疑这些铭文中提到的"王"就是指周王,而在周中心区的很多铭文中提到的王姜则很可能是成王或者康王的配偶。③

然而,能够明确反映它们所属封国的西周早期铜器是在滕县地

---

① 《文物》1981 年第 9 期,第 1824 页;《文物》1985 年第 12 期,第 15－20 页。关于这些墓葬的年代,见李峰:《黄河流域西周墓葬出土青铜礼器的分期与年代》,第 387 页。

② 《文物》1996 年第 12 期,第 4－25 页。

③ 尚志儒认为"夆"即"丰",他将刘台子遗址与塑方鼎(JC:2739)铭文中提到的丰国联系起来,并认为丰是《国语》中提到的逢伯陵的后裔。见尚志儒:《西周金文中的丰国》,《文博》1991 年第 4 期,第 28－33 页。M6 的报告者也认为刘台子墓地属夆国所有。见《文物》1996 年第 12 期,第 23 页。事实上,在南面的滕县也发现过一件夆叔匜(JC:10282)。见《滕县金石志》(北京:法源寺,1944),第 13－14 页。不管这些发现暗示了什么,刘台子铜器上的"夆"字究竟是一个人名还是一个国名,这一点仍是需要讨论的。光凭"逢"和"丰"的读音相同是不能解决这个问题的,除非还有其他的证据。"王姜"这个名字出现在令簋和其他一些铜器上,陈梦家认为王姜是成王的配偶,而唐兰则认为是康王之后。见陈梦家:《西周铜器断代》2,第 78 页;见唐兰:《唐兰先生金文论集》,第 123 页。如果这样,这件铜器可能铸造于陕西的周都,随后被带到了山东地区。由王季所作的铜器可能也属这种情况。耐人寻味的是,这三座已公布的墓葬在年代上很接近,应当都属西周早期晚段。

区被发现的。1978年,在离滕县的一座古城遗址约两公里处,一件为祭祀滕公所作的青铜鬲从墓葬中发掘出土。① 四年后的同一个地点,另一座较大墓葬中出土了六件滕侯所作铜器,该墓可能是滕侯之墓。② 从形制和纹饰来看,第二组铜器的年代比第一组要略晚些,但总的来说,它们都属西周早期。这些铜器将这个地区同周人的一个重要地方封国——滕联系起来。据《左传》记载,滕是武王庶弟的封国,并且是坐落在鲁西的三个姬姓封国之一(见第一章)。基于古代的地理学文献,滕国的都城遗址当在今荆水之滨的滕县西南,恰好应和了这两组铜器的出土地点。③ 另外,在滕县东面大约60公里处的济宁,文物工作者发现了一组西周中期偏早的铜器。④

鲁西另一个重要的遗址是滕州南约25公里处的前掌大,1981年后,那里发掘了一些带有斜坡墓道的大型商墓。墓葬中出土了一些典型商末风格的铜器和陶器,一起出土的还有一些具有当地风格的陶器以及可能代表了一种南方传统的大量的施釉原始瓷器。⑤ 根据我对这些未公开材料的观察,前掌大的一些小型墓葬可以明确地定在西周早期,甚至是中期。在那些克商之前深受商文化影响,克商之后在西周早期又继续存在的一类遗址中,前掌大是尤为典型的。济南地区的王府和大辛庄也发现了两个这种类型的遗址,并且最近在大辛庄遗址中发现的有字卜甲也证明了这个地区和商朝晚期的安阳之间有着密切的联系。⑥ 正如山东北部的苏埠屯和古城两个遗址的发掘所显示的,晚商时期的山东地区正经

---

① 《文物》1979年第4期,第88–91页。
② 《考古》1984年第4期,第333–337页。
③ 《汉书·地理志》云:"滕在沛郡公丘县。"即今天滕县的西面。见《汉书》28,第1572页。此外,滕县还出土过两件春秋时期滕侯所作的青铜器。见《考古》1984年第4期,337页。
④ 《文物》1994年第3期,第42–43页。
⑤ 《考古学报》1992年第3期,第365–392页,图版拾壹–拾玖。
⑥ 关于大辛庄甲骨文的发现,见"China Unearthed Shang Oracle Bones Again, 104 Years after the First Discovery," *People's Daily Online* (http://english.peopledaily.com.cn), 2003年4月9日。另见, *Chinese Archaeology* 4 (2004; 北京), pp. 29–31。

历着与商文化相交融的过程。毫无疑问,这和商对这个地区的有力扩张是分不开的,对此,甲骨文和文献材料的记载也确凿无疑,① 但这个过程却因后来周人的东征而中断。

上述的考古发现证实了山东地区曾经历过从商到周的过渡,不过唯有将这些发现置于通过铭文和文献材料建立起来的历史背景中,我们方能透彻地理解其中的历史和文化内涵。通过铭文和文献材料,我们可以了解到周人在"二次东征"后进入到山东地区这一早期的历史框架。② 山东西部乃至江苏北部的地方势力和诸侯国不仅仅是支持,似乎还参加了武庚和"三监"的叛乱,③其中最重要的一个就是亲商的政权奄国。④ 不管当时"远东"地区是否真有这种敌对情绪,或者这只是周人进一步采取军事行动的借口,相关证据表明,周人确曾向东挺进,并将山东地区纳入自己的控制范围。《尚书》中两篇可信的西周文献,"多士"和"多方"记载了成王在"践奄"之后回到商都。⑤ 在同时期的金文中,例如禽簋(JC:4041)记有王对盖(=奄)的征伐,战役中周公为谋,伯禽(周公之子,鲁国的实际创建者)为祝;⑥塱方鼎(JC:2739)记载了一场由周

---

① 关于古城和苏埠屯的发掘,见《文物》1972年第8期,第17-30页;《文物》1985年第3期,第1-11页。对苏埠屯出土青铜器的研究,见殷之彝《山东益都苏阜屯墓地和亚丑铜器》,《考古学报》1977年第8期,第23-34页。关于甲骨文和文献记录商进入山东地区对人方发起的战争的研究,见董作宾:《甲骨文断代研究例》,载《蔡元培先生六十岁庆祝论文集》(国立中央研究院历史语言研究所集刊)(北平:1933),第323-424页;島邦男:《殷墟卜辭研究》(汲古書院:日本弘前大學文理學部中國學研究會,1958),第392-403页。

② 这个问题牵涉到齐鲁两国建立的时间。《史记》将这两个诸侯国的建立归于武王;见《史记》4,第127、1480页。关于《史记》中有关太公与莱夷争营丘的记载,清代学者崔述对此颇不以为然,认为齐国如果真封于武王时期,那么之前周人应在山东地区有军事行动,但并没有。见崔述:《崔东壁遗书》,第341页。没有其他史料可以支持武王曾对这个地区发动战役的记录。

③ 《逸周书》云徐、奄也加入了反叛阵营;见《逸周书》5,第7页。

④ 传统上认为奄与鲁(今曲阜)在同一个地区,或者甚至是同一个遗址。见江永:《春秋地理考实》254,第28页。

⑤ 《尚书》16,第220页;17,第227页。

⑥ 关于"盖"即"奄"的关系,见陈梦家:《西周铜器断代》2,第73-75页;Shaughnessy, "The Duke of Zhou's Retirement in the East," p. 49.

公统领的讨伐东夷(对东方各种本土人群的一种统称)、丰伯、薄古(蒲古)的战争,最后,他们都被征服了。① 我们从这些资料中可以清晰地看到,一系列旨在镇压亲商同盟以及山东境内土著族群的战争都是在成王早年由周王室发动的。事实上关于这一时期重大事件的编年记录见诸《今本竹书纪年》,根据这份记载,东征耗时三年。②

从文献和铭文记录中提示的历史遗址地点来看,通过这些军事行动,周人只是成功占领了鲁中山地西部和北部边缘面向中原的过渡地带。不过一旦有了立足之地,周人随即在这个地区安置了自己的地方封国。禽簋的作器者伯禽封于前奄遗址鲁,即今天的曲阜,在尼山丘陵的前面。与鲁同等重要的是太公,被分封于营丘,在此建立了齐国。周夷王统治期间,齐都迁至前薄古遗址,随后又迁到今天的临淄,位于博山山脉的丘陵地带。③ 根据古代地理文献,另外两个姬姓封国滕和郕,是由伯禽的两位叔叔建立的,分别坐落在今天的滕县和宁阳。④ 在这些周代封国中,考古发现已经证实了西周早期的地方封国滕的位置,而且也找到了明确的证据可以证明西周晚期鲁和齐的所在(见下文)。这些地方封国的地理位置首先具有战略上的意义:鲁和郕控制了山地的西缘,并且封锁了无论是来自泗汸走廊还是大汶河谷的通道;齐控制了沿着山脉边

---

① 《汉书·地理志》云:"至周成王时,薄姑氏与四国共作乱,成王灭之,以封师尚父,是为太公。"《汉书》28,第1659页。陈槃以为薄古在博兴东北;见陈槃:《春秋大事表列国爵姓及存灭表譔异》7,第662页。夏含夷(Shaughnessy)认为奄在曲阜附近,周公退休后在那里度其余生。见 Shaughnessy, "The Duke of Zhou's Retirement in the East," pp. 70–71.
② 《今本竹书纪年》列出了以下年表:(成王)二年(事实上是周公摄政二年),奄人、徐人及淮夷入于邶以叛;秋,遂伐殷;三年,王师灭殷,杀武庚禄父,遂伐奄,灭蒲姑;四年,王师伐淮夷,遂入奄;五年春正月,王在奄,迁其君于蒲姑;夏,王至自奄。见《竹书纪年》2,第4页。
③ 《史记》32,第1481–1482页。《汉书·地理志》应劭曰:"师尚父封于营丘,陵亦丘也。"臣瓒曰:"营丘即临淄也。"见《汉书》28,第1583页;陈槃:《春秋大事表列国爵姓及存灭表譔异》1,第85页。一些现代学者认为营丘是后来齐国都城临淄的一部分。见関野雄:《齊都臨淄の調査》,《考古學雜誌》32.4(1942),第185页。要注意的是齐国属姜姓,而非姬姓,长久以来,它一直是周的同盟。
④ 关于郕的位置,公元三世纪的杜预指出,东平刚父县西南有郕乡,即今之宁阳。见《左传》3,第1727页。

缘向东的道路；滕控制了南去淮河流域的通道。简言之，为文献和考古记录所证明的周人在鲁西和鲁西北的殖民点，为周人进一步向半岛腹地以及南方淮河下游地区的扩张打下了稳固的基础。

向东部半岛的扩张。黄县归城发现的两批铜器有力地证明了周人向山东东部半岛丘陵地带的扩张或渗透。① 第一批发现于小刘庄，包括著名的启尊（JC：5983）和启卣（JC：5410），上面的铭文提到作器者随王南征的一次经历（图20）。② 有趣的是这两篇铭文和师旟鼎（JC：2723）铭文记载的内容很相近，后者记录了同一场征伐。第二批铜器发现于姜家，共十件，年代属西周中期。早在1896年，黄县地区就发现了一件啟卣（JC：948），上面铸有一篇很重要的铭文，记载了一场由师雝父率领的战役。③ 正如第二章中提到的，穆王时期有些参与抗击淮夷入侵的人员铸造了一批铜器，啟卣便是其中的一件。关于启和啟的身份背景，或许会有一些不同的解释，④但是山东东部黄县境内这些铜器的发现充分证实了这个地区和西周王室之间的关系，以及周向半岛扩张的历史。至少，它们证明了东部半岛和西周中央之间在同一个政治体系内的人员交流。1958年，在南面不远的招远，一座墓葬中出土了一件西周中期偏早的青铜簋，有趣的是这件簋的作器者是齐仲，山东西部齐国的一员。⑤ 这些当地出土的明确提及西周王室与周人的地方封国齐的铭文明确无误地显示，周人的政治网络在西周中期刚开始的

---

① 关于启尊和启卣的发现，见《文物》1972年第5期，第5-8页。
② 唐兰将这场战役和昭王南征联系起来，并认为这两件器属于昭世。见唐兰：《唐兰先生金文论集》，第277-278页。对唐的观点我持有异议，原因有二：1)这两件器的外形属于典型的穆王时器风格，对昭王时器而言过早了；2)参加同一场战役的师旟后来铸造了师旟簋（JC：4277），这件器可被合理地定在了共王或孝王统治时期，故师旟似乎不太可能是昭世之人。这批铜器的合适年代当是西周中期偏早阶段。
③ 关于啟卣的来源，见罗振玉：《贞松堂集古遗文》(1930) 4，第21页。
④ 例如，他们可能是在战役结束后从西部调至山东地区的周朝将领，也可能是曾经为周王效力并服役于周师的山东本土居民。
⑤ 《考古》1994年第4期，第377-378页。

时候就已经延伸到了半岛东部。更重要的是,根据后来的发掘,这些发现跟归城古城址有关,当地考古学家曾认为古城址的年代属西周晚期;而这两批铜器实际上是在环绕聚落的内城墙和外城墙之间被发现的(地图17)。① 近年的中美联合考古工作证实归城的始建年代在西周早期偏晚阶段。出土这些铜器的遗址中伴有明显的周文化遗存,加之铭文中明确提到的西周王室和人物,黄县地区则很可能是周人在东部半岛的一个主要活动基地,在它与周人中心区和西部的地方封国之间,居民和各种物品都得以交流。归城城址的重要性堪比商人在南方所建的盘龙城,而且也会成为将来西周考古的一个热点。

另一个重要的发现是20世纪70年代早期发掘的胶县西菴,离半岛的东南海岸不远,那里出土了一辆典型的周式驷马战车,标准的西周早期青铜车马器以及武器(图38)。② 不过这座车马坑的文化背景显然比较复杂,因为同一地点发现的其他小型墓葬的主要随葬品只是当地风格的简单陶器。我们还很难判定这辆战车究竟是属于一位当地的贵族(他从周人那里获得了这辆战车),还是一位生活于此地的周人的贵族。但是,这个发现说明周人的影响力此时已远抵南部沿海地区。由于这个地区与山东西部的周人基地相距遥远,这次发现展示了西周国家及其物质文化的蓬勃活力。

正如这些铜器及其铭文的发现反映了周人势力向山东半岛的渗透一样,在当地发现的陶器身上,同样可以看到一种渐进的周文化的影响。迄今为止,在已公布的资料中我们只见到两组陶器是属于西周早期的。第一组发现于刘台子M2和M6,一同出土的还有一些西周早期铜器。③ 在这组陶器中,折肩罐颇具特色;鬲、大口

---

① 《考古》1991年第10期,第910-918页,图版陆-捌。
② 《文物》1977年第4期,第68页。
③ 《文物》1981年第9期,第22页;1996年第12期,第16-17页。

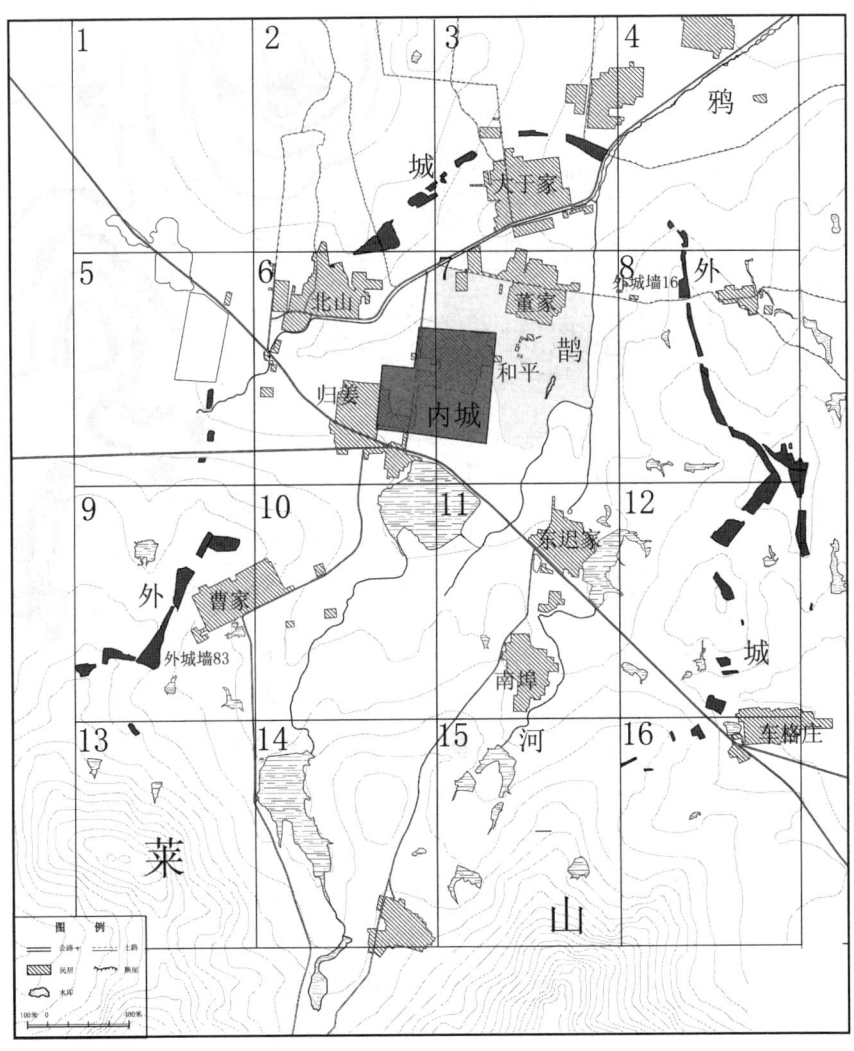

地图 17　山东龙口(旧黄县)归城遗址

(中美联合归城考古队提供,2016 年)

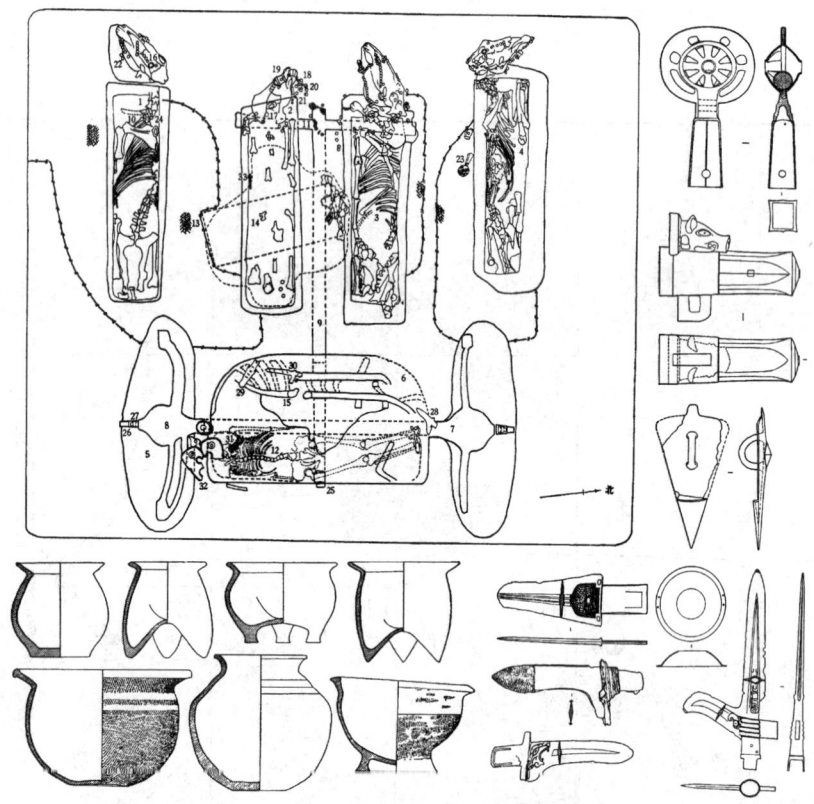

图 38 山东胶县西菴西周早期车马坑

（车马坑中出土的青铜车马器和武器；同一遗址 M1 中出土的陶器；采自《文物》1977 年第 4 期，第 64－68 页）

罐和洛阳发现的相似，延续了商的传统。第二组来自西菴 M1，M1 与上文提到的车马坑发现于同一个地点。① 其中的陶簋与河南发现的那些相同，而 3 件素面的袋足鬲却和河南发现的迥然有别，代表了一种独特的地方传统。两组西周中期的陶器在昌乐的宇家和黄县的周家村出土。② 结合昌乐河西发现的大量陶器，③这些资料

---

① 《文物》1977 年第 4 期，第 68 页。
② 《海岱考古》1989 年第一辑，第 299－302、314－319 页。
③ 同上，第 294－297 页。

让我们对渤海沿岸半岛北半部,从西部的齐国到遥远东部的黄县这一范围内的陶器文化有了一个整体了解,根据已发现的铜器,这片区域必定受周文化扩张影响最深。这里的陶器群与在渭河谷地发现的陶器有很多相似之处,最明显的是高圈足的敞口簋、粗柄豆以及西周中期模仿同时期的青铜鬲而制作的陶鬲(图39)。它们很可能是袭用了渭河谷地的类型,当时周人的陶器类型也已传入河南东部平原。由于陶器的制作大多与地方传统紧密关联,故在如此遥远的地区出现确凿无疑的周式陶器充分显示了周文化影响的强势,同时也印证了青铜铭文上记载的周人的活动。

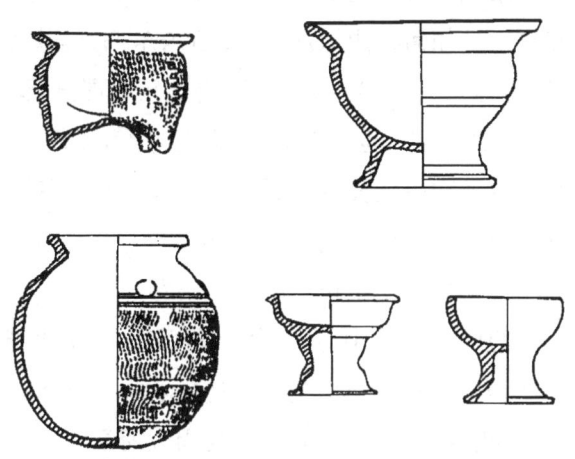

图39　昌乐宇家 M1 中出土的陶器

(采自《海岱考古》第一辑(1989),第 301 页,图七:1、2、5、6、9)

但是,在山东地区受周人影响的范围内,与周式陶器共存的有一套具有当地风格的陶器,诸如素面的鬲、罐、鼎,以及鼓腹绳纹罐等。这些陶器类型,尤其是素面鼎,与胶东半岛南缘乳山南黄庄的石椁墓中发现的十分接近,它们显然是由当地人群生产的。[①] 简言

---

① 《考古》1991 年第 4 期,第 332—336 页,图版 2—3;另见王锡平:《胶东半岛夏商周时期的夷人文化》,《北方文物》1987 年第 2 期,第 22—23 页。

之，我们在胶东半岛看到了周文化和当地的本土文化相互融合的有趣现象。这种本土文化似乎可以同半岛上的当地人口联系起来。

从山东考古，特别是周式风格的铜器与陶器的分布上所观察到的这种现象只是周人不断向山东东部扩张的历史过程的一个缩影。康王和昭王时期的铭文中保存了很多周人与山东本土人群之间持续战争的记录，周人称这些人为"东夷"。① 雩鼎（JC：2741）铭文中提到周王亲征东夷，并对一个叫䐎的地方展开攻伐，据说周师在那里缴获了大量海贝。② 著名的明公簋（JC：4029）铭文载，明公，即周公之子，遣三族伐东国，特别有趣的是鲁侯也被要求参与了这次征伐。铭文向我们提供了一个很好的例子来说明西周中央政权与地方政权是如何在边缘地区（如山东东部）的战事中合力协作的。③ 小臣谜簋（JC：4239）铭文载，伯懋父率殷八师（屯驻于前商都地区的规模最大的军队）伐东夷，驱至海滨，战役结束后，伯懋父将缴获的海贝赏赐予从征的士兵（图40）。④ 这些铭文是周人向山东东部海岸地区扩张的极好证明，同时也为上文所述周式青铜器和陶器的考古发现提供了很好的文字解释。

在更广阔的历史背景中，这些铭文告诉我们在西周早期的大多数时间内，周人将军事扩张的重心放在了山东地区。杨宽也曾经指出，通过这些战争，东夷族群已经为周人所征服。⑤ 然而，鉴于半岛面积的庞大以及铭文中使用"东夷"这个含义广泛的术语来称

---

① 有关东夷的文献和铭文证据的一项全面讨论，见 David Cohen, "The Yueshi Culture, the Dongyi, and the Archaeology of Ethnicity in Early Bronze Age China," 未发表博士论文，Harvard University(2001)，pp. 42 – 210.

② 陈梦家：《西周铜器断代》1，第 174 – 175 页；白川静：《金文通释》，1. 19：217。

③ 明公即令方彝（JC：9901）的明保，周公次子，继承周公的位置。陈梦家认为铭文中的鲁侯是伯禽，明公的兄长，鲁国的国君。见陈梦家：《西周铜器断代》2，第 69 – 70 页；白川静：《金文通释》，1. 13：132。

④ 有学者认为伯懋父即康伯髦，是位于商都附近的卫国的第二代国君；商都则是殷八师的基地。见陈梦家：《西周铜器断代》1，第 170 页；白川静：《金文通释》，1. 63：719。

⑤ 杨宽：《西周春秋时代对东方北方的开发》，《中华文史论丛》1982 年第 4 期，第 116 – 117 页。

图40　小臣谜簋及其铭文
(JC:4239;《善斋彝器图录》,70号)

谓当地居民,似乎我们没有理由认为整个东夷已完全屈从于周人。不过,周人的势力进入山东境内可能造成了一种局面,即一部分东夷族群可能向周人俯首称臣,或者成为周人的同盟,但同时还有其他族群则依然对周人持有敌意。我们根据目前的材料所能做出的推断是,西周早期末,周人在山东东部可能已经取得了可观的领土,并且对胶莱平原实施着有效控制。从西周中期开始,周师沿着北部海岸线进一步向东部的山地丘陵地带挺进,势力抵达半岛的北端,并占领了黄县地区,这在考古发现中已被证实。

西周晚期的山东

对于西周晚期之前周人在山东的两个最重要的地方封国鲁和齐,我们并没有太多可供观察的考古学资料。考古发掘显示,曲阜城墙的最早部分——现在仍有6到10米高——建于西周晚期,[①]这

---

① 《曲阜鲁国故城》(济南:齐鲁书社,1982),第34-35页。报告作者推断,城垣的某些部分可能建于西周早期,因为夯筑的技术显得比较原始,但这尚未受到地层学证据的证明。见《曲阜鲁国故城》,第212页。

与城垣内广泛分布的西周晚期遗存在时间上是相吻合的。① 在城圈内,考古工作者发掘出了 50 多座西周墓葬。其中 M48 椁室中出土了 14 件青铜器,7 件由鲁国司徒仲齐所作,1 件由鲁侯的母亲所作。M30 中出土了一件作器者为鲁伯愈的铜器。① 由于这些铜器明确将这个遗址同鲁国的中心联系起来,报告者更为大胆地假设曲阜自从伯禽受封以来就有人居住了,但这却是基于对遗址中出土器物的不准确断代。② 考古证据显示这个遗址从西周晚期才开始成为鲁国的都城。齐都临淄故城则位于淄博的西北部,在淄河与系河之间。③ 据报道,城中心发现了一个西周晚期地层,但到目前为止还没有西周时期的遗存被公布以确认这个年代。④

另一个与周向东扩张有关联的较重要诸侯国是纪国。纪国(金文作己)最初离齐国不远,坐落在寿光,早在 19 世纪早期,那里就发现了己侯钟(JC:14)。⑤ 不过近来与纪相关的器物似乎集中于胶东半岛的东部。1969 年,烟台上夼村发现了两件分别由己华父和畟侯的一位兄弟铸造的西周晚期铜器,一并出土的还有其他

---

① 报告作者将曲阜发现的随葬陶器分成两组(A 和 B),分别代表了两种不同的文化传统。随后,他们将 A 组分为六期,一至三期年代上从西周早期到西周晚期。B 组被分成四期,年代上同样是从西周早期到西周晚期。居址中的陶器也被分成了六期,与 A 组随葬陶器相对应。这样的断代是建立在与河北乃至渭河流域的陶器进行比较的基础之上,这在方法论上尚有可商之处。报告显然是把一些西周晚期的铜器误定在了西周中期。见《曲阜鲁国故城》,第 80 - 85、114 - 115、183 - 186 页。王恩田和崔乐泉对曲阜的材料进行了重新分析,并认为报告中断为西周早期和中期的很多材料实际上属于西周晚期。见王恩田:《曲阜鲁国故城的年代及其相关问题》,《考古与文物》1988 年第 2 期,第 48 - 55 页;崔乐泉:《山东地区东周考古学文化的序列》,《华夏考古》1992 年第 4 期,第 73 - 97 页。近来对曲阜材料的评论,另见 Falkenhausen, "The Waning of Bronze Age," pp. 497 - 501;飯島武次:《中國周文化考古學研究》(東京:同成社,1998),第219 -228 页。

① 《曲阜鲁国故城》,第 46 - 50、120 页;M48 的合适的年代当是东周早期。M30 的年代比 M48 要略早,但仍属西周晚期。关于曲阜铜器群的年代,另见李峰:《黄河流域西周墓葬》,第 391、404、408 页。

② 《曲阜鲁国故城》,第 211 - 212 页。

③ 《考古》1961 年第 1 期,第 289 - 297 页;《文物》1972 年第 5 期,第 45 - 54 页。

④ 《文物》1972 年第 5 期,第 45、50 页。1984 年,临淄北城墙外发掘了一座包含 16 件铜器的所谓"西周墓葬"。但在我看来,这批铜器应该是春秋早期的。见《考古》1988 年第 1 期,第 24 - 26 页。

⑤ 柯昌济:《金文分域编》2,第 20 页。

七件铜器,证明了曩和己实是同一个诸侯国。① 随后在 1974 年,位于胶东半岛丘陵地带中心的莱阳也发现了一件由己侯铸造的当地风格的壶,一起被发现的还有另外六件具有明显西周晚期特征的铜器。② 其后在同一个地点进行的连续发掘又揭示了五座墓葬及一座车马坑,有趣的是,在这个地点还发现了一件西周中期铜器盉的陶仿制品,上面刻有 14 个字。③ 另外,在 1951 年,黄县发现了一套由己侯子仛父铸造的 4 件盨,以及另外 2 件由己侯为其女制作的媵器。④

由己国成员铸造的有铭文铜器在黄县、烟台和莱阳这三个地区的发现清楚地标示了西周晚期己国政权的一个三角形活动区域。其中莱阳的发现尤为重要,说明己的势力不仅包括北部沿海地区,而且能够渗入传统上认为是东夷占据的半岛南半部的复杂地形中去。基于这些发现,一些学者以为己国占据着大面积的地理版图,从西部的寿光一直延伸到东部的烟台。⑤ 不过,或许还有一种更好的假设,即原本地处山东西北部寿光的己,于西周中期偏早的扩张期间在遥远的东部便已开辟了新的领土。己和周宫廷之间的政治关系在师寰簋(JC:4314)铭文中得以体现,根据铭文,在一场周王室针对南部淮夷的战役中,己、齐、莱的军队在师寰的指挥下与王师并肩作战。⑥ 可见己国作为半岛东部最有影响力的地方政权,当属西周国家的政治体系中一个相当活跃的参与者。后来由《史记》传递的一个史学传统将己描绘成一个与齐争夺周室恩宠的有力竞争者:(齐)哀公时,纪侯谮之周,周(夷王)烹哀公。⑦ 因为五年师事簋(见

---

① 《文物》1972 年第 5 期,第 8-9 页;见李学勤:《新出青铜器研究》,第 247 页。从这两件铜器的外形和纹饰来看,它们应该属于西周晚期偏早阶段。
② 《文物》1983 年第 12 期,第 7-8 页。
③ 常兴照、程磊:《试论莱阳前河前墓地及有铭陶盉》,《北方文物》1990 年第 1 期,第 20-25 页。
④ 王献唐:《山东古国考》(济南:齐鲁书社,1983),第 20-23、38-49、53-59 页。
⑤ 李学勤:《新出青铜器研究》,第 248 页。
⑥ 关于师寰簋铭文,见白川静:《金文通释》3.178:600。
⑦ 《史记》32,第 1481 页。

第二章)铭文中明确记载了发生于这一时期的一场王师伐齐的战役,故《史记》中的叙述似乎恰当地反映了己、齐与周之间的政治关系。

莱,师寰簋铭文中提到的参与伐淮夷之战的另一个诸侯国,被众多历史学者定在黄县,①但在滨于山东南海岸的日照,一套由釐伯(即莱伯)铸造的四件鬲和其他十件西周晚期铜器被一同发现,它们极可能出自同一座墓葬。② 很可能"莱"最初是由一支受周人影响的东夷部族建立的。③ 这自然给我们带来了一个问题,即周人及其文化对山东土著的生活究竟有着怎样的影响。纵观整个西周,山东地区曾经存在过许多非姬姓政权。其中有些在地理上与地处鲁西和鲁西北过渡带上的姬姓政权相混杂,而更多的则处于东部新开发的地区。例如,传为黄帝之后的薛和铸(＝祝),分别坐落在山脉东缘的滕县和宁阳;④姜姓的向地处沭河断裂带的莒县地区;⑤而数目更庞大的则是那些明显具有本土背景的诸侯国,他们将传说人物太皞和少皞奉为自己的祖先:⑥地处邹县的邾(＝邹),乃鲁国一近邻,后灭于鲁;位于泗沂走廊中部的颛臾;多山地带南部边缘的郯;胶莱平原上胶县的莒;可能离邾很近的鄟;离今天的枣庄不远的偪阳。⑦

---

① 关于莱的地理位置,见陈槃:《春秋大事表列国爵姓及存灭表譔异》4,第391页。
② 报告发表的铭文是:"釐伯□女子作宝鬲。""釐伯"后面的字可能是"媵";换言之,这些铜器可能是釐伯为其女所作之媵器。见《考古》1984年第7期,第594-597页。关于"釐"即"莱"字,见陈梦家:《西周铜器断代》5,第110-111页。
③ 关于莱的起源和位置,见陈槃:《春秋大事表列国爵姓及存灭表譔异》4,第388-393页。
④ 关于薛和祝的起源及其地理位置,见陈槃:《春秋大事表列国爵姓及存灭表譔异》2,第128-130页;5,第445页。学者们将薛与1978年挖掘的滕县南面20公里处的一个古城遗址联系起来。这次发掘证实这段城墙是在春秋中期或晚期被筑造的,但是根据一项表面调查,古城附近发现了四个西周遗址。见《考古学报》1991年第4期,第449-495页,尤见第451页;《考古》1980年第1期,第32-44页。
⑤ 关于向的起源和地理位置,见陈槃:《春秋大事表列国爵姓及存灭表譔异》2,第175-177页。
⑥ 对这些传说人物的讨论,见 Cohen, "The Yueshi Culture, the Dongyi," pp. 255-262。
⑦ 有关这四个诸侯国的传统与地理位置,见陈槃:《春秋大事表列国爵姓及存灭表譔异》2,第132-133页;4,第319页;4,第385-386页;2,第136-138页;4,第304-305页;5,第442-443页。

很可能这些小国中的大多数在种族上与所谓的东夷都有联系。①

这些诸侯国中的绝大多数都幸存到了春秋时期,因而作为鲁的邻国,它们在《左传》中也是常见的。然而,我们并没有证据可以说明它们是否为周王室所册封,或者它们是何时建立的,它们自我认同的祖先通常也是令人怀疑的。不过鉴于它们在东周早期所扮演的积极角色,有一点可以肯定,即在西周时期,山东的土著部族们受他们的近邻西周地方封国的影响,曾经有过一次国家形成的过程。山东地区的这个国家形成过程,以及它在文化和政治上的交融为春秋时期这个地区经济的持续繁荣和重要政治地位打下了坚实的基础。

第二节　周 在 南 方

南方是一个宽广而多变的地区,绵亘的山脉、奔腾的河流、众多的沼泽地以及星罗棋布的湖泊构成了复杂的地理环境。对周人而言,南方不仅是一个资源丰富的地区,譬如有对他们大规模的青铜铸造业至为重要的铜锡资源,同时又是一个充满未知、危险和敌意的世界。纵观整个西周时期,南方不间断地给西周国家带来麻烦,②

---

① 这些小国中至少有一些在《左传》和《国语》中明确记载,因为他们的"东夷"出身时常会在春秋时期的政治场合中被提到。例如,公元前529年,邾人莒人联合将邻国鲁告到当时的霸主晋国。随后,鲁大夫宣称晋国不应该"信蛮夷之诉"(明确指邾和莒)。公元前641年,宋公使邾文公用鄫国之君鄫子来祭祀次睢之社,并以此来恐吓东夷。公元前525年,郯子去鲁国朝见,并在鲁宫廷上细述了他祖先少暤的政府机构。孔子听后对人说到:"天子失官,学在四夷。"公元前563年,偪阳子为晋所俘,晋以之归献于武官,谓之"夷俘"。见《左传》46,第2072页;14,第1810页;48,第2083-2084页;31,第1947页。

② 在近来的一项重要研究中,刘莉与陈星灿绘出了中国铜矿和锡矿资源的分布,显示了长江中游地区是中国铜矿储量最丰富的地区之一。基于最近的考古发现,他们指出从二里岗上层时期(约前1500—前1400)开始,商开始倚靠长江中游地区储量丰富的铜矿,这在很大程度上是由于北方中条山浅层矿产已开采殆尽。见 Li Liu and Xingcan Chen, *State Formation in Early China*, pp. 36-44, 105, 116-117。湖北铜绿山铜矿遗址的发掘显示,当地的矿藏从晚商直至汉代均有被开采;见《铜绿山古矿业遗址》(北京:文物,1999),第183-184页。

频繁地测试着它的实力。如果我们要找出一个长久以来周人无法按自己的意愿行事的地方，那么这个地方很可能就是南方。

山脉与河流：地理的可能性

南方大致可以分为两个区域：淮河中下游（与长江三角洲相连）和长江中游（地图 18）。淮河以北地区是豫东平原的一个天然延伸，在这片地域上，众多的河流呈东南方向流淌，最终注入淮河。这些河流的河道大多细长，水流缓慢，雨季极易泛滥。而淮河冲积平原的南面则是一个狭窄的地带，其宽度从 10 到 60 公里变化不等。① 从大别山东缘开始，一片海拔在 40 到 80 米的阶地呈东北方向延伸，至安徽东部时与那里的丘陵地带相接。这片丘陵地带夹在淮河和长江之间，其中有一些位于滁县和凤阳附近的山丘海拔大约在 300 米以上。② 丘陵地带以东，淮河平原与长江三角洲在江苏合为一体，形成中国东部沿海的一个大型平原。

长江中游区域又可进一步分为四个单元：南阳盆地、江汉平原、洞庭湖平原以及鄱阳湖平原。南阳盆地是南北之间的一个重要缓冲地带，位于其边缘的伏牛山和桐柏山在方城自然断开，为进入中原地区打开了一个入口（地图 6）。③ 盆地底部起伏不平，边缘高，中央低，海拔从 140－100 米向 100－80 米过渡。④ 受这种地形的影响，高处的河流涌入盆地的中央，汇聚成一条新的河流白唐河，在南部注入汉水。南阳盆地借助两条通道与江汉平原相连接：地处西部且位于荆山和大洪山之间的汉水流域，大洪山和桐柏山

---

① 闵煜铭等：《安徽省地理》（合肥：安徽人民，1990），第 47 页。
② 同上，第 49 页。
③ 这个位置的重要性从春秋时期楚国在此修筑一条"长城"，即方城以防御北方诸国的入侵可见一斑。见《左传》12，第 1793 页；另见江永：《春秋地理考实》253，第 3 页。正如前文已经提到的，周在平顶山建立应国以控制这个入口。
④ 《河南省志：区域建制志，地貌山志》，第 28 页。

之间的随枣走廊。从地质学上讲,江汉平原是从白垩纪开始就是一个持续下陷和沉积的地区;①在先秦时期,它的很大一部分甚至还在著名的云梦泽中,长江和汉水都流入这片沼泽。在文献记载中,云梦泽有时也被称作"大沼泽",它东起武汉,西至江陵,绵延170多公里,因此只有它的沿岸和大别山、大洪山与荆山之间的狭窄边缘地带适合人类居住。② 长江以南则伸展出一片以洞庭湖为中心的沼泽平原。平原的西部和南部分别和武陵山与雪峰山相接,东部则是绵延于长江之滨的幕阜山,受其阻隔,洞庭湖平原与东面的鄱阳湖平原相互分离。

长江中游和淮河-长江三角洲这两个区域因为长江而自然连接。不过史念海指出,古代这两个区域之间的交通运输并非通过长江水道,而是经由远在北面的淮河流域。③ 在对公元前506年吴师入郢(楚国都城)之战的一项重要分析中,石泉也得出了同样的结论。④ 不管怎样,穿越南阳盆地的路线都是最有战略意义的。再往南,随枣走廊和云梦泽与大别山之间的武汉-黄陂地区提供了进入洞庭湖平原最重要的道路,并且这条道路或许也是从北方进入鄱阳湖平原的唯一通道。在长江北岸的这条战略要道上,商的重要城市盘龙城即设置于此。在西周时期,江汉平原是西周国家势力到达的最南端,而洞庭湖平原和鄱阳湖平原很大程度上仍处于西周势力控制范围之外。

西周早中期周人对南方的觊觎

尽管淮河流域在周人与南方的关系中有着不可忽视的重要性,

---

① 曾昭璇:《中国的地形》,第297页。
② 关于古云梦泽的地理位置及其范围,见谭其骧:《中国历史地图集》1,第25-26页。
③ 这是因为江西和安徽省之间的长江沿岸有数之不尽的沼泽与河道,对古人而言,这样的交通极为不便。史念海也指出,尽管不如南阳路线那么重要,但穿越大别山谷的交通运输也是可行的。见史念海:《河山集·一集》,第73-76页。
④ 石泉指出,吴军是溯淮西上,未经长江,后从北部的南阳盆地侵入楚都郢(今江陵)。见石泉:《古代荆楚地理新探》,第400-402页。

但在西周考古方面,这个地区几乎是一片空白。① 在长江三角洲,最值得关注的考古发现是丹徒烟墩山的 M1,考古工作者在这座墓葬中发现了一批铜器,其中包括著名的宜侯夨簋(JC:4320),这件器物由一位名叫夨的宜侯所作。② 由于铭文中提到了已故的武王和成王,那么它显然是在康王时期(前 1005/3 -前 978 在位)被铸造的,许多学者认为这篇铭文讲述的是先前的虞侯夨徙封宜一事,并且认为这件器物正是在宜被发现的。倘若如此,并且鉴于铭文中明确将宜描述成周王分封的一个诸侯国,我们则必须考虑西周国家至少已经掌控了长江三角洲的一部分。宜与春秋时期称霸的南方的诸侯之一吴之间的进一步联系已被提出。③ 与主流观点相反,黄盛璋颇具说服力地论证了宜并非坐落于长江三角洲地区,而是在周王畿附近。④ 换言之,宜侯夨簋是在北方制造而后被带入南方的,所以,它绝不能证实周人对长江以南地区的扩张。⑤

与其在这篇铭文中寻找证据,我们不如对发现这件青铜器的考古学关系(archaeological context)进行审视。在这一点上,与黄盛璋的观点相当一致的是,宜侯夨簋是和几件具有地方风格的铜

---

① 20 世纪 60 年代,曾昭燏和尹焕章曾提到淮河流域西周遗址的存在;见曾昭燏、尹焕章:《古代江苏历史上的两个问题》,《江苏省出土文物选集》(北京:文物,1963),第 32 - 33 页。根据后来两篇简短的摘要,20 世纪 80 年代在淮河流域的霍邱、巢县和泗洪等地有多个"西周遗址"被发掘;见《文物考古工作三十年》(北京:文物,1979),第 105,132 页。因为这些遗址都没有被正式报道,故所谓"西周遗址"的文化内涵也就不得而知了。

② 《文物参考资料》1955 年第 5 期,第 58 - 69 页。

③ 唐兰:《唐兰先生金文论集》,第 69 - 70 页。

④ 黄认为宜在今洛阳西南面的宜阳。见黄盛璋:《铜器铭文宜虞夨的地望与吴国的关系》,《考古学报》1983 年第 3 期,第 296 - 298 页。关于宜侯夨簋的地理,另见 Edward Shaughnessy, "Historical Geography and the Extent of the Earliest Chinese Kingdoms," Asia Major 2.2 (1989), 15 - 21。

⑤ 考古工作者在山西长治有一个非常有趣的发现,即在一座战国墓(M14)中出土了六把铜戈,分别铸有三种铭文:1)"虞之戟";2)"宜之刺戟";3)"吴□";见《考古学报》1957 年第 1 期,第 114 页。这个发现说明了两点,第一,既然虞、宜和吴在读音上相通,那么同一座墓葬的铜器上这三个词的出现表明了它们可能只是写法不同,但所指却是同一个地方。第二,尽管长治西距同一省份的平陆(虞国所在)250 公里,但相较于遥远的长江三角洲,将这些戈与平陆的古虞国联系起来要更为合理些。

器一同被发现的。① 在这个地区,标准的西周铜器通常都是与数量更多的具有当地风格的铜器一起埋藏的,比如在丹徒母子墩、②屯溪(图23)以及丹阳出土的一些墓葬。③ 相较于一起埋葬的当地铜器,标准西周铜器的稀少以及两者之间的明显差异暗示了后者很可能是从外地输入的,而前者虽然很多都是以外来品作为样本,但确实是当地自行生产的。④ 这些发现于长江三角洲的当地生产的铜器被学者马承源分为两大类:一类属于仿西周铜器,另一类则是土生土长的。⑤ 在所有的例子中,铜器都是和大量的原始瓷器被一同埋葬在地面之上的土墩中,即是所谓的"土墩墓",它们和中国北方在地下挖坑而形成的土坑墓极不相同,而关于它们的时代背景现今仍有争论。马承源曾强力指出,在地方青铜器中,除去那些从北方输入的,剩下的绝大多数类型是属于春秋乃至更晚时期的产品。⑥ 但其他学者则认为土墩墓和内中包含的西周青铜器属于同一个时代,可能是西周早期或西周中期早段。⑦

显然,西周早期时,长江三角洲地区便已受到北方周人青铜文化

---

① 从这一点来看,宜侯夨簋的发现可以和发现于内蒙古霍林河的邢国(河北中部)有铭铜器相比较。与后者一同发现的多是具有北方草原传统的器物。见《内蒙古文物考古》2(1982),第5-7页。
② 《文物》1984年第5期,第3页。
③ 《考古学报》1959年第4期,图版五:1;《文物》1980年第8期,第7页。
④ 这些铜器的埋藏环境可以和中国东北夏家店上层文化墓葬中发现的西周铜器相比较,例如宁城南山根M101。见《考古学报》1973年第2期,第27-39页。但是,在山东或长江中游地区却少有可比的例子,自不必提中原了。
⑤ 马承源:《长江下游土墩墓青铜器的研究》,《上海博物馆集刊》4(1987),第199-201页。
⑥ 同上,第213-217页。
⑦ 关于这些观点,见萧梦龙:《母子墩墓青铜器及有关问题探索》,《文物》1984年第5期,第14-15页。确实有一些比较可信的西周时期的土墩墓。例如,根据C-14测定,鳖墩年代为距今2935+/-130年(前985),浮山果园年代为距今3025+/-155年(或前1075)。烟墩山M2中发现的陶鬲被认为是当地湖熟文化的早期陶器,大致相当于商晚期或西周早期。遗憾的是,上述墓葬中都没有发现青铜器。相似的一件陶鬲发现于溧水的一座墓葬中,一同出土的还有两件原始瓷器和一件青铜鼎。简言之,长江三角洲土墩墓中发现的这些铜器年代还有待更多的证据来证明。见《考古》1978年第3期,第151-154页;《考古》1979年第2期,第107-118页;《中国考古学中碳十四年代数据集》(北京:文物,1983),第48页;《考古》1976年第4期,第274页。

的强烈冲击。这一时期北方和长江三角洲通过淮河流域的交流似乎已经相当频繁了,在长江三角洲发现的数量可观的典型周式风格青铜器,如宜侯夨簋,以及西周中心地区墓葬中随葬的很多原始瓷器均可证明这一点。① 需着重指出的是,只有西周早期的青铜器风格被长江三角洲地方青铜器的器形和纹饰所吸收,西周中晚期的铜器则不存在这种情况。尽管周人在早期对这个地区施加过影响,然而很明显,长江三角洲地区在西周中期早段以后与这种影响相脱离,直到春秋早期北方新一轮的文化冲击再度到来。② 这种在接受北方文化影响上的中断令一些学者以为,继西周中期偏早阶段经历了短暂的繁荣后,当地居民对原始瓷器的偏爱抑制了青铜工业的进一步发展。③ 但在我看来,如果将这种中断放置到一个大的历史背景中去观察,我们便可发现这主要归因于淮河地区的政治形势:西周中期淮夷的反叛。

关于西周早期周与长江三角洲的关系,我们的文献记录全然付之阙如。唯一的史料来自《史记·吴太伯世家》,文中将吴国的建立归因于文王的两位叔叔。④ 然而,吴与北方周王室之间的这种世系联系如果不是春秋晚期的吴国贵族虚构的话,十有八九也是后世史家伪造的。另一方面,关于淮河流域部族集团与北方周人之间的持久关系,我们却有可靠的资料。西周中期偏早时候周人和淮夷之间的战争已在第二章中略为详细地讨论,这一事件足以表明历经西周中期大部分岁月的周人与淮夷之间的这场旷日持久的战事,极可能阻滞了周人与长江三角洲地区的交流。因此,我们在思考西周中期偏早阶段之后这个地区何以中止接收北方文化的

---

① 例如,见《张家坡西周墓地》,图版九四-九五;《洛阳北窑西周墓》,图版四-七。

② 这种影响在江苏丹阳一座墓葬中出土的春秋早期青铜鼎上表现得很明显,与这些鼎一同出土的还有一件西周中期偏早的铜鼎以及一些具有西周中期偏早风格的地方型铜器。《文物》1980年第8期,第3-8页。

③ Virginia Kane, "The Independent Bronze Industries in the South of China Contemporary with the Shang and Western Chou Dynasty," Archives of Asian Art 28 (1974-75), p. 98.

④ 《史记》31,第1445页。

影响时，历史背景向我们提供了最合乎逻辑的解释。

弗吉尼亚·凯恩（Virginia Kane）指出，商与西周早期，在青铜器制作传统方面，长江中游地区和长江三角洲之间并没有直接的接触。[1] 这似乎与一些历史地理学者关于这两个区域之间古代交流的看法相吻合。很明显，就我们的资料来看，长江三角洲那种强烈而独具特色的青铜器制造传统并没有在南阳盆地或者江汉平原出现。与长江下游相比，西周势力在长江中游的考古记录中却有着更突出的反映。早在北宋宣和年间（1119－1125），孝感就曾发现过 6 件青铜器，其中包括中甗（JC：949）和 3 件中方鼎（JC：2751－2752，2785）。[2] 颇富意义的是，这些青铜器埋藏于距离周都遥远的南下交通要道随枣走廊的南部出口处，不过最吸引人的还是这些青铜器铭文中提到了周人对长江中游地区的战争。1980 年，另有一批 18 件青铜器在随枣走廊中部的随县被发现。[3] 从它们的器形和纹饰来看，这批青铜器应当属于西周早期末，孝感的青铜器大致也可被定于这个时期。

最重要的发现是 1977 年西距孝感仅 50 公里，离商代盘龙城 10 公里的黄陂鲁台山。令人惊异的是这里挖掘出土了一座带有斜坡墓道的大型木椁墓 M30（图 41），其墓葬形制与渭河流域的井叔墓以及汾河流域的晋侯墓完全相同。这座墓葬和很多其他具有明显周文化内涵的墓葬同处一座墓地中。墓中发现了十三件青铜器，其中包括四件方鼎，铭有"公太史作姬峚寶尊彝"，以及另一件铭有"长子狗作文父乙尊彝"的鼎。标准的西周青铜器在数米之外的其他四座墓葬中也有发现。[4] 毫无疑问，"姬峚"，正如她的姬姓

---

[1] Kane, "The Independent Bronze Industries," 97. 史念海和石泉已经指出，以长江来连接这两个地区的交通在西周并不通行。
[2] 柯昌济：《金文分域编》1，第 3 页。
[3] 《文物》1982 年第 12 期，第 51－52、54 页。
[4] 《江汉考古》1982 年第 2 期，第 37－50 页。在这五座墓葬中，M28 年代稍早，当属成康时期，M30 和 M36 号属西周早期偏晚阶段，根据墓内随葬铜器的特征，可能属昭王时期。

346 西周的灭亡

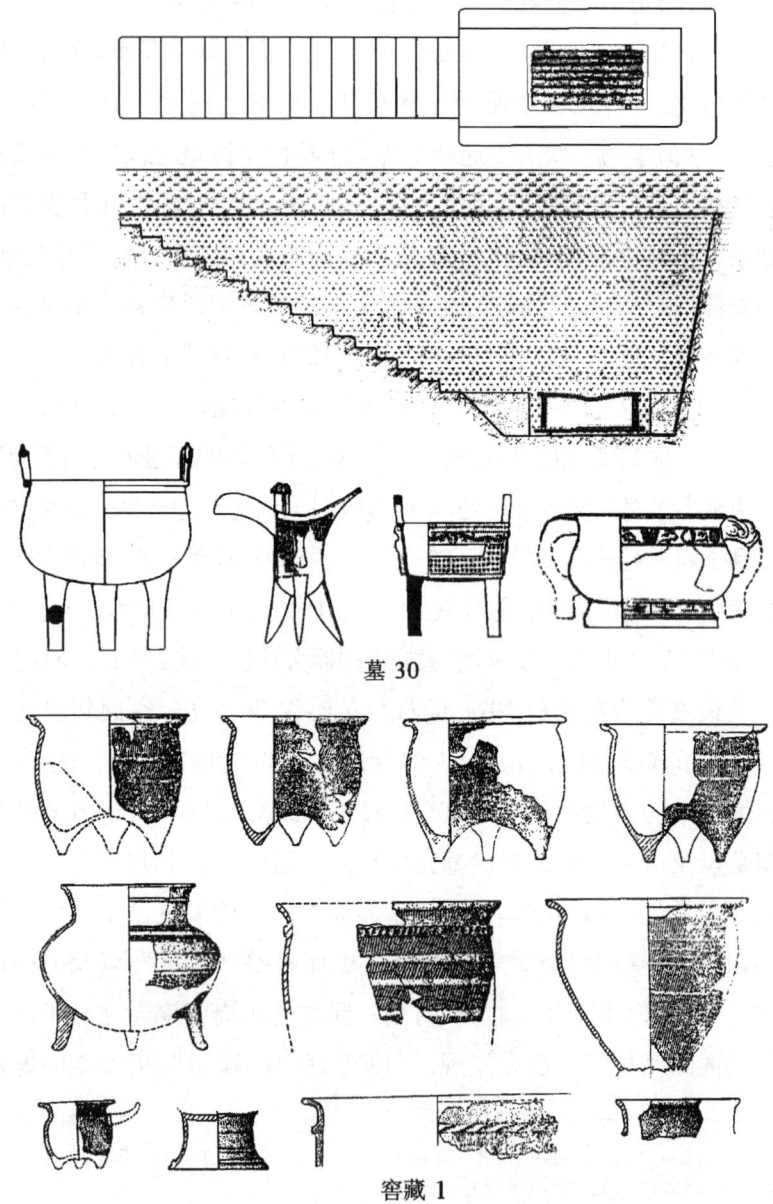

图 41 鲁台山 M30 及随葬青铜器

（来自同一遗址 1 号窖藏中的陶器，采自《江汉考古》1982 年第 2 期，第 42 页，图三；第 46 页，图七:1、3、4－9、12、18、24、27；第 47 页，图八:1、2、4、8）

所暗示的,是一名来自周王室的妇女,而她的丈夫则不属姬族。①
但是在这里姬耋本人的族源似乎并不重要,重要的是这个例子中
反映的文化与政治联系。作器者"公太史"在作册魃卣(JC:5433)
铭文中也曾被提及,显然,他是周王室的一名重要官员。② 这些铭
文中所体现的他们与周王族和周王室之间的密切联系,以及这些
铜器和其墓葬结构上所反映的强烈的周文化因素,均与长江三角
洲地区的青铜器和墓葬形成了鲜明的对比,由此可见,这座墓地所
属的地方政权应是西周国家政治体制中的参加者。

联系鲁台山的青铜器、随县青铜器以及随枣走廊南部入口处
的孝感青铜器,我们可以清晰地看到,周人势力已经穿越随枣走廊
抵达汉水东部长江北岸。在这个意义上,鲁台山很可能充当了周
扩张前线上的一个政治和军事基地,其功能与同处一个地区的商
代盘龙城(距离鲁台山仅10公里)是相似的。这两个突出的遗址
在空间上的接近强烈暗示了地表形态的影响:由于长江天堑的阻
挡和随枣走廊的制约,北方势力的扩张只能沿着云梦泽东岸的过
渡地带进行。③ 在汉水西侧,1961年,一批17件铜器在江陵被发
现。④ 从长江中游地区发现的较大几批铜器均属于西周早期晚段
这个事实来看,这一时期正是西周势力在长江中游最为兴盛之际。

---

① 张亚初认为长子狗(即姬耋的丈夫),可能是源于山西的长氏宗族的后裔;见张亚初:《论鲁台山西周墓的年代和族属》,《江汉考古》1984年第2期,第23-28页。
② 陈梦家以为"公太史"就是"毕公";见陈梦家:《西周铜器断代》2,第111-112页。而张亚初则认为他是"毕公"或"召公"的儿子;见张亚初:《论鲁台山西周墓的年代和族属》,第24-25页。
③ 从湖南的青铜文化上同样可以看到长江在抗拒北方的政治和文化冲击时所起的重要作用。如高至喜指出的,除了少量来自北方的输入品外,从商到西周,长江以南湖南地区的青铜文化一直保持着高度的地方特色。这个地区明显处于周的势力范围之外。相反,长江以北湖北地区的铜器,至少在西周早期,很大程度上都与西周中心地区的传统保持着一致。关于西周时期湖南地区的铜器文化,见高至喜:《论湖南出土的西周铜器》,《江汉考古》1984年第3期,第63-66页。关于商朝时期湖南地区的铜器文化,见Kane, "The Independent Bronze Industries," pp. 81-93。
④ 《考古》1963年第4期,第224-225页。在这批铜器中,有些年代可能较早,但是根据其中的鼎和觯,我们则可以很确定地将这座墓葬断在西周早期末。

为了充分理解长江中游这些考古发现的意义,我们必须将它们放置到它们所属的历史背景中去。在这一方面,我们现有的文献和铭文记录指出,昭王统治时期,当周人仍在山东地区与东夷冲突不断时,周王室开始逐步将重心转移到长江中游地区。《古本竹书纪年》云:"昭王十六年,伐楚荆,涉汉,遇大兕。"随后,"周昭王十九年,天大曀,雉、兔皆震,丧六师于汉。"① 不过,史墙盘(JC:10175)铭文却对这些事件做了更为正面的记述,说昭王大肆答伐了楚荆,并开通了南行之路。更重要的是,我们还拥有一批由那些曾经亲自参与南征的个人所铸造的青铜器,它们极可能与昭王十六年的战役有关,并且这场战役可能取得了胜利:如軏馭簋(JC:3976)、过伯簋(JC:3907)、鼒簋(JC:3732)以及矤叔簋(JC:3950)。② 这些铭文证实了周人于西周早期晚段在长江中游地区的探险,这在考古记录中同样得到了反映。现在的问题在于西周时期的楚究竟位于何处,这是在中国南方早期文化发展研究中一个颇有争议的话题。楚国早期的中心相传在丹阳,而有三个地点被认为是丹阳:1) 淅川;2) 枝江;3) 秭归。③ 由于这场战役显然与汉水有联系,而周人也正是在这里被打败的,所以楚在这一时期位于汉水西南某处是很合乎情理的。④ 孝感发现的中器对长江中游地理极有意义,这一点在上文已经提及。

---

① 范祥雍:《古本竹书纪年辑校订补》,第25页。
② 对这些铭文的研究,见唐兰:《唐兰先生金文论集》,第280-292页。学者们普遍接受将这四件器断在昭王时期。除唐兰外,另见马承源:《商周青铜器铭文选》3,第73-75页;Shaughnessy, *Sources of Western Zhou*, p. 246;白川静:《金文通释》,14.68:772-774;14.69:774-777;14.70:778-781。
③ 中国学者和西方的学者近来都比较支持第一个地点。见石泉:《古代荆楚地理新探》,第181-185页;Barry Blakeley, "In Search of Danyang I: Historical Geography and Archaeological Site," *Early China* 13 (1988), 116-152;徐少华:《周代南土历史地理与文化》,第242-245页。石泉进一步指出,丹阳原在丹水上游的商县,夷王时期迁至淅川;见石泉:《古代荆楚地理新探》,第185-191页。
④ 蒲百瑞(Barry Blakeley)认为商周之际的丹阳在丹水流域。他指出,到春秋早期,楚已经在汉水中游某处重新定都。在他绘制的地图上,楚在汉水西侧,但他并没有说明楚是何时迁至此地的。见 Barry Blakeley, "On the Location of the Chu Capital in Early Chunqiu Times in Light of the Handong Incident of 701 B.C.," *Early China* 15 (1990), pp. 67, 70。

中甗铭文中说中奉王命巡查南国,并于战争前夕为王在曾地安置行营。中视察了方和邓,并抵至鄂师。同时,伯买父正沿着汉水巡逻。根据由同一人铸造并与甗一起随葬的中方鼎(二),这是一场针对虎方的战争,虎方可能位于长江中游某处。① 重要的是,中甗铭文中亦提及两个地方政权——曾和邓——基于我们现有的证据,这两个地方政权俱在长江中游地区。邓地处襄樊市西北。② 曾或许就是春秋晚期的曾国,并且有许多学者将它同文献中的姬姓封国随(位于随枣走廊中部的随县以西)等同起来。③ 在文献记载中,另一个姬姓封国是唐,坐落于南阳盆地南部的枣阳和唐河之间某处。④

简言之,考古、铭文以及文献记录共同表明在西周早期晚段,周人竭尽所能欲将长江中游地区纳入自己的控制范围。很可能他们确实已经对长江以北、汉水以东这一经由随枣走廊和南阳盆地而与北方相连的地区成功建立起了政治控制。这正可能是为什么昭王虽然以一个悲剧性的结局而告终,但他仍因为自己的南拓之功而在史墙盘铭文中受到纪念的缘故。

---

① 对中器的分析,见郭沫若:《两周金文辞大系图录考释》6 卷,第 17 - 19 页;白川静:《金文通释》,14.71:791 - 793。唐兰将中方鼎(二)铭文中的"虎方"读为"荆",故他将这场战争仍看作是讨伐楚的;这可能不对;唐兰:《唐兰先生金文论集》,第 290 页。在我看来,中甗和中方鼎记载的这场南征可能是昭王十九年的那次,其目标是虎方而非楚,楚是三年之前首次战事的目标。丁山认为虎方就是《左传·哀公四年》:"楚人既克夷虎,乃谋北方"的"夷虎",但他误将虎方定在了淮河流域的寿县;见丁山:《甲骨文所见氏族及其制度》(北京:中华,1988),第 150 页。因为中甗铭文中明确提及了曾、邓和汉水等地名,故虎方必定就位于长江中游某处,并且针对它的这场战争必定是穿越南阳盆地而进行的。更重要的是,这场战争也经由了这些铜器的出土地近处的随枣走廊。

② 关于邓的地理位置,见石泉:《古代荆楚地理新探》,第 106 - 111 页;徐少华:《周代南土历史地理与文化》,第 12 页。

③ 曾侯乙墓发现后不久,李学勤先生于 1978 年首次提出这一观点。1979 年,石泉也表达了同样的意见。见李学勤:《新出青铜器研究》,第 146 - 150 页;石泉:《古代荆楚地理新探》,第 84 - 104 页。另见徐少华:《周代南土历史地理与文化》,第 71 - 75 页。至于随的地理位置,杜预云其在义阳郡随县,即今之随州;见《左传》6,第 1749 页。

④ 《汉书·地理志》云唐在汉南阳郡舂陵,即今之枣阳。见《汉书》28,第 1564 页。石泉以为唐在今之唐河,枣阳以北。见石泉:《古代荆楚地理新探》,第 360 - 366 页;徐少华:《周代南土历史地理与文化》,第 60 页。

西周晚期的南方

　　属于西周晚期的青铜器，在长江中游地区仅有一些零散的发现。如第一章所述，考古学者在平顶山应国墓地中发现过四件由邓公为其女铸造的青铜簋，这暗示着邓在南方一直都是一个比较活跃的政权。1981年，一件可能是由邓公(此例中作器者曰"侯氏")为他的妻子孟姬所作的西周晚期青铜簋在山湾被发现，发现地点距地理记录中的邓的遗址大约有4公里远。① 而另一件由孟姬自作的簋现藏于襄樊市博物馆。② 从这些青铜器来看，当地政权邓和姬姓政权如平顶山的应国之间有着联姻关系。1974年，一件作器者为邓公乘的鼎亦在山湾出土，时代为春秋。③ 姬姓封国随(=曾)的代表器物则是两批西周晚期铜器：1966年，大洪山西南边缘的京山出土了97件铜器，其中包含了由曾侯中子游父所作的9件鼎，2件壶；④1971年，随枣走廊北部入口处的新野发现了8件铜器，其中一件明显是由曾国的贵族所铸。⑤

　　然而，在西周中期的大部分时间里，并且一直到西周晚期早段，长江中游真正有实力的似乎是周人赖以捍卫南方安全的鄂国政权。徐少华认为，鄂原在成周附近，于西周早期末年迁至南阳盆地。⑥ 鄂侯是所有西周铭文中仅有的两位被称为"驭方"的人之一。⑦ 据现

---

① 徐少华：《周代南土历史地理与文化》，第12-13页。
② 《文物》1986年第4期，第16页。
③ 《江汉考古》1983年第1期，第52-53页。
④ 《文物》1972年第2期，第47-50页。
⑤ 《文物》1973年第5期，第14-16页。
⑥ 徐少华：《周代南土历史地理与文化》，第88-91页。《汉书·地理志》云西鄂县在南阳郡，今南阳以北25公里处，见《汉书》28，第1564页。大多学者认为这个西鄂县即鄂国所在。同时也应注意，有些学者认为鄂国位于今长江南岸鄂东的鄂州市，但这是不太可能的；见刘翔：《西周鄂国考》，《地名知识》1982年第3期，第16-17页；《周夷王经营南淮夷及其与鄂之关系》，《江汉考古》1983年第3期，第45-46页。
⑦ "驭方"常被人误解为鄂侯的名字。将"驭方"释作边界守护者由夏含夷提出；见夏含夷：《温故知新录：商周文化史管见》(台北：稻禾，1997)，第42页；Edward Shaughnessy (ed.), *New Sources of Early Chinese History: An Introduction to the Reading of Inscriptions and Manuscripts* (Berkeley: Society for Study of Early China, 1997), pp. 82-83.另一个拥有"驭方"头衔的人是不娶簋的作器者不娶，大约在同一时期他在周的西北边疆与玁狁作战。

藏于台北故宫博物院的鄂侯簋铭文记载（JC：3929），鄂与周王室保持着通婚关系。① 很可能鄂侯在周人与长江中游地区的关系中担当着一个非常重要的角色。不过，鄂的青铜文化也表现出一些地方特色。1975年，随县出土了一件喇叭口尊和4件西周早期铜器。② 这件尊以标准的西周中期偏早阶段的铜尊为模型，但兼具当地特色，是由鄂侯的一位兄弟铸造的，证实了鄂确在长江中游一带有活动。此外，洛阳发现了另外一件铸有相同铭文的簋，而一件藏于上海博物馆的卣也可能和它属于同一套铜器。③ 尽管这3件铜器都明显模仿了周式风格，但与周人的传统式样却又有明显的区别。可见，鄂可能是西周国家的同盟和地方代理者之一，但它亦拥有自己独特的文化来源。④

鄂侯驭方鼎（JC：2810）可能作于夷王或厉王时期，铭文中提到王曾攻伐角和鄱，并在回程途中于坏接见了鄂侯且给予其丰厚的赏赐。⑤ "角"和"鄱"在翏生盨（JC：4459）铭文中作"角潗"和"桐遹"，是属于南淮夷的两个据点，故鄂侯驭方鼎铭文中提及的这场战役也是针对淮河下游地区的。然而，也正是鄂侯这位边境守护者在厉王时期率南淮夷、东夷广伐西周的南国与东国，致使西周王朝面临严重危机，几乎濒临绝境。危急关头，周王室派遣八师和六师镇压反叛，但均以失败告终。最后武公命禹率领自己的私人军队伐鄂，逮捕了"驭方"。鄂政权虽然被消灭了，但是这次叛乱却令周政权蒙受了难以弥补的损失，直到进入宣王的某个时间，在宣王

---

① 鄂侯簋是鄂侯为王姞所作之媵器，王姞乃鄂侯之女，嫁给了周王；见《故宫铜器图录》（台北：故宫博物院，1958）2，图版一八三；白川静：《金文通释》，25.142：269。
② 《考古》1984年第6期，第512-513页。
③ 《文物资料丛刊》3（1980），第44页。关于上海的卣，见《文物》1964年第7期，第10-14页。
④ 对鄂国铜器及其文化背景的详细研究，见 Li Feng, "Literacy Crossing Cultural Borders," pp. 22-30.
⑤ 白川静：《金文通释》，25.142：260-267。

对淮河地区展开了一系列军事行动后,形势才略有好转。南方后来的历史发展我们已在第二章中作了详述。

长江中游的当地陶器文化

周厚强在两篇文章中对湖北地区与西周同期的陶器作了比较。① 整个西周时期总的来说,由于自身独有的渊源,湖北地区与东部平原的陶器相比,一直有着自己独特的传统。这里的陶器群以广肩高裆的小口鬲和细高柄的浅盘豆最为典型。长江中游地区陶鼎的使用代表着一种强烈的地方传统,这种传统可以一直追溯到新石器时代。尽管这三种陶器均存在一些时代上的变化,但它们的基本特征长久以来一直未曾改变。另一方面,王劲强调了汉水东西两侧的地域性差异,她指出,汉水以东的地方文化受周文化的影响较之西部更为深远。② 这与周式铜器的发现大多限于汉水东部的事实正相吻合,反映了周人确实是通过随枣走廊来施加自己的政治和军事影响力的。

在西周中期早段期间,长江中游陶器受周人的影响表现得最为明显,汉水以东地区出现了中原类型的簋,鲁台山发现了裆部下陷的鬲,类似于周式瘪裆鬲。③ 而发现于同一地点,与鲁台山铜器同期的陶器群则代表了西周政治控制下的当地文化(图25)。不过,鲁台山的陶器与中原地区或渭河流域发现的陶器群仍然有着很大的不同。即使是这种可能来自北方的瘪裆鬲和标准的周式鬲相比,两者之间的差异也是显而易见的。因此,周人在汉水以东、

---

① 周厚强:《孝感地区西周时期文化初析》,《江汉考古》1985年第4期,第65－74页;《湖北西周陶器的分期》,《考古》1992年第3期,第236－244页。

② 王劲:《对江汉地区商周时期文化的几点认识》,《江汉考古》1983年第4期,第47－51页。

③ 在鲁台山,一件这样的陶鬲与西周铜器一起出土于M34中;见《江汉考古》1982年第2期,第46页。

长江以北的统治很可能是建立在一种独特的地方文化传统之上的。在中原地区,地方文化与周文化在西周晚期已经趋于同化,而在长江中游,当地文化传统的持续时间则要长久得多。

第三节　周 在 北 方

西周国家的北部边缘,也就是本书所指的以太行和燕山山脉为边际的冀北平原,过去人们以为它远在周人的政治权限范围之外。[①] 然而,20世纪八九十年代在北京附近的燕国遗址进行的大规模考古发掘从根本上改变了这个观点。因此,基于最近的考古学证据,我们很有必要对西周国家的北部边缘重新进行一次构建。

冀北平原的地表形态

冀北平原是中原的一个自然延伸,而且在豫中和临近北方边陲的北京地区之间也没有大的地形障碍(地图19)。回顾商周时期,在影响平原人们生活的地理因素中,黄河是最不可忽视的一个。异于今天这条经郑州东流的河道,公元前602年之前的黄河几乎是沿着太行山径直向北,继而在石家庄附近转向东北,最后在今天津注入渤海的。黄河和太行山之间是一条拥挤着稠密人口的狭长走廊,通过这里,周人的政治控制一路北上。同样,这个狭窄的地带上也几乎集中了河北平原上所有的先秦考古遗址。

绵亘于河北和山西之间的太行山是中国最古老的山脉之一,通常也被视为主要在中生代燕山造山运动中形成的山西高原的一部分。太行山西坡平缓,东坡则有不少陡峭的断崖。[②] 山脉的平均高度为1 000米到1 500米,最高峰达到3 000米,和海拔在100米

---

① Shaughnessy, "Historical Geography and the Extent," pp. 21 - 22.
② Zhao Songqiao, *Physical Geography of China*, p. 118.

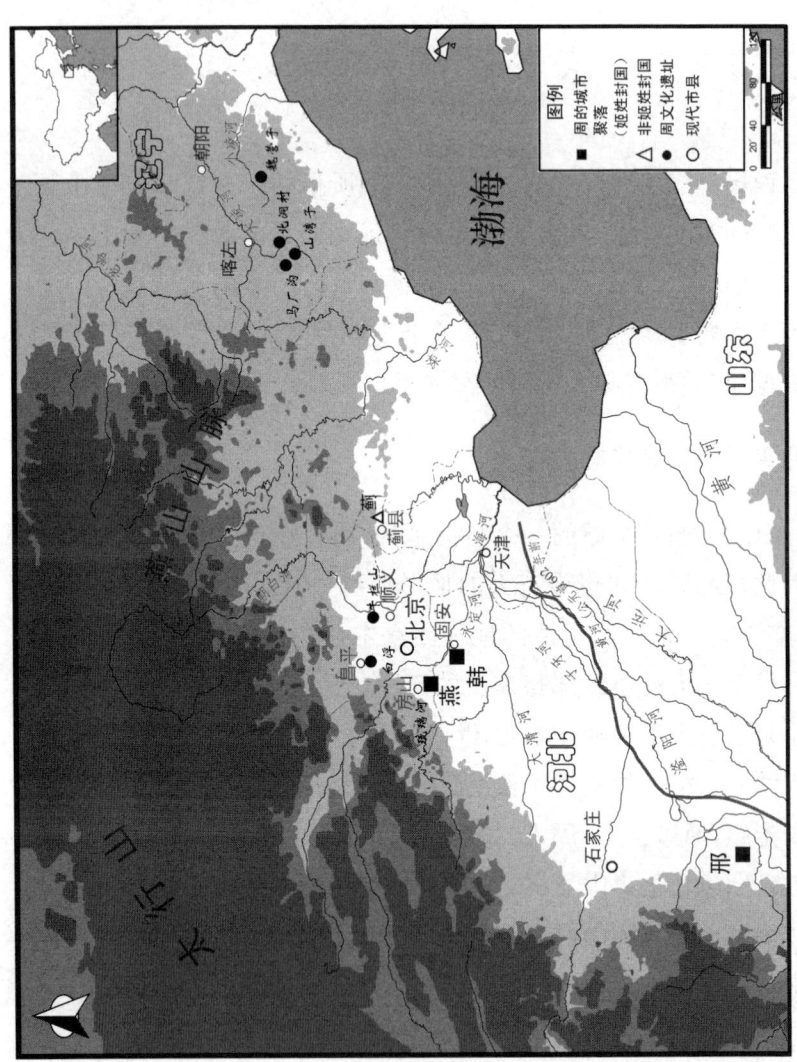

地图 19 西周时期的北方

（地形图层采自 ESRI Data & Maps；2004；河流采自哈佛中国历史 GIS 数据，2.0 版；2003 年 8 月）

以下的东部平原形成很大高差。由于地质年代久远,太行山的石灰岩山体在遭受水流切割后,其腹地形成了无数曲折和深峻的峡谷。① 而平均高度在1 000米以下的北方燕山山脉则是太行山的自然延伸,它从西向渤海之滨伸展,将河北平原同辽阔的东北平原相互隔离。与主要由石灰岩构成的太行山不同,燕山大部分由片麻状花岗岩组成,故而有着更为平缓的斜坡和更宽阔的山谷。

古时的黄河以东是冲积平原的腹地。谭其骧认为平原上的大部分地方直到战国时期方有人居住。② 因此,有关这个地区战国以前的地理记录几乎完全阙遗。今天这个平原的地表形态仍因过去的水道在此残留的众多低地、沼泽以及沙脊而独具特色。现今河北平原上的水道系统非常复杂,它由从天津入海的海河的五大支流构成。在这五大支流中,往北有流经北京的永定河,往南有紧随公元前602年之前的黄河水道的大清河和子牙河。③

太行-黄河狭带为南北交流提供了最为便捷的通道,即便到了今天,绝大多数交通线路仍在此处沿用。除此以外,还有其他一些古道连接太行山脉的两侧,其中有两条最为重要,并且它们至少在战国时期就已经得到使用。第一条即第一章中提及的"轵道",它始于济源,取道垣曲,向西穿越太行-黄河狭带的南端,在曲沃附近进入汾河流域。第二条是经太行北部山谷连接今天的石家庄和太原的著名的"井径",现代的一条铁路线正是沿着这条古道架设的。④ 不过在商周时期,南部的这条道路可能更为重要,因为它连接着商都安阳和汾河下游,并进一步延伸到远在西部的渭河流域。

---

① 曾昭璇:《中国的地形》,第37页。
② 谭其骧:《西汉以前的黄河下游河道》,第48-51页。
③ 吴忱、何乃华:《两万年来华北平原主要河流的河道变迁》,载吴忱等编:《华北平原古河道研究论文集》,(北京:中国科学技术,1991),第138页。
④ 卢云:《战国时期主要陆路交通初探》,载《历史地理研究》第1辑(上海:复旦大学,1986),第36-37页。

考古中所见北方封国燕

考古发掘已经证实燕国都城坐落在一个叫琉璃河的地方,距北京西南43公里处。这个遗址发现于20世纪60年代,并从1973年开始,大规模的发掘一直持续至今。① 首先,考古学者在董家林发现了一段829米长的北面城墙(另外三面城墙已部分或完全圮坏),从地层上来看,这段城墙筑于西周早期,并且它是唯一的属于西周早期城墙的考古学案例。② 紧临东侧,61座西周墓葬在1973年到1977年间得以发掘,随后发现的墓葬数目超过了200座。③ 1985年,当考古学家打开一座带有四条斜坡墓道的大型墓葬(M1193)时,令人惊异的结果出现了:墓中出土了克罍(JL:987)和克盉(JL:942)这两件铜器,铭文记载了克被封于燕国,并且这是周王给予"太保"(即召公)的一项荣誉(图42)。④ 这是历史上第一次在一个诸侯国遗址中发现一件铸有有关周王最初分封这个诸侯国史实之铭文的青铜器,并且很可能这件铜器即出自这个国君的墓葬。除了出土克罍(JL:987)和克盉(JL:942)的这座墓葬外,考古学者还发掘出了3座带有斜坡墓道的大型墓葬,其中可能埋葬着后来的燕侯以及他们的配偶。

进而,除了大型墓葬外,一些中型墓葬中发现的青铜器铭文也证实这处墓地所属之国。例如,伯矩鬲(JC:689)、復鼎(JC:2507)、圉方鼎(JC:2505),以及攸簋(JL:3906)便出土于此类墓

---

① 早在1867年,北京城外就发现过一件由燕侯铸造的鼎和其他四件铜器。见柯昌济:《金文分域编》2,第16页。
② 《琉璃河西周燕国墓地1973-1977》(北京:文物,1995),第3页。
③ 关于1973年到1977年的考古发掘,见《考古》1974年第5期,第309-321页,《琉璃河西周燕国墓地》。关于1981年之后的考古发掘,见《考古》1984年第5期,第404-416页;《考古》1990年第1期,第20-31页;《文物》1996年第6期,第4-27页。
④ 《考古》1990年第1期,第20-25页。对这些铭文内容的讨论,见 Li Feng, "Ancient Reproductions and Calligraphic Variations," pp. 6-8。

图42　北京琉璃河出土的克罍及其铭文

(采自《考古》1990年第1期,第25页,图四;《考古精华》,第194页,图一)

葬,它们是由那些曾受到某位燕侯赏赐的人员所铸造的。① 出自M253的两件青铜器更能说明燕与陕西周王室之间的关系。堇鼎(JC:2703)铭文记载燕侯委派堇向太保奉献贡物,太保因此赏赐了堇。圉簋(JC:3825)上说周王在东部中心成周举行祭礼时奖赏了圉。② 从整座墓地的年代来考虑,M253和M251应定在西周早期偏早阶段,而M17和M13则无可争议地属于西周晚期。简言之,这些发掘证明了琉璃河这个地方曾是燕国的中心都市。

需要注意的是,先秦的史料中并没有提到燕的最初分封;《左传》(僖公二十四年)的姬姓封国名单中也没有燕。汉代史料《史记》云:"周武王之灭纣,封召公于北燕。"③ 召公是成康之时周王室

---

① 《琉璃河西周燕国墓地》,第160、102、110、135页。
② 《琉璃河西周燕国墓地》,第106、151页。圉簋铭文与盂爵(JC:9104)的相似,盂爵铭文云:"王初桒于成周。"见陈梦家:《西周铜器断代》2.118-119;白川静:《金文通释》,7.35:385。
③ 关于召公的身份,历史记录不尽一致。《史记》言及此时,语气不甚明确:"召公奭与周同姓,姓姬。"《穀梁传》云:"燕,周之分子也。"见《史记》34,第1549页;《穀梁传》6,第2388页。

中最重要的政治人物。而新的发现却显示,封于燕的并非召公,而是其子克,同时它们还证实了这次分封在西周早期。燕与在陕西的这位地位显赫的公及周王室之间维持着亲密的接触。这在匽侯旨鼎(JC：2628)的铭文中同样得到了反映,铭文记载了另一位燕侯名旨前去周都朝访的史实。《汉书·地理志》认为汉代广阳郡的蓟县就是旧时的燕国,这相当准确地指出今天的北京地区就是燕的封地。然而,后来的注释者在"蓟县"这个名称上出现了混淆,他们认为蓟县是周人设立的另一个地方政权蓟国所在,所以将燕改定在北京东约75公里处的渔阳县。不过从这些考古发现来看,《汉书》中的记载才是正确的。①

琉璃河出土器物的年代显示燕国建立的时间不会晚于成王早年。这个时间意味着继克商之后,周人迅速将其势力推至河北平原的北部边界。在第二章中我们曾经提到作为宣王复兴计划的一部分,周王室与冀北平原上一些地方封国(譬如韩国)之间的关系得到恢复。关于韩国,虽然我们有很好的理由将其定在今天的固安,燕的东南方,②但韩国建立的时间并不确定。《今本竹书纪年》中记载韩的建立在成王十二年,而《诗经》毛注则云其建立于西周晚期宣世。③《今本竹书纪年》中同样指出,韩城是由王师、燕师共同建筑的,这在《诗经·大雅·韩奕》中也有记载。

尽管蓟和韩的地点在考古学上还没有得到确认,但后来的发现暗示,可以代表周文化内涵的遗址显然不只琉璃河一个。北京北面燕山脚下的昌平和顺义也发现了一些有西周早期铜器

---

① 《汉书》28,第1634页;《史记》4,第128页。

② 韩是在河北,还是河东,历来有所争论。清代学者如陈奂、江永断言《诗经·大雅·韩奕》中的韩必定与燕相近。这从诗句中提到的北方部族,如"追"和"貊"可以得到清晰反映。这些学者认为韩在今河北固安,北京南面大约50公里处。见陈奂:《诗毛氏传疏》25,第41页;江永:《春秋地理考实》,第8、253页。另见沈长云:《西周二韩国地望考》,《中国史研究》,1982年第2期,第137页。

③ 《竹书纪年》2,第5页;《诗经》18.4,第570页。

的墓葬。① 在燕山北侧的小凌河上游，考古工作者在朝阳魏营子发现了8座木椁墓。其墓葬结构和随葬器物，包括标准的周式车马器，与昌平发现的墓葬极为相似，明确暗示了它们属于周人青铜文化体系。② 这些墓葬的重要性堪与西北固原一座西周墓葬及车马坑的发现（见第三章）相提并论。不过更为重要的是，它们并不是这个地区唯一的西周遗存。在这些墓葬西面仅50公里处大凌河上游喀左的三处地点发现四个窖藏，一共出土了41件西周早期青铜器。③ 除了北洞村二号窖藏坑出土的一件带嘴的钵形器、马厂沟发现的一件长颈壶和一件鸭尊，④其余的青铜器均为标准的西周早期铜器（有些甚至可能属于商晚期）。

这些铜器的埋藏方式与我们在宁城石椁墓中看到的迥然不同，后者中除了随葬3件标准西周晚期青铜器外，还有大量的夏家店上层文化的青铜器。⑤ 宁城墓葬的情形与长江三角洲的土墩墓很接近，零星的周式铜器从北方输入，随后被埋藏在当地的文化环境中。而喀左的青铜器则表现出截然不同的文化背景，它与辽宁西南当地文化传统明显有一种断裂。铭文方面的证据表明喀左青铜器和北京燕国墓地所见青铜器之间有着亲密联系：马厂沟发现了一件作器者为燕侯的盂；⑥山湾子发现了一件由伯矩所作的甗，作器者为伯矩的青铜器在琉璃河M251中也被发现；⑦北洞村二号窖藏中发现的一件方鼎上铸有徽号"亚畢侯"，这个徽号同样见于

---

① 根据这些器物的风格，顺义的墓葬应该属于西周早期晚段，而昌平的墓葬则应属于西周中期早段。见《考古》1976年第4期，第228、246-258页；《文物》1983年第11期，第64-67页。
② 《考古》1977年第5期，第306-309页；《文物考古工作三十年》，第90页。
③ 《文物参考资料》1955年第8期，第16-27页；《考古》1973年第4期，第225-226、257页；《考古》1974年第6期，第364-372页；《文物》1977年第12期，第23-33页。
④ 《考古》1974年第6期，第368页；《文物参考资料》1955年第8期，图版拾、拾贰。
⑤ 《考古学报》1973年第2期，第27-39页，图版壹-拾贰。
⑥ 《文物参考资料》1955年第8期，第21页。
⑦ 《文物》1977年第12期，第24页；《琉璃河西周燕国墓地》，第160、197页。

琉璃河 M253 中的一件鼎上（图43）。① 此外，喀左小波汰沟发现了另一件圉簋(JC:3824)，上面铸有同琉璃河 M253 中圉簋(JC:3825)一模一样的铭文。有趣的是，喀左的四个窖藏沿着大凌河岸分布，彼此间距离不超过 10 公里。鉴于这些窖藏分布得相对集中，加上它们独有的西周特征，以及与魏营子西周墓葬之间的空间关系，我认为此处很可能是燕国的一个基地。综观这些发现，很可能周，更准确一点说是燕，曾对辽宁省西南角大凌河沿岸地区进行过拓殖。

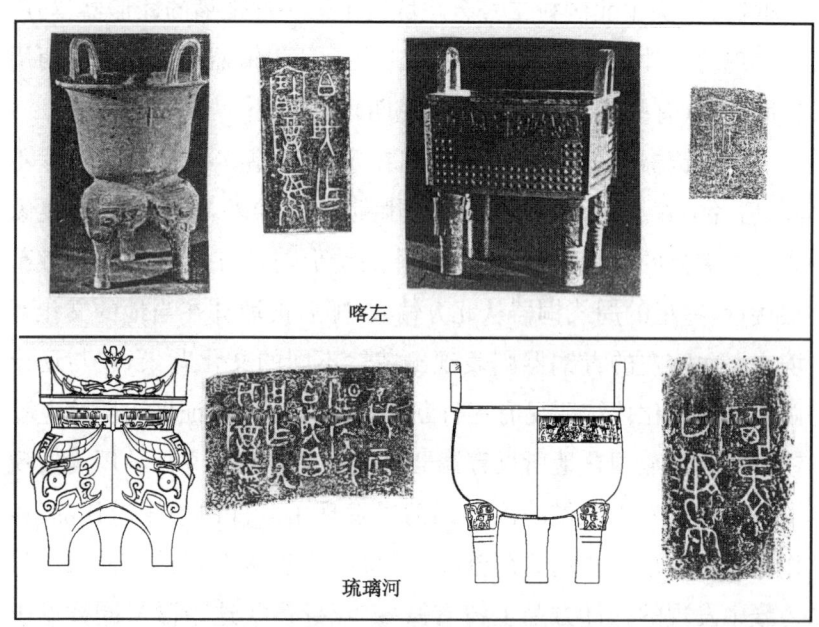

图43　琉璃河与喀左所出铜器之比较

（采自《文物》1977 年第 12 期，第 24 页，图三；第 32 页，图五二；《考古》1974 年第 6 期，第 366 页，图三：2，图版柒：3；《琉璃河西周燕国墓地》，第 111 页，图七四；第 112 页，图七四(C)；第 157 页，图九四；第 160 页，图九四(E)）

---

①　《考古》1974 年第 6 期，第 366 页；《琉璃河西周燕国墓地》，第 112 页。贝塚茂树认为"䚇侯"最初是商人的一个宗族首领，克商之后，他与燕的联系比较密切。这个徽号见于亚盉的开头，其铭曰亚受到燕侯的赏赐。贝塚茂树：《殷末周初の東方経略について》，载《貝塚茂樹著作集》2 卷（東京：中央公論社，1977），第 159－161 页。上文提到，䚇氏宗族的另一个分支显然东迁到了山东地区，并在那里建立了䚇（＝纪或己）国。

不过,周人在这个地区可能只是短暂性的停留,出土青铜器的这些窖藏似乎暗示着燕从这个地区一次突然的撤离,犹如西周末年周人从陕西周原匆忙撤退时留下众多铜器窖藏一样。到西周早期结束时,大凌河地区可能已为夏家店上层文化族群所控制,他们从燕山南侧的周政权那里输入周式青铜器,同时也发展出自己独有的青铜文化。较之这种发展,步入西周中期后的琉璃河燕国中心遗址却似乎也呈现出一种文化衰落的现象;并且在西周早期以后,这个遗址是否仍为燕国的国都,我们也不是很清楚。① 从历史文献看,西周早期之后的燕似乎与周王室完全失去了联系;在燕惠侯即位(当此之时,周厉王奔于彘)之前,甚至就连燕的世系也在文献中均付阙如。基于文献资料以及同时期邢国正与北方的戎族对抗的史实,最合理的推测当是燕、纪所在的冀北平原因为戎人的入侵而与中原出现了政治中断。后来,两地之间的联系只有到宣王时期才又得到重建。《今本竹书纪年》宣王四年(前824)曾派遣大臣蹶父造访韩国,并随之韩侯来朝入见周王。

燕地的陶器文化

柴小明对河北平原的陶器作了一项分析,他得出的陶器编年图表与其后出版的琉璃河报告中的大致相符。② 柴小明特别注意了这些陶器的组合,在他看来,这些陶器群代表了两种不同的传统:商人传统与周人传统。商人因素在低裆鬲和大口罐身上表现得最明显;周人的因素则以联裆鬲和小口圆(或折)肩罐较为突出。通过比较,柴小明认为居于支配地位的是商人因素。③ 柴的分析建立在一个从较大区域内(包括冀南甚至豫北)搜集而来的资料基础

---

① 应当提及的是,迄今为止琉璃河遗址中并没有发现晚于西周中期早段的铜器。
② 柴小明:《华北地区西周陶器初论》,载《燕文化研究论文集》,陈光编(北京:中国社会科学,1995),第105-116页;《琉璃河西周燕国墓地》,第243页。
③ 柴小明:《华北地区西周陶器初论》,第112-115页。

上,这便可能使人感到有一个更强的商人传统。倘若我们仅将视线集中在河北平原北部的琉璃河遗址,那么就西周早期而言,商人因素虽然是可以充分辨识的,但似乎并不占支配性的地位(图 44)。例如与洛阳地区相比,琉璃河似乎拥有更多的周人传统,这从某些器物上亦可见一斑,如大量的小口罐和虽起源于商,但颈部下已发展出一个台状的簋等。另有底部附有三个小空足,频繁见诸陕西和山西地区的瓮。更值得注目的是,墓葬中不同陶器类型组合的方式也是完全沿袭了渭河流域周人的埋葬习俗。

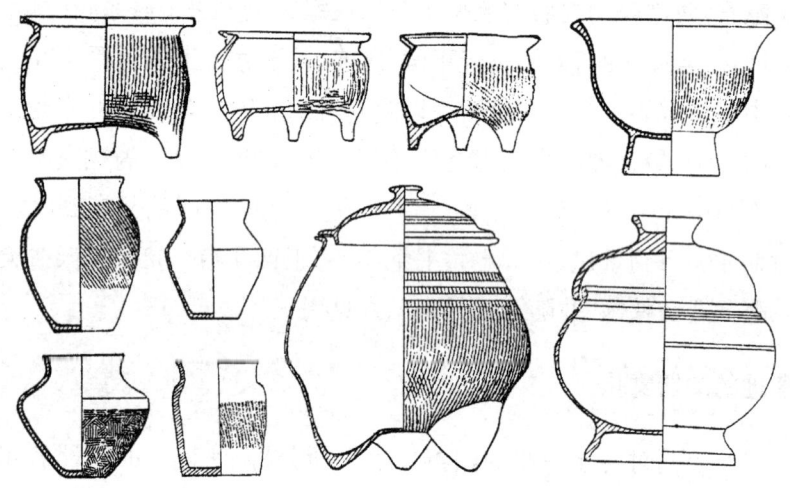

图 44　北京琉璃河 M54 中出土的陶器

(采自《琉璃河西周燕国墓地》,第 83 页,图五八:1;第 85 页,图五九:3、6;第 88 页,图六二:2;第 90 页,图六三:5;第 93 页,图六五:7;第 96 页,图六七:5、7、11;第 99 页,图六九:8)

小　　结

基于现有的考古学材料,联系铭文和文献纪载,这篇附录中的讨论使我们对西周国家的地理范围有了一些具体的概念。特别是边缘地区中由科学的考古发掘所出土的有铭文的青铜器,确凿无误地反映了它们与周王室之间的联系,为我们重建西周国家的政治控制网络提供了一个坚实的基础。在这个意义上,这些铭文可谓是从陕西渭河流域向遥远边区延伸的庞大政治网络在地方上的标识。这篇附录的重点在于揭示西周国家的这张政治控制网络从来就不是静止的,而是不时地在发生着变化。我们可以根据现有的材料推断,由于长期的扩张和持续的"封建"行为,这张网络在西周早期结束时可能到达了它的最大径。在进入西周中期的时候,西周国家的这张政治网络大约覆盖了河南、河北、山东的一大部、陕西中部、晋南、辽宁西南角、安徽北部,以及湖北汉东地区。在这个大的地理范围内,代表西周国家的王权通过其军事力量的展示和对其代理者——地方封国——下达的命令,实行着有效的政治控制。

说得更具体些,在"远东"地区,周人在成王时期大约仅成功地夺取了山东的西部边缘;而至西周早期末,周人已经继续向东推进了。他们大概沿着北部海岸线,越过胶莱平原进入丘陵众多的胶东半岛。在南方,周人可能在西周早期时已经控制了淮河地区的一部分,并且进一步将其文化影响力辐射到长江三角洲地区。不过,周人似乎从未能够将淮河以南地区纳入自己的控制范围,尽管在那里作临时性的探试和进攻是完全可能的。而在长江中游地区,南阳盆地显然已在周人的掌控之中,从南阳盆地出发,周人穿越随枣走廊继续向南挺进,在长江以北、汉水以东地区建立起自己的控制。在北方,克商之后不久,周人的势力迅速扩散到整个河北平原,并在西周早期的一段时间内,越过燕山山脉,到达辽宁西南角的一些地区。而在山西地区,正如第一章中提到的,整个西周期间,周人的势力似乎从未能够越出汾河下游盆地(见中国地形图)。

在上文考察的边缘地区,周人势力的来到促成了不同文化的融合,以这些地区发现的铜器为代表的周贵族文化显示了它们对宗周文化传统的高度遵从，无论是从这些铜器的艺术设计还是从它们的铭文的书写标准来看都是如此。就这一点而言，西周早期无疑是中国早期历史中最重要的时期，因为随着周代贵族向边缘地区的迁徙，周的文字书写也在一个庞大的地理范围内传播开来。然而，地方文化对周文化的进入所产生的反应却是因地而异。在山东地区，随着周人的扩张，一些周式风格的陶器样式输入当地，加入到在这个时期已受到商文化影响的地方陶器群中。南方的汉东地区也吸纳了一些中原的陶器类型，但纵观整个西周，当地的文化传统一直保持着强劲状态，始终未能够与北方传统出现真正的融合。同时，与在西周早期仍然深受商文化影响的中原地区相比，冀北平原受周人的影响则相对较多，但即使在那里，商文化因素仍继续存在了好长一段时间。汾河下游盆地则较充分地吸收了周人的传统，只是略有变异，两地的文化在整个西周时期都是极为接近的。

附录二 犬戎和玁狁之间的关系

研究周人和玁狁战争的难点之一在于周人的史料中对敌人有着不同的称谓,尤其是在涉及犬戎和玁狁之间的关系时。此处,我想对这两种称谓的起源作一讨论,并阐明它们是如何在中国早期历史中被联系起来的。如第三章中所述,玁狁曾见于同时期的金文中,并在《诗经·小雅》中也有出现,它的确是西周时期的一个称谓。当汉代的史家,譬如《史记》和《汉书》的撰写者,在引用这些诗文时,"玁狁"被写成了"猃狁"。至于"犬戎",西周的史料中则从未见过,很可能它是后来的发明。在《国语·郑语》和《国语·晋语》两章中,"西戎"这个词通常被用来指称与申、鄫会以破周的一个民族,但在另一章《周语》中却提到了穆王征"犬戎"的战争。在《今本竹书纪年》中,"西戎"和"犬戎"这两个词经常被交替使用,所指实是同一个部族。① 最后,在《史记》的历史叙事中,司马迁在讲述西周的灭亡时,创造了"西夷犬戎"这个名称,这显然是《国语》章节中"西戎"和"犬戎"两个词的混用。② 因此,我们首先可以推断,"犬戎"亦称"西戎",这当是犬戎部族居于宗周之西的缘故。

所有提到"犬戎"这个称谓的史料都是在西周灭亡数世纪后成书的。这似乎暗示了"犬戎"这个词形成于晚期的历史环境中,并

---

① 例如,幽王九年,申侯聘西戎及鄫;幽王十一年,申人、鄫人及犬戎入宗周。见《竹书纪年》2,第17页。
② 《史记》4,第149页。在《秦本纪》中,司马迁使用了"西戎犬戎"这个名称;见《史记》5,第179页。

被反用到一支早期的民族之上。① 出于这个原因,王国维写道:②

> 獯鬻玁狁,后人皆被以犬戎之名,则攻幽王灭宗周之犬戎亦当即宣王时之玁狁。不然,玁狁当懿宣之间仍世为患,乃一传至幽王时绝无所见,而灭宗周者乃出于他种族,此事理之必不可信者也。

很多学者都赞同犬戎(或西戎)就是玁狁。③ 事实上,最近发现的四十二年逨鼎填补了玁狁和犬戎之间的年代空缺,因为根据铭文记录,直到宣王统治末年,玁狁对周仍然时有入侵。④ 然而,王国维的论点本质上是推论性的,他并没有为此提供任何坚实的证据。我认为至少有三条文献记录中说明玁狁和犬戎之间有直接联系。第一条见于《诗经·出车》:

1 王命南仲,	2 往城于方。
3 出车彭彭,	4 旂旐央央。
5 天子命我,	6 城彼朔方。
7 赫赫南仲,	8 玁狁于襄。
9 昔我往矣,	10 黍稷方华。

---

① 普实克(Průšek)认为"犬戎"即是商甲骨文中的"犬侯"。在他看来,"犬戎"和"玁狁"是两个不同的民族。"犬戎"是一支居于商周边缘地带的本土民族,而"玁狁"则是一支来自中亚(历史上斯基泰人所在地),突然抵至周边境的游牧民族。见 Průšek, *Chinese Statelets*, pp. 19, 42-46, 130-135. 商甲骨文中的"犬侯"是否与"犬戎"相同是个很复杂的问题。丁山认为甲骨文中的"犬侯"是商内部的一个地方统治者,并非边境地区通常称为"方"的族群的首领。因此,商的犬侯与后来的犬戎没有任何关系。此外,丁山以为犬侯在豫东犬丘一带,"犬丘"一词见于《左传·襄公元年》。见丁山:《甲骨文所见氏族及其制度》,第 116-117 页。如第三章所述,关于玁狁的起源及其作战技术,有些学者已经批判了普实克的见解。

② 王国维:《鬼方昆夷玁狁考》,第 382 页。

③ 蒙文通:《犬戎东侵考》,第 1-2 页;顾颉刚:《从古籍中探索我国的西部民族——羌族》,第 126 页; Shaughnessy, "Western Zhou History," p. 350.

④ 关于四十二年逨鼎,见《文物》2003 年第 6 期,第 6-19 页。

11 今我来思，	12 雨雪载涂。
13 王事多难，	14 不遑启居。
15 岂不怀归，	16 畏此简书。
17 喓喓草虫，	18 趯趯阜螽。
19 未见君子，	20 忧心忡忡。
21 既见君子，	22 我心则降。
23 赫赫南仲，	24 薄伐西戎。
25 春日迟迟，	26 卉木萋萋。
27 仓庚喈喈，	28 采蘩祁祁。
29 执讯获丑，	30 薄言还归。
31 赫赫南仲，	32 玁狁于夷。

在这首诗中，"西戎"这个词是作为玁狁的代名词来使用的。在首次提到南仲击败玁狁之后，诗人继续描述了南仲对西戎的攻伐，而在最后他总结道："玁狁于夷（玁狁被平定了）。"从这首诗的上下文来看，"西戎"只是对玁狁的另一种称呼；或者"玁狁"可能是对拥有相同文化特征或者起源的广泛分布的玁狁社会的一个通称，而"西戎"或许特别是指活动在周以西的玁狁部落。金文中的证据也表明西戎和玁狁是一样的：1) 在多友鼎（JC：2835）和不嬰簋（JC：4328）这两篇铭文中，"玁狁"一词开篇即见，铭文的下文中玁狁则被简单地称作"戎"，即"好战的外族人"；2) 两篇铭文中都提到周师奉命西追玁狁，或者说一路向西方追击玁狁。因此，无须怀疑，西周时期的玁狁是可以被习惯性地称作"西戎"的。

第二条证据涉及这两者的地理位置。《国语》和《竹书纪年》中都提到了穆王对犬戎的战争。《古本竹书纪年》随后又曰："（穆王）

取其五王以东,王遂迁戎于太原。"通过第三章中对周与玁狁战争历史的探讨可以明了,太原是玁狁力量的一个重要基地。根据《今本竹书纪年》和《诗经·小雅·六月》,在公元前823年的那场战争中,尹吉甫帅周师追击玁狁,一路追到了太原。① 这就指出了犬戎和玁狁在地理位置上的直接联系。

第三条证据显示,"玁狁"和"犬戎"在含义上也十分接近。"猃"字见于《诗经·驷驖》,意为一种猎犬。② 另有两部文献对"猃"字作了注解:《尔雅》中说它是一种长喙的犬,③而《说文解字》有相同的解释,并且说它是一种黄面黑犬。④ 当"玁狁"逐渐以"猃狁"的形式出现时,与"猃"有关的犬的概念即促成了"犬戎"这个词的诞生。

我相信在这里我们看到了一个很有趣的文化现象,即那些用于转录某个异族名称语音的汉字因时间的变化而滋生出新的含义,而这种新的含义随后又成为新称谓诞生的基础;此时的新称谓可能与那个异族名称的原始语音已经再无瓜葛了。总之,后世文本中的"犬戎"这个称谓指的就是西周史料中的"玁狁"。在这些史料中,玁狁也被简称为"戎"或者"西戎",因为他们生活在周的西北方。但"戎"这个字又具有更为广泛的含义。它并不局限于玁狁或者犬戎,而是同时可以指代西周国家边境之外的其他任何敌对势力组织。

---

① 《竹书纪年》2,第14页。
② 朱熹:《诗集传》,第75页。
③ 《尔雅》10,第2653页。
④ 《说文解字》,第204页。

附录三 《竹书纪年》和周幽王的年代问题

要理解西周的灭亡,首先必须对周幽王在位十一年间发生的事件建立一个可靠的编年。这个编年不仅有助于我们了解西周王室的政治变化,而且还可以据此将这些政治变化同一些地方政权上发生的历史事件联系起来。幽王时期最重要的编年记录见诸《今本竹书纪年》。正如绪言中所说的,自这部竹简于公元281年在豫北汲县出土后,竹简上的记载便为中古的学者们广为征引,尤其是他们在为传世文献作注之时。由于大多数清代学术权威宣称《今本竹书纪年》是一部伪书,故晚清学者朱右曾开始将散见于不同古书或注释中所引的《竹书纪年》汇集起来,辑佚成所谓的"原本",即《古本竹书纪年》。① 就幽王的十一年统治而言,今本和古本确实存在许多差异,并且也正是这类差异在一定程度上导致今本被视为伪书。这个问题不仅关系到西周末期的政治史,而且也涉及这部至关重要的古典文献的真实性和历史可靠性,故在此对它作专门的分析是颇有必要的。然而,要想在这里彻底探究《今本竹书纪年》的真实性是不可能的,对此,读者可以参考绪言中曾经提及的由倪德卫(David Nivison)、夏含夷(Edward Shaughnessy)以及班大卫(David Pankenier)等撰写的重要著作。虽然本篇的目的是要澄清西周末期政治史的年代学问题,然我仍希望这项分析能

---

① 关于《竹书纪年》文本的历史,见 Loewe, *Early Chinese Texts*, pp. 39–47.

够对有关《今本竹书纪年》真实性的证据增加一些分量。

表二　周幽王纪年

公元前	幽王年	周　王　室	地域性封国或宗族
781	1	元年春,王即位; 皇父命	晋世子仇杀殇叔
780	2	三川竭,岐山崩; 增赋税	晋文侯元年; 晋文侯同王子多父伐郐,克之。 乃居郑父之丘(?)
779	3	王嬖褎姒; 冬,大震电	
778	4	夏六月,陨霜	秦人伐西戎; 陈夷公薨
777	5	皇父作都于向; 王世子宜臼出奔西申(?)	秦襄公以女弟为丰王妻
776	6	冬十月,日有食之; 伯士帅师伐六济之戎, 　王师败逋(?)	西戎灭盖; 戎围犬丘,虏秦世父
775	7		虢人灭焦
774	8	伯服被立为太子; 桓公为司徒	史伯为郑桓公论兴衰
773	9	周室始乱	申侯聘西戎及鄫; 郑桓公虢郐寄帑(?)
772	10	春,王及诸侯盟于太室; 秋九月,桃杏实; 王师伐申	
771	11	春正月,日晕; 申人、鄫人及犬戎入于宗周,弑王、郑桓公及伯服,执褎姒以归; 王子余臣立于携	王子宜臼立于申

上表所列是依照《今本竹书纪年》中的年代顺序列出的周幽王

在位十一年间的主要历史事件。在《今本竹书纪年》和《古本竹书纪年》或其他史料存有差异之处，表中均打上了疑问号。在这张纪年表中有三处较大的差异：1) 王子宜臼出奔的时间；2) 伯士伐六济之戎的时间；3) 郑国东迁的时间。

关于第一个疑问，《今本竹书纪年》中将幽王世子宜臼出奔定在幽王五年（前777），也就是幽王嬖幸褒姒两年之后，立伯服为太子三年之前。① 然而，在《竹书纪年》的三个辑本中，宜臼出奔均被定于幽王七年（前774），与伯服被立为太子是同一年。② 这个较晚的年代完全是基于孔颖达《左传·昭公二十六年》疏引自《竹书纪年》的一段文字，据此，《竹书纪年》的重新编订者认为，宜臼出奔与伯服被立乃是同一年。③

> 汲冢书《纪年》云：平王奔西申，而立伯盘以为太子，与幽王俱死于戏。先是，申侯、鲁侯及许文公立平王于申。以本太子，故称天王。幽王既死，而虢公翰又立王子余臣于携，周二王并立。二十一年，携王为晋文公所杀。以本非适，故称携王。

此处我们关心的并不直接就是《竹书纪年》古墓本的真实性，而是其在古代被引用的方式以及这些引文随后是如何被用来重建并被当作是古墓本的真实条目的。换言之，我们关心的是由晚清和现代学者重新辑订过的《古本竹书纪年》的现在这个面貌。一个普遍的问题是，由于古代文本中是没有标点的，故我们很难判断作者是在做直接引用（逐字逐句征引），还是间接地对原句加工性的转述。如果这个基本点不搞清楚，那么利用引文对古代文献所作

---

① 《左传》52，第2114页。
② 朱右曾：《汲冢纪年存真》（归砚斋，1846）2，第2页；王国维：《古本竹书纪年辑校》，载《海宁王静安先生遗书》（1936），第10页；范祥雍：《古本竹书纪年辑校订补》，第34页。
③ 《左传》52，第2114页。

的任何重建的准确性都是值得怀疑的。在王子宜臼出奔这一特例中,孔颖达显然并未作直接引用,而是征引了不同年份的记载。正如范祥雍在其对这部文本的辑校中提到的,"以本非适"和"以本太子"很可能是注者在墓本引文中加入的自己的见解,为的是解释《左传》中"携王"这个名称的含义。① 显然,引文的上下文并没有明确显示王子宜臼的出奔和伯服被立发生在同一年。如果,正如《古本竹书纪年》的重新辑订者所认为的,上面这段引文中的第一句表明这两起事件发生在同一年,那么根据同样的逻辑推理,伯服被立和他及幽王俱死于戏也当是在同一年发生的,但这明显与事实不符。简言之,将王子宜臼出奔定在公元前 774 年是没有任何依据的;故在上文的年表中,我采用《今本竹书纪年》中的公元前 777 年。

第二个问题是伐六济之戎的时间。②《今本竹书纪年》将它定在幽王六年(前 776),而古本重辑者则认为是晋文侯元年或二年,也即幽王二年或三年(前 780 或 779)。③ 这些年代均是基于《后汉书》中的记录:④

  明年,(宣)王征申戎,破之。后十年,幽王命伯士伐六济之戎,军败,伯士死焉。其年,戎围犬丘,虏秦襄公之兄伯父。

由于"伯士死焉"下李贤注云这些事件均见于《竹书纪年》,故前述的短语被作为《古本竹书纪年》的原始记载找回。因此,《后汉书》中的编年被当作《古本竹书纪年》的原始编年,导致了今本与古本在涉及宣世的一系列事件时产生了两年的时间差异。根据这个编年,这场战争发生于宣王即位后 49 年,因而被定在晋文侯二年

---

① 范祥雍:《古本竹书纪年辑校订补》,第 34 页。
② 《竹书纪年》2,第 17 页。
③ 朱右曾和王国维都将这场战争列于晋文侯元年;见朱右曾:《汲冢纪年存真》2,第 1 页;王国维:《古本竹书纪年辑校》,第 10 页;另一方面,范祥雍认为《后汉书》中给出了正确的年份计算,以为当作晋文侯二年。见范祥雍:《古本竹书纪年辑校订补》,第 33 页。
④ 《后汉书》87,第 2872 页。

(前779)。我认为正确的纪年来自今本,而非古本(也就是《后汉书》的编年),理由有二。首先,今本中的年代得到了其他独立史料的支持。《后汉书》中的文句将秦伯父(世父)的被俘和伐六济之戎的战役定在同一年。根据《史记·秦本纪》,这场战役发生在秦襄公二年(前776),与今本中的年代相一致。① 其次,今本中在同一年还有另一项记载:幽王六年,西戎灭盖。王国维很有见地地指出,"盖"乃"犬丘"二字讹合。② 因此,这条记载实际上指的是同一事件,即伯父的被俘;在这一点上,《史记》再一次和今本相合。可见,《后汉书》的作者范晔确曾见过《竹书纪年》的古墓本,所以他将伯父被俘和伐六济之戎归于同一年;但是他显然算错了年份。③ 这将对古本中基于《后汉书》的整个宣王时期纪年提出疑问,但这个重要的问题应该在别处另行讨论。④

第三个问题更为复杂。《古本竹书纪年》中关于郑国东迁的记载采自《水经注》,其文曰:⑤

> 晋文侯二年,同惠王子多父伐邻,克之。乃居郑父之丘,名之曰郑,是曰桓公。

《今本竹书纪年》云:⑥

> (幽王二年)晋文侯同王子多父伐鄫,克之。乃居郑父之丘,是为郑桓公。

---

① 《史记》5,第179页。
② 王国维:《今本竹书纪年疏证》,载《海宁王静安先生遗书》(1936)2,第15页。
③ 需要注意的是,《后汉书》中关于所有事件的年代符号"×年之后"明显和《竹书纪年》古墓本上标注的方式不同。从《竹书纪年》古墓本到《后汉书》中纪年系统的变化,可能导致计算错误。
④ 更重要的是,这大体说明了《今本竹书纪年》中编年的正确性。今本中的"盖"字,虽然是一个误抄,但仍然显示了今本的可靠性。下文关于郑国东迁的时间,我将说明今本中的"鄫"字是正确的,而古本中此字却被误写成了"邻"字。
⑤ 《水经注》,第703页;范祥雍:《古本竹书纪年辑校订补》,第33页。
⑥ 《竹书纪年》2,第16页。

上引《竹书纪年》的两个版本中存在三处差异。《水经注》中的"惠王"显然是对《竹书纪年》中"厉王"的误引。在《水经注》中,遭受攻打的政权是"郐",而《今本竹书纪年》中却是"鄫"。关于最后这一点,以前大多数学者都误认为"鄫"是"鄶(郐)"的误写,因为这两个字的字形看起来很相似。由于传统上认为郐在东部平原上东虢的附近,并且这两个诸侯国后来确均遭郑国兼并,成为它新的基地,《水经注》的引文暗示,郑对东部平原上郐的攻伐发生在公元前779年,即西周灭亡前8年。但是在《今本竹书纪年》中,由于受到攻击的是鄫,所以不要求有这一场郑对东部的战争。另外,《水经注》版《竹书纪年》中的文侯二年(前779)和今本中的幽王二年(前780)同样存在差异。

然而,根据《水经注》引文所知的郑于公元前779年东向进攻,占领"郑父之丘",建立了郑国的记载与《国语·郑语》以及《史记·郑世家》中记载的郑氏东迁的年代(前773或前772)有着明显的矛盾。《国语》云:①

> (郑)桓公为司徒,甚得周众及东土之人,问于史伯曰:"王室多故,余惧及焉,其何所以逃死?"史伯对曰……公悦,乃东寄帑与贿,虢、郐受之,十邑皆有寄地。

很明显,郑之东迁在桓公成为司徒后,我以为这使他有更大的权力将个人的利益强加于东部平原的两个小国身上。《国语》、《今本竹书纪年》以及《史记·郑世家》这三份史料一致认为桓公为司徒在幽王八年(前774)。②《史记·郑世家》也提到郑"东徙其民雒东,而虢、郐果献十邑"。③ 这就明确将郑氏东迁的时间定在了公元前774年与公元前771年周王朝灭亡之间的某个时间。

---

① 《国语》16,第507—523页。
② 《国语》16,第524页;《竹书纪年》2,第17页;《史记》42,第1757页。
③ 《史记》42,第1757—1758页。

这个较晚的年代得到了另一个传统的进一步支持。《汉书·地理志》引臣瓒曰：①

> 初，桓公为周司徒，王室将乱，故谋于史伯而寄帑与贿于虢、郐间。幽王既败，二年而灭郐，四年而灭虢，居于郑父之丘，是以为郑桓公。

因为这段文字和《今本竹书纪年》都将东虢的灭亡定在平王四年（前767），这就意味着郑伐郐的时间是平王二年（前769）。这似乎暗示只要我们将《今本竹书纪年》幽王二年条下的记载移至平王二年就可以解决问题，但如此一来，则又同今本和《史记》中的其他记载产生了新的冲突，因为这两个文献均说桓公和幽王一同死于公元前771年。但是，我相信我们有更好的解决办法。

上述史料显示，郑对东部平原上的一个小国发动攻击不可能发生在桓公成为司徒之前。并且，即使郐真的在公元前769年为郑所灭，完成这项任务也不应是桓公，而是他的儿子郑武公。在这点上，《汉书·地理志》引自应劭的一段文字似乎解释了这个情形：

> 《国语》曰：郑桓公为司徒，王室将乱，寄帑与贿于虢、郐间。幽王败，桓公死之。其子武公与平王东迁洛阳，遂伐虢、郐而并其地，而邑于此。

郑的东迁已经在第五章中得到讨论。基于前面的分析，我们可以推论，在幽王九年或者十年（前773或前772），桓公将郑的财物东寄西虢和郐，随后分别在平王二年和四年（前769和前767），他的儿子武公进攻了这两个小国，并且在征服的领土上正式重建了郑国。

---

① 《汉书》28，第1544页。

那么，我们如何解释《今本竹书纪年》中记载的公元前779年郑对鄫的攻伐呢？我认为其实解释很简单：是《水经注》将《竹书纪年》古墓本中的"鄫"字误引作"鄶"，而并非今本将"鄶"字误引作"鄫"。《水经注》同样把"厉王"错写成"惠王"，这表明了《水经注》的引文一般是不准确的。另外，《今本竹书纪年》中有两条内在证据可以证明其记载的幽王二年（或古本中的晋文侯二年）的战役是王室针对鄫的，而并非郐。首先，幽王十一年，据说鄫（今本中同字"鄫"）加入了申和西戎的联盟，随后推翻了西周王朝。可见，鄫是周王室的一个敌对势力。因此，鄫这个字在公元前779年的战役的背景中比《古本竹书纪年》中的郐字更具说服力，这实际上也解释了为什么鄫后来会于公元前771年加入伐周的战役。第二，如果这场战役是郑野心发起的一场战役，那么何以晋国会参与其中？但是如果这场战役是多父（后来的郑桓公）奉王室之命进行的，那么晋国的加入就较易理解了，因为晋侯苏编钟（JL：35－50）告诉我们，晋国的一名前国君苏就曾在东部的一场战役中援助过周王室。

我认为，上述分析再一次说明了《今本竹书纪年》保留了《竹书纪年》古墓本的真实面貌。同时，它也说明了在经过长期的引用和重辑之后，《古本竹书纪年》确实在很多地方严重失真并且夹杂着后世辑注者的主观意见。因此，我们在引用《古本竹书纪年》的三个辑本时须格外小心。

附录四 有关《西周的灭亡：中国早期国家的地理与政治危机》的评议

夏玉婷、尤锐、林嘉琳、柯鹤立、陈致

中国第一次大规模的集权事业，即周的征服政体，是如何在自然地理空间中铺展开来的？周王们是如何成功完成了对距离渭河谷地王畿区域数百公里以外的东方政治团体的控制，以及为什么他们的权威终结于离宗周向西与向北各约一百公里的地方？为什么声名野蛮的戎人能在公元前771年摧垮西部的周人政权？周代贵族宗族由西向东的迁徙——这确实是接下来几个世纪间无休止战事的主要催化剂之一——是何时、何因以及如何开始的？基于广泛的史料，包括源自周汉时期的传世文献、西周铜器铭文、考古学资料，以及当代的史学汉学的研究成果，李峰的第一本书阐明了早期中国历史的多个方面，其中部分内容在早前西方出版的西周通史中曾被较为浅显地探讨过。①

这部书的确不仅是新的考古学材料与铭刻学证据的汇成，其方法独具特色，对政权在中国是如何被地表形态所塑造，以及政权又如何反过来重新塑造了地表形态进行了研究。本书开启了西周史研究的新视角，这是作者对早期中国研究领域做出的主要贡献

---

① 参见 Herrlee Glessner Creel（顾立雅），*The Origins of Statecraft in China: Volume1: The Western Chou Empire* (Chicago: Chicago University Press, 1970); Hsu Cho-yun（许倬云）, Katheryn M. Lindruff（林嘉琳）, *Western Chou Civilization* (New Haven: Yale University Press, 1988).

之一。①

同时,《西周的灭亡》并非历史地理学的,而是一部历史学的著作。其间,地理被持续地视为历史进程中的一个因素。李峰将"地表形态"(译者案,英文原著中作"landscape")理解为对自然与人为造成的特征的一个"排列系统",代表了一种在彼此互相影响的人类社会和它所处的环境之间的互惠关系(第20页)。基于此,他引领西周研究朝着跨越社会科学与人文科学的"空间转向(spatial turn)"靠近。② 这种"空间转向"自20世纪80年代末即已开始,但是目前在研究古代的汉学领域中仍然是一种新的趋势。③ 这种趋势的拥趸者遍布不同的学术领域,他们认为"地理问题之所以重要,不是因为事件都是在某个地点发生这种简单且被滥用的理由,而是因为事件发生的地点对于了解它们如何及为何发生才是关键的"。④ 与这种观念相一致,李峰在现代地图上精确地标示西周的地名与事件,以此来揭示人类为了经济资源与政治权力而争斗的原因、环境与结果。相应地,他使用美国环境系统研究所(ESRI)开发的地理信息系统软件与"哈佛中国历史地理信息系统数据"(Harvard China Historical GIS dataset)来构建地图,不仅仅为了

---

① 必须提到的是,历史地理学在中国是一个繁荣的学术领域,非专业的西方读者可能对此所知甚少。作者不仅让我们了解了中国历史地理学的讨论,而且将历史地理学和系统的、理论导向的史学研究融汇起来,这一点也得到了中国读者们的欣赏(参见一篇中文书评,徐峰:评《西周的灭亡:中国早期国家的地理和政治危机》,《考古》2010年第1期,第90–96页)。

② 参见 Warf, Barney, Santa Arias, "Introduction: The reinsertion of space into the social sciences and humanities," in *The Spatial Turn: Interdisciplinary Perspectives*, ed. By Barney Warf and Santa Arias (New York: Routledge, 2009), 1–10,尤其是 p. 2.

③ 近来带有明确"空间视角"的其他出版物,参见 Di Cosmo, Nicola, *Ancient China and Its Enemies: The Rise of Nomadic Power in East Asian History* (Cambridge: Cambridge UP, 2002); Lewis, Mark Edward, The Construction of Space in Early China (Albany: SUNY, 2006).

④ 参见 *The Spatial Turn*, 2. 正如参考文献索引中清楚显示的,李峰认为他的视角未受到西方空间转向理论家的影响,如福柯(Foucault)、科斯格罗夫(Cosgrove)或索佳(Soja),而是基于他作为田野考古学家的经验与仔细的观察。

展示河流与遗址（就像大多数其他有关中国的历史书籍中做的那样），而是达到轮廓分明的地形与立体的效果。他的地图不只是图示，还是分析的工具与论证的一部分。

在"空间"方法的引导下，作者进行了对于我们理解西周史极有裨益的重要观察。他指出，周（尤其是姬姓）的地方性封国被安置在东部，从它们的位置上可以有效地控制主要交通路线。同时，这些封国因多数坐落于山脉与冲积平原之间的过渡地带，而可享农业之利。但是，那些平原中部地区则因洪水泛滥而对定居欠缺吸引力。他认为西周封国的建立并不是一个王室随意赐予其亲属和地方首领土地的过程，而是西周国家精心构建其地缘空间，并从而巩固其政治基础的过程（第96页）。这是有说服力的。基于对陶器的类型学分析，他认为周人翦商后的数十年间，西周文化中平民层面的东、西之别还是相当显著的（第88页）。不过，到西周中期与晚期，包括了中原与河北在内的东部与西方的文化已经在很大程度上同化了。同时，在西周末期，东方外围区域，像山东的齐、鲁，与周的中心逐渐疏远，正如其物质文化（无论是贵族层面还是平民层面）的地方化所显露的那样（第129页）。将此视为政治上"游离"的一种反映，李峰认为通过血缘结构对东方地方性封国实施政治控制随着时间的推移会日渐乏力（第125页）进而视此为政治上"游离"的一种反映。但实际上这一点似乎还值得商榷。①他在王室与东部地方封国的关系中鉴别出动乱的迹象，将之解读为西周"国家"衰退的一种因素；同时，他又将若干金文材料中记录的周

---

① 顾立雅对于周代社会中血缘结构的作用是否真的那么重大表示迟疑（*Origins of Statecraft*, p.381）。相反，许倬云与林嘉琳确认血缘结构在早期中国政治中的重要性（p.171）。李峰在他的第二本书中评述了他的立场，并赋予血缘结构更多的组织效率，他将西周定义为"权力代理的亲族邑制国家"（参见 *Bureaucracy and the State*, Cambridge: Cambridge University Press, 2008, pp.294—298;中文版为《西周的政体：中国早期的官僚制度和国家》，三联书店，2010年。［译者案］）。同样含糊的是，物质文化的地方化并不一定与离心化的政治趋势相对应。事实可能恰恰相反，齐国与鲁国在春秋期间仍然是基本上忠实于周王室的。周

王对于王畿内贵族"持续的土地财产的授予"视为造成周王室权力衰弱的另一项因素,这与早先的学术成果是相一致的。①

在研究了周的都城区与北方人群的关系后,李峰指出,周与其近邻,譬如和甘肃南部、陕西地区的寺洼文化人群之间维持着和平的关系(第 189 - 191 页)。② 他假定"玁狁",即周人在北方最主要的敌人就是其他文本中提及的"西戎"(第 153 - 157 页)。③ 他们代表了共享"北方区(Northern Zone)"传统的社会团队之一,并且很可能是"商时期曾经繁荣的鄂尔多斯青铜文明的文化继承者(第 201、156 页)"。④ 重要的是,他强调玁狁不是马背上的游牧者,而是与周一样使用战车作战(第 156 页)。⑤ 借助多友鼎铭文(他断为厉王时期,第 159 页),作者将周与玁狁的战争定位在陕西泾河上游一带,并且在地图上做了具体标示(地图 10,第 181 页),这使得这场战争的过程一下子有了跃然纸上之感。⑥ 因此,他指明掌控泾河流域对于周都城地区的安全是至关重要的。⑦

重建公元前 771 年西周王室覆灭时的政治与地理背景,作者指出,申或西申同样正好也在泾河上游(第 243 页;地图 12,第 237

---

① 参见 Hsu, Linduff, Western Chou Civilization, p. 279. 这一方面,建议读者依据金文对西周时期土地财富的分配与交换进行根本性的研究:Ulrich Lau, *Quellenstudien zur Landvergabe und Bodenübertragung in der westlichen Zhou-Dynasties*(1045? - 771v. Chr.)(Sankt Augustin: Monumenta Serica 1999).
② 《西周的灭亡》对南方着墨不多。但是,作者本就无意将该书做成一部"通史",集中讨论西周一个方向的外部政治才是合理的。
③ 这与夏含夷的观点一致。见"Western Zhou History", p. 350.
④ 后一个论点有何依据并不清楚。
⑤ 在稍早时候的一些研究中,玁狁被当作游牧民族(参见 *Western Chou Civilization*, p. 259)。
⑥ 一些学者将多友鼎的年代断在宣王时期(如 Shaughnessy, Edward L., "The Date of the 'Duo You Ding' and its Significance," *Early China* 9 - 10(1983 - 1985), pp. 55 - 69)。夏含夷重建了多友鼎铭文中提到的军事地理,并将战争位置定在泾河流域,甚至提供了一张地图。李峰关于战争进程的见解在若干细节方面与夏含夷不同。还有,李峰仅考虑了夏含夷断代方面的意见(第 141 页),而忽略了他历史地理的分析,这有些令人感到奇怪。
⑦ 多友鼎铭文中提到的地名考定在 20 世纪 80 年代早期是学术热点。李峰赞同李仲操的意见,参见李仲操:《也释多友鼎铭文》,《人文杂志》1983 年第 1 期,第 82 - 85 页。

页)。① 这就解释了西申的统治者(即幽王废后的父亲)为什么会与西戎结盟,并最终侵入都城,杀死周幽王(第 247 页)。②

讨论平王东迁洛邑时的背景,作者挑战了以往因为戎人侵占了周都而导致周人在渭河谷地难以为继的普遍观点。他指出宗周地区落于携王之手,携王即是幽王与褒姒的幼子,他在"携"地(这个位置在哪还不清楚)由颇具影响力的虢氏宗族(第 259－262 页)拥立为王。这一时期的继位争斗迄今未被研究西周的西方学者所重视,对此的关注增进了我们对于早期中国政治复杂性的理解。③最后,作者阐明了西周宗族或封国东迁的过程,这个主题在过去的研究中已有所呈现,但在西方汉学著述中从未有过详细地讨论。④对两支重要的姬姓宗族虢与郑迁至河南新领地,以及嬴姓的秦迁至前宗周地区时的背景的分析可谓该书另一项重要的成就。

这本书的研究是在多学科结合的基础上进行的:即文本的历史研究、历史地理学、考古学与铭刻学。李峰将铭文视为在许多方面都不可或缺的"西周历史的史料"。⑤ 本书利用了大量金文材料,

---

① 作者意识到利用《山海经》中的材料进行地望确定的问题(第 243－244 页)。
② 倘若这一定位是正确的,幽王政治上的不称职便显得不可理喻了。
③ 首次提出这一问题的是晁福林:《论平王东迁》,《历史研究》1991 年第 6 期,第 8－23 页。
④ 特别是,许倬云与林嘉琳在陈槃《春秋大事表列国爵姓及存灭表譔异》(台北中研院,1969 年)一书的基础上专辟一节来讨论"周代封国的迁徙"。他们只是简单地列出了迁移的那些封国,具体是怎么迁的则留给读者自己去想象。参见 Western Chou Civilization, pp. 158－163。
⑤ 铭文的这种价值较早时候夏含夷就在《西周史的史料:有铭青铜器》(Sources of Western Zhou History: Inscribed Bronze Vessels, Berkeley: California University Press, 1991)一书中有所强调,这也因此确认了早期学者如王国维、郭沫若、贝塚茂树、高本汉与顾立雅们所采用的方法的有效性。相反,罗泰则主张"金文本质上是一种宗教文献"(参见 "Isssue in Western Zhou Studies," Review article on Sources on Western Zhou History, by Edward L. Shaughnessy, and Western Zhou Ritual Bronzes from the Arthur M. Sackler Collections, by Jessica Rawson. Early China18(1993): 139－226)。过去数十年间出版的基于青铜铭文进行的、致力于解决一系列历史问题的大量研究,毫无疑问表明了铜器铭文在很多方面均可以作为历史史料使用,尽管在每一个具体的研究中的适用性仍需继续讨论。参见 Shaughnessy, Edward L., "Western Zhou History" in The Cambridge History of Ancient China:From the Origins of Civilization to 221B. C. edited by Michael Loewe and Edward L. Shaughnessy(Cambridge: Cambridge University Press, 1999),292－351。

将它们精确地译成英文,提供了观察西周现实、思想与语言环境的极有价值的视角。总体上,铭文资料得到了谨慎地处理。必要的参考文献为读者查找史料出处与核实作者的论述提供了方便。① 本书的末尾附有研究中使用到的所有铭文的以字母为序的索引。这种参考方式与索引相较于早前著作中铭文史料的表现方式有所改进。② 铭文的断代被系统地、小心地权衡,总体而言,断代都比较准确。然而,作者虽然讨论了铜器铭文的适用范围,但是铭文断代的基本问题却并没有在绪论中被作为一项主题单独提出来,这是一项令人遗憾的疏漏。特别是当铭文断代涉及西周王世的年代学基本问题时,相关的其他年代学系统信息的缺失就会让非专业读者模糊不清。③ 同样必须提及的是,在一些例子中,建立在铭文释读基础上的论点需要更好地证明,④而在铭文中或者传世文本中涉及一些人的考证也有含糊之处。⑤

---

① 这包括了铭文名称、通用的隶定字及铭文在《殷周金文集成》(中国社会科学院考古研究所编,中华书局,1984年)中的编号。在可能的情况下,它还包括有关铜器发现地点的信息。《集成》中没有收入的铭文则另行说明。

② 参见 Origins of Statecraft and Western Chou Civilization。我建议附录中再作一些改进,即根据它们的时代,连同来源信息一起作出一个铭文的列表。如果合适的话,表中还可包括它们属于哪一个王世的信息。

③ 虽然作者说明有不同的年表存在,并选择了倪德卫-夏含夷的体系,但他并没有告诉我们不同体系的差异所在。有关如何让这些差异变得明晰的一种表现模式,参见 Western Chou Civilization, pp. 387–390.

④ 李峰依据出土于甘肃灵台姚家河墓葬中的乖叔鼎(《集成》no. 1733)将出处不明的乖伯簋中的"乖"定在泾河上游(第198页)。他因此(合理地)挑战了早先由郭沫若提出的乖位于长江流域湖北秭归这一看法(第198页,注121)。然而,考虑到铜器经常在宗族间交换,仅靠一篇铭文(特别是在传世文本中缺乏相关的参考信息)对一个宗族的居住地进行定位在方法论上是有疑问的。对于李峰的假设,其他考虑既有支持也有反对;因此,在这样的例子中更多的正反两方面的权衡是必要的。

⑤ 作者将《十月之交》中的"皇父卿士"与发现于陕西扶风县康家的函皇父器中的"函皇父"联系起来;这些铜器为函皇父为称为"琱妘"的女子所作。李峰将这一考证建立于他对"皇"这一称号排他性使用的假设上。然而,"辛叔皇父簋(《集成》no. 3859)",由辛氏宗族旁系的一支贵族所作,证明了"皇"或"皇父"在西周末期并不是一个不常见的头衔。另一个属于同宗的旁系贵族的配偶在"辛仲姬皇母"中被提到,姬皇母是辛仲的配偶(辛仲姬皇母鼎,《集成》,no. 2582)。相似的是,函皇父是函氏的首领,可能住的离周原较远,不一定参与政府事务。

传世文献，大部分属于周代以后的产物，是该书使用的另一种主要史料。涉及地名考证时，作者通常会对这类史料进行充分地批判性使用。① 在对褒姒传说演进的考察中（第 214－217 页），历史背景与不同的思想层就被小心地剥离。然而，尽管《诗经·小雅》非常适合作为反映公元前 771 年骚乱之时或其后周人贵族绝望的例证，但是后来的文献是否可以反映大约公元前 11 世纪中叶周人克商时的政治理念还是有问题的。② 特别是，作者说道："理论上，正如《诗经·北山》(no. 205)中所言（普天之下，莫非王土；率土之滨，莫非王臣——译者补），周王对天下的一切土地和人民拥有主权。"（第 124 页）许多学者对《北山》过分信任，他们有时将之视为一份法律文献。③ 但是很明显，单从其文学特征看，《北山》就不可能形成于公元前 9 世纪前；再观其内容，它很可能是东周时期徒望重整衰微的王室威望的宫廷士人所做。既然与西周国家的建立并不同时，那么它可以实际反映周王在建立政治网络时的所思所想吗？

如上所述，《西周的灭亡》一书在关于特殊事件与背景方面做出了一些富有挑战性的观察，但大体上，该书还是支持周代历史的传统看法的。比如说，在周克商以及经历了"政治上最具成就的一段时期"（所谓"成康之治"）后，西周政体便迈入了"漫长的逐渐衰退期"（第 98 页）。确实，正如战国及后世文本中所传递的信息，倘若周王意欲"一统天下"，用我们的话来说，即建立一个中央集权的

---

① 仍然不能确定究竟《竹书纪年》中穆王征犬戎时提及的"太原"与《诗经·六月》中的"太原"是不是同一个地方（第 157 页）。《竹书纪年》是战国时期的文献，与《穆天子传》同出一墓。《穆天子传》记述了穆王游历之事。根据后者的史料（很可能被《竹书纪年》的作者所参考），穆王北行逾太行，涉虖沱，击犬戎。这片区域在太原的北面，"太原"之称在战国时期即已存在，指的是汾水中游某片区域。

② 近来对于西周史料中的"圣殿"(sancta sanctorum)，即《尚书》最早的几篇的重要攻击。参见 Kai Vogelsang, "Inscriptions and I'roclamations: On the Authenticity of the 'gao' Chapters in the Book of Documents," BMFEA74(2002): 138－209.

③ 参见 Lau, *Quellenstudien*, 391.

领土国家,那么他们自然是"很无能力的"(第98页),因为世袭"地方性封国"的建立明显是一种离心因素。在他们进行灭商之役时,周人切实的目标究竟是什么:是要让周人宗族中的一支来统治最大可能的领土吗?还是要令周人宗族的最多的支系都同时繁荣?如果是前者,那么克商后的发展可以被视为"衰落";若是后者,则可以被视为"进步"。如果早期中国混杂多样的文化空间,可能也包括种族空间,在公元前771年后已无可挽回地裂解成一片片的话,那么周代的计划可以被认为是"失败的"。但是,尽管在宗族与诸侯国之间有着无休止的武装冲突,如果他们在春秋时期仍然继续保持合作与趋向类同化,那么这项计划的结果难道不能被视为一种"成功"吗?无论如何,李峰的书即使由于过分强调西周政治秩序的崩塌,而会引来进一步的讨论,但这本身即是一种学术上的贡献。

虽然篇幅并不允许有更为详细的讨论,但是若干要点还需阐明。第一,李峰使用"state"来指代既包括了"西周国家",又包括了"地方性封国",认为后者是前者的复制(第3页)。如果能多一些理论化的论述,该书在使用"国家"这一概念时会获益很多。① 第二,通过综述西周遗址在陕西的分布,作者突出了沣水流域丰、镐(被认为即宗周)绝对的重要性,视其为"西周国家政治与行政体系的中枢"(第49-50页)。关于另外一处,事实上也是更有代表性的西周遗存集中处周原,李峰确认"这个遗址一直是王权与贵族活动的基地,其重要性完全可与丰镐比肩"(第52页),但是,遵从于传统史学,他对将周原视为周王们第三个完全成熟的"都城"是犹豫的。我相信如果他这么做的话,也许他能够对连结陕西中心与东都洛邑的"西周地缘政治轴"有更加充分的重建。第三,西周末

---

① 李峰在他的第二本书中对国家进行了理论性更强的讨论。参见 *Bureaucracy and the State*,此处暂不对之评论。

期洛邑的作用缺乏充分的探索。值得思考的是,在西周晚期,王室可能自己有东迁的计划。如果这样的话,申与西戎的动乱仅仅促进而不一定真正地迫使周王室的迁移。第四,反思周朝政治体制中"都城"的作用与意义是很需要的。这将帮助我们对王室东迁造成的"弊",或者可能也有"利"进行评估。同时考虑许多青铜铭文中反映的周王们在宗周、周与成周这几个主要的场所,甚至一些二级聚居地之间的频繁移动,这对理解政权与自然地理间的关系同样是必要的。①

总之,该书的出版无疑是早期中国研究领域的一件大事。虽然作者并不期望该书成为"关于西周时期的一部通史,甚至也不是西周晚期的通史"(第 6 页),但在规模、信息量、思考主题的范围上,该书与无论是顾立雅的《中国治国术的起源:西周帝国》(1972年,第 559 页),还是许倬云和林嘉琳的《西周文明》(1988 年,第421 页)均可一比。其第一章与附录一,共计 107 页,是现有英文文献中对可利用的西周考古学材料的最详细的概述,②并且因此而适用于参考和教学。③ 我们可以推荐已在本科层次的学生对此书和

---

① 对铜器铭文中反映的都城功能以及西周之后相关历史记忆的讨论,参见 Maria Khayutina, "Royal Hospitality and Geopolitical Constitution of the Western Zhou Polity", T'oung Pao 96/1-3(2010),1-73; Maria Khayutina, "Western 'capitals' of the Western Zhou Dynasty: Historical Reality and its Reflections until the Time of Sima Qian," Oriens Extremus 47(2008),25-65。

② 《剑桥中国古代史》中由杰西卡·罗森撰写的"西周考古"一章(352-449)计 97 页。罗泰的《宗子维城》与《西周的灭亡:中国早期国家的地理和政治危机》同时出版,一共 555 页(译者案,此处是对英文版页数的比较),覆盖了从西周早期直到战国整个周代。但是,此书并不包括对各时期考古发现的总体评述,而是围绕一组具体的问题组织起来的。

③ 遗憾的是,《西周的灭亡》很少与那些为非专业读者与学生写的入门著作进行对话。譬如,它经常讨论一些在《西周文明》与《西周考古》中已经被考虑过并可能有不同解释的例子(如对燕国考古的讨论,见于《西周文明》[第 194-201 页]、《西周考古》[第 409-413页]及《西周的灭亡》[第 356-362 页])。然而这也不能单单怪李峰。杰西卡·罗森(Jessica Rawson)在《剑桥中国古代史》的章节中完全无视许倬云和林嘉琳的著作。相反,许与林则反复提到顾立雅的《中国治国术的起源》,无疑,这就帮助读者遵循了一条线索,并区分哪些是新的,哪些是不同的。为了让新学术更加透明及可理解,我建议应该更为经常提到对于一般西方读者可以获得的著作。

上面提到的著作进行阅读。作为第一本专门以问题为导向的颇具规模的西周史著作,研究早期中国的学者应该对之思考,并且值得历史地理学者、军事史与移民史的学者关注。也建议关注李峰的第二本书《西周的政体:中国早期国家的官僚制度和国家》,它进一步讨论了《西周的灭亡》中已经提出过的若干问题。

最后以本书的格式标准来结束本文,有几点特别值得欣赏:a) 中文地名与术语首次出现时插入中文表现;b) 完整的铭文释文和译文;c) 拼音音译的使用;d) 页下注代替尾注;e) 大量插图,① 与大量地图。②

我期待读到李峰新的作品,也希望他保持激情与灵感继续研究。

夏玉婷[Maria Khayutina][慕尼黑大学]

《西周的灭亡》的两个特征标志着它是一项具有典范性的研究。首先是作者对物质、古文字与文本材料杰出的综合能力,使得他能够相较于从前的研究以一种无可比拟的更为丰富与广泛的方式来重建西周史的多个面相。其次,李峰基于他对渭河谷地及毗邻区域地表形态的深刻了解,对军事、行政和经济动力背后的地理因素进行了详细介绍,这使得这种最扎实的分析上了一个新层级,对于以后任何可比较的早期研究(并且不仅仅是早期中国的历史)而言也都是非常重要的。因此,或许有些学术同行不同意他的一些分析、求疵于他的解释,甚至可能会将他的某些结论当作臆测而排除,然而,《西周的灭亡》作为一部学术杰作的整体地位是不容否定的。

---

① 少数情况下,图例没有依据类型给出典型性器物,这就使得非专业人士难以区分正文中提到的一些东西,而图应该是帮助读者理解正文的(如,图 21,第 130 页)。

② 该书包括十九幅地图。《西周文明》中只有五幅地图,而《中国治国术的起源》中仅两幅。

对《西周的灭亡》一书钦佩之余,我也将在以下评论中谈几点不同的意见。我希望这些辩论争鸣有益于共同兴趣点的讨论。最值得一说的是,李峰在将周代统治视为一种纯粹的军事与行政现象这一方向上走得太远。早先的研究经常把周的政权简化为一场对于宗教和意识形态有关概念(即"天命")的巧妙操纵,而作者摆脱这种研究的愿望可以理解且值得称道,但因此而来的对西周统治中宗教方面的忽视却使得他的讨论显得贫乏。诚然,由周王朝领导人发展起来的军事与行政手段的重要性不容否认;不过如果不全面考虑西周国家缔造者们所采用的令政权合法化的工具的有效性,就不可能理解周王朝何以能够生存下来。

概括说来,周王凌驾于他的臣民之上的,不仅仅享有经济、军事乃至行政威权,而且还拥有无可置疑的精神权威。周王"一王两身",既是"天子",又是姬氏宗族的首领,他们具有优先接近至上神灵即天以及被神化的先祖的机会,是上天神权与天下凡俗之间的媒介。君主们所拥有的这种类似于教皇般的排他性权力是王室异常重要的资产;在之前的商王朝,这种传统就已经有清晰的体现。这种权力在历史的兴衰变迁中延续了下来,一直到周代统治尾声之时仍然完好无损。① 在我看来,正是周王这一特殊的处于宗教的而不只是社会政治金字塔顶峰的角色,可以解释何以王朝在失去其军事、经济与行政的威权后仍能长久存在。

让我们重点关注一下周王宗教威权的政治意义。首先,最值得注意的是,长达八个世纪,周"天子"的称谓独属于周王们。同时期非周政体的领导者可以自称为"王",他们从未称自己为"天

---

① 关于身处宗教金字塔顶峰的周王们持续地被尊重最有趣的例子之一见于东周时期的玉版铭文。铭文中提到秦国某位国君在公元前 256 年周室灭亡后不久对于华山的祭祷。详细内容参见 Yuri Pines, "The Question of Interpretation: Qin History in Light of New Epigraphic Sources," *Early China* 29(2004), 1-44, pp. 4-13.

子",由此可以看到周王的现行威权,至少在宗教层面是这样。① 其次,周王享有一种政治免疫力:虽然他们的统治频繁受到要么来自外部的敌人,要么是名义上的下属即地方诸侯们的违抗,但整个西周时期甚至更晚,没有一个其他领袖敢于表达他有取代周的意图。的确,尽管有充分证据表明周代的思想家坚持认为天命是可以转移的,②他们的王朝在其统治的数百年中却罕有挑战者。在这一令人惊讶的对于周的敬重的背后肯定有着非常复杂的原因,但极有可能的是,至少部分是由周王朝宗教层面的至高无上所带来的。这种至高无上解释了为什么周王朝得以在公元前771年那场灾难性危机中幸存下来,尽管是以一种残废的形式。遗憾的是,李峰在关于那场危机的精彩分析中对这一方面疏忽了。

除了直接的政治意义外,王室的宗教潜能对于其文化威望也是有贡献的,它同样可以成为一种政治上有意义的资产。周王室在社会政治领域内文化领导力的利用,也可以在西周晚期礼仪改革的传播中得到最清晰的体现;这场礼仪变革或许可被视为西周晚期最值得注意的发展。

李峰在讨论东周发展的时候涉及了这场改革(第312–316页),但只是做了一带而过的处理。③ 这种消音式的讨论令人迷惑:我认为这场改革应该得到详细的讨论,因为它与作者对西周晚期社会政治情势分析的相关性是不容否认的。这一改革在这里的重要性是双重的:首先,它显示了即便王室处于日益式微的情形下,

---

① 能够说明这种特性的一个极好的例子见于乖伯簋铭文,李峰在第196—198页曾讨论过乖伯簋;作者者称其父为"王",而称周君主为"天子"。值得注意的是,即使在战国时期,也没有一个诸侯国的"王"敢于声称自己为"天子"(唯一的一个例外,见《战国策注释》,何建章注,北京:中华书局,1991年,20.13["赵策"3],第737页)。

② 在许多被视为西周早期的文献中,对于天命可能会失去的恐惧是显而易见的,如"康诰"、"多方"或"文王"。

③ 有关西周晚期礼制改革最系统的讨论,见 Lothar von Falkenhausen, *Chinese Society in the Age of Confucius (1050 – 250BC):The Archaeological Evidence* (Los Angeles:Cotsen Institute of Archaeology at UCLA, 2006), 29–73.

依然具备率先发起有着深远影响且可持续的礼制（与稍作修改的社会与宗教）革新的能力；其次，上述改革明显有益于王室权威的增强。通过在不同世袭贵族阶层之间设置器用限定制度的差别，改革设计师的目的并不仅仅在于稳固整座社会金字塔，而且还要坚决巩固王室处在金字塔顶端独一无二的地位。这种在器用限定制度方面将王室凌驾于地方诸侯及所有贵族组织之上的做法使得西周灭亡许久之后，王室权威的整体形象仍得以保持。①

格外值得关注的是，周室的实力尽管江河日下，但其依然能够发起与传布改革。由于这场改革的宣布是在王朝的衰退时代，有一点是很明显的，即这项改革并没有强迫施加于地方诸侯之上，而是或多或少由他们自愿实施的，这可能是源于对周王宗教威望持续的尊重。这一全新的器用制度在周人世界内的成功施行，反而对李峰借助考古学证据提出的封国诸侯从周中心的"游离"这一论点构成了质疑（第 125-131 页）。从地域文化的自我强调角度讲，山东地区一些新的陶器类型与若干地方风格的青铜器的流行可能很重要，但很清楚的是，从主要的标志身份的文化标准角度讲，山东（包括其他地区）的政体追随周王朝一直持续到西周结束，甚至更远的时期。

周王朝象征性权力的有着深远影响的最后一方面，我想在此谈一下，因为这牵涉秦国的兴起。李峰正确地将秦的霸权视为西周覆灭后最值得注目的发展之一，只是这一部分的讨论仅限于秦军事上占据了渭河谷地，根本没有注意嬴占姬巢的高度象征意义。不过，

---

① 考古界还没有发掘到完好无损的周王室墓葬，故精确的礼器组合是不清楚的。但是，从一开始似乎就有一种共识，至少就周王们而言，他们的礼仪层面是独立的；他们的墓葬与地方诸侯及其他贵族的是不同的，无论是在形制，还是随葬器物方面。详细讨论，见 Falkenhausen, *Chinese Society*；印群：《黄河中下游地区的东周墓葬制度》，北京：社会科学出版社，2001 年。王室在器用制度上的特权在《左传》中有体现，《左传》中记载周襄王曾拒绝晋文公葬礼方面的请求，说"诸侯而用王之葬礼，是有二王也"。见《春秋左传注》，杨伯峻编著，北京：中华书局，1981 年，僖公 25 年，第 432-433 页。

这场占据——实际上可能要比李峰认为的缓慢得多①——并不仅仅是一场军事成就。准确地说,秦成功地将自己定位成周室最亲近的同盟与合法的继承者。

秦与周的同盟在西周时期是否已经开始都大可商榷,②但极为重要的是,这个联盟在东周大部分时期是蓬勃发展的。虽然文献材料中有关秦-周关系的线索并不多,但古文字材料与物质遗存方面则显示了秦与周的亲近。秦与周室维持着姻亲关系,在周王巡幸各方的传统中断后,我们仍然可以看到周王会偶尔前往秦地,显示了周秦间的"特殊关系"。而且,秦的丧葬器物组合显现出非比寻常地忠实于西周的模式;器皿的形制、纹饰,甚至是秦国铜器铭文的内容——所有的都是依附于周之过去的一种显示,这种依附比之我们在周世界其他地区看到的要强烈得多。③

罗泰近来声称"秦将自己对于周显著的忠诚伸展到了与周认同的地步——这种认同最终导致后者被一个新的秦朝所代替"。④这种观察简明总结了当前对于秦国政治轨迹的新理解,是对周室无与伦比的威望的持续重要性的再一次提示。与其说是渭河谷地有利的地理位置,倒不如说是这种威望才是秦国领导人试图去继

---

① 从滕铭予对秦墓仔细的分析来看,秦人进入渭河谷地的过程比李峰通过文本材料分析得要缓慢,并且最终完成可能要在公元前四世纪,比李峰认为的晚了三个世纪。见滕铭予:《秦文化:从封国到帝国的考古学观察》,北京:学苑出版社,2003年。

② 李峰提出一个非常有趣,但属于猜测性的分析,即周-大骆-秦的三角关系加强了周对渭河谷地西陲地区的控制(第262-273页)。由于他的推测主要依赖《史记·秦本纪》中一段单一的记载,他的论点大体上还是难以证实的。

③ 柯马丁(Martin Kern)曾讨论过秦在文化与政治多个方面与周的亲近,*The Stele Inscriptions of Ch'in Shih-huang: Text and Ritual in Early Chinese Imperial Representation* (New Haven: American Oriental Society, 2000); Pines, "The Question of Interpretation," 4-23; idem, "Biases and Their Sources: Qin History in the Shi ji," *Oriens Extremus* 45(2005/2006):10-34;另见下注。

④ Lothar von Falkenhausen with Gideon Shelach "Introduction: Archaeological Perspectives on the Qin 'Unification' of China," in: Yuri Pines, Gideon Shelach, Lothar von Falkenhausen, and Robin D. S. Yates, eds., *The Birth of Empire: The State of Qin Revisited* (forthcoming volume).

承的；秦在其发展之路上最终成功操纵了这种威望，将自身塑造成新的东亚强权。

在某种程度上，我因为李峰"未写什么"而来批评他是不公平的。回避文化、宗教与意识形态的问题而代以更直接的军事、行政与政治史的撰写，当然是完全正当的作者的选择。尽管如此，我感到讨论——即便是简略地——这些问题可以让李峰呈现出有关周人统治的更加细致入微的图景，这将进一步加强他为早期中国史界带来的这部杰作的整体成就。

尤锐［Yuri Pines］［耶路撒冷希伯来大学］

这部书旨在解释西周建立与衰退的历史过程。不同性质的材料，特别是来自许多铜器的铭文证据支持了作者的研究。利用这些断代明确的以及新近发掘的器物，这已经使这种分析相较于这一时期先前的研究有一种更牢靠的基础。作者具备使用铭文的能力，利用它们来详细研究西周的活动与成就，同时有潜力对周人的军事战略、政治努力以及缺陷进行精细地分析。因为这些记录是铭刻于青铜礼器上的，它们确实叙述了社会贵族的兴衰及其态度。李峰处理铭文时用心而谨慎，他对铭文重新翻译，包括多年来一些已经广为人知的，并且对早期中国史这一形成期进行了格外深思熟虑、看起来很合理的叙述。在研究中，他添加了一个"地表形态（landscape）"的概念，将其作为一种解释框架并赋予其核心重要性。关于"地表形态"这一概念，我有些疑问。

李峰所使用的解释性工具或者比喻手法，包括地表形态与边疆，如果定义得更为彻底的话，可能会使得本书的整体概念更加清晰。他声称土地、地点、路径与领土对于历史的进程是重要的——但是这些与被感知的、模型化的、建构的，或者观念化的地表形态相一致吗？在他看来，地表形态是一种决定性的或者具有贡献性的因素吗(第 171 页)? 如果是,是哪一类呢? 他提到社会政治与社会文化景观,却没有明确说明他想表达的意思,并且可能更值得注意的是,他是如何评价这些因素在此过程中的作用的。当他使用"地表形态"来涵盖若干概念时,用考古文献中所描述的此术语及其多种含义是不是更有意义?①

另外一个问题是在他的阐释中所使用的"边疆(frontiers)"这一概念的中心性。这个词汇也有许多定义,并且所有的定义都是人为决定的,我们并不清楚他指的是哪一种? 是周人关于边疆的定义,还是来自作为史学家的作者的? 无论怎样,他的讨论都将从对边疆是什么构成的定义中受益。谁生活在那里,我们如何从考古学上辨识他们? 识别边疆地区的混合人群是不容易的,他称周为"本土的"人群(第 308-309 页),但是边疆地区的人群对于其所在之地不同样也是本土的吗? 同时,同样在边疆动态的讨论中被频繁提到的"草原"人群是谁? 在周的崩溃中,这类人群的重要性何在? 如何辨识他们? 我们必须小心地记住,物质文化中的共性界定的不是一个人群,而是一支考古学文化。

最后,如同玛丽·路易丝·普拉特(Mary Louise Pratt)对世界其他地区所做的描述那样,将这片区域形容为一个"接触带(contact zone)"是不是更具有建设性?② 这样的地方坐落于中心都市国家直接行政控制的边缘,属于模糊化的空间地带;在那里,本地的与殖民的观念与习俗均会以跨文化的形式被重构。③ 这种空间具有高度的可渗透性,会被有关差异和区别的殖民对话持续

---

① Wendy Ashmore and Bernard Knapp, *Archaeologies of Landscape: Contemporary Perspectives* (Malden, Mass: Blackwell Publishers, 1999).

② Mary Louise Pratt, *Imperial Eyes: Travel Writing and Transculturation* (London: Routledge,1992).

③ R. Brian Ferguson and N. L. Whitehead, War in the Tribal Zone: Expanding States and Indigenous Warfare (Santa Fe, NM: School of American Research, 2005, 2nd ed., xii).

地打破和作为问题。① 例如，费格森（Ferguson）与怀特海德（Whitehead）曾解释，因为物质环境（包括经济）、社会互动的模式，以及思维的结构方式等会在文化接触过程以无数种方式所破坏，所以，它们常常会被重塑为一些这一地区和时间独特的东西。② 这个区域或者地表形态以及它对于农业的边际适应性、地形的变易性均与历史进程有关，这些方面与李峰提出的解释具有密切的联系——将该区视为一个接触带可能会更加有效地帮助解释，特别是西周的灭亡。

林嘉琳［Katheryn M. linduff］［匹兹堡大学］

李峰最近的两本西周地缘政治与政府的著作是目前有关西周那一神秘时代最全面与最新的作品。他已经成功地梳理了所有考古学与文献学方面的材料，综合起来他主张有一个复杂且成熟的国家，这个国家具备一个"帝国"所有的标记，尽管李峰拒绝使用这一词汇。在他的首部著作《西周的灭亡——中国早期国家的地理与政治危机》中，李峰详细研究了西周"危机与覆灭"过程中的每一场战役及其战略，明确将它与罗马帝国的崩溃进行比较。为了讨论西周的灭亡，他必须解释他关于西周建立的视野，特别是因为他认为一些机制帮助周人建立了一个伟大的国家，但这些机制也最终将这个国家削弱到了为外族入侵、并吞的地步。在讨论这些机制与他的理论的合理性之前，我们首先必须解释李峰关于这一伟大国家的视界，他感到在公元前10世纪，这个国家步入了顶峰时期。

---

① Michael Taussig, Shamanishm, Colonialism, and the Wild Man: A Study in Terror and Healing (Chicago: University of Chicago Press, 1995); N. l. Whitehead, "While Tulips, Black Caribs and Civilized Indians: The rhetoric of ethnic transgression in the colonial possession of South America" (Paper presented at the 20th Burdock-Vary Symposium, Madison Wisconsin; Whitehead 1997); Ferguson and Whitehead, xii.

② Ferguson and Whitehead, xii.

这个伟大国家的建立是可以在中国地形图上被标示的（见插页《中国地形图》），并在第一章（第31-97页）和附录一（第320-364页）中被讨论。这张地图由于比例原因而太笼统，难以标明遗址的名称，但是渭河谷地与黄河中游关键性的周文化遗址在第一章中被讨论了，而那些勾勒出"边缘"轮廓的遗址也出现在了附录中。他的地图覆盖了广袤的地区：像变形虫状般的西周国家就像是一条腿在渭河流域，沿着太行山向东北蔓延到我们今天所知的满洲，不均衡地沿着东海岸扩展——绕过那些难以征服的地区，随后兜向西南，沿着淮河到达长江流域的某些地方，并随后沿着汉水流域向西北回到渭河谷地。文字叙述与详细的地图平行展示。他提供了周人西入甘肃、东抵鲁西的新信息，而对周在汾河下游与沿着黄河流域的北部入冀、南部入豫的影响之讨论中也包含了相当多的新考古资料（第45、47、57、65、69页）。

在附录一中，他提供了关于四个"宏观地理范围"的详细内容，他所指的正是在铜器铭文中被频繁提及的"四方"（含蓄地拒绝了艾兰［Sarah Allan］的观点，即四方的概念第一次使用是在商代，且是作为一种宇宙观念被使用的［*The Shape of the Turtle*, pp. 75-111］）。将发掘的与传世的文本材料结合起来，连带着大量的关于考古发现的认识，李峰为读者提供了早期周人向这些区域推动殖民的地图与相关分析。基本上，周在这些区域的存在是靠当地墓葬中周式风格的铜器与陶器来界定的。偶然的一篇铭文则显示了周与当地的婚姻与政治关系。我们所不清楚的是，这个广阔的土地版块中究竟有多少土地是处于周室的直接控制下，以及有多少地区只是对逾千年来的早期互动所形成的关系的重新确认？（该书并未试图去回答的一个问题是周如何获得资源向东挺进，并征服在各个方向都相对较少扩张的商？他们是从哪里来的？）

一个由周人建立的伟大国家突然出现，并在其存在的三百年中的第一个世纪内就扩张开来的这种视野实际并不新鲜。早在《史记》的记载中,英雄般的周的奠基者文武王与周公通过制度与军事的方法就建立起一个理想的国家。李峰回避了重述这些传说,而是试着利用考古学与古文字材料,以及传世的"一般认为"可信的文献来重新确认这些方法以及这个国家传统的范围。总的来说,他的讨论是令人信服的,他提供了对相关证据的创新的和有根据的评价。

国家形成中传统上被认为属于周代制度的两个机制是"封建"与"宗法"。"封建"在20世纪被等同于"Feudalism",李峰对它进行了重新定义,释为"标明疆界以建立"(第119页)。至于"宗法",他简单地理解为"宗族之法"(第121页)。他遵从了传统的解释,即这两个是相互连接的体系,他们规定了周人国家扩张与财产继承的法则。但是他又进一步将封建分成两个单独的系统。这就帮助避免一个微妙的问题,即没有比《左传》更早的有关这个词汇的证据,而"封"作为"土地授予"使用更少——这是有关周代国家展开的关键性概念。"封"这个词,他主张,是用来表示授予土地或者将财产让渡给周贵族宗族,或者是在他们之间让渡。"建"指的是地方性封国的建立,在于平定东方并保护周的家园。虽然在青铜铭文中没有直接的这些体制的证据,李峰认为贵族宗族的族长称伯,而地方性封国的统治者(尤其是东方)称侯,这种区别就是一种暗示(第119页)。他关于国家形成的理论与传统解释之间的不同在于,早先的学者遵从《史记》,相信周在克商后不久便铺展开了一个帝国;李峰则认为这是第二次东部战争的结果,当时,周王关心的是解决东西间文化与政治的区隔与平定可能的叛乱。

像所有的古代中国史学家一样,李峰依赖战国与汉代的文献来填充隐秘的青铜文献留下的巨大信息鸿沟,但是他提醒勿从表面判断传统记录(第107页)。决定周与非周国家的关键文本是

《左传》(如僖公24年),"封"用来指一片土地授予而不仅仅是土地边界(封有许多其他用法以及它还与空间及墓葬的宗教性有关,但李峰没有讨论这一部分)。他通过基本陶器类型的分布,结合发现于墓地中带有地名的任何铭文证据以及来自"古代地理记录"的资料(第23、77页),来进行分析它们所反映的文化区域,从而大大加强了这种传统的研究途径。他质疑《左传》记录的真实性,并且最终确定五处王室中心(即"五邑")每一个都有一个支撑性的聚落群。这种姬姓(即周人的宗族)的"系统计划"允许周从多个权力中心(不像商仅有一个)来控制难以驾驭的东部人群。周在东部冲积平原的边缘建立四组(三国一个单元)相互联系的姬姓封国,那里的土壤肥沃,少洪水之虞(第80页)。周将非周(非姬姓)国家"安置"在环境欠佳的区域,如黄河冲积平原区或汾河下游(第81-82、94页)。李峰认为这种"土地赠送"虽帮助周人在他们统治的第一个百年间克服了东西文化分隔,却也最终因为分散了周的财富以及允许过多的独立性而令整个国家走向衰弱(第96、151页)。

"宗法"制度——据我所知,"宗法"这一术语并未出现在西周铜器铭文上或者任何汉以前的文本中——根据与周室的首要与次要的关系来区分土地与政治权威的继承,这就借助了对于祖先崇拜的敬意来实施对于地方诸侯的控制——尽管李峰对这种崇拜最接近的描述只是指出了"宗"的重要性(第121、150页;不同于许倬云与林嘉琳的有突破的但现在已过时的《西周文明》这部著作,他并没有讨论"天命"与政治权威的关系)。他将自己的讨论限定在"宗"的其中一种含义上,他译为"primary line(大宗)",忽视了与祖先崇拜相联系的更早的内涵。他将讨论限制在地缘政治因素上,指出这种个人关系结构的延伸使得周可以扩张并且控制中原地区,但是周王反过来也被迫依赖于这些来自日趋独立与自我支撑的小地域的"善意";随着时间推移,这种"善意"会越来越少。

很可能，文化因素（虽然对李峰而言，他讨论的文化因素大部分限于陶器类型），比如与东海岸和长江流域的那些有着较强和久远传统部族进行联姻，也会导致周祖先崇拜力量的淡化，这就等于说对于中央王室的军事支持也会虚弱（可以与罗泰在《宗子维城》中关于"周文化领域内部氏族的差异"的讨论联系起来看，第164-203页）。一旦这种凝聚力弱化以及地方诸侯日益独立与强大，这些要求封国与中央王室保持密切联系的周朝制度包括"封"、"建"与"宗法"（想必还有祖先崇拜的体系，尽管这并未被讨论），就不会继续支撑西周国家。的确，通过授予土地，包括奖赏土地给那些模范官员，来扩大王室影响力，这种企图实际上缩减了"周的地产"规模与周室的经济实力（第135页）。李峰承认这个过程无论是使用铜器铭文，还是考古学材料都是难于说明的（第135-137页）。

李峰指出公元前10世纪这个国家的伟大是可以从时间长度上明显看出的，至少它经过了两个世纪才走向崩溃的。那些被认为是创造了这个伟大国家的结构性机制，从长远的经济角度看不是切实可行的。我们没有见到一个清晰的可以将资源吸纳进中心的税收制度。虚弱的周王、强大的贵族宗族，贵族之间不受控制的土地与耕地买卖，交流与军事凝聚力的分解——为来自西北的入侵打开了大门。在或许可以称得上是本书最才华横溢的一章（"第三章：门前的敌人：玁狁之战与西北边境"，另见附录二）中，李峰浓墨重彩地论述了最终导致周王毙命的战争与联盟，以及周的贵族家族远离祖地的东迁。在这一章与随后的一章中，他详细描述了这次东迁的后续发展，以及最有趣的——周与秦的关系。

综上所述，虽然并不是所有的读者都会对李峰呈现出来的所有证据表示信服，但他所提供的资料的丰富性在这个并不清朗的时代的研究上发射出了最醒目的一道光。

柯鹤立[Constance A. Cook][理海大学]

使用一种不同于其他西周研究的模式,李峰的书着力于探讨公元前11世纪周人如何获取政权以及他们的权力又如何在后来的时光中衰落。根据李峰的观察,"周人发现自己在两个战略目标之间无望地奋斗:西周国家的完整依赖于王室对东方事务的持续参与,但是保证王朝的生存前提则是西部的安全"。这种内在的结构紧张与地缘历史背景决定了西周政权的命运,并迫使她走上了一条衰落之路,一直到周人对西方的控制结束后这种紧张才消解。为了加强他的理论,李峰对考古遗址进行了详细地综合研究,对西周铜器铭文与传世文献中的历史记载交叉引用,作出具体的分析,并且对曾经困惑早期中国专家的许多问题做了合理的解释,比如有着相同名字的封国的位置或不同遗址的存在,以及不同的头衔的使用,如明显是相同国家的国君的"伯"、"侯"、"公"。通过对西周"地表形态"的分析,包括他们在西部的基地与对东方的统治,李峰阐明了这些看上去混乱的现象,并且顺其自然地推论出注定西周的扩散与最终的垮台是一种结构性危机,而这种结构性危机则是由于它迅速扩张和利用不充足的资源与手段以管理新征服的地理政治统一体所引起的。

李峰的著作,作为由一名专注于早期中国研究的优秀考古学家与学者的作品,毋庸置疑是值得佩服的,它带给了我们有关西周地理、考古遗址、青铜器与政体的丰富的新知识。这本书包含了大量新颖的观察,其含量之大以至于实际上不可能在一篇简短的评论中和盘托出。我发现作者对许多国家与地点的历史地理的分析令人感到极其受益,特别是鉴于他依赖于青铜器铭文与传世文献的交叉引用。例如,历史文献一致将郑国的建立归于友,即周宣王

（公元前 827/825 - 前 782 在位）之弟郑桓公。然而，西周中期和晚期稍早的铜器铭文则显示郑可能源自更早时候的一支贵族宗族；早在穆王时期，这支宗族就很繁盛（公元前 956 - 前 918）（第 262 - 263 页）。又如据李峰研究，檜或鄶，可能是鄫字的误写。鄫在传世文献中有时也被当作鄫戎，鄫与西戎、西申结盟推翻了西周（第 266 页）。而结合地理记录、铜器铭文与传世文献，李峰还详细讨论了申、吕的迁徙（第 237 - 247 页）。邢，传统上被认为与"井"的铭文形式等同，但是邢国同样与井氏宗族有差异（第 139 - 140 页）。虢国的分支或迁徙困扰了从古至今的学者，由于李峰对相关西周铜器铭文的释读而变得更加清晰，尽管其中一些观点难免有猜测之嫌（第 270 - 279 页）。

如果一篇评论的性质是找出一本学术著作中不足与指出其某些不确定方面的话，我想提出下面几个问题。当他的西周研究继续深化时，或许他会发现这些问题的答案。

1. 该书采纳了由当代西方史学家定义的作为历史学与地理学之间桥梁的"地表形态"这一概念。如此，许多历史问题，包括考古遗址的分布、封国的分封以及封国之间的交通与联结，便可以从地理学的视角进行解读。问题在于，"地表形态"的理论可以应用的范围有多大？是否在不同的世界文明与不同地区中，这种以"landscape"为中心的地理决定论可以作为回答帝国兴亡的最佳解释。如果是，那么在相同或相似的"地表形态"下跨越时间的比较是否可行？如果我们将汉与唐帝国作为样本，我们看到两个王朝与西周的相似性；即它们都是以渭河谷地作为中心的，都有行政总部设在洛阳以监管中原。然而这两个后起帝国的崛起与灭亡，可能既不能轻易地用中央政权与区域贵族力量之间的紧张，也不能用一个崛起的政权在"地表形态"固有地决定着资源不充足的情形下迅速扩张过程中所生成的危机来解释。

2. 在他的著作中，李峰着力处理三种类型的史料，但他更仔细地对待考古上的新发现，以及在对几乎每一处现存的西周遗址作了更为详尽的分析。作者的努力没有白费，这部著作无疑在很多方面超越了前人相关的研究。不过，由于史料记载之不足，迫使西周学者太过偏重于考古发现。而在另一方面，倾向于实物证据的这一偏见也可能会引致另一种趋势，即基于不充分的出土器物与铭文资料而做出某些假设。在他对西周内部危机的分析中，李峰强调了中央王室与地方宫廷贵族间的紧张，将危机归因于"土地赐予"与"恩惠换忠诚"的政策。从多友鼎铭文所见，武公的确起着关键性作用。他掌握着周王接近军队的渠道，也控制着军事指挥官接近周王的途径。然而，李峰推断武公在弱化周王权力的同时强化了自己的势力，这可能就不一定正确，因为武公与多友的身份仍有争议。"武公"这一头衔，曾出现在不同时期若干铜器的铭文中，可能是给予不同人的死后的谥号，并且多友要么是宣王之弟，要么是在武公麾下的军事将领。虽然我完全同意作者提出的西周的灭亡在于它的结构性危机，并且它的结构造成了王室统治权与贵族自治权之间利益的冲突无法解决与不可修复，但我对多友鼎铭文是否能够最好地解释一个周贵族不断增长的自治权表示犹豫。

3. 这部著作中也有一些错别字，如"奕"误作"矣"（2006年剑桥英文原版第11页，注21；第137页），"緜"误作"绵"（剑桥英文原版第47、51页），Xunyu误作"葷粥"（2006年剑桥英文原版第142页；译者：查原版Xunyu指"獯鬻"，Hunyu指"葷粥"，原书中不误），以及"瞻卬"误作"瞻仰"（剑桥英文原版第202页）。引用《诗经》中的文字同样有错误。我也可能不同意李峰对一些铭文的翻译。例如，他对柞钟的译文，他将"中大师右柞"解释为中大师陪伴于柞的右侧（第140页）。接下来，他进一步解释说："铭文中的仲太师仅是个右者。"但是,在我看来"右"在这里的功能仅仅是一个动词,而与作为官名的"右者"可能没有任何关系(第140页及第140页,注3)。至于眉县杨家村的铜器,我仍然将作器者的名字读为"逑"而不是李峰书中建议的"速"。

我们或许不同意李峰在他这本书中提出的一些细节问题。但是,毋庸置疑这本著作绘制了一份全新的西周史图景,并且肯定将引发有关历史学方法论以及对于中华文明早期阶段的新思考。作为一项跨越考古学与史学,并且视角宽泛从地理到政治的综合研究,它向我们展示了中国历史学研究的一种独特模式,并且可能也会被其他领域的专家所援引。虽然这本书中提出的问题肯定不会得到一劳永逸地解决,但李峰凭借其三十年的考古学经历以及关于早期中国不同领域的宽广而深厚的知识,在那些专注于早期中国研究的学者的竞技场上已经处于很高的位置,这从他深厚复杂的跨学科研究中是相当明显的。对于研究早期中国的学生而言,如果不参考这本书,就不可能讨论西周帝国的兴起与灭亡。

陈致[Chen Zhi][香港浸会大学]

翻译:徐　峰

附录五　西周历史研究：一个回复和方法论的说明

《西周的灭亡：中国早期国家的地理和政治危机》于2006年出版，五年之后，《早期中国》(*Early China*)杂志邀请了五位著名学者从多个学科视角讨论了它对该领域的意义。作为作者，我为拙作自问世以来受到学界持久的关注而深感荣幸，我感激这几位学者以及其他学者，他们细致入微地阅读并思考了全书，并且慷慨地提出了有启发性的评论①。另一方面，我恰好借此机会，不仅通过回答至少一部分有挑战性的问题来回报我在学术上的欠账，还能回顾一下这本书的方法论基础以及其非传统（若以惯例来衡量传统）的学科定位。《西周的灭亡》产生于我的学术生涯中一个重要的阶段，不过现在我感到很高兴，通过写作这篇回复使它成为过去。

实际上，在2004年，我曾一度犹豫究竟是该着手出版《西周的灭亡》，还是尽力先出版《西周的政体》(2008)；那时我已经在写后一本书了，它最终成为我在剑桥大学出版社出版的第二本专著。实际上，一些好友也曾建议我先出版后者，因为《西周的政体》阐明了西周国家的政治与社会体系，这是理解西周衰落与灭亡的必要

---

①　据我所知，《西周的灭亡》已有至少其他四篇不同长度的西文书评：Gideon Shelach (*Journal of Asian Studies* 67.1 [2008], 281-284), Charles Sanft (*Journal of Asian History* 43.1 [2009], 84-85), Olivier Venture (*Études chinoises* 27 [2008], 241-250), Sarah Nelson (*Cambridge Archaeological Journal* 18 [2008], 126-127)；两篇中文书评：徐峰(《考古》2010.1, 90-96)，田旭东(《中国史研究动态》2008.12, 27-30)。

前提，也因为它的方法论更加简单和易于防守。这当然有一定道理：《西周的灭亡》探究了一个较为狭窄的问题，它结构紧凑，但它的材料基础比较宽广。相反，《西周的政体》基于一批范围较小的材料——金文，它是理解西周政治体系的最正当的记录。由于《西周的政体》所讨论问题的宽度，我花了更长的时间来完成它，一部分研究需要回溯到我于 1990-1992 年间在日本东京大学的研究，而该书的其他部分则是在后来的十二年里逐渐发展出来的。先行出版《西周的灭亡》既是出于一种学术上的决定——地理研究为西周的政治体系的复原提供了一个必要的基础，也是出于对职业生涯的考虑，因为我当时不能肯定我对西周政府的研究能够在终身教授的评议期限以前出版。如果《西周的政体》先行出版，那么《西周的灭亡》就一定能通过其中的一些论点而得以完善。虽然《西周的灭亡》先行出版可能不是一个理想的情况，但是我仍然庆幸能够有机会做出了这样一个决定，从而也就能够作为一个学者继续从事阅读和写作。

撰写两本内容密切相关的书的学者必须面对如何将两者包含的议题区分开来的问题，以避免同样的讨论发表两次。这种"劳动分工"可能使两本书都不能完美，但是总是希望读者在阅读一本书时能够参照另一本。从这一点出发便能回答尤锐（Yuri Pines）提出的一些问题，比如"天命"概念在西周国家形成过程中的重要性。顾立雅（Herrlee G. Creel）、许倬云（Cho-yun Hsu）和林嘉琳（Katheryn M. Linduff）早先对这个问题的讨论以及后来伊若泊（Robert Eno）的讨论为学者所熟知，而我在两点上把这个问题进行了延伸。第一，我认为"天命"不仅是一种使周人灭商合法化的有力宣传形式，更重要的是一种"国家理论"（Theory of the State）。一方面，这种"国家理论"是西周国家以"代理"（delegacy）作为基本原则的政治逻辑的基础；另一方面，它为周人提供了一种对其历史使命的独特理解，即要建立一个"新世界"和塑造一种"新民"。第二,我基于金文证实了"天命"这一概念的变迁,说明了在西周中期,天命的接受者是如何从文王一个人向经过调整的"文—武"(文王与武王)的结合体进行转移,又为何此后没有别的周王可以被称为受命于天。《西周的政体》用相当长的篇幅讨论了这些问题(《西周的政体》第 34、296 - 297、303 - 307 页),但是《西周的灭亡》中没有处理它们。

尤锐基于他对东周时期的研究,做了另一个饶有趣味的观察:就算晚到战国时期,众多"王"都从未以"天子"自称①,这表明周王的地位实际上是独一无二的,而且取得了不可替代的宗教性的无上权威。但是,我得承认我在《西周的政体》中对"天命"概念的讨论仅仅与理解西周政治体制的基础和主要特征有关。在《西周的灭亡》对西周衰落的研究中,我没有讨论这个特殊的概念如何可能削弱周代的政治体制;相反地,我同意尤锐所言,这个概念可被视作一种完全确认周王室体制权威的因素。总体而言,我认为相对于我们对商代宗教的了解,我们对西周宗教方面的内容了解得太少了,尤其是因为缺乏大量与安阳出土的甲骨文类似的占卜记录。尽管这样,我仍然认为对西周宗教体系的系统探讨是有益的,而且那些受过专门训练的思想史学家(intellectual historians),比如尤锐本人,可能比我更有条件去阐释周人的精神与其形而上学的世界②。

尤锐的另一则批评指出《西周的灭亡》中缺少对所谓"西周晚期礼制改革"的深入讨论,但是这又是一个我在《西周的政体》中用

---

① 公元前 7 世纪早期所铸的秦武公钟铭文声称秦人另外接受天命。但是,秦的任何一位国君的确没有被称为"天子"。
② 有关西周宗教最近的一个研究见:Martin Kern(柯马丁),"Bronze Inscriptions, the *Shijing* and the *Shangshu*: The Evolution of the Ancestral Sacrifice During the Western Zhou", in *Early Chinese Religion*, 2 vols., ed. J. Lagerwey and M. Kalinowski (Leiden: E. J. Brill, 2008), 143 - 200.

了较长篇幅进行了讨论的问题,尽管在那里它是在"西周中期的转变"的标题下探讨的(《西周的政体》第38-42页)。我不使用"礼制改革"(Ritual Reform)这个术语的原因,简单说是因为我不赞同这种表达方式。但是我承认我在那本书里也没有充分解释我不赞同这种说法的根据;感谢尤锐的批评,我在这里可以进行说明。首先,我应该说明至少有三位在西方研究西周时期的重要学者——杰西卡·罗森(Jessica Rawson)、夏含夷(Edward L. Shaughnessy)和罗泰(Lothar von Falkenhausen)——曾经发表文章,主张"礼制改革"的说法乃至更加戏剧性的提法,"礼制革命"。一方面,他们的著作使得所谓"礼制改革"似乎成为西方的西周研究中几乎普遍接受的一个模式。另一方面,这个模式却被发现包含着一个严重的时代分歧。罗森和夏含夷讲的是"西周中期礼制改革(或革命)",认为有关变化基本发生在西周中期的时限中(依夏含夷之说,约当穆王时期;依罗森之说,约为懿、孝、夷王时期)。但是罗泰坚持称之为"西周晚期礼制改革"(《西周的灭亡》第110页注1;以下未注书名的页码均出自《西周的灭亡》)。尤锐似乎受到罗泰对所谓"礼制改革"断代的强烈影响,但是罗泰断代的基础是他将由𤞷铸造的一组铜器定到厉王时期。但我相信这肯定是错的。①

我不赞同"礼制改革"模式的原因是相当简单的,但是这关系到材料的性质以及根据它们所能得出的结论的可信度。要证明一种"礼制改革"就要坚持主张存在这样一种历史过程(Historical

---

① 有关这一点,见 Edward L. Shaughnessy(夏含夷), "Review: *Chinese Society in the Age of Confucius*(1000-250 BC): *The Archaeological Evidence*, by Lothar von Falkenhausen", *Journal of Asian Studies* 66.4 (2007), 1130-1131. 在夏含夷指出的原因之外,罗泰断代的主要障碍,在我看来是𤞷盨通过其铭文中的联系与一组青铜器联结在一起,包括通常被断代为懿王和孝王时期的师𩛥簋、师晨鼎和谏簋。无论如何我们也不能无视这些与𤞷盨有关的所有青铜器的年代,而把它断定到厉王时期。见 Li Feng, "'Offices' in Bronze Inscriptions and Western Zhou Government Administration", *Early China* 27 (2003), 16-20.

process），在其中有关的新的礼制标准是由一位或几位"主体人"（Agent）有意识地制订并且系统地执行的，就像人类历史上所有的改革那样。但是用来支持西周所谓"礼制改革"的证据到目前为止仅仅是青铜器纹样和它们在墓葬中组合方式的变化。这是一个几乎没有历史记录佐证的历史学论点，而且是一种概念上的夸大，它的价值因物质文化与文字记录之间的割裂而被削弱。类似于"改革"或"革命"的某种事件在西周国家的礼制系统中发生的可能当然有，但是，尽管这个想法很有吸引力，可现有的证据并不足以证实它。没有文字证据被用来证明"改革"确实发生过，也没有已知的什么主体人被认为发起了"改革"；迄今为止被学者们列举的都是物质文化中可观察到的变化，它们大都模棱两可，无法被直接转换为一个具体的历史过程。然而，问题还不光是术语的选择，更在于该模式本身排斥了对我们从考古学中所发现的变化的其他可能性解释。

我正是在这个背景下以"西周中期的转变"的大标题来讨论西周中期发生的变化。从这个更大的背景来看，青铜艺术的变化就变得不那么奇特或是不合逻辑了，而且可以被更好地理解为在西周中期逐步发生的更加广泛的政治、社会和文化的一部分转变。虽然我们仍然不能定义这一转变的全部范围，但是金文和文献证据的结合允许我们至少确认以下的变化：从大规模军事扩张向防御性战争转变，中央朝廷与一些地方诸侯国之间分裂，王权继承产生不规则情况，政府服务出现混乱，官员任命仪式化，册命金文出现，中央政府官僚化，王畿内对经济资源争夺激烈，土地买卖和侵占引起纷争，王室授予官员零碎小片土地等等。虽然我们仍然不知道青铜艺术的变化与上面所提到的变化有怎样的联系，但是一种"更加厚重"，更加全面的，将政治、社会和经济因素结合起来考虑的阐释能够更好地解释青铜艺术中风格的变化。因此，在有确定的文字证据可以拿来证明所谓的"礼制改革"或"礼制革命"以前,我采取一种更加谨慎的立场,在"西周中期的转变"这一背景中来看待青铜艺术的风格变化。

我不认为质疑《西周的灭亡》没有做到什么是完全不公正的,正如尤锐本人客气地指出的那样。只是由于上面提到的原因,全部的真相需要两本书来阐明,而且那可能仍然是不够的。我承认这两本书的"劳动分工"对《西周的灭亡》中有关西周地理的讨论也有影响。柯鹤立(Constance A. Cook)指出,在她看来,我结合了所有可得的资料成功地勾勒出一个复杂而成熟的国家,就像在本书中国地形图(插页第1页)中描绘的那样,"它具有一个'帝国'的所有标记,尽管他(李峰)拒绝使用这个词汇"。我必须承认这幅地图中的线形边界让人错误地以为周人控制着中国东部不间断地连成一片的"广大陆地"(land mass)。与此相反,在《西周的灭亡》中,我明确地反驳了以线形边界来划定西周国家边界的做法(第187页)。然而,正如柯鹤立所注意到的,由于地形图的比例尺小,遗址名称不能像在区域地图上那样详细标出,只能画一条线来表示西周国家的空间范围和位置。这样尽管显示了周王朝政治权力自其在渭河流域的中心起所达到的最远地域,但是它并不准确,而且若将它理解成西周国家的线形边界,那显然就是误解了。

按照这个情况,西周国家的地理维度大致上可以与公元前8世纪的亚述帝国相媲美。但是,地理上的规模不是衡量帝国的唯一标准,虽然太小和成分太单一的国家不能称为帝国。我避免对西周国家使用"帝国"一词有许多原因,主要是因为中央王朝从未打算对西周国家的整个范围实行直接的行政管辖(在顾立雅的阐释中,它是以此为目的的);这一点将它与世界历史上众多著名的帝国区分开来,特别是中国的帝国。因此,柯鹤立指出这里关键的问题是广大的陆地究竟有多少受到周王朝的直接控制(实际上,与秦汉帝国相比,范围相当小),这无疑是正确的。《西周的政体》更好地解释了这一状况。在这里我用邑制国家模式来表现西周国家明显的政治特征。正如我在《西周的政体》中所讨论的,"邑制国家"意味着两点:(1)西周国家并不是作为一个地理上边界线分明的整合的实体而存在的,而是通过作为地缘政治单位的邑被标识出来,国家即存在于其中。它是通过国家政治权威编织起来的数千块土地的聚合体。(2)在国家所认为的它的"领土"(perceived "territory")之内存在着空白的空间,并且不同地方诸侯国的邑的群组之间也互有重叠,譬如某些被一个国家控制的邑可能离另一个国家的中心更近(《西周的政体》第 300 页)。由于这些情况,实际上没有一幅详尽的分区地图上能见到一条任何类型的线形边界;相反,我仅仅标出了各类遗址在它们地理环境中的位置(插页图 18,第 70、342、376 页)。

这个问题带出了更进一步的问题,即我在《西周的灭亡》中(第一章与附录一)如何将考古证据与文字记录结合起来研究西周国家的历史政治地理(historical-political geography)。在那里,我所做的绝不是仅仅以具有周文化风格的陶器与青铜器的发现地点来标识周人的存在的简单作业,甚至也不是标识西周政治性国家的集中点。当然,同时使用考古学与文献两种资料会给一些没有仔细阅读我的讨论并且也不能充分理解该书复杂性及其背后方法论的学者以一种机会,比如萨拉·纳尔逊(Sarah Nelson),认为我只是在这两类信息之间建立简单的关联[①]。但事实并不是她想象的那样。作为一名田野考古学家,我当然清楚地知道并一直在自己的研究实践中面对着物质材料不同类型的分布与人类族群分布之间的不一致性,并且确实在《西周的灭亡》的"绪论"中借助相关的

---

① 见 Sarah Nelson 对《西周的灭亡》的短篇评论,发表于 *Cambridge Archaeological Journal* 18 (2008), 126 - 127。

人类学的考古学文献仔细讨论了这个问题(第 20－27 页,特别参看第 26－27 页)。原则上,我接受吉德炜(David Keightley)提出的复原商代地理的方法论,他主张观察甲骨文中所提到的商代遗址与甲骨文表明有关地域内所发现的具有商文化内涵的考古遗址的重合部分。

但是,这项工作在《西周的灭亡》中是以一种更加精致和系统化的方式展开的。首先,关联性并不是通过把个别发现与文字记录中可以确定的具体历史事件相联系的方式来确立的。相反,有关联系尽可能地通过对"历史过程"以及物质发现所支持的考古过程的全面分析来建立(第 26 页)。为了做到这一点,在每个大的研究区域内,考古材料和文字记录先要分开进行研究,考古研究通常先行,为发现文化空间奠定基础(在《西周的灭亡》里,我用的分析模式假设"空间层次"包含至少一个"文化的层次"和一个"政治的层次";第 27 页)。第二,历史分析则是基于同时代的金文所提供的信息,它并不一定出土于所讨论的地区,而是提及那里历史发展的铭文。进而,这些要与传世的历史记录中有关周人(理解为效忠于西周国家的各族群,不局限于姬姓宗族)在该地区活动的记录一起考虑。这样做的目的是要不带偏见地使用这两类信息来揭示当地的"历史过程",以及展现该地区与西周国家在政治关系上的变化。第三,这种分析得到了出土于本地区的有铭青铜器的加强,这些本地青铜器确认了传世文献中所提及的某些地方诸侯国的重要遗址,或者描述了它们与周王朝的政治关系。第四,考古分析本身即分为两个层面:在贵族层面,青铜器与贵族居住的遗址被分析以揭示贵族文化在该地区的状况;在非贵族层面,我研究陶器以确认周和非周的文化要素以及各自的空间分布。采用这种多层次分析模式的原因在《西周的灭亡》中已清晰论述了,此处无须重复讨论(第 26－27 页,另见第 83－95 页)。

因此,这本书关于西周国家空间范围的结论也有不同的层面:当铭文提供一个地区与周王朝之间政治关系的清晰文字证据时,就像北京琉璃河出土的克的青铜器(第356－357页),或山东黄县出土的启或夓的青铜器(第329－330页),或湖北黄陂出土的长子狗青铜器那样(第345页),它们表明那些地区在西周国家的统治之下。根据"邑制国家"模式,这并不意味着这个地区中的每一片土地都由周人直接控制(见上面所述)。这同样必须在该地区广阔的文化背景中来理解并得到其支持,这个文化背景必须证明周文化在本地占主导地位。因此,虽然宜侯夨簋记录周王封赏了一个诸侯国,但是它被排除作为周人在长江三角洲有影响力的佐证,因为它被发现于一个非周文化主导的文化背景之中。实际上,我根据研究铭文中周人与淮夷的战争,总结出周王朝的势力从未控制过淮河以南的地区(第342－343页)。幸好西周考古与商代考古相反,它为我们提供了出土于本书地图所示的所有大区域中具有明确周文化背景的信息充足的铭文,它们形成了一个令人信服的与周王朝中心连接起来的政治关系网络。这也要求希望理解这种状况与本书结论的考古学家做到一桩费劲的事,即他们必须像历史学家那样去阅读和理解这些铭文的政治背景。然而,当某个地区缺少清楚地表明与周王朝中心政治关系的铭文时,我就给出一个概括性的结论,但在这种情况下周文化要素在贵族与非贵族层面都是非常明显的,比如对西部清水河上游和渭河上游地区研究所证实的。我在那里论述道:"周人将其文化,可能还有其政治影响,拓展到高耸的六盘山以西地区。"(第58页)请注意这里有递进意味的措辞和"可能"这个词,它清楚地把空间的文化层次与其政治层次(在此案例中还不太肯定)区分了开来。这里对政治空间所作的结论只是一种可能性,但这种可能性乃是基于合理的推论。再一次,这里宽广的考古学背景提供了最佳的解释。书里强调,就像考古学家通常理解的,与青铜器相比,陶器往往是当地制造的,而且与当地传统的联系更加紧密。

在西周考古中,具有周文化特征的某些类型被发现于另一种文化主导的背景当中,或是相反的情况,那么它们就与其自身文化环境相分离了。对这个时期物质文化有深入了解的考古学家往往能轻而易举地鉴别出这种文化上的反差,特别是在周代疆域的东(山东)、西边缘地区。按理说,这种强烈的反差反映了有可能存在人类族群或个体的迁徙,就像最近一则很好的研究案例,罗泰用宝鸡益门村二号墓(此处青铜器并无铭文)出土的独特文化特征表明了战国时期秦国的核心地区可能生活过一个很富有的"外国人"(alien)①。这跟我在《西周的灭亡》里详细研究过的宇村的情况很类似,尽管在西周晚期,后者的墓葬位于更加边缘的地区(第192—195页)。再一次说明,文化特征必须在更大的文化环境中来理解。林嘉琳说"物质特征反映的是文化,而不是人群"无疑是正确的;那么,人群与物质文化应当相互参照来进行研究也就很自然而然了。正是那些特征所存在其中的更大的文化背景,才是我们得出各种不同结论的最重要依据。

考古学中这种文化特征的可辨性与"边疆地区"的研究尤其相关,因为所谓的"边疆地区"是"位于中心国家直接进行政治控制的地区边缘的模糊空间,在那里地方性的和殖民的思想或实践是以通过穿越文化的方式复原起来的"②。(Linduff,见 Rerguson and Whitehead 2005)《西周的灭亡》第四章的最后一部分详细讨论了

---

① 见 Lothar von Falkenhausen, *Chinese Society in the Age of Confucius (1000-250 BC): The Archaeological Evidence* (Los Angeles: Cotsen Institute of Archaeology, UCLA, 2006), 224-228, 240-241.

② R. Brian Ferguson and N. L. Whitehead, *War in the Tribal Zone: Expanding States and Indigenous Warfare* (Santa Fe, NM: School of American Research Press, 2000), (2nd ed.), xii.

与西周国家西北边疆有关的地区的性质。在其中,我基于多个研究的观点,把边疆地区看作"是一个中间或者过渡性的地带,在这里,不同的文化相遇,不同种族团体相共存,不同经济类型相混杂"(第 187－188 页)①。因此,我的"边疆地区"概念就如林嘉琳所主张的,的确很接近所谓"接触地带"(contact zone)的边疆地区概念(见 Pratt)②。我承认我没有参考林嘉琳列出的几项研究,而它们会有助于我对周王朝西北边缘的讨论。但是我认为,在此主要基于历史学家的研究(实际上,Whittaker 在他对罗马边疆地区的研究中文献与考古材料都使用了),我能够得到有关"边疆地区"的一个类似的定义,即把它看成一系列允许文化模糊性与互动的地带。

此外,在《西周的灭亡》中,我通过使用以寺洼和周文化之间关系为代表的可靠的考古学证据,从两个方面证明了边疆地区的性质。第一,我说明了属于这两个文化的遗址是如何在甘肃东部和陕西西部广阔的"接触地带"相互交融的,寺洼文化最东端的遗址靠近周朝的中心地区,而周文化最西端的遗址靠近寺洼文化的核心区域。第二,我说明了属于这两个文化传统的特征甚至出现在同一个遗址中,比如甘肃东部的九站,这使该遗址显现出文化上被渗透和模糊的特点(第 191 页)。但是,无论哪种情况,这两种陶器生产传统的差异是如此鲜明,以致我们可以毫无疑虑地将它们区分开来。我还进一步证实了,在西周晚期,第三种文化传统正如宇村墓葬的青铜器上周文化与草原风格的融合所表现的,可能从北

---

① 见例如,Owen Lattimore, *Inner Asian Frontiers of China* (New York: American Geographical Society, 1940), 55－58, 238－242; Nicola Di Cosmo, *Ancient China and Its Enemies: The Rise of Nomadic Powers in East Asian History* (Cambridge: Cambridge University Press, 2002), 2; C. R. Whittaker, *Frontiers of the Roman Empire: A Social and Economic Study* (Baltimore: Johns Hopkins University Press, 1994), 71－73 84, 222－237.

② Mary Louise Pratt, *Imperial Eyes: Travel Writing and Transculturation*. (London: Routledge, 1992), 6－7.

方草原地区渗透到边疆地区(第192－195页)。除了考古分析以外,我还试图用金文中的信息来发现该"接触地带"中复杂的政治关系。在本书的大前提下,对西北边疆地区复杂性质的澄清为研究西周的灭亡,特别是有关申这类政体所扮演的角色,做好了丰富的文化背景铺垫。

我特别感谢夏玉婷(Maria Khayutina)和陈致提出的评论,他们两位明显极为仔细地读了这本书并考察了其细节。他们的一些评论关系到我下面将进一步讨论的本书中的一些要点,但是他们主要在三个方面有助于思考本书的方法论基础:(1)地理在本书研究中的位置;(2)用青铜器和金文作为研究西周历史的有效资料及其准确断代的依据;(3)对传世文献资料的使用。他们提出的问题涉及《西周的灭亡》赖以建立其上的基本假设,因此,我将在下面详细讨论这些问题。

夏玉婷提出的有关地理的问题与柯鹤立的问题是两码事,后者基本上是关于西周的历史地理及其方法。而夏玉婷问的是地理在历史研究中的学科作用,在这方面,她对问题的理解是相当敏锐的。她指出,在《西周的灭亡》中地理并没有仅仅作为历史的静态背景来对待;相反,对它的研究"是为了揭示人类为经济资源和政治权力而斗争的原因、环境和结果"(夏玉婷评语)。换句话说,地理是帮助我们解释历史过程的一个必不可少的要素。为了充分挖掘地理的阐释价值,我与哥伦比亚大学的地理信息系统专家一起设计了一系列最具专业水准的地图。这些地图拥有从现有中国地理信息系统数据库中生成的严谨的高精度图层,显示了标记在计算好的海拔高度上的考古遗址间的精确距离。正如夏玉婷公正地指出的那样,它们不仅允许我们看到历史遗址间的空间关系,还允许我们解释它们与地表形态的关系。比如,地理帮助我们理解为什么周人与玁狁在泾河谷地的战争对西周王朝的存亡如此重要,为什么像羊子山、孝感和鲁台山这样的遗址会位于长江中游的随枣走廊一线(第350-352页)。但是在更高的层面,地理研究为我们提供了一个重新阐释周代地方诸侯国的真实政治作用和西周国家所面临的战略性矛盾的新基础。正如陈致所引述的"周王朝在两个战略目标之间疲于奔命:一方面西周国家的完整性要依赖周王室对东方事务的持续介入;另一方面周王朝的存活却要系于西部的安全"(第4页)。然而,将这种方法称为"地理决定论"却是不准确的,实际上我在"绪论"中也着意提醒过戒备这种论点(第20-21页)。我强调地理对历史的影响必须以一种辩证的方式来理解,因为许多伟大的人类成就确实是克服地理局限的结果。因此,地理必须与政治权力的兴衰联系起来研究(第152-153页)。

我认为关键问题是,这里存在着本身就是某些地理要素创造者的主体人类(human agents)。如果没有具有自觉意识的主体人类的参加,那也就没有所谓的地理。基于同样原因,我把地表形态(Landscape)定义为"一个排列系统,一个结构,或者是人对山脉、谷地、河流等自然力形成的土地特征,以及聚落、道路和防御工事等人为造成的特征的一个管理系统"(第20页)。换句话说,地理能够解释一个人类的社会为何与如何应对其环境,但是它不能解释这个社会应对得多么成功,或者这个社会为什么在应对中失败。这种解释必须基于由历史过程所产生的原因。陈致提出的将西周国家与汉、唐帝国的比较是非常有意思的,因为这些较晚近的中华帝国同样必须应对中国东方与西方的地理分割,以及将它们联结起来的艰难的道路。但是它们出现在社会与技术发展的一个高得多的阶段上,而且拥有一个高级官僚机构借以将其控制力延伸到帝国每个角落的先进通信系统。帝国建立在与早期国家不同的原则和行政能力之上,它们的历史过程受到地缘政治的影响比受地理的影响更多。总之,地理提供了合理的解释,但是这一点需要关联到特殊的历史背景才能做到。

关于使用金文的问题，夏玉婷希望我全面地解释系统应用青铜器断代的方法论基础，这是合理的要求，因为这在《西周的灭亡》中没有讲明。我不记得为什么当时决定在书中不提这个方法论问题，但也可能是因为这个问题不久前在夏含夷的 *Sources of Western Zhou History*（西周历史资料）中讨论过了①。由于过去二十年中青铜器学科的持续推进，也由于这个问题关系到《西周的灭亡》和《西周的政体》两本书中使用金文的合理性，我想在此讨论一下。在我看来，大致有四种对青铜器及其铭文进行断代的方法：历史学、历法、艺术史和考古学。历史学方法将金文中的信息作为构建历史联系的基础来研究。最常用的方法是通过人名来断代。就此目的而言，周王名当然是最有价值的，因为它们将青铜器直接置于构成西周基本年表的周王的在位年代当中。除了这些名字用作谥号的情况以外，大约有八件青铜器清楚地提到了某位在位的周王。西周传世文献资料中为人所知的官员名字或重要的历史事件也是这样使用的。另一个用于断代的要素是周王的庙号；因为每位周王的庙建立于其统治结束之后，所以这些名字，尤其是那些与称为"康宫"的多位王的宗庙组相关的名字，被唐兰系统地用来为金文断代②。用人名作为断代线索是存在问题的，因为一个人生活的时段可能跨了不同王世，而且不同的人可能使用同样的名字。当人名是真正的世袭贵族头衔时，比如井伯或荣伯，这就尤其成问题。但是，我们从铭文中所了解的比较丰富的信息往往能使我们发现相关人名出现其中的更大的历史背景，这可以帮助我们建立青铜器之间的联系。

---

① 见 Edward L. Shaughnessy, *Sources of Western Zhou History: Inscribed Bronze Vessel* (Berkeley: University of California Press, 1991), 106-155.
② 见唐兰，《西周金文断代中的康宫问题》，《考古学报》1962 年第 1 期，第 15-48 页。

在一个更基本的层面上，我们不仅使用人名，还会考虑这些人的社会地位与政治角色，甚至他们出现的空间场景。当两个或更多人名同时出现在可被确定年代接近的不同青铜器上时，我们就有了更好的线索。而且实际上我们的确有不少这样的铭文，包括大部分的册命金文，它们提供了成串的人名。这些铭文使我们能复原跨几代周王统治的人际网络，比如夏含夷所证明的西周中期以井伯为中心的人际网络[1]，或例如我所说明的有关师虎的工作团队（《西周的政体》第134页）。尽管联系的紧密程度可能不同，但这种人际关系网络也可以在西周历史的其他时段建立起来，从而为我们提供了对新出铭文进行断代的可靠基础。因此，虽然存在上面提到的缺陷，但是使用铭文所含内在证据的历史学方法是一种有效的、也的确是最常用的青铜器断代方法。

利用历表进行断代需要参照西周金文中记录时间的四个要素的组合，即年、月、月相和干支日。并非所有有纪年的西周铭文都有完整的四个部分，但事实上我们有一组七十余件青铜器有这种完整的记载。基本方法是，首先用一个较短时期内——比如某个王世——所铸的有年份的铭文来确定每个月干支的分布范围，每个月被四个月相分割为四个时段。下一步是将这个序列与历史天文学家所提供的历表相对照，比如张培瑜的历表[2]，以确定它在历史年表中的真实位置；张表将过去3 500年中每月首日的干支都列了出来。同时，青铜器上所记录的年份可以用来重建周王王世的长度，这在传统材料中大都争讼不已。于是这个重建的历表就可以用来对新发现的有纪年的铭文进行断代。在《西周的灭亡》中，我采用了夏含夷基于倪德卫所建议的"双元年"理论（"Two first-year" theory）而提出的周王统治年代表；另一个年表系统最近由

---

[1] 见 Shaughnessy, *Sources of Western Zhou History*, 116–120.
[2] 张培瑜：《中国先秦史历表》（济南：齐鲁书社，1987）。

"夏商周断代工程"出版①。但是鉴于 2000 年以来发现的金文所提供的新资料,后者被证明是有一些问题的。

过去学者也曾提出许多不同的周王年表,比如夏玉婷提到许倬云和林嘉琳罗列的那些②。但是,并非所有这些旧年表都基于历表运算;即使那些原本基于历表干支计算的年表,也大多被近三十年来的大量新出金文资料证明是没有价值的。总的来看,我们可以说历谱断代的方法是有希望的,但是实际操作中所遇到的槛却似乎至今都无法完全逾越,因为没有一个假设每个周王只有一个"元年"的年表能够成功地适应所有有完整纪年的西周金文。另一方面,尽管"双元年"理论增加了铭文与年表匹配的概率——因为年表能从双元年中的任何一个元年算起,并因此而提供了一个更能适应所有纪年铭文的年表系统。但它却无法解释:如果一个"双元年"的历谱在西周时期确实曾被使用,那么当西周贵族在他们的铭文里记录某个特定年数时,为什么没有记录他们到底是从哪个元年算起?如果没有这样的记录,当他们在后来阅读铭文时,又如何不被搞混?因为铭文显然是为了读才铸造的。毕竟,一个历谱自周克商开始不间断地计数到公元前 771 年本身就是一个假设,因为我们无法确认周人从未校正过他们的历谱,从而从头或从任一随机数重新开始计数干支日。虽然重建一个有效的西周总历谱来作为确定铭文年代的基础有相当难度,但是在我看来,如果我们不那么过于有雄心,并用这种方法去研究其年代框架的可靠性至少由一些基于历史证据而能准确断代的青铜器所支撑的较短时期,那

---

① 夏商周断代工程专家组,《夏商周断代工程:1996 - 2000 年阶段成果报告》(北京:世界图书,2000),88。
② 见 Cho-yun Hsu and Katheryn Linduff, *Western Chou Civilization* (New Haven: Yale University Press, 1986),390,书中列出了陈梦家和白川静的年表系统作为比较。在这本书的中文版中,许倬云实际上用表列出了十五种以上王世的年表系统;见许倬云,《西周史》(北京:三联书店,2001),3。

么历表运算仍能在很大程度上帮助我们限定断代的可能范围。

艺术史方法仅依赖于青铜器器形及其装饰纹样的变化,因为这种风格分析是在对铭文的历史学研究已经提供了一些与有关某王世相连接的确定点后所进行的①,所以事实上探究整个西周时期青铜器演变的总体趋势并不困难。问题是如何构建一个能够使风格趋势精细化的系统。例如,在林巳奈夫的杰作中,西周被分成三个大的时期,每个时期又进一步分成两个小的时期(Ⅰa,Ⅰb,Ⅱa,Ⅱb,Ⅲa,Ⅲb),几乎那时所知的所有青铜器图像都被放到这个系统当中②。这项成果为渴望快速找到他们所遇到的青铜器的类型学定位的学者和学生提供了极大的方便。在一个基本的层面上,很可能对大多数仅仅基于形式风格的分析来说都一样,即一件青铜器被放在某个特定的位置上仅仅是因为从一种设定的发展逻辑看,它看起来好像应该是在那里,但是没有能够支持其定位的证据基础(Evidential ground)。在林巳奈夫的杰作中关于某一类型是应该早于或晚于另一类型多有可商榷之处,而更经常地,林巳奈夫用来分类的标准也往往令人严重生疑。他把青铜器作为一件一件的个体来看待,有时忽略了它们铭文中隐含的内在联系。对这一方法论更大的挑战是西周青铜器中有时出现的仿古造型,这不再仅仅是一个可能,而是一个事实③。

---

① 例如郭沫若早年的工作,《两周金文辞大系图录考释》,第8卷(北京:科学出版社,1958;第一版,东京,文求堂,1935),这是后来深入研究的基础。
② 见林巳奈夫:《殷蜀时代青铜器の研究》,第二卷(东京:吉川弘文馆,1984)。
③ 关于这个问题,见杰西卡·罗森在她近期的研究中深度的讨论,为青铜器研究开启了一个新维度:"Novelties and antiquarian revival: the case of the Chinese bronzes",《故宫学术季刊》22.1(2004),1-34。她识别出北赵93号墓与三门峡2006号墓出土的几件器物是西周晚期模仿西周早期风格生产的"娱乐"之器;"Reviving ancient ornament and the presence of the past: example from Shang and Western Zhou vessels", in *Reinventing the Past: Archaism and Antiquarianism in Chinese Art and Visual Culture*, ed. Wu Hung (Chicago: The Center for the Art of East Asia, University of Chicago, 2010), 47-76。她在其中进一步探讨了安阳出土的商晚期青铜器中模仿较早的二里岗时期装饰风格的例子。她在另一篇于2010年在中国社会科学院考古研究所发表的文章中,又一次识别出韩城梁带村的新发现中的这类青铜器。

考古学的青铜器研究方法恰恰是从艺术史方法的相反的方向开始，它成组地来看待青铜器，而且主要依赖青铜器所出土的考古遗址背景。基本的假设是，出土于同一个墓葬（出土于窖藏情况则不同）的西周青铜器大体上是在同一时期内铸造和使用的，因此它们可以用与考古学家分析陶器群的相同方式来分析。仅当科学发掘的成组青铜器积累到足以使我们发现原生陪葬器群发展规律的数量时，这种方法才可能有效。正如我在早年的研究中所证实的[①]，这些器物群可以被排列成一个演变序列，这不是由于任何单一类型的发展逻辑，而是因为每个器群都自然地包括大致同一时期的多种器形，可以按照多种器类所呈现的一般发展趋势而排成序列。因为这种分析是基于原生墓葬背景联系的信息，所以它在考虑另两个要素时具有优势：（1）器物组合本身，特别是构成陪葬器组合的每种器类的数量，可以分析以发现其历时变化；（2）不仅青铜器，还有同一墓葬出土的陶器也可以纳入分析。能这样做是因为通过它们在墓葬背景中的共生情况，青铜器可以与一个更广大的陶器年代序列联系起来，而陶器的分期序列常常在某一特定地区中被更好地了解，并且往往是直接基于田野的地层证据。因此，对共生陶器的分析可以再次确认青铜器群的发展序列。虽然单个器物的风格分析同样重要，但是它应当仅在研究的较晚阶段才进行，并作为以器物群为中心的研究结果来呈现出来。最终，器物群的发展序列可以被分成几期并在必要时与王世相联系。对考古学方法的挑战在于，有时在晚期的墓葬中会有年代比较早的青铜器出现。但是，由于随葬铜器群的数量随着考古发现而持续增加，这就能让我们反复验证

[①] 李峰：《黄河流域西周墓葬出土青铜器的分期与年代》，《考古学报》1988年第4期，第383—419页；《虢国墓地铜器群的分期及其相关问题》，《考古》1988年第11期，第1035—1043页。

其规律以排除可能存在的早期器物。总而言之,这种方法的基础更加广泛,并且比简单的风格分析更能得到实证支持。

我在上面讨论了西周青铜器及其铭文的四种断代方法的优劣。由于研究西周的学者们所处理的问题的复杂性——青铜器本身包含的器物与文本的结合——他们可以在不断扩展的材料基础之上选择适合的断代方法。最最重要的是,在任何可能的情况下,我们将四种方法结合起来使用以得出最为可靠和准确的青铜器断代。在一个理想的断代研究过程中,每种方法所起到的独特作用可以描述如下:首先,艺术史与考古学方法能够帮助弄清一件青铜器所属的年代范围;在以前研究的基础上,我们现在有可能将西周三个大时期内每一期的早、晚两段分辨出来。然后,考古学方法可以帮助我们进一步检验同一器形在不同墓葬中的出土情况,以及时常与其共生从而形成一种断代的类型学背景联系的其他青铜器器形。以这种分期作为时间框架,我们再来检验其铭文所包含的内在证据,以建立它与其他可断代青铜器的联系,根据可获的信息,我们可以将一件青铜器精确地断定到某个王世、某一年,甚至是某一天。即使在不可能断定王世的情况下,历史学与历法信息的研究也往往能帮助我们将青铜器放到已建立的与特殊历史事件点相关的关系网络中。当然,这并不意味着我们解决了所有青铜器的年代问题。相反,常常存在关于某一件青铜器是否应当断定在某王世的争论(实际上,我们有时最好将一件青铜器年代断定相邻的两个王世,这可以允许有一定的灵活性)。但是这种断代总是能基于一件青铜器与其他青铜器的联系,这是应该赞许的。在《西周的灭亡》中,我无法在脚注中充分讨论所引用的每件青铜器的断代根据。然而,我的确简要解释了用来断定它们年代的最重要的线索。在年代有争议的一些例子中,尤其是如果该争议涉及本书的主要分析,我就对其断代进行了更加充分的讨论①。

使用传世文献的好处和坏处是一个更加复杂的问题,我已经在《西周的灭亡》中以相当长的篇幅讨论过了。再次说明,在对西周时代的研究中使用传世文献最重要的一点是要将文本信息按时代分割成不同的层位,这是"古史辨"学者在七十年前已经教导我们的一种方法。正如在"绪论"部分已经清晰阐述的,用于研究西周历史的文献材料可以分成三个层次:(1) 同时代的或几近同时代的资料,比如《尚书》的相关篇章和《诗经》中的某些诗歌;(2) 战国的资料,最重要的是《竹书纪年》和《国语》;(3) 汉代的资料,比如《史记》。除了研究秦代历史以外,像《史记》这类汉代的文献在西周研究的背景中只能被用作"表达汉人观点的二手资料"。汉朝期间所编写的地理资料则与此不同,因为它们涉及的历史遗址在汉代时可能仍幸存从而被记录下来,而且考古发现已经证实这些记录大多数都是准确的。

周人克商时期的史料信息主要见于《尚书》中的"诰"以及《诗经》中的相关诗歌,还有近现代对相关材料的研究。夏玉婷质疑使用"诰"中的信息来研究西周历史的合理性,原因是冯凯(Kai Vogelsang)最近对"诰"各章作为西周文献的可靠性进行了"严重攻击"。然而,冯凯对"诰"的研究,特别是他对其词汇与西周金文

---

① 关于《西周的灭亡》中对铭文的阐释,夏玉婷和陈致提出了许多有意思的观点。比如,夏玉婷质疑函皇父的身份,并提出函皇父可能是函这一定居于远离周原的宗族的族长,而他所铸的青铜器却在周原被发现。这当然并非不可能,但是我认为仍然需要关注更大背景中的问题。虽然"皇父"并不是一个人的名字,但是它在整个西周金文中的使用情况实在是非常有限。但更重要的是,我认为函皇父所铸的青铜器组不是媵器;相反,它们极有可能是皇父为琱娟这位嫁入函氏宗族的女子而铸的。换言之,函氏宗族在青铜器的发现地周原有一个住宅;包含大量青铜器(11件鼎、8件簋、2件盨、2件壶)的原生器组和盘上的铭文都表明皇父的社会地位是非常高的。因此,仍然不能否认函皇父就是西周晚期王室中威望显赫的皇父,就像过去大多数学者赞同的那样。同样,陈致提出了武公与多友鼎关系的问题。这又要在更大的背景中来看,我在《西周的灭亡》中文版第142–143页的脚注①中澄清,多友鼎比较合适的断代是厉王时期,而不是宣王时期。由于多友鼎铭的内容与禹鼎、敔簋和叔向父禹簋密切相关,它们最好被认为是一个与厉王时期普遍的社会政治问题有关的组合。依此,它们表明了武公的确拥有非同寻常的权势。

语言的比较,在我看来存在着严重的逻辑和方法论的缺陷,从而导致了他对整个情况的误判(见以下原因)。至于用诗歌《北山》来证明"周王对天下的一切土地和人民拥有主权"的王室理论,读者需要进一步往下读。我的讨论明白地以相关的社会现实否定了该理论,因为地方诸侯国的国君得到的是全部的行政权力,并且他们隔离了周王的权威。但是,正如《西周的政体》中进一步讨论的,鉴于新发现的金文,周王频繁地作出牵涉整个西周国家的决策,并对远在王畿以外地区发生的危机进行回应。这表明周王可能真的怀有这样一种政治理想主义。如果这一理论曾被作为一种政治辞令来使用的话,我们就没有理由质疑它为什么在西周不能被这样使用。

鉴于我在《西周的灭亡》"绪论"中所概述过的原因(第 17 - 18 页),质疑西周以后的资料对西周历史研究的价值肯定是合理的,但是如果有人认为我们的研究应当仅仅到此为止,那就彻底错了。西周以后的资料有歪曲甚至捏造以反映后世观念的问题,这是众所周知的,即使受过基本史学史训练的研究生都能轻而易举地辨明这些后世文本中的一些伪造之处。但是真正的问题在于:那么我们能够或者将会怎么办?正如我在"绪论"中提到的,即使是西周同时代的资料,比如《尚书》中的"诰",也有可能经过后代编辑之手修改,以致掺入了后代的语法特征。这对文本流传来说是很自然的事,但是我们不能仅据此一项就将文献的最初创作(Original composition)断定为后代,正如我们不能用现代编辑的修改来判断今天一部学术作品的创作时间和质量一样。另一方面,即使原本在稍晚的历史时期创作的材料也仍然可能包含些许流传自西周的有价值的真实信息,这是任何人都难以否定的一个事实。

这种情形对使用传世史料来研究中国古代历史是一个重要的挑战,也是古史辨派学者充分意识到、但鉴于他们可用方法的局限所无法克服的一个困境;他们的研究方法主要是通过对文本历史的熟练分析来确定文献年代。但是,鉴于上述原因,一份文献的创作年代可能又与其所含信息的年代迥然相异。遗憾的是,古史辨派的观念至今仍然是一些学者遵守的理论框架,他们仅仅以对传世史料进行质疑来取得心理满足。这个问题自然不限于西周研究,甚或不限于古代中国研究。但是每个负责任的中国古代史学者都必须选择他(或她)的立场,究竟是要停留于对史料的不准确性的哀叹,从而冒险滑入毫无希望的学术虚无主义的境地,还是要利用这些文献中有价值的信息,来力求对古代真正发生过什么取得至少一点坚实的理解。怀疑的态度能够为我们的研究提供一个健康的起点,但是它从来就不应该是历史学的终极目标。

就西周历史研究而言,我认为我们确实有一些可以帮助克服传世史料所带来的挑战的策略,来推动该领域向前发展。首先,帝国出现以前的中国是一个被多种地区性文化分割开的世界,这种社会状况使我们有可能去比较各地区背景中独立产生并传承下来的历史文献。这一情形与汉唐帝国时期文献传承与扩散的历史背景极为不同。如果两种或三种无法证实其相互之间有继承关系的史料对某一历史发展有同样的看法,我们就必须审慎地思考这样一种可能性——它们基于同一个较早的可能是传自西周同时期的传统。这个观点已经在"绪论"中有关《竹书纪年》和《国语》的部分讨论过(第18-19页)。但更重要的是,它们不应该被单独或作为第一重要的史料来使用。相反,在对某一特殊历史事件或历史过程的研究中,同时代的金文首先或最优地为我们提供了一种概要性叙述的几个坚实支撑点,然后文献资料可以与金文联系起来使用并填补金文所留下的空隙。在最基本的层面上,考古发现已经为我们阐明了西周国家及其众多的地域组成部分的基础文化结构。特别是科学考古发掘所得的有铭文青铜器,使我们能够复原与从铭文和有关文献研究所获知的历史过程相联系的地理背景。

关于西周历史的这种多层次和多维度的知识给我们提供一个更加稳妥的基础,历史学家可借此以最佳的判断力充分探索特别是传世文献的重要性。在公正地考虑考古学、古文字学和传世文献等所有这些史料的前提下,我们能够获得理解西周历史的一些坚实基础。如果说《西周的灭亡》已经做到了一些什么事的话,那正是它为早期中国研究领域贡献了这么一点坚实的基础。我倍感荣幸是,本书所有的评论者都认为这一多学科的研究方法——考察所有的证据——其实是有助益的,并且在这一点上本书是一个成功,而非失败。

2011年5月6日,于纽约森林小丘

李　峰

翻译:潘　艳

参 考 文 献

古 代 文 献

《尔雅》,《十三经注疏》,第 2563 - 2653 页,北京:中华书局,1979 年。

《穀梁传》,《十三经注疏》,第 2357 - 2451 页,北京:中华书局,1979 年。

《国语》,2 册,上海:上海古籍出版社,1988 年。

《汉书》(班固),12 册,北京:中华书局,1962 年。

《后汉书》(范晔),11 册,北京:中华书局,1964 年。

《礼记》,《十三经注疏》,第 1221 - 1696 页,北京:中华书局,1979 年。

《吕氏春秋》(吕不韦),《二十二子》,第 625 - 728 页,上海:上海古籍出版社,1986 年。

《穆天子传》,《四部丛刊》,上海:商务印书馆,1920 年。

《三国志》(陈寿),5 册,北京:中华书局,1959 年。

《尚书》,《十三经注疏》,第 113 - 258 页,北京:中华书局,1979 年。

《山海经》,《二十二子》,第 1334 - 1387 页,上海:上海古籍出版社,1986 年。

《史记》(司马迁),10 册,北京:中华书局,1959 年。

《诗经》,《十三经注疏》,第 259 - 630 页,北京:中华书局,1979 年。

《水经注校》(郦道元,王国维校),上海:上海人民出版社,1984 年。

《说文解字》(许慎),北京:中华书局,1963 年。

《太平寰宇记》(乐史),金陵书局,1882 年。

《太平御览》,北京:中华书局,1963 年。

《通典》(杜佑),北京:中华书局,1963 年。

《通志》(郑樵),上海:商务印书馆,1935 年。

《文选》(萧统),京都:中文出版社,1971年。
《小尔雅》(孔鲋著,宋咸注),上海:商务印书馆,1960年。
《逸周书》,《四部备要》,上海:中华书局,1930年。
《元和郡县图志》(李吉甫),2册,北京:中华书局,1983年。
《周礼》,《十三经注疏》,第631-943页,北京:中华书局,1979年。
《周易》,《十三经注疏》,第1-108页,北京:中华书局,1979年。
《竹书纪年》,《四部丛刊》,上海:商务印书馆,1920年。
《资治通鉴外记》(刘恕),上海:商务印书馆,1929年。
《左传》,《十三经注疏》,第1697-2188页,北京:中华书局,1979年。

论著和考古报告

(中文)

A

艾延丁:《申国之谜之我见》,《中原文物》1987年第3期,第107-111页。
安维峻:《甘肃省新通志》,兰州:1909年。

B

白光琦:《秦公壶应为东周初期器》,《考古与文物》1995年第4期,第71页。
《宝鸡𢎭国墓地》(卢连成、胡智生),北京:文物出版社,1988年。
《北京考古四十年》(北京市文物研究所),北京:燕山出版社,1990年。

C

蔡运章:《论虢仲其人》,《华夏考古》1994年第2期,第86-89页。
蔡运章:《虢文公墓考》,《华夏考古》1994年第3期,第42-45、94页。
岑仲勉:《中外史地考证》,香港:太平出版社,1966年。
柴小明:《华北地区西周陶器初论》,载《燕文化研究论文集》,陈光编,第105-116页,北京:中国社会科学出版社,1995年。
常兴照、程磊:《试论莱阳前河前墓地及有铭陶盉》,《北方文物》1990年第1期,第20-25页。
《长安张家坡西周铜器群》(中国科学院考古研究所),北京:文物出版社,

1965年。

晁福村:《论平王东迁》,《历史研究》1991年第6期,第8-23页。

陈邦怀:《曹伯狄簋考释》,《文物》1980年第5期,第27、67页。

陈昌远:《古邢国始封地望考辩》,《中国历史地理论丛》1991年第3期,第235-242页。

陈昌远:《许国始封地望及其迁徙的历史地理问题》,《中国历史地理论丛》1993年第4期,第41-54页。

陈逢衡:《竹书纪年集证》,裛露轩,1813年。

陈公柔:《记几父壶柞钟及其同出的铜器》,《考古》1962年第2期,第88-101页。

陈公柔:《西周金文中的新邑成周与王城》,载《庆祝苏秉琦先生考古五十五年论文集》,第386-397页,北京:文物出版社,1989年。

陈怀荃:《大夏与大原》,《中国历史地理论丛》1993年第1期,第95-105页。

陈奂:《诗毛氏传疏》,3册,北京:中国书店,1984年(漱芳斋版,1851年)。

陈力:《今本竹书纪年研究》,《四川大学学报丛刊》28(1985),第4-15页。

陈梦家:《西周年代考》,上海:商务印书馆,1945年。

陈梦家:《西周铜器断代》,《考古学报》9(1955),137-175;10(1955),69-142;1956.1,65-114;1956.2,85-94;1956.3,105-278;1956.4,85-122。

陈梦家:《殷墟卜辞综述》,北京:科学出版社,1956年。

陈梦家:《西周铜器断代》,《燕京学报》(新)1,1995年,第235-289页。

陈槃:《春秋大事表列国爵姓及存灭表譔异》,台北:"中央研究院",1969年。

陈槃:《不见于春秋大事表之春秋方国稿》,台北:"中央研究院",1970年。

陈平:《浅谈礼县秦公墓地遗存与相关问题》,《考古与文物》1998年第5期,第78-87页。

陈全方:《周原与周文化》,上海:人民出版社,1988年。

陈寿(陈公柔、张长寿):《太保簋的复出和太保诸器》,《考古与文物》1980年第4期,第23-30页。

陈昭荣:《谈新出秦公壶的时代》,《考古与文物》1995年第4期,第64-70页。

程发轫:《春秋左氏传地名图考》,台北:广文书局,1967年。

崔述:《崔东壁遗书》,顾颉刚编订,上海:上海古籍出版社,1983年。

崔乐泉:《山东地区东周考古学的序列》,《华夏考古》1992年第4期,第73-

97页。

D

戴春阳:《古瓜州考辩》,《西北史地》1989年第11期,第40-51页。

邓绶林、刘文彰等:《河北省地理》,石家庄:河北人民出版社,1986年。

丁山:《召穆公传》,《中央研究院历史语言研究所集刊》2(1930),第89-111页。

丁山:《甲骨文所见氏族及其制度》,北京:中华书局,1988年。

董作宾:《甲骨文断代研究例》,载《蔡元培先生六十五岁庆祝论文集》,《国立中央研究院历史语言研究所集刊》,第323-424页,北平:1933年。

杜正胜:《周秦民族文化戎狄性的考察:简论关中出土的北方式青铜器》,《大陆杂志》87.5(1993),第1-25页。

段连勤:《关于夷族的西迁和秦嬴的起源地族属问题》,载《先秦史论集》(人文杂志专刊),西安:1982年。

段玉裁:《说文解字注》,上海:上海古籍出版社,1981年(据1815年版标点重印)。

F

樊士锋、洪亮吉:《长武县志》,1783年。

范祥雍:《古本竹书纪年辑校订补》,上海:新知识出版社,1956年。

方善柱:《西周年代学上的几个问题》,《大陆杂志》51.1(1975),第15-23页。

《沣西发掘报告》(中国科学院考古研究所),北京:文物出版社,1962年。

傅斯年:《大东小东说》,载《傅孟真先生集》,第1-17页,台北:台湾大学出版社,1952年。

《扶风齐家村青铜器群》(陕西省博物馆),北京:文物出版社,1963年。

G

高亨:《周代地租制度考》,《文史哲》1956年第10期,第42-57页。

高鸿缙:《虢季子白盘考释》,《大陆杂志》2.2(1951),第7-9页。

高景明:《丝绸之路长安-陇州道》,《文博》1988年第6期,第46-50页。

高士奇:《春秋地名考略》,清吟堂,1688年。

高至喜:《论湖南出土的西周铜器》,《江汉考古》1984年第3期,第59-66页。

顾颉刚:《史林杂识》,北京:中华书局,1963年。

顾颉刚:《从古籍中探索我国的西北民族——羌族》,《社会科学战线》1980年第1

期,第 117 - 152 页。

顾铁符:《信阳一号楚墓的地望与人物》,《故宫博物院院刊》1979 年第 2 期,第 76 - 84 页。

《故宫铜器图录》2 册(台北故宫博物院联合管理处),台北:故宫博物院,1958 年。

顾祖禹:《读史方舆纪要》,台北:乐天出版社,1973 年(第一次全版,1811 年)。

郭宝钧:《商周铜器群综合研究》,北京:文物出版社,1981 年。

郭沫若:《盠器铭考释》,《考古学报》1957 年第 2 期,第 1 - 6 页。

郭沫若:《三门峡出土铜器二三事》,《文物》1959 年第 1 期,第 13 - 15 页。

郭沫若:《两周金文辞大系图录考释》,8 册,北京:科学出版社,1958 年(初版,东京:文求堂,1932 年)。

郭沫若:《中国史稿》,北京:人民出版社,1976 年。

H

《海岱考古》1(1989),第 292 - 312 页,《山东昌乐县商周文化遗址调查》。

《海岱考古》1(1989),第 314 - 319 页,《山东黄县东营周家村西周残墓清理简报》。

韩伟:《关于秦人族属及文化渊源管见》,《文物》1986 年第 4 期,第 23 - 27 页。

韩伟:《论甘肃礼县出土的秦金箔饰片》,《文物》1995 年第 6 期,第 4 - 11 页。

郝铁川:《西周的国人与彘之乱》,《河南师大学报》1984 年第 1 期,第 39 - 42 页。

何凡:《国人暴动性质辨析》,《人文杂志》1983 年第 5 期,第 76 - 77 页。

何光岳:《群舒与偃姓诸国的来源和分布》,《江淮论坛》1982 年第 6 期,第 75 - 80 页。

何浩:《西申东申和南申》,《史学月刊》1988 年第 5 期,第 5 - 8 页。

《河南省志:区域建置志,山川地貌志》(河南省地方志编辑委员会),郑州:河南人民出版社,1994 年。

《河南省志:文物志》(河南省地方志编辑委员会),郑州:河南人民出版社,1994 年。

《河南考古四十年》(河南省文物研究所),郑州:河南人民出版社,1994 年。

胡谦盈:《论寺洼文化》,《文物集刊》2,1980 年,第 118 - 124 页。

胡谦盈:《丰镐考古工作三十年》,《文物》1982 年第 10 期,第 57 - 67 页。

胡谦盈:《姬周族属及文化渊源》,载《亚洲文明论丛》,第 59 - 72 页,成都:四川人民出版社,1986 年。

胡谦盈:《试谈先周文化及其相关问题》,载《胡谦盈周文化考古研究选集》,第124-138页,成都:四川大学出版社,2000年。

胡谦盈:《南豳碾子坡先周文化居住址和墓葬发掘的学术意义》,载《周秦文化研究》,第153-162页,西安:陕西人民出版社,1998年。

胡渭:《禹贡锥指》,载《皇清经解》,8-15册,广州:学海堂,1829年。

胡志祥:《西周对淮夷政策初探》,《华东师范大学学报》1989年第1期,第84-89页。

黄汝成:《日知录集释》,长沙:岳麓书社,1994年。

黄盛璋:《驹父盨盖铭文研究》,《考古与文物》1983年第4期,第52-55页。

黄盛璋:《铜器铭文宜虞矢的地望与吴国的关系》,《考古学报》1983年第3期,第295-305页。

黄盛璋:《多友鼎的历史与地理问题》,载《古文字论集》,《考古与文物丛刊》2,第12-20页,西安:1983年。

《华夏考古》1988年第1期,第30-44页,《平顶山市北滍村两周墓地一号墓发掘简报》。

《华夏考古》1992年第3期,第92-103页,《平顶山应国墓地九十五号墓的发掘》。

《华夏考古》1992年第3期,第104-113页,《三门峡上村岭虢国墓地M2001发掘简报》。

惠栋:《春秋左传补注》,载《皇清经解》,卷353-358,广州:学海堂,1829年。

J

姬乃军:《延安史话》,北京:教育科学出版社,1988年。

贾金标、任亚珊等:《邢台地区西周陶器的初步研究》,载《三代文明研究》,第65-75页,北京:科学出版社,1999年。

翦伯赞:《秦汉史》,北京:北京大学出版社,1983年。

姜涛:《虢国墓地发掘纪实》,《文物天地》1992年第1期,第9-12页。

江永:《春秋地名考实》,载《皇清经解》,卷253-255,广州:学海堂,1829年。

《江汉考古》1982年第2期,第37-61页,《湖北黄陂鲁台山两周遗址与墓葬》。

《江汉考古》1983年第1期,第51-53页,《襄阳山湾出土的鄀国和邓国铜器》。

《江汉考古》1983年第1期,第80页,《京山县发现一批西周青铜器》。

《江汉考古》1984 年第 2 期,第 7 - 12 页,《当阳磨盘山西周遗址试掘简报》。

《江汉考古》1990 年第 2 期,第 31 - 43 页,《湖北大悟吕王城遗址》。

焦循:《雕菰集》,上海:商务印书馆,1936 年。

《吉金文录》(吴阖生),1933 年。

《近出殷周金文集录》,4 册(刘雨、卢岩),北京:中华书局,2002 年。

金景芳:《古史论集》,济南:齐鲁书社,1982 年。

《济宁州金石志》(徐宗干),1845 年。

《攈古录》(吴式芬),海丰:吴氏,1796 - 1875。

《攈古录金文》(吴式芬),海丰:吴氏,1895。

K

《考古》1959 年第 4 期,第 187 - 188 页,《洛阳东郊西周墓发掘简报》。

《考古》1959 年第 10 期,第 531 - 536 页,《1957 年邯郸发掘简报》。

《考古》1959 年第 11 期,第 588 - 591 页,《陕西渭水流域调查简报》。

《考古》1961 年第 6 期,第 289 - 297 页,《山东临淄齐故城试掘简报》。

《考古》1962 年第 1 期,第 1 - 9 页,《湖北蕲春毛家嘴西周木构建筑》。

《考古》1962 年第 1 期,第 20 - 22 页,《1960 年秋陕西长安张家坡发掘简报》。

《考古》1963 年第 4 期,第 224 - 225 页,《湖北江陵万城出土西周铜器》。

《考古》1964 年第 9 期,第 441 - 447、474 页,《陕西长安沣西张家坡西周遗址的发掘》。

《考古》1965 年第 9 期,第 447 - 450 页,《陕西长安张家坡西周墓清理简报》。

《考古》1972 年第 2 期,第 35 - 36 页,《洛阳北窑西周墓清理记》。

《考古》1974 年第 1 期,第 1 - 5 页,《陕西长安新旺村出土的西周铜器》。

《考古》1974 年第 5 期,第 309 - 321 页,《北京附近发掘的西周奴隶殉葬墓》。

《考古》1974 年第 6 期,第 356 - 363 页,《磁县界段营发掘简报》。

《考古》1974 年第 6 期,第 364 - 372 页,《辽宁喀左县北洞村出土的殷周青铜器》。

《考古》1976 年第 1 期,第 31 - 38 页,《陕西岐山贺家村西周墓葬》。

《考古》1976 年第 1 期,第 39 - 48 页,《甘肃灵台县两周墓葬》。

《考古》1976 年第 4 期,第 228、246 - 258 页,《北京地区的又一重要考古收获——昌平白浮西周木椁墓的新启示》。

《考古》1976 年第 4 期,第 274 页,《江苏溧水发现西周墓》。

《考古》1977年第1期,第71-72页,《陕西长安沣西出土的邁盂》。
《考古》1977年第5期,第292-360页,《江苏句容县浮山果园西周墓》。
《考古》1978年第3期,第151-154页,《江苏金坛鳖墩西周墓》。
《考古》1979年第1期,第23-26页,《河北元氏县西张村的西周遗址和墓葬》。
《考古》1979年第2期,第107-118页,《江苏句容浮山果园土墩墓》。
《考古》1980年第1期,第32-44页,《山东滕县古遗址调查简报》。
《考古》1981年第1期,第13-18页,《1976-1978年长安沣西发掘简报》。
《考古》1981年第2期,第111-118页,《河南罗山县蟒张商代墓地第一次发掘简报》。
《考古》1981年第2期,第128页,《陕西武功县出土楚簋诸器》。
《考古》1981年第4期,第314、370页,《河南平顶山市发现西周铜簋》。
《考古》1981年第6期,第496-499、555页,《四川彭县西周窖藏铜器》。
《考古》1981年第6期,第557-558页,《甘肃灵台两座西周墓》。
《考古》1982年第2期,第139-141页,《湖北随县新发现古代青铜器》。
《考古》1982年第6期,第584-590页,《甘肃庄浪县徐家碾寺洼文化墓葬发掘纪要》。
《考古》1983年第4期,第289-292页,《烟台上夼村出土纪国铜器》。
《考古》1983年第5期,第388、430-441页,《1975-1979年洛阳北窑西周铸铜遗址》。
《考古》1983年第11期,第982-984页,《宁夏固原县西周墓清理简报》。
《考古》1984年第4期,第333-337页,《山东滕县发现滕侯铜器墓》。
《考古》1984年第6期,第510-514页,《湖北随县发现商周青铜器》。
《考古》1984年第5期,第404-416页,《1981-1983年琉璃河西周燕国墓地发掘简报》。
《考古》1984年第6期,第510-514页,《湖北随县发现商周青铜器》。
《考古》1984年第7期,第594-597页,《山东日照顾何亚出土一批青铜器》。
《考古》1984年第9期,第779-783页,《长安沣洗早周墓葬发掘纪略》。
《考古》1984年第6期,第510-514页,《湖北随县发现商周青铜器》。
《考古》1985年第3期,第284-286页,《平顶山市出土周代青铜器》。
《考古》1985年第4期,第349-352页,《甘肃宁县宇村出土西周青铜器》。

《考古》1986 年第 1 期,第 11、22－27 页,《长安张家坡西周井叔墓发掘简报》。

《考古》1986 年第 3 期,第 197－209 页,《1979－1981 年长安沣西、沣东发掘简报》。

《考古》1986 年第 11 期,第 977－981 页,《1984 年沣西大原村西周墓地发掘简报》。

《考古》1987 年第 1 期,第 15－32 页,《1984－1985 年沣西西周遗址墓葬发掘报告》。

《考古》1987 年第 8 期,第 678－691 页,《甘肃西和栏桥寺洼文化墓葬》。

《考古》1987 年第 8 期,第 692－700 页,《陕西长安沣西客省庄西周夯土基址发掘报告》。

《考古》1987 年第 9 期,第 773－777、864 页,《宁夏中宁县青铜短剑墓清理简报》。

《考古》1988 年第 1 期,第 15－23 页,《洛阳老城发现四座西周车马坑》。

《考古》1988 年第 1 期,第 24－26 页,《山东临淄齐国故城西周墓》。

《考古》1988 年第 5 期,第 466 页,《河南平顶山发现西周甬钟》。

《考古》1988 年第 7 期,第 601－615 页,《1982－1983 年陕西武功黄家河遗址发掘简报》。

《考古》1988 年第 9 期,第 769－777、799 页,《1984 年长安普渡村西周墓葬发掘简报》。

《考古》1988 年第 10 期,第 882－893 页,《安阳郭家庄西南的殷代车马坑》。

《考古》1989 年第 1 期,第 10－19 页,《河南信阳县狮河港出土西周早期铜器群》。

《考古》1990 年第 1 期,第 20－31 页,《北京琉璃河 1193 号大墓发掘简报》。

《考古》1990 年第 6 期,第 504－510 页,《陕西长安张家坡 M170 号井叔墓发掘简报》。

《考古》1991 年第 1 期,第 332－336 页,《山东乳山县南黄庄西周石板墓发掘简报》。

《考古》1991 年第 10 期,第 910－918 页,《山东黄县归城遗址的调查与发掘》。

《考古》1994 年第 4 期,第 377－378 页,《山东招远出土西周青铜器》。

《考古》1995 年第 9 期,第 788－791、801 页,《洛阳东郊 C5M906 号西周墓》。

《考古》1996 年第 5 期,第 93－94 页,《山东广饶县草桥遗址发现西周陶器》。

《考古》2000 年第 9 期,第 9－23 页,《河南鹿邑县大清宫西周墓的发掘》。

《考古精华》(中国社会科学院考古研究所),北京:科学出版社,1993年。
《考古通讯》1956年第1期,第27-28页,《洛阳的两个西周墓》。
《考古学报》9(1955),第91-116页,《1952年秋季洛阳东郊发掘报告》。
《考古学报》1957年第1期,第103-118页,《山西长治市分水岭古墓的清理》。
《考古学报》1959年第2期,第15-36页,《洛阳涧滨东周城址发掘报告》。
《考古学报》1959年第4期,第59-87页,《安徽屯溪西周墓葬发掘报告》。
《考古学报》1973年第2期,第27-39页,《宁城县南山根的石椁墓》。
《考古学报》1975年第1期,第73-111页,《磁县下潘旺遗址发掘报告》。
《考古学报》1977年第2期,第99-130页,《甘肃灵台白草坡西周墓》。
《考古学报》1979年第1期,第27-146页,《1969-1977年殷墟西区墓葬发掘报告》。
《考古学报》1980年第4期,第457-502页,《1967年长安张家坡西周墓葬的发掘》。
《考古学报》1987年第3期,第359-395页,《甘肃甘谷毛家坪遗址发掘报告》。
《考古学报》1991年第4期,第449-495页,《薛国故城勘查和墓葬发掘报告》。
《考古学报》1992年第3期,第365-392页,《滕州前掌大商代墓葬》。
《考古学研究》3(1997),第300-460页,《甘肃合水九站遗址发掘报告》。
《考古与文物》1980年第1期,第7-12页,《岐山贺家村周墓发掘简报》。
《考古与文物》1980年第2期,第17-20页,《陕西淳化史家原出土西周大鼎》。
《考古与文物》1981年第1期,第8-11页,《咸阳地区出土西周青铜器》。
《考古与文物》1981年第4期,第27-28页,《穆公簋盖铭文简释》。
《考古与文物》1982年第2期,第6页,《眉县出土王作中姜寳鼎》。
《考古与文物》1982年第4期,第15-38页,《凤翔南指挥西村周墓的发掘》。
《考古与文物》1983年第1期,第109页,《河南平顶山又出土一件邓公簋》。
《考古与文物》1983年第3期,第8-11页,《甘肃庆阳地区出土的商周青铜器》。
《考古与文物》1984年第1期,第53-65页,《陕西凤翔出土的西周青铜器》。
《考古与文物》1985年第1期,第12-18页,《扶风齐家村七、八号西周铜器窖藏清理简报》。
《考古与文物》1986年第1期,第1-7页,《甘肃崇信于家湾周墓发掘简报》。
《考古与文物》1986年第5期,第12-22页,《陕西淳化县出土的商周青铜器》。

《考古与文物》1986年第6期,第15-21页,《陕西陇县边家庄一号春秋秦墓》。

《考古与文物》1987年第5期,第100-101页,《甘肃灵台县又发现一座西周墓葬》。

《考古与文物》1989年第3期,第7-9页,《陕西安康市出土西周史密簋》。

《考古与文物》1989年第12期,第24-27页,《甘肃宁县焦村西沟出土的一座西周墓》。

《考古与文物》1990年第1期,第53-57页,《陕西淳化县新发现的商周青铜器》。

《考古与文物》1993年第5期,第8-12页,《陕西延长县出土一批西周青铜器》。

《考古与文物》1997年第3期,第78-80页,《虎簋盖铭简释》。

《考古与文物》1998年第3期,第69-71页,《陕西长安县出土西周吴虎鼎》。

《考古与文物》2003年第3期,第3-12页,《陕西眉县杨家村西周青铜器窖藏》。

柯昌济:《金文分域编》,馀园,1935。

L

雷学淇:《竹书纪年义证》,1810年。

李伯谦:《天马—曲村遗址发掘与晋国始封地推定》,载《中国青铜文化结构体系研究》,第114-123页,北京:科学出版社,1998年。

李朝远:《上海博物馆新获秦公铜器研究》,《上海博物馆集刊》7(1996),第23-33页。

李朝远:《眉县新出逨盘与大克鼎的时代》,载《第四届国际中国古文字学研讨会论文集》,第89-96页,香港:香港中文大学,2003年。

李峰(Li Feng):《试论陕西出土商代铜器的分期与分区》,《考古与文物》1986年第3期,第53-63页。

李峰(Li Feng):《黄河流域西周墓葬出土青铜礼器的分期与年代》,《考古学报》1988年第4期,第383-419页。

李峰(Li Feng):《虢国墓地铜器群的分期及其相关问题》,《考古》1988年第11期,第1035-1043页。

李峰(Li Feng):《先周文化的内涵及其渊源探讨》,《考古学报》1991年第3期,第265-284页。

李峰(Li Feng):《试论西周王朝西北边疆的文化生态》,"中央研究院",将刊。

李峰(Li Feng):《欧洲Feudalism的反思及其对中国古史分期的意义》,《中国学术》将刊。

李俊之:《周代西方民族之东殖》(姬姓篇),《清华周刊》37.9,10(1932),第41-60页。

李零:《车马与大车:跋师同鼎》,《考古与文物》1992年第2期,第72-74页。

李零:《史记中所见秦早期都邑葬地》,《文史》20(1983),第15-23页。

李修松:《淮夷探论》,《东南文化》1991年第2期,第14-21页。

李学勤:《眉县李家村铜器考》,《文物》1957年第7期,第58页。

李学勤:《论多友鼎的时代及意义》,《人文杂志》1981年第6期,第87-92页。

李学勤:《东周与秦代文明》,北京:文物出版社,1984年。

李学勤:《大盂鼎新论》,《郑州大学学报》1985年第3期,第51-65页。

李学勤:《论西周金文中的六师八师》,《华夏考古》1987年第2期,第207-210页。

李学勤:《新出青铜器研究》,北京:文物出版社,1990年。

李学勤:《三门峡虢国墓地新发现与虢国史》,《中国文物报》1991.2.3,3。

李学勤:《释郭店简祭公之顾命》,《文物》1998年第7期,第44-45页。

李学勤:《论遂公盨及其重要意义》,《中国历史文物》2002年第6期,第4-12页。

李学勤:《眉县杨家村新出青铜器研究》,《文物》2003年第6期,第66-73页。

李学勤、艾兰(Sarah Allan):《最新出现的秦公壶》,《中国文物报》1994.10.30。

李贽:《史纲评要》,北京:中华书局,1974年(初版,南京:1613年)。

李仲操:《也释多友鼎铭文》,《人文杂志》1982年第6期,第95-99页。

李仲操:《西周金文中的妇女称谓》,《宝鸡文博》1991年第1期,第35-39页。

梁晓景:《刘国史迹考略》,《中原文物》1985年第4期,第65-72页。

梁晓景:《邻国史迹探索》,《中原文物》1987年第3期,第102-106页。

梁晓景、马三鸿:《论虞矢两国的族属与太伯奔吴》,《中原文物》1998年第3期,第42-47页。

梁星彭:《先周文化商榷》,《考古与文物》1982年第4期,第85-91页。

林剑鸣:《井田和援田》,《人文杂志》1979年第1期,第69-75页。

林剑鸣:《秦史》,台北:五南图书出版公司,1992年。

林寿晋:《上村岭虢国墓地补记》,《考古》1961年第9期,第505-507页。

刘必达、史秉珍:《邠州新志稿》,抄本,1929年。

刘敦愿：《周穆王征犬戎得四白狼四白鹿以归解》,《人文杂志》1986年第4期,第110-113页。

刘富良：《洛阳西周陶器墓研究》,《考古与文物》1998年第3期,第44-67页。

刘军社：《边家庄秦国墓地发掘的主要收获及其意义》,《宝鸡文博》1991年第1期,第12-18页。

刘军社：《先周文化研究》,西安：三秦出版社,2003年。

刘莉：《铜鍑考》,《考古与文物》1987年第3期,第60-65页。

刘庆柱：《试论秦之渊源》,载《先秦史论文集》(人文杂志专刊),西安：1982年。

刘启益：《西周矢国铜器的新发现与有关的历史地理问题》,《考古与文物》1982年第2期,第42-45页。

刘起釪：《周初的三监与邶墉卫三国及卫康叔封地的问题》,《历史地理》2(1982),第66-81页。

刘翔：《西周鄂国考》,《地名知识》1982年第3期,第16-17页。

刘翔：《周夷王经营南淮夷及其与鄂之关系》,《江汉考古》1983年第3期,第40-46页。

刘学铫：《匈奴史论》,台北：南天出版社,1987年。

刘雨：《多友鼎的时代与地名考订》,《考古》1983年第2期,第152-157页。

柳宗元：《柳河东集》,北京：中华书局,1961年。

《琉璃河西周燕国墓地》(北京市文物研究所),北京：文物出版社,1995年。

卢连成：《周都淢郑考》,载《古文字论集》(考古与文物丛刊2),第8-11页,西安：1983年。

卢连成：《庐地与昭王十九年南征》,《考古与文物》1984年第6期,第75-79页。

卢连成：《西周矢国史迹考略及其相关问题》,《西周史研究》(人文杂志专刊2),第232-248页,西安：1984年。

卢连成：《西周丰镐两京考》,陕西省考古研究所半坡博物馆成立三十周年学术讨论会论文,第1-56页,西安：1988年。

卢连成：《张家坡西周井叔墓地的昭穆排列》,《中国文物报》1995.3.5,3。

卢连成：《秦国早期文物的新认识》,《中国文字》21(1996),第61-65页。

卢连成：《天马-曲村晋侯墓地年代及墓主考定》,载《丁村文化与晋文化考古学术研讨会文集》,第138-151页,太原：山西高校联合出版社,1996年。

鲁人勇、吴仲礼等:《宁夏历史地理考》,银川:宁夏人民出版社,1993年。

吕文郁:《周代采邑制度研究》,台北:文津出版社,1992年。

吕文郁:《周代王畿考述》,《人文杂志》1992年第2期,第92-101页。

卢云:《战国时期主要陆路交通初探》,载《历史地理研究》1,第33-47页,上海:复旦大学出版社,1986年。

吕智荣:《陕西清涧李家崖古城址陶文考释》,《文博》1987年第3期,第85-86页。

吕智荣:《试论陕晋北部黄河两岸地区出土的商代青铜器及有关问题》,载《中国考古学研究论集:纪念夏鼐先生考古五十周年》,石兴邦编,第214-225页,西安:三秦出版社,1987年。

吕智荣:《鬼方文化及相关问题初探》,《文博》1990年第1期,第32-37页。

罗丰:《固原青铜文化初论》,《考古》1990年第8期,第743-750页。

罗琨:《高宗伐鬼方史迹考辨》,载《甲骨文与殷商史》,胡厚宣编,第83-127页,上海:上海古籍出版社,1983年。

罗泰(Lothar von Falkenhausen):《有关西周晚期礼制改革及庄白微氏青铜器年代的新假设:从世系铭文说起》,载《中国考古学与历史学之整合研究》,第651-675页,台北:"中央研究院",1997年。

罗西章:《周原青铜器窖藏有关问题的探讨》,《考古与文物》1988年第2期,第40-47页。

《洛阳北窑西周墓》(洛阳市文物工作队),北京:文物出版社,1999年。

《洛阳发掘报告》(中国社会科学院考古研究所),北京:燕山出版社,1989年。

《洛阳中州路(西工段)》(中国科学院考古研究所),北京:科学出版社,1959年。

《鹿邑太清宫长子口墓》(河南省文物考古研究所、周口市文化局),郑州:中州古籍出版社,2000年。

M

马承源:《记上海博物馆新收集的青铜器》,《文物》1964年第7期,第10-14页。

马承源:《关于翏生盨和者减钟的几点意见》,《考古》1979年第1期,第60-62页。

马承源:《商周青铜器铭文选》,4册,北京:文物出版社,1986-1990年。

马承源:《长江下游土墩墓出土青铜器的研究》,《上海博物馆集刊》4(1987),第

198-220页。

马承源：《虢国墓地参观记》，《中国文物报》1991年第1期，第6页。

马承源：《晋侯苏编钟》，《上海博物馆集刊》7(1996)，第1-17页。

马承源(编)：《上海博物馆藏战国楚竹书》，第1卷，上海：上海古籍出版社，2001年。

马瑞辰：《毛诗传笺通释》，载《皇清经解续编》，卷94-102，江阴：南菁书院，1888年。

马世之：《邻国史迹初探》，《史学月刊》1984年第5期，第30-34页。

马世之：《应国铜器及其相关问题》，《中原文物》1986年第1期，第58-62页。

马世之：《略论洛阳东周王城》，载《洛阳考古四十年》，洛阳市文物工作队编，第230-235页，北京：科学出版社，1996年。

蒙文通：《犬戎东迁考》，《禹贡》6.7(1936)，第3-16页。

蒙文通：《秦为戎族考》，《禹贡》6.7(1936)，第17-20页。

蒙文通：《赤狄白狄东迁考》，《禹贡》7.1-3(1937)，第67-88页。

蒙文通：《周秦少数民族研究》，上海：龙门联合书局，1958年。

闵煜铭、曹松涛等：《安徽省地理》，合肥：安徽人民出版社，1990年。

N

《南阳地区志(1986-1994)》(南阳地区地方史志编纂委员会)，郑州：中州古籍出版社，1996年。

《内蒙古文物考古》2(1982)，第5-7页，《昭盟发现的大型青铜器》

聂树人：《陕西自然地理》，西安：陕西人民出版社，1981年。

聂新民：《秦霸西戎地域考》，《西北史地》1986年第2期，第9-17页。

牛世山：《秦文化渊源与秦人起源探索》，《考古》1996年第3期，第41-50页。

Q

齐思和：《西周地理考》，《燕京学报》30(1946)，第63-106页。

钱穆：《西周戎祸考》，载《古史地理论丛》，第151-170页，台北：东大图书出版公司，1982年。

钱穆：《周初地理考》，《燕京学报》10(1931)，第1955-2008页。

强振志：《(重修)宝鸡县志》，宝鸡：1922年。

《青铜器图释》(陕西省博物馆、陕西省文物管理委员会)，北京：文物出版社，

1960 年。

庆阳地区编史办:《隋唐宋时期庆阳地区道路的发展》,《西北史地》1988 年第 4 期,第 83-90 页。

裘锡圭:《论或簋的两个地名——棫林和胡》,载《古文字论集》(考古与文物丛刊 2),第 4-7 页,西安:1983 年。

钱穆:《古文字论集》,北京:中华书局,1992 年。

钱穆:《读逨器铭文札记三则》,《文物》2003 年第 6 期,第 74-77 页。

屈万里:《诗经释义》,2 册,台北:中华文化出版公司,1953 年。

屈万里:《尚书文侯之命著成的年代》,《"中央研究院"历史语言研究所集刊》29(1958),第 499-511 页。

屈万里:《诗经诠释》,台北:联经出版公司,1983 年。

《曲阜鲁国故城》(山东省文物考古研究所等),济南:齐鲁书社,1982 年。

R

容庚:《商周彝器通考》,北平:哈佛燕京学社,1941 年。

阮元:《山左吉金志》,仪征:阮氏小琅嬛僊馆,1797 年。

S

《三晋考古》1(1994),第 95-122 页,《闻喜上郭村古墓群试掘》。

《三晋考古》1(1994),第 123-138 页,《1976 年闻喜上郭村周代墓葬清理记》。

《三晋考古》1(1994),第 139-153 页,《闻喜上郭村 1989 年发掘简报》。

《三门峡虢国墓》(河南省文物考古研究所),北京:文物出版社,1999 年。

《陕西出土商周青铜器》,4 册(陕西省考古研究所等),北京:文物出版社,1979-1784 年。

《陕西军事历史地理概述》(陕西军事历史地理概述编写组),西安:陕西人民出版社,1985 年。

《陕西青铜器》(李西兴),西安:陕西人民美术出版社,1994 年。

《山东金文集存》(曾毅公),1940 年。

《山东省文物选集》(山东省文物管理处、山东省博物馆),北京:文物出版社,1959 年。

尚志儒:《西周金文中的丰国》,《文博》1991 年第 4 期,第 28-33 页。

《商周金文录遗》(于省吾),北京:科学出版社,1957 年。

《上村岭虢国墓地》(中国科学院考古研究所),北京:科学出版社,1959年。

《上海博物馆藏青铜器》(上海博物馆),上海:上海人民出版社,1964年。

《善斋彝器图录》(容庚),北平:燕京大学出版社,1936年。

沈长云:《西周二韩国地望考》,《中国史研究》1982年第2期,第135-138页。

《盛世吉金:陕西宝鸡眉县青铜器窖藏》(陕西省文物局),北京:北京出版社,2003年。

石从枝、李恩玮等:《邢台地区陶器初步研究》,载《三代文明研究》(北京:科学出版社,1999),第76-85页。

史念海:《河山集·一集》,北京:三联书店,1963年。

史念海:《周原的历史地理与周原考古》,《西北大学学报》1978年第2期,第80-88页。

史念海:《论两周时期黄河流域地理特征》,上篇,《陕西师大学报》1978年第3期;下篇,1978年第4期。

史念海:《西周于春秋时期华族与非华族杂居及其分布》,《中国历史地理论丛》1990年第1期,第9-40页。

史念海:《河山集·四集》,西安:陕西师范大学出版社,1991年。

史念海:《论陕西省的历史民族地理》,《中国历史地理论丛》1(1993),第1-37页。

史念海:《论西北地区诸长城的分布及其历史军事地理》,上篇,《中国历史地理论丛》2(1994),第1-44页。

石泉:《古代荆楚地理新探》,武汉:武汉大学出版社,1988年。

宋新潮:《骊山之役及平王东迁历史考述》,《人文杂志》1989年第4期,第75-79页。

苏秉奇:《斗鸡台沟东区墓葬》,北平:北平研究院,1938年。

《濬县彝器》(孙海波),河南通志馆,1937年。

孙庆基、林育贞:《山东省地理》,济南:山东教育出版社,1987年。

孙星衍:《尚书今古文注疏》,2册,北京:中华书局,1986年(初版,冶城山馆,1815年)。

孙永清、郑宝喜:《甘肃省地理》,兰州:甘肃教育出版社,1990年。

孙作云:《诗经与周代社会研究》,北京:中华书局,1966年。

谭其骧:《西汉以前的黄河下游河道》,《历史地理》1981年,第49-64页。

谭其骧:《中国历史地图集》,8册,北京:中国地图出版社,1982年。

谭宗义:《汉代国内陆路交通考》,香港:新亚研究所,1967年。

唐兰:《何尊铭文解释》,《文物》1976年第1期,第60-63页。

唐兰:《唐兰先生金文论集》,北京故宫博物院编,北京:紫禁城出版社,1995年。

《滕县金石志》(生克昭),北京:法源寺,1944年。

田广金:《近年来内蒙古地区的匈奴考古》,《考古学报》1983年第1期,第7-24页。

田广金、郭素新:《鄂尔多斯式青铜器》,北京:文物出版社,1986年。

田醒农、雒忠如:《多友鼎的发现及其铭文试释》,《人文杂志》1981年第4期,第115-118页。

田旭东:《二十世纪中国古史研究主要思潮概论》,北京:中华书局,2003年。

童书业:《春秋史》,香港:太平书局,1962年。

佟伟华:《山西垣曲古城文化遗址的发掘》,载《晋文化研究座谈会纪要》,侯马,山西:山西省考古研究所,1985年。

《铜绿山古矿业遗址》(黄石市博物馆),北京:文物出版社,1999年。

W

王成祖:《中国地理学史》,北京:商务印书馆,1982年。

王恩田:《曲阜鲁国故城的年代及其相关问题》,《考古与文物》1988年第2期,第48-55页。

王恩田:《鹿邑大清宫西周大墓与微子封宋》,《中原文物》2002年第4期,第41-45页。

王光镐:《黄陂鲁台山西周遗存国属初论》,《江汉考古》1983年第4期,第58-68页。

王光永:《介绍新出土的两件虢器》,《古文字研究》7(1982),第185-186页。

王国维:《古本竹书纪年辑校》,载《海宁王静安先生遗书》,1936年。

王国维:《今本竹书纪年疏证》,载《海宁王静安先生遗书》,1936年。

王国维:《古诸侯称王说》,载《观堂集林》,第779页,石家庄:河北教育出版社,2001年。

王国维:《鬼方昆夷玁狁考》,载《观堂集林》,第369-383页,石家庄:河北教育出版社,2001 年。

王国维:《秦都邑考》,载《观堂集林》,第 335－337 页,石家庄:河北教育出版社, 2001 年。

王辉:《驹父盨盖铭文试释》,《考古与文物》1982 年第 5 期,第 7－59 页。

王辉:《四十二年逑鼎简释》,载《第四届国际中国古文字学研讨会论文集》,第 73－87 页,香港:香港中文大学出版社,2003 年。

王辉:《周畿内地名小记》,《考古与文物》1985 年第 3 期,第 26－31 页。

王辉:《秦铜器铭文编年集释》,西安:三秦出版社,1990 年。

王辉:《也谈礼县大堡子山秦公墓地及其铜器》,《考古与文物》1998 年第 5 期,第 88－93 页。

王劲:《对江汉地区商周时期文化的几点认识》,《江汉考古》1983 年第 4 期,第 47－51 页。

王克林:《试论齐家文化与晋南龙山文化的关系:兼论先周文化的渊源》,《史前研究》1983 年第 2 期,第 70－80 页。

王人聪:《杨姞壶铭释读与北赵 63 号墓墓主问题》,《文物》1996 年第 5 期,第 31－32 页。

王世民:《周都丰镐位置商榷》,《历史研究》1958 年第 2 期,第 63－70 页。

王文楚:《西安洛阳间陆路交通的历史发展》,载《历史地理研究》1,第 12－32 页, 上海:复旦大学,1986 年。

王锡平:《胶东半岛夏商周时期的夷人文化》,《北方文物》1987 年第 2 期,第 19－23、60 页。

王献唐:《山东古国考》,济南:齐鲁书社,1983 年。

王应麟:《诗地理考》,载《青照堂丛书》,第 41－42 册,朝邑:刘氏,1835 年。

王应麟:《困学纪闻》,第 1 册,上海:商务印书馆,1935 年。

王玉哲:《周平王东迁乃避秦非避犬戎说》,《天津社会科学》1986 年第 3 期,第 49－52 页。

王玉哲:《秦人族源及其迁徙路线》,《历史研究》1991 年第 3 期,第 32－39 页。

王占奎:《周宣王纪年与晋侯墓考辨》,《中国文物报》1997.3,9。

王朝俊:《重修灵台县志》,手稿,1935。

卫聚贤:《古史研究》,第 1 册,上海:商务印书馆,1934 年。

卫挺生：《山海经地理图考》，台北：华岗出版部，1974 年。

《文博》1987 年第 2 期，第 17－25 页，《眉县出土一批西周窖藏青铜乐器》。

《文博》1987 年第 4 期，第 5－20 页，《陕西扶风强家一号西周墓》。

《文博》1992 年第 4 期，第 76－80 页，《镐京西周五号大型宫殿建筑基址发掘简报》。

《文物》1955 年第 5 期，第 58－69 页，《江苏丹徒县烟墩山出土古代青铜器》。

《文物》1960 年第 2 期，第 5－10 页，《陕西蓝田县出土密叔簋彝器简介》。

《文物》1960 年第 7 期，第 69－70 页，《邢台西关外遗址试掘》。

《文物》1961 年第 11 期，第 28－30 页，《记四川彭县竹瓦街出土的铜器》。

《文物》1963 年第 2 期，第 53－55 页，《江陵发现西周铜器》。

《文物》1963 年第 5 期，第 69－70 页，《凤翔县发现年宫与棫字的瓦当》。

《文物》1964 年第 7 期，第 10－14 页，《记上海博物馆新收集的青铜器》。

《文物》1964 年第 7 期，第 20－25 页，《陕西省永寿县武功县出土西周铜器》。

《文物》1966 年第 1 期，第 4－6 页，《记陕西蓝田县出土的西周铜簋》。

《文物》1972 年第 1 期，第 58－62 页，《永盂铭文解释》。

《文物》1972 年第 2 期，第 47－50 页，《湖北荆山发现曾国铜器》。

《文物》1972 年第 5 期，第 3－16 页，《概述近年来山东出土的商周青铜器》。

《文物》1972 年第 5 期，第 45－54 页，《临淄齐国故城勘探纪要》。

《文物》1972 年第 7 期，第 3－4 页，《眉县杨家村大鼎》。

《文物》1972 年第 8 期，第 17－30 页，《山东益都苏阜屯第一号奴隶殉葬墓》。

《文物》1972 年第 10 期，第 20－37 页，《洛阳庞家沟五所西周墓的清理》。

《文物》1972 年第 10 期，第 66 页，《新郑出土西周铜方壶》。

《文物》1973 年第 5 期，第 14－16 页，《河南新野发现的曾国铜器》。

《文物》1975 年第 5 期，第 89－90 页，《陕西常武县文化大革命以来出土的几件西周铜器》。

《文物》1975 年第 8 期，第 57－62 页，《陕西省扶风县强家村出土的西周铜器》。

《文物》1975 年第 10 期，第 55－67 页，《陕西户县宋村春秋秦墓发掘简报》。

《文物》1975 年第 10 期，第 68－69 页，《记陕西蓝田新出土的应侯钟》。

《文物》1976 年第 4 期，第 34－56 页，《陕西省宝鸡市茹家庄西周墓发掘简报》。

《文物》1976 年第 5 期，第 26－44 页，《陕西省岐山县董家村西周铜器窖穴发掘简报》。

《文物》1977年第4期,第63-71页,《胶县西庵遗址调查试掘简报》。

《文物》1977年第8期,第1-9页,《陕西灵潼发现武王征商簋》。

《文物》1977年第8期,第13-16页,《河南省襄县西周墓发掘简报》。

《文物》1977年第9期,第92页,《甘肃泾川发现早周铜器》。

《文物》1977年第12期,第23-33页,《辽宁喀左县山湾子出土殷周青铜器》。

《文物》1978年第3期,第1-18页,《陕西扶风庄白西周青铜器窖藏发掘简报》。

《文物》1978年第4期,第94-96页,《山东滕县出土齐薛铜器》。

《文物》1979年第4期,第88-91页,《山东滕县出土西周滕国铜器》。

《文物》1979年第4期,第89-91页,《陕西扶风发现西周厉王㝬簋》。

《文物》1979年第10期,第27-34页,《陕西岐山凤雏村西周建筑基址发掘简报》。

《文物》1979年第11期,第1-11页,《陕西扶风齐家十九号西周墓》。

《文物》1980年第1期,第51-53页,《河南罗山县发现春秋早期铜器》。

《文物》1980年第4期,第27-38页,《扶风云塘西周骨器制造作坊遗址试掘简报》。

《文物》1980年第4期,第39-55页,《扶风云塘西周墓》。

《文物》1980年第8期,第7页,《江苏丹阳出土的西周青铜器》。

《文物》1980年第8期,第10-12页,《南京浦口出土一批青铜器》。

《文物》1980年第9期,第1-6页,《宝鸡县西高泉村春秋秦墓发掘》。

《文物》1980年第12期,第38-40页,《四川彭县出土的铜器》。

《文物》1981年第3期,第10-22页,《扶风召陈西周建筑群基址发掘简报》。

《文物》1981年第7期,第52-64页,《洛阳北窑村西周遗址1974年的发掘简报》。

《文物》1981年第9期,第18-24页,《山东济阳刘台子西周早期墓发掘简报》。

《文物》1981年第9期,第25-29页,《滕县后荆沟出土不㚸簋等青铜器群》。

《文物》1982年第1期,第87-89页,《临潼南罗西周墓出土青铜器》。

《文物》1982年第2期,第1-16页,《晋豫鄂三省考古调查简报》。

《文物》1982年第2期,第48-57页,《古夨国遗址墓地调查记》。

《文物》1982年第7期,第1-16页,《晋豫鄂三省考古调查简报》。

《文物》1982年第10期,第43页,《吕季姜醴壶》。

《文物》1982年第12期,第43-45页,《周原发现师同鼎》。

《文物》1982年第12期,第51-55页,《湖北随县安居出土青铜器》。

《文物》1983年第7期,第93页,《陕西省周至县近年征集的几件西周青铜器》。

《文物》1983年第11期,第64-67页,《北京顺义县牛栏山出土一组周初带铭青铜器》。

《文物》1983年第12期,第1-6页,《山东临朐发现齐、鄂、曾诸国铜器》。

《文物》1983年第12期,第7-8页,《山东莱阳县出土己国铜器》。

《文物》1984年第5期,第1-10页,《江苏丹徒大港母子墩西周铜器墓发掘简报》。

《文物》1984年第7期,第16-29页,《扶风刘家姜戎墓葬发掘简报》。

《文物》1984年第12期,第29-31页,《河南平顶山市出土西周应国青铜器》。

《文物》1985年第3期,第1-11页,《山东寿光县新发现一批纪国铜器》。

《文物》1985年第12期,第15-20页,《山东济阳刘台子西周墓地第二次发掘》。

《文物》1986年第1期,第1-31页,《西周镐京附近部分墓葬发掘简报》。

《文物》1986年第2期,第40-43页,《秦安县历年出土的北方系青铜器》。

《文物》1986年第4期,第1-7页,《吕服余盘铭考释及其相关问题》。

《文物》1986年第4期,第15-20页,《襄樊市谷城县馆藏青铜器》。

《文物》1986年第8期,第69-72页,《山东黄县庄头西周墓清理简报》。

《文物》1987年第2期,第1-16页,《山西洪洞永凝堡西周墓葬》。

《文物》1988年第11期,第14-23页,《山西陇县边家庄五号春秋墓发掘简报》。

《文物》1991年第5期,第84-85页,《山东省龙口市出土西周铜鼎》。

《文物》1993年第3期,第11-30页,《1992年春天马-曲村遗址墓葬发掘报告》。

《文物》1994年第1期,第4-28页,《天马-曲村遗址北赵晋侯墓地第二次发掘》。

《文物》1994年第3期,第42-43页,《山东济宁市出土一批西周青铜器》。

《文物》1994年第8期,第1-21页,《天马-曲村遗址北赵晋侯墓地第四次发掘》。

《文物》1994年第8期,第22-33、68页,《天马-曲村遗址北赵晋侯墓地第三次发掘》。

《文物》1995年第1期,第4-31页,《上村岭虢国墓地M2006的清理》。

《文物》1995年第7期,第4-39页,《天马-曲村遗址北赵晋侯墓地第五次发掘》。

《文物》1996年第6期,第4-27页,《1995年琉璃河周代居址发掘简报》。

《文物》1996年第12期,第4-25页,《山东济杨刘台子西周六号墓清理报告》。

《文物》1996年第12期,第4-25页,《山东济阳刘台子西周六号墓清理报告》。

《文物》1997年第12期,第4-15页,《1991-1992年山西垣曲商城发掘简报》。

《文物》1998年第9期,第4-17页,《平顶山应国墓地八十四号墓》。

《文物》2001年第8期,第4-21页,《天马-曲村遗址北赵晋侯墓地第六次发掘》。

《文物》2003年第6期,第4-42页,《陕西眉县杨家村西周青铜器窖藏发掘简报》。

《文物》2003年第6期,第43-65页,《陕西眉县出土窖藏青铜器笔谈》。

《文物》2005年第2期,第4-27页,《甘肃礼县圆顶山98LDM2,2000LDM4春秋秦墓》。

《文物参考资料》1955年第5期,第58-62页,《江苏丹徒县烟墩山出土的古代青铜器》。

《文物参考资料》1955年第6期,第117-118页,《甘肃天水县居民捐赠珍贵铜器》。

《文物参考资料》1957年第4期,第5-10页,《祖国历史文物的又一次重要发现:陕西眉县发掘出四件西周铜器》。

《文物参考资料》1957年第8期,第42-44页,《山西洪赵县永凝东堡出土的铜器》。

《文物参考资料》1957年第11期,第66-69页,《河南上蔡出土的一批铜器》。

《文物参考资料》1958年第5期,第73页,《鲁山县发现一批重要铜器》。

《文物考古工作三十年》(文物编辑委员会),北京:文物出版社,1979年。

《文物考古工作十年》(文物编辑委员会),北京:文物出版社,1990年。

《文物资料丛刊》2(1978),第45-68页,《河南省新郑县唐户两周墓葬发掘简报》。

《文物资料丛刊》2(1978),第70-74页,《河南新野古墓葬清理简报》。

《文物资料丛刊》3(1980),第35-38页,《河南鹤壁庞村出土的青铜器》。

《文物资料丛刊》3(1980),第44页,《洛阳博物馆的几件青铜器》。

《文物资料丛刊》8(1983),第77-94页,《陕西岐山贺家村西周墓发掘报告》。

吴忱、何乃华:《两万年来华北平原主要河流的河道变迁》,载《华北平原古河道研究论文集》,吴忱编,第132-148页,北京:中国科学技术出版社,1991年。

吴承志:《山海经地理今释》,载《求恕斋丛书》,刘承干,1929年。
乌恩:《殷末周初的北方青铜器》,《考古学报》1985年第2期,第135-155页。
乌恩:《论匈奴考古研究中的几个问题》,《考古学报》1990年第4期,第409-437页。
邬锡非:《也谈西周申国的有关问题》,《杭州大学学报》1992年第1期,第127-131页。
《武功发掘报告》(中国社会科学院考古研究所),北京:文物出版社,1984年。

X

夏含夷(Edward Shaughnessy):《早期商周关系及其对武丁以后殷商王室势力范围的意义》,《九州学刊》2.1(1987),第20-32页。
夏含夷(Edward Shaughnessy):《西周之衰微》,载《尽心集:张政烺先生八十庆寿论文集》,吴曾荣编,第120-127页,北京:中国社会科学出版社,1996年。
夏含夷(Edward Shaughnessy):《从西周礼制改革看诗经周颂的演变》,《河北师院学报》1996年第3期,第26-33页。
夏含夷(Edward Shaughnessy):《温故知新录:商周文化史管见》,台北:稻禾出版社,1997年。
《夏商周断代工程1996-2000年阶段成果报告》(夏商周断代工程专家组),北京:世界图书出版公司,2000年。
萧梦龙:《母子墩墓青铜器及有关问题探索》,《文物》1984年第5期,第11-15页。
《新中国的考古发现与研究》(中国社会科学院考古研究所),北京:文物出版社,1984年。
许成、李进增:《东周时期的戎狄文化》,《考古学报》1993年第1期,第1-12页。
许倬云(Cho-yun Hsu):《周东迁始末》,载《求古编》,台北:联经出版公司,1982年。
许鸿盘:《方域考证》,济宁:华鉴阁,1932年。
徐少华:《曾即随及其历史渊源》,《江汉论坛》1986年第4期,第71-75页。
徐少华:《周代南土历史地理与文化》,武汉:武汉大学出版社,1994年。
徐锡台:《周原甲骨文综述》,西安:三秦出版社,1987年。
徐旭生:《中国古史的传说时代》,北京:文物出版社,1985年。

许永生:《从虢国墓地新发现谈虢国历史概况》,《华夏考古》1993 年第 4 期,第 92－95 页。

徐中舒:《禹鼎的年代及其相关问题》,《考古学报》1959 年第 3 期,第 53－67 页。

《浚县辛村》(郭宝钧),北京:科学出版社,1964 年。

《浚县彝器》(孙海波),河南通志馆,1937 年。

Y

晏子:《蔡国始封地望考辨》,《中国历史地理论丛》1991 年第 3 期,第 42 页。

杨伯峻:《春秋左传注》,4 册,北京:中华书局,1990 年。

杨家骆编:《小尔雅训纂等六种》,台北:鼎文出版社,1972 年。

杨宽:《古史新探》,北京:中华书局,1965 年。

杨宽:《西周时代的楚国》,《江汉论坛》1981 年第 5 期,第 101－108 页。

杨宽:《西周春秋时代对东方北方的开发》,《中华文史论丛》1982 年第 4 期,第 109－132 页。

杨善群:《西周宜国史考究》,《史林》1989 年第 4 期,第 1－5 页。

杨树达:《积微居金文说》(增订本),北京:中华书局,1997 年(初版,北京:科学出版社,1952 年)。

姚际恒:《诗经通论》,北京:中华书局,1958 年(初版,王笃,1837 年)。

叶万松、余扶危:《关于西周洛邑城址的探索》,载《西周史研究》(人文杂志专刊第 2 辑),第 317－324 页,西安:1984 年。

叶万松、余扶危:《洛阳北窑遗址陶器的分期研究》,《考古》1985 年第 9 期,第 834－842 页。

叶万松、余扶危:《中原地区西周陶器的初步研究》,《考古》1986 年第 12 期,第 20、1104－1111 页。

叶学齐、刘盛佳等:《湖北省地理》,武汉:湖北教育出版社,1987 年。

殷之彝(张长寿):《山东益都苏阜屯墓地和亚丑铜器》,《考古学报》1977 年第 8 期,第 23－34 页。

《殷周金文集成》,18 册(中国社会科学院考古研究所),北京:中华书局,1984－1994 年。

《殷周金文集成释文》,5 册(中国社会科学院考古研究所),香港:香港中文大学出版社,2001 年。

于逢春:《周平王东迁非避戎乃投戎辩》,《西北史地》1983 年第 4 期,第 54 -
    60 页。
于豪亮:《于豪亮学术文存》,北京:中华书局,1985 年。
俞伟超:《先秦两汉考古学论集》,北京:文物出版社,1985 年。
俞伟超、高明:《周代用鼎制度研究》(上),《北京大学学报》1978 年第 1 期,第
    84 - 89 页;(中),1978 年第 2 期,第 84 - 97 页;(下),1979 年第 1 期,第 83 -
    96 页。
袁俊杰、江涛等:《新发现的柞伯簋及其铭文考释》,《文物》1998 年第 9 期,第
    53 - 61 页。
《豫东杞县发掘报告》(郑州大学文博学院、开封市文物工作队),北京:科学出版
    社,2000 年。

Z

曾昭璇:《中国的地形》,台北:淑馨出版社,1995 年。
曾昭燏、尹焕章:《古代江苏历史上的两个问题》,载《江苏省出土文物选集》,南京
    博物院等编,第 1 - 36 页。北京:文物出版社,1963 年。
张长寿:《殷商时代的青铜容器》,《考古学报》1979 年第 3 期,第 271 - 300 页。
张长寿:《论宝鸡茹家庄发现的西周铜器》,《考古》1980 年第 6 期,第 526 -
    529 页。
张长寿:《论井叔铜器:1983 - 1986 年沣西发掘资料之二》,《文物》1990 年第 7
    期,第 32 - 35 页。
张长寿:《虢国墓地的新发现》,《中国文物报》1991.3.17,3。
张长寿:《关于井叔家族墓地:1983 - 1986 年沣西发掘资料之一》,载《考古学研
    究:纪念陕西省考古研究所成立三十周年》,石兴邦等编,第 398 - 401 页,西
    安:1993 年。
张长寿:《达盨盖铭:1983 - 1986 年沣西发掘资料之三》,《燕京学报》(新)2
    (1996),第 163 - 170 页。
张长寿:《关于晋侯墓地的几个问题》,《文物》1998 年第 1 期,第 41 - 44 页。
张懋镕:《西周南淮夷称名与军事考》,《人文杂志》1990 年第 4 期,第 81 - 86 页。
张懋镕:《古文字与青铜器论集》,北京:科学出版社,2002 年。
张平辙:《西周共和行政真相揭秘》,《西北师大学报》1992 年第 4 期,第 51 -

54页。

张天恩:《边家庄春秋墓地与汧邑地望》,《文博》1990年第5期,第227-231页。

张亚初:《谈多友鼎铭文的几个问题》,《考古与文物》1982年第3期,第64-68页。

张亚初:《论鲁台山西周墓的年代和族属》,《江汉考古》1984年第2期,第23-28页。

张亚初、刘雨:《西周金文官制研究》,北京:中华书局,1986年。

张以仁:《郑国灭郐资料的检讨》,《"中央研究院"历史语言研究所集刊》50.4 (1979),第615-643页。

张延福:《泾州志》,抄本,1753年。

《张家坡西周墓地》(中国社会科学院考古研究所),北京:中国大百科全书出版社,1999年。

赵光贤:《周代社会辨析》,北京:人民出版社,1982年。

赵化成:《寻找秦文化渊源的新线索》,《文博》1987年,第1-7页。

赵化成:《甘肃东部秦和羌戎文化的考古学探索》,载《考古类型学的理论与实践》,俞伟超编,第145-176页,北京:文物出版社,1989年。

赵铁寒:《春秋时期的戎狄地理分布源流》,《大陆杂志》11.2(1955),第38-45页;11.3(1955),第85-98页。

《贞松堂集古遗文》(罗振玉),1931年。

《中国考古学中碳十四年代数据集》(中国社会科学院考古研究所),北京:文物出版社,1983年。

《中国青铜器全集》(中国青铜器全集编辑委员会),北京:文物出版社,1993-1999年。

《中国文物报》2003.1.29,2,《陕西眉县西周青铜器窖藏惊世》。

《中国自然地理》(中国科学院中国自然地理编辑委员会),12册,北京:科学出版社,1979-1985年。

《中原文物》1984年第4期,第13-16页,《南阳市北郊出土一批申国青铜器》。

《中原文物》1988年第1期,第21-22页,《平顶山市新出土西周青铜器》。

周厚强:《孝感地区西周时期文化初析》,《江汉考古》1985年第4期,第65-74页。

周厚强:《湖北西周陶器的分期》,《考古》1992年第3期,第236-244页。

周永珍：《西周时期的应国邓国铜器及其地理位置》，《考古》1982年第1期，第48-53页。

周永珍：《关于洛阳周城》，载《洛阳考古四十年》，叶万松编（北京：科学出版社，1996年），第227-229页。

《周金文存》(邹安)，1916年。

"周公庙遗址考古发掘准备工作基本就绪"，*Cultural Relics of China Information Online* (http://www.ccrnews.com.cn)，2004年9月23日。

朱凤瀚：《商周家族形态研究》，天津：天津古籍出版社，1990年。

竺可桢：《中国近五千年来气候变迁的初步研究》，《考古学报》1972年第1期，第15-38页。

祝世林：《平凉主要古道考略》，《西北史地》1989年第1期，第92-93页。

朱熹：《诗集传》，上海：上海古籍出版社，1980年（成书，1177年；再版，上海：中华书局上海编辑所，1962年）。

朱熹：《四书章句集注》，北京：中华书局，1983年（初版，1190）。

朱右曾：《诗地理征》，载《皇清经解》，卷1039-1045，广州：学海堂，1829年。

朱熹：《汲冢纪年存真》，归砚斋，1846年。

朱熹：《周书集训校释》，2册，归砚斋，1846年。

宗礼、刘栋：《先周文化研究六十年》，载《周秦文化研究》（西安：陕西人民出版社，1998年），第268-285页。

邹衡：《论先周文化》载《夏商周考古学论文集》，第295-355页，北京：文物出版社，1980年。

邹逸麟：《历史时期华北大平原湖沼变迁述略》，《历史地理》5（1987），第25-39页。

（日文）

B

白川静：《金文通釈》，《白鶴美術館誌》，56册，神户，1966-1983年。

白鳥庫吉：《周代の戎狄について》，载《白鳥庫吉全集》，第5册，第183-229页，東京：岩波，1970年。

貝塚茂樹：《殷末周初の東方経略について》，载《貝塚茂樹著作集》，第2册，第

105-169頁,東京:中央公論社,1977年。

C

持井康孝:《西周時代の成周鑄銅工房について》,載松丸道雄:《西周青銅器とその國家》,第185-240頁,東京:東京大學,1980年。

D

島邦男:《殷墟卜辭研究》,汲古書院:日本弘前大學文理學部中國學研究會,1958年。

F

飯島武次:《中國周文化考古學研究》,東京:同成社,1998年。

G

谷口義介:《西周滅亡の一側面》,《學林》8(1986),第1-16頁。

関野雄:《齊都臨淄の調査》,《考古學雜誌》32.4(1942),第173-191頁。

J

吉本道雅:《史記原始(一):西周期、東遷期》,《古史春秋》4(1987),第59-82頁。

吉本道雅:《周室東遷考》,《東洋學報》71.3,4(1990),第33-56頁。

L

李峰:《多友鼎銘文を巡る歴史地理的問題の解決:周王朝の西北経略を解明するために、その一》,載《中國古代の文字と文化》,第179-206頁,東京:汲古書院,1999年。

瀧川亀太郎:《史記會注考證》,東京:史記會注考證校補刊行會,1956年。

S

上原淳道:《虢の歴史および鄭と東虢との関係》,《古代學》6.2(1957),第124-143頁。

上原淳道:《虢國遺跡出土の青銅器銘文について》,《甲骨學》8(1960),第638-645頁。

上原淳道:《卿士をめぐる争い、及び、鄭伯称王説の検討》,《東京大學教養部人文科学紀要》14(1958),第1-30頁。

松井嘉徳:《西周期鄭の考察》,《史林》69.4(1986),第1-40頁。

松井嘉徳:《周王子弟の封建:鄭の始封建、東遷をめぐって》,史林72.4(1989),第1-36頁。

松丸道雄:《河南鹿邑県長子口墓をめぐる諸問題》,《中国考古学》4(2004),第219-239頁。

松丸道雄:《西周後期社会にみえる変革の萌芽:曶鼎銘解釈問題に初歩的解決》,載《東アジア史における國家と農民》,第52-54頁,東京:山川,1984年。

松丸道雄:《西周青銅器とその國家》,東京:東京大學,1980年。

松丸道雄:《殷周國家の構造》,載《岩波講座:世界歷史》,第72-79頁,東京:岩波書店,1970年。

T

樋口隆康:《虢國銅器考》,《東方學》,第20卷,1960年,第1-21頁。

Q

《泉屋博古館》(目录),京都:泉屋博古館(住友),1985年。

W

尾形勇、平勢隆郎:《中華文明の誕生》,東京:中央公論社,1998年。

武者章:《西周冊命金文分類の試み》,載松丸道雄:《西周青銅器とその國家》,第241-324頁,東京:東京大學,1980年。

X

西江清高:《西周時代の関中平原における強集団の位置》,載《中國古代の文字と文化》,第207-244頁,東京:汲古書院,1999年。

小倉芳彦:《夷裔の俘:左傳の華裔觀念》,《中國古代史研究》2(1965),第1-35頁。

小川琢治:《支那歷史地理研究(初集)》,東京:弘文堂,1928年。

小川琢治:《支那歷史地理研究(續集)》,東京:弘文堂,1929年。

Y

伊藤道治:《裘衛諸器考——西周期土地所有形態に関する私見》,《東洋史研究》,第37卷1号,1978年,第35-58頁。

伊藤道治:《中國古代王朝の形成》,東京:創文社,1975年。

伊藤道治:《中國古代王朝の支配構造》,東京:中央公論社,1987年。

Z

竹内康浩:《春秋から見た五等爵制:周初に於ける封建の問題》,《史学雑誌》,

100.2(1991),第 40-144 頁。

(英文)

Allan, Sarah, "Review: The Cambridge History of Ancient China: From the Origins of Civilization to *221* B. C.," *American Historical Review*, February 2001, 144-45.

Bagley, Robert, "Shang Archaeology," in *The Cambridge History of Ancient China: From the Origins of Civilization to 221 B. C.*, ed. Michael Loewe and Edward L. Shaughnessy, pp. 124-231, Cambridge: Cambridge University Press, 1999.

Blakeley, Barry B., "Regional Aspects of Chinese Socio-Political Development in the Spring and Autumn Period (722-464 B. C.): Clan Power in a Sehmentary State," unpublished PhD thesis, University of Michigan, 1970.

"In Search of Danyang I: Historical Geography and Archaeological Site," *Early China* 13 (1988), 116-52.

Blakeley, Barry B., "On the Location of the Chu Capital in Early Chunqiu Times in Light of the Handong Incident of 701 B. C.," *Early China* 15 (1990), 49-70.

Brown, Elizabeth A. R., "The Tyranny of a Construct: Feudalism and Historians of Medieval Europe," *The American Historical Review* 79.4 (1974), 1063-88.

Chambers, Nortimer (ed.), *The Fall of Rome: Can It Be Explained?* New York: Holt, Rinehart and Winston, 1970.

Chang, Kwang-chih, *Shang Civilization*, New Haven: Yale University Press, 1980.

Chang, Kwang-chih, *The Archaeology of Ancient China*, 4th edition, New Haven: Yale University Press, 1986.

"China Unearthed Shang Oracle Bones Again, 104 Years after the First Discovery," *People's Daily Online* (http://english.peopledaily.com.cn), April 9, 2003.

Chinese Archaeology (Beijing) 4 (2004), 29–31, "Inscribed Oracle Bones of the Shang Period Unearthed from the Daxinzhuang Site in Jinan City."

Cipolla, Carlo M. (ed.), *The Economic Decline of Empires*, New Fetterlane: Methnen & Co. Ltd, 1970.

Clarke, David, *Analytical Archaeology*, London: Methuen, 1968.

Cohen, David, "The Yueshi Culture, the Dongyi, and the Archaeology of Ethnicity in Early Bronze Age China," unpublished PhD thesis, Harvard University, 2001.

Cook, Constance, "Wealth and the Western Zhou," *Bulletin of the School of Oriental and African Studies* 60.2 (1997), 269–73.

Creel, Herrlee G., "Bronze Inscriptions of the Western Chou Dynasty as Historical Documents," *Journal of the American Oriental Society*, 56 (1936), 335–49.

Creel, Herrlee G., "The Beginnings of Bureaucracy in China: The Origins of the Hsien," *The Journal of Asian Studies* 23.2 (1964), 155–83.

Creel, Herrlee G., *The Origins of Statecraft in China*, Vol. 1: *The Western Chou Empire*, Chicago: University of Chicago Press, 1970.

Di Cosmo, Nicola, "Ancient Inner Asian Nomads: Their Economic Basis and Its Significance in Chinese History," *Journal of Asian Studies* 53.4 (1994), 1092–127.

Di Cosmo, Nicola, "The Northern Frontier in Pre-Imperial China," in *The Cambridge History of Ancient China: From the Origins of Civilization to 221 B.C.*, ed. Michael Loewe and Edward L. Shaughnessy, pp. 885–966, Cambridge: Cambridge University Press, 1999.

Di Cosmo, Nicola, *Ancient China and Its Enemies*, Cambridge: Cambridge University Press, 2002.

East, W. Gordon, *The Geography behind History*, New York: W. W. Norton & Comapny, 1965.

Falkenhausen, Lothar von (罗泰), "Issues in Western Zhou Studies: A Review Article," *Early China* 18 (1993), 139–226.

Falkenhausen, Lothar von (罗泰), *Suspended Music: Chime-Bells in the Culutre of Bronze Age China*, Berkeley, CA: University of California Press, 1993.

Falkenhausen, Lothar von (罗泰), "The regionalist paradigm in Chinese archaeology," in *Nationalism, Politics, and the Practice of Archaeology*, ed., Phillip L Kohl and Clare Fawcett, pp. 198 – 217, Cambridge: Cambridge University Press, 1995.

Falkenhausen, Lothar von (罗泰), "The Waning of the Bronze Age," in *The Cambridge History of Ancient China: From the Origins of Civilization to 221 B.C.*, ed. Michael Loewe and Edward L. Shaughnessy, pp. 292 – 351, Cambridge: Cambridge University Press, 1999.

Falkenhausen, Lothar von (罗泰), "Late Western Zhou Taste," *Études chinoises* 18 (1999), 143 – 78.

Falkenhausen, Lothar von (罗泰), "The Chengdu Plain in the Early First Millennium BC: Zhuwajie," in *Ancient Sichuan: Treasures from a Lost Civilization*, ed. Robert Bagley, pp. 177 – 88, Princeton: Princeton University Press, 2001.

Ferrill, Arther, *The Fall of the Roman Empire: The Military Explanation*, London: Thames and Hudson, 1986; reprint, 1994.

Finley, M. I., "Archaeology and History," *Daedalus* 100.1 (1971), 168 – 86.

Green, Brooks (ed.), *Historical-Geography: A Methodological Portrayal*, Savage, Maryland: Rowman & Littlefield, 1991.

Heckel, Waldemar, and J. C. Yardley, *Alexander the Great: Historical Texts in Translation*, Malden, MA: Blacwell Publishing, 2004.

Hodder, Ian, "Simple Correlation between Material Culure and Society: A Review," in *The Spatial Organization of Culture*, pp. 3 – 24, Pittsburg: University of Pittsburg Press, 1978.

Hsu, Cho-yun (许倬云), and Katheryn M, Linduff (林嘉琳), *Western Chou Civilization*, New Haven: Yale University Press, 1988.

Jackson, John Brinckerhoff, *Discovering the Vernacular Landscape*, New

Haven: Yale University Press, 1984.

Jin, Zhichun, "Geoarchaeological Reconstruction of the Bronze Age Landscape of the Shangqiu Area, China," unpublished PhD thesis, University of Minnesota, 1994.

Kagan, Donald (ed.), *Decline and Fall of the Roman Empire—Why Did It Collapse?* Boston: D. C. Heath and Company, 1962.

Kane, Virginia C., "The Independent Bronze Industries in the South of China Contemporary with the Shang and Western Chou Dynasty," *Archives of Asian Art* 28 (1974–75), 77–106.

Kane, Virginia C., "Aspects of Western Chou Appointment Inscription: The Charge, the Gifts, and the Response," *Early China* 8 (1982–83), 14–28.

Katz, Solomon, *The Decline of Rome and the Rise of Mediaeval Europe*, Ithaca, NY: Cornell University Press, 1955.

Keightley, David N., *The Ancestral Landscape: Time, Space, and Community in Late Shang China (ca. 1200–1045 B.C.)*, Berkeley: Institute of East Asian Studies, 2000.

Keightley, David N., "The Shang: China's First Histroical Dynasty," in *The Cambridge History of Ancient China: From the Origins of Civilization to 221 B.C.*, ed. Michael Loewe and Edward L. Shaughnessy, pp. 232–91, Cambridge: Cambridge University Press, 1999.

Keightley, David N., "The Late Shang State: When, Where, and What?" in *The Origins of Chinese Civilization*, ed. David N. Keightley, pp. 523–64, Berkeley: University of California Press, 1983.

Keightley, David N., *Sources of Shang History: The Oracle-Bone Inscriptions of Bronze Age China*, Berkeley: University of California Press, 1978.

Kelley, Charles Fabens, and Ch'en Meng-chia (Chen Mengjia), *Chinese Bronzes from the Buckingham Collection*, Chicago: The Art Institute of Chicago, 1946.

Lattimore, Owen, *Inner Asian Frontiers of China*, New York: American Geographical Society, 1940.

Lally, J. J., *Archaic Chinese Bronzes, Jades and Works of Art*, New York: J. J. Lally & Co., 1994.

Legge, James, *The Chinese Classics*, Vol. 3: *The Shoo King, or Book of Historical Documents*, Hong Kong: University of Hong Kong Press, 1960 (rpt. of London: Henry Frowde, 1865).

Li, Feng (李峰), "Ancient Reproductions and Calligraphic Variations: Studies of Western Zhou Bronzes with Identical Inscriptions," *Early China* 22 (1997), 1–41.

Li, Feng (李峰), "The Decline and Fall of the Western Zhou Dynasty: A Historical, Archaeological, and Geographical Study of China from the Tenth to the Eighth Centuries B.C.," unpublished PhD thesis, University of Chicago, 2000.

Li, Feng (李峰), "'Offices' in Bronzes Inscriptions and Western Zhou Government Administration," *Early China* 26–27 (2001–2002), 1–72.

Li, Feng (李峰), "Literacy Crossing Cultural Borders: Evidence from the Bronze Inscriptions of the Western Zhou Period (1045–771 B.C.)," *Bulletin of the Museum of Far Eastern Antiquity* 74 (2002), 210–42.

Li, Feng (李峰), "'Feudalism' and Western Zhou China: A Criticism," *Harvard Journal of Asiatic Studies* 63.1 (2003), pp. 115–44.

Li, Feng (李峰), "Textual Criticism and Western Zhou Bronze Inscriptions: the Example of the Mu Gui," in *Essays in Honour of An Zhimin*, ed. Teng Chung and Chen Xingcan, pp. 280–97, Hong Kong: Chinese University of Hong Kong, 2004.

Li, Feng (李峰), "Succession and Promotion: Elite Mobility during the Western Zhou," *Monuments Serica* 52 (2004), 1–35.

Li, Feng (李峰), "Transmitting Antiquity: The Origin and Paradigmization of the 'Five Ranks'," in *Perceptions of Antiquity in China's Civilization*, ed. Dieter Kohn (Monograph of *Monumenta Serica*), pp. 103–134.

Li, Xueqin (李学勤), *Eastern Zhou and Qin Civilizations*, trans. K. C. Chang, New Haven: Yale University Press, 1985.

Liu, Li and Xingcan Chen, *State Formation in Early China*, London: Duckworth, 2003.

Loewe, Michael (ed.), *Early Chinese Texts: A Bibliographical Guide*, Berkeley: Institute of East Asian Studies, University of California, Berkeley, 1993.

Loewe, Michael (ed.), "The Heritage Left to the Empires," in *The Cambridge History of Ancient China: From the Origins of Civilization to 221 B.C.*, ed. Michael Loewe and Edward L. Shaughnessy, pp. 967 – 1032, Cambridge: Cambridge University Press, 1999.

Loewe, Michael, and Edward Shaughnessy (ed.), *Cambridge History of Ancient China: From the Origins of Civilization to 221 B.C.*, London: Cambridge University Press, 1999.

Mackenzie, Colin, "Chu Bronze Work: A Unilinear Tradition, or A Synthesis of Diverse Sources?" in *New Perspectives on Chu Culture*, ed. Tomas Lawton, pp. 107 – 57, Washington, D.C.: Arthur M. Sackler Gallery, Smithsonian Institution, 1991.

Maenchen-Helfen, Otto, "Archaistic Names of the Hiung-nu," *Central Asiatic Journal* 6.4 (1961), 249 – 61.

Maspero, Henri, "Contribution a l'etude de la societe chinoise a la fin des Chang et au debut des Tcheou," *Bulletin de l'Ecole francaise d'Extreme-Orient* 46 (2), 335 – 403.

Mattos, Gilbert, "Eastern Zhou Bronze Inscriptions," in *New Sources of Early Chinese History: An Introduction to the Reading of Inscriptions and Manuscripts*, ed. Edward Shaughnessy, pp. 85 – 123, Berkeley: Society for Study of Early China, 1997.

Nash, Daphne "Historical Archaeology," in *The Cambridge Encyclopedia of Archaeology*, ed. Andrew Sherratt, pp. 43-45, New York: Crown Publishers Inc., 1980.

Needham, Joseph, *Science and Civilization in China*, vol. 3, London: Cambridge University Press, 1959.

Nienhauser, William H. (ed.), *The Grand Scribe's Records*, vol. 1: *The Basic Annals of Pre-Han China*, Bloomington: Indiana University Press, 1994.

Nienhauser, William H. (ed.), *The Grand Scribe's Record*, Vol. II: *The Basic Annals of Han China*, Bloomington: Indiana University Press, 2002.

Nivison, David S, "Western Chou History Reconstructed from Bronze Inscriptions," in *The Great Bronze Age of China: A Symposium*, ed. George Kuwayama, pp. 44–55. Los Angeles: County Museum of Art, 1983.

Nivison, David S, "The Dates of Western Chou," *Harvard Journal of Asiatic Studies* 43 (1983b), 481–580.

Nivison, David S, "An Interpretation of the 'Shao Gao'," *Early China* 20 (1995), 177–93.

Nivison, David, and Edward Shaughnessy, "The Jin Hou Su Bells Inscription and Its Implications for the Chronology of Early China," *Early China* 25 (2000), 29–48.

Omeljan Pritsak, "Xun: Der Volksname der Hsiung-nu," *Central Asiatic Journal* 5.1 (1959), 27–34.

Pacione, Michael (ed.), *Historical Geography: Progress and Prospect*, London: Croom Helm, 1987.

Pankenier, David W., "Astronomical Dates in Shang and Western Zhou," *Early China* 7 (1981–82), 2–37.

Pankenier, David W., "The *Bamboo Annals* Revisited: Problems of Method in Using the Chronicles as a Sources for the Chronology of Early Zhou, Part 1," *Bulletin of the School of Oriental and African Studies* 55.2 (1992), 272–97; "Part 2: The Congruent Mandate Chronology in *Yi Zhou shu*," *Bulletin of the School of Oriental and African Studies* 55.3 (1992), 498–510.

Pines, Yuri, "Intellectual Change in the Chunqiu Period: the Reliability of the Speeches in the *Zuo Zhuan* as Sources of Chunqiu Intellectual History," *Early China* 22 (1997), 77–132.

Pines, Yuri, *Foundations of Confucian Thought: Intellectual Life in the Chunqiu Period*, 722–453 B.C.E., Honolulu: University of Hawaii Press,

2002.

Pryce, W. T. R. (ed.), *Aspects of Historical Geography*, Milton Keynes: Open University Press, 1983.

Průšek, Jaroslav, *Chinese Statelets and the Northern Bararians in the Period 1400 - 300 B. C.*, New York: Humanities Press, 1971.

Pulleyblank, E. G. "The Chinese and Their Neighbors in Prehistorical and Early Historical Times," in *The Origins of Chinese Civilization*, ed. David N, Keightley, pp. 411 - 66, Berkeley: University of California Press, 1983.

Qiu, Xiqui (裘锡圭), "Guanyu Kongzi shilun," *International Research on Bamboo and Silk Documents* (Newsletter), 2. 3 (2002), 1 - 2.

Railey, Jim, "Neolithic to Early Bronze Age Sociopolitical Evolution in the Yuanqu Basin, North-Central China," unpublished PhD thesis, Washington University, 1999.

Rawson, Jessica, "Late Western Zhou: A break in the Shang bronze tradition," *Early China* 11 - 12 (1985 - 1987), 289 - 296.

Rawson, Jessica, "Statemen or Barbarians? The Western Zhou as Seen through their Bronzes," *Proceedings of the British Academy* 75 (1989), 71 - 95.

Rawson, Jessica, *Western Zhou ritual bronzes from the Arthur M, Sackler Collections*, Washington, D. C. : Arthur M, Sackler Foundation, 1990.

Rawson, Jessica, "Western Zhou Archaeology," in *The Cambridge History of Ancient China: From the Origins of Civilization to 221 B. C.*, ed. Michael Loewe and Edward Shaughnessy, pp. 352 - 449, Cambridge: Cambridge University Press, 1999.

Renfrew, Colin, and Paul Bahn, *Archaeology: Theories, Methods, and Practice*, New York: Thames and Hudson, 1991.

Reynolds, Susan, *Fiefs and Vassals: The Medieval Evidence Reinterpreted*, Oxford: Clarendon Press, 1994.

Schaberg, David, "Texts and Artifacts: A Review of the *Cambridge History of Ancient China*," *Monumenta Serica* 49 (2001), 463 - 515.

Schaberg, David, *A Patterned Past: Form and Thought in Early Chinese*

Historiography, Cambridge, Mass.: Harvard University Asia Center, 2001.

Schneider, Laurence, *Ku Chieh-kang and China's New History: Nationalism and the Quest for Alternative Traditions*, Berkeley: University of California Press, 1971.

Shaughnessy, Edward L. (夏含夷), "'New' Evidence on the Zhou Conquest," *Early China* 6 (1981–82), 57–79.

Shaughnessy, Edward L. (夏含夷), "The Date of the 'Duo You *Ding*' and its Significance," *Early China* 9–10 (1983–85), 55–69.

Shaughnessy, Edward L. (夏含夷), "The 'Current' *Bamboo Annals* and the Date of the Zhou Conquest of Shang," *Early China* 11–12 (1985–87a), 33–60.

Shaughnessy, Edward L. (夏含夷), "Zhouyuan Oracle-Bone Inscriptions: Entering the Research Stage?" *Early China* 11–12 (1985–87b), 146–63.

Shaughnessy, Edward L. (夏含夷), "On the Authenticity of the *Bamboo Annals*," *Harvard Journal of Asiatic Studies* 46.1 (1986), 149–80.

Shaughnessy, Edward L. (夏含夷), "Historical Perspectives on the Introduction of the Chariot into China," *Harvard Journal of Asiatic Studies* 48.1 (1988), 189–237.

Shaughnessy, Edward L. (夏含夷), "Historical Geography and the Extent of the Earliest Chinese Kingdoms," *Asia Major* 2.2 (1989), 1–22.

Shaughnessy, Edward L. (夏含夷), *Sources of Western Zhou History: Inscribed Bronze Vessels*, Berkeley: University of California Press, 1991.

Shaughnessy, Edward L. (夏含夷), "The Duke of Zhou's Retirement in the East and the Beginnings of the Minister-Monarch Debate in Chinese Political Philosophy," *Early China* 18 (1993), 41–72.

Shaughnessy, Edward L. (夏含夷), *Before Confucius: Studies in the Creation of the Chinese Classics*, Albany: State University of New York Press, 1997.

Shaughnessy, Edward L. (夏含夷), (ed.), *New Sources of Early Chinese History: An Introduction to the Reading of Inscriptions and Manuscripts*, Berkeley: Society for Study of Early China, 1997.

Shaughnessy, Edward L. (夏含夷), "Western Zhou History," in *The Cambridge History of Ancient China: From the Origins of Civilization to 221 B.C.*, ed. Michael Loewe and Edward L. Shaughnessy, pp. 292-351, Cambridge: Cambridge University Press, 1999.

Shim, Jae-hoon, "The 'Jinhou Su *Bianzhong*' Inscription and Its Significance," *Early China* 22 (1997), 43-75.

Shim, Jae-hoon, "The Early Development of the State of Jin: From its Enfeoffment to the Hegemony of Wen Gong (r. 636-628)," unpublished PhD thesis, University of Chicago, 1998.

Skosey, Laura, "The Legal System and Legal Tradition of the Western Zhou, CA. 1045-771 B.C.E.," unpublished PhD thesis, University of Chicago, 1996.

Small, David B. (ed.), *Methods in the Mediterranean: Historical and Archaeological Views on Texts and Archaeology*, Leiden: E. J. Brill, 1995.

So, Jenny, and Emma Bunker, *Traders and Raiders on China's Northern Frontier*, Washington D.C.: Smithsonian Institution, 1995.

Stephenson, F. R., and M. A. Houlden, *Atlas of Historical Eclipse Maps: East Asia 1500 B.C.-A.D. 1900*, London: Cambridge University Press, 1986.

Sun, Yan, "Negotiating Cultural and Political Control in North China: Art and Mortury Ritual and Practice of the Yan at Liulihe during the Early Western Zhou Period," unpublished PhD thesis, University of Pittsburg, 2001.

Tainter, Joseph A., *The Collapse of Complex Societies*, Cambridge: Cambridge University Press, 1988.

Thatcher, Melvin, "A Structural Comparison of the Central Government of Ch'u, Ch'I, and Chin," *Monumenta Serica* 33 (1977-78), 140-61.

Waley, Arthur (trans.), *The Book of Songs: the Ancient Chinese Classics of Poetry*, ed. Joseph R. Allen, New York: Grove Press, 1996.

Wang, Aihe, *Cosmology and Political Culture in Early China*, Cambridge: Cambridge University Press, 2000.

Watson, William, *Inner Asia and China in the Pre-Han Period*, London: University of London Press, 1069.

Whittaker, C. R., *Frontiers of the Roman Empire: A Social and Economic Study*, Baltimore: Johns Hopkins University Press, 1994.

Xing, Wen (ed.), "The X Gong *xu*: A Report and Papers from the Dartmouth Workshop," in *International Research on Bamboo and Silk Documents* (Newsletter special issue) (Hanover, NH: Dartmouth College, 2003), pp. 3–48.

Zhao, Songqiao, *Physical Geography of China*, Beijing: Science Press, 1986.

Zhao, Songqiao, *Geography of China: Environment, Resources, Population and Development*, NewYork: John Wiley and Sons, 1994.

青铜器铭文索引

JC：《殷周金文集成》（中国社会科学院考古研究所编），北京：中华书局，1984-1994年。

JL：《近出殷周金文集录》（刘雨、卢岩编），北京：中华书局，2002年。

B

班簋(JC:4341) 225,245
 公盨(《中国历史文物》2002年第6期,第4页) 306,436
伯吉父鼎(JC:2656) 166
伯吉父簋(JC:4305) 166
伯矩鬲(JC:689) 356
不其簋(JC:4328) 129,134,166~168,185,350,367,445

C

蔡簋(JC:3732) 101,348
曹伯狄(JC:4019) 78,427
辰臣盉(JC:9454) 61
臣谏簋(JC:4237) 73

D

大鼎(JC:2806) 52,144,434,444
大簋 no.1(JC:4165) 264
大簋(JC:4298) 134,143
大克鼎(JC:2836) 50,134,136,142,241,435
大盂鼎(JC:2837) 50,138,436
邓公簋(JC:3775) 74,434
 簋(JC:4322) 104,440
多友鼎(JC:2835) 49,112,141~143,155~156,158~162,172~179,182~183,201~202,367,380,400,421,430,436~437,442,451

E

鄂侯簋(JC:3929) 351
鄂侯驭方鼎(JC:2810) 111,128,351
鄂叔簋(JC:3574) 82

F

番生簋(JC:4326) 224

夆叔匜(JC:10282) 325

復鼎(JC:2507) 356

G

乖伯簋(羌伯簋或归降簋)(JC:4331) 105

虢季氏子㠱鬲(JC:683) 272

虢季子白盘(JC:10173) 165,166,168,183,201,270,271,276~277,428

虢文公子㠱鼎(JC:2634-2636) 277

虢宣公子白鼎(JC:2637) 166,277

过伯簋(JC:3907) 101,348

H

函皇父鼎(JC:2548,2745) 13,218~219

函皇父簋(JC:4143) 219

函皇父盘(JC:10164) 219

何尊(JC:6014) 67,70,442

堆叔簋(JC:3950) 101,348

曶鼎(JC:2838) 136

虎簋(JL:491) 60,103,144,435

默簋(JC:4317) 50

睘卣(JC:5407) 101

J

几父壶(JC:9721) 115,427

臤尊(JC:6008) 103

堇鼎(JC:2703) 127,357

静簋(JC:4273) 245

晋侯苏钟(JL:35-50) 70,92,376,439

九年裘卫鼎(JC:2831) 105,198

驹父盨(JC:4464) 147~148,430,443

K

康侯刀(JC:11812) 73

康侯斧(JC:11778) 73

康侯簋(JC:4059) 72

克盉(JL:942) 356

克罍(JL:987) 119~120,356~357

克钟(JC:204) 172~173

L

吕服余盘(JC:10169) 245,446

吕姜簋(JC:3348) 246

吕季姜壶(JC:9610) 245

吕行壶(JC:9689) 245

逨盘(《文物》2003年第6期,第32-33页) 17~18,52,102,107,435

盠方彝(JC:9899) 102

盠方尊(JC:6013) 102,139

利簋(JC:4231) 53

令方彝(JC:9901) 68,70~71,334

录戈卣(JC:5419) 103

牼伯盨(JC:4346) 194

M

麦尊(JC:6015) 61,122,127

卯簋(JC:4327) 134~135

毛公鼎(JC:2841) 133

眉敖簋(JC:4213) 198

免尊(JC:6006) 264

翏生盨(JC:4459) 111,351,438

弭伯簋(JC:4257) 53
明公簋(JC:4029) 334
弭叔簋(JC:4253) 53
穆公簋盖(JC:4191) 102,434
牧簋(JC:4343) 11,108～109

N

南宫柳鼎(JC:2805) 139,141

Q

启卣(JC:5410) 127～128,329
启尊(JC:5983) 127～128,329
趞卣(JC:5402) 101,133
禽簋(JC:4041) 327～328
秦公簋(JC:4315) 308
裘卫盉(JC:9456) 49,136

R

塱方鼎(JC:2739) 325,327

S

三年师兑簋(JC:4318) 114～115
三年癲壶(JC:9726) 264
散伯簋(JC:3779) 119
散氏盘(JC:10176) 119,199
善鼎(JC:2820) 121
盠驹器(JC:10360) 101,133,135
召伯虎簋(《考古》1995年第9期,第790页) 115,148
师承钟(JC:141) 272
师虎簋(JC:4316) 103,109
师毁簋(JC:4311) 113,115
师𩆜簋(JC:4324.2) 114～115
师酉簋(JC:4288) 287,305

师𠭰鼎(JC:2723) 329
师𠭰簋(JC:4277) 329
师寰簋(JC:4314) 147,149,337
师瘨簋(JC:4283) 109
师𩛥鼎(JC:2812) 288,294
史密簋(《考古与文物》1989年第3期,第7-9页) 59,435
史墙盘(JC:10175) 50,241,348～349
史颂簋(JC:4229) 50
尸臣鼎(《汉书》,25,第1251页) 175
四十二年逨鼎(《文物》2003年第6期,第16-17页) 119,135,147,168,185,207,265,366,443
颂壶(JC:9731) 290

T

同卣(JC:5398) 109

W

敔簋(JC:4323) 111,134,142～143
吴虎鼎(JL:364) 61,144,435
五年裘卫鼎(JC:2832) 109,136,240
五年师事簋(JC:4216) 105～106,337

X

詈鼎(JC:2741) 334
𩰬尊(JC:5986) 122,127
兮甲盘(JC:10174) 133,163,165,182,305
献侯鼎(JC:2626) 49

小克鼎(JC:2797) 142,290

小盂鼎(JC:2839) 58～59,138

小臣謎簋(JC:4239) 334～335

小臣䍙鼎(JC:2556) 119

小臣宅簋(JC:4201) 49

㝬鼎(JC:2742) 49

詢簋(JC:4321) 53,287

䣞卣(JC:5411) 103

Y

亚盉(JC:9439) 360

沇儿钟(JC:203) 259

匽侯旨鼎(JC:2628) 49,122～123, 127,358

伊簋(JC:4287) 241

宜侯夨簋(JC:4320) 82,119,342～343,410

尹姞鬲(JC:754) 102,139

应侯钟(JC:107) 128

应监甗(JC:883) 122

狱駿簋(JC:3976) 101,348

永盂(JC:10322) 53,134,183,444

攸簋(JL:3906) 356

禹鼎(JC:2834) 111～112,140～143,421,449

㝬鼎(JC:2721) 104

圉方鼎(JC:2505) 356

圉簋(JC:3825) 357,360

㝬甗(JC:948) 103,329

圉卣(JC:5374) 127

寰盘(JC:10172) 147,265

元年师兑簋(JC:4274) 114～115

Z

夨王簋盖(JC:3871) 199,264～265

夨王鼎(JC:2149) 199

夨王觯(JC:6452) 199

柞钟(JC:133) 115,140～141,400,427

柞伯簋(《文物》1998 年第 9 期, 第 54 页) 127,450

郑羌伯鬲(JC:659) 225

郑义羌父盨(JC:4392) 225

郑义伯盨(JC:4391) 225

仲禹父簋(JC:4188) 122

中方鼎 no.1(JC:2785) 101,133

中方鼎 nos.2－3(JC:2751－2752) 349

中甗(JC:949) 345,349

仲几父簋(JC:3954) 122

仲生父鬲(JC:729) 194～195

瑪生豆(JC:4682) 115

瑪生簋(JC:4292－4293) 115,121,148

作册大方鼎(JC:2758) 219

作册魃卣(JC:5432) 49,127